金融科技系列

Python 金融量化实战

欧晨 著

Python for Quantitative Financial Analytics:
The Path To Fixed Income Products

——固定收益类产品分析

人民邮电出版社
北京

图书在版编目（CIP）数据

Python金融量化实战：固定收益类产品分析 / 欧晨著. -- 北京：人民邮电出版社，2024.5
（金融科技系列）
ISBN 978-7-115-62295-2

Ⅰ. ①P… Ⅱ. ①欧… Ⅲ. ①软件工具－程序设计－应用－金融－分析 Ⅳ. ①F830.49-39

中国国家版本馆CIP数据核字(2023)第129363号

内 容 提 要

近年来，固定收益市场规模、产品类别、投资实践等都呈现跨越式发展，相关从业人员的教育需求也与日俱增。固定收益市场是一个重要的投资市场，了解这个市场的规律对成为一个合格的投资与风险管理人员来说至关重要。

本书巧妙地将固定收益市场的相关知识和 Python 语言的编程实践结合起来，通过 12 章内容，由浅入深地介绍了中国固定收益市场的情况，并给出了具体的 Python 分析案例。全书内容翔实，参考价值较高，涉及中国固定收益市场介绍，债券的计息基准与应计利息的计算，债券的净价、全价与到期收益率的计算，收益率曲线与构建，债券的估值与风险计量，债券的会计与损益归因分析，债券现券交易方式，回购与债券借贷，国债期货与标准债券远期，利率互换，利率期权，信用衍生品等内容。

本书内容全面，实战性强，通俗易懂，适合固定收益领域的从业者及想要进入这一领域工作的读者阅读。

◆ 著　　欧　晨
　责任编辑　胡俊英
　责任印制　王　郁　焦志炜

◆ 人民邮电出版社出版发行　北京市丰台区成寿寺路 11 号
　邮编　100164　电子邮件　315@ptpress.com.cn
　网址　https://www.ptpress.com.cn
　固安县铭成印刷有限公司印刷

◆ 开本：787×1092　1/16
　印张：18.75　　　　　　　2024 年 5 月第 1 版
　字数：412 千字　　　　　　2024 年 5 月河北第 1 次印刷

定价：99.80 元

读者服务热线：(010)81055410　印装质量热线：(010)81055316
反盗版热线：(010)81055315
广告经营许可证：京东市监广登字 20170147 号

学界与业界的点评

固定收益证券是证券市场的重要组成部分，虽然关于固定收益证券相关问题研究的理论成果比较多，但是能够结合实际操作的应用成果还不足。本书着眼于金融业务实际需求，结合实际案例，应用 Python 编程，从理论到应用、从模型到实操，比较系统地进行了介绍，对金融业务人员和科技人员具有较高的参考价值。

——张卫国　华南理工大学工商管理学院原院长
广州市金融服务创新与风险管理研究基地主任，国家级高层次人才计划特聘教授

固定收益证券在高校是一门非常稀缺的课程。本书很全面地介绍了固定收益证券的知识，并结合大量国内固定收益证券实务进行分析。通过阅读本书，读者可以了解国内市场固定收益证券的相关产品（包括衍生品）。本书介绍了固定收益证券的估值模型，并给出了 Python 代码，对有志于从事固定收益证券业务的人员，是一本难得的读物。

——于孝建　华南理工大学经济与金融学院金融系原副主任
华工量化投资协会指导老师

固定收益市场是一个重要的投资市场，了解这个市场的规律对投资与风险管理人员来说至关重要，对普通投资者也是有百利而无一害。这本书最大的特色是不仅教你理论，还让你动手实践。我相信绝大部分读者学完这本书都能上手试一试固定收益投资与风险管理，成为名副其实的专业人士。

——姚奕　国家工程实验室金融大数据研究中心高级专家
注册金融风险管理师协会（ICFRM）特聘专家

人民币固定收益市场已经成为世界第二大固定收益相关市场。近年来其市场规模、产品类别、投资实践等都呈现跨越式发展，从业人员的教育需求也随之激增。人民币固定收益市场既有国际化的成熟实践，也有大量本地化的专有实务，这是一本结合编程语言讲解人民币固定收益市场的投资者教育读物。欧晨多年来孜孜不倦地输出功底扎实、专业可靠的内容，让业内朋友们受益匪浅。为此，我推荐有相关需求的业内伙伴们、对固定收益市场感兴趣的朋友们，都来读一读这本难得的一站式读物。

——周瑶　森浦 Sumscope 金融市场专家团队总监

本书由浅入深地介绍了固定收益证券的理论知识，同时提供了真实的市场数据及案例，可进一步加深读者对理论知识的理解。在 Python 代码编写部分，作者给出详尽的注释，对 Python 初学者较为友好。总之，本书对相关领域的投资及风险管理从业人员来说，是一本难得的工具书。

——徐晓玲　保险行业资深投资风险管理从业人员

本书内容由浅入深，对每个知识点都提供了对应的实例以便于读者理解，对入门者非常友好。本书有别于一般的教材，它结合现有中国市场实务阐述相关理论知识，让人觉得更接地气。

——庾灿斌　券商行业资深自营研究员

本书结合中国固定收益市场的实际情况，全面系统地介绍了固定收益市场概况、交易规则、估值原理等内容，并且附带详细的实例及 Python 编程实现过程，对有志成为既懂业务又懂科技的复合型从业人员具有重要指导意义。

——屈金磊　银行理财行业投资人员

本书作者将理论和实操结合起来分析了中国固定收益市场及相关产品，并介绍了各类固定收益产品的交易模式、估值与风险计量，给出了 Python 代码实例。相信各位感兴趣的读者读过本书之后，一定会有种醍醐灌顶的感觉，对中国固定收益市场的细节有更为全面、直观的认知。

——李伟涛　公募基金行业固定收益类研究员

推荐序

十多年前，一次很偶然的机会，我有幸进入一家证券公司并且负责固定收益业务的风险管理工作，当时整个公司固定收益业务的规模约有 200 亿元。为了能够有效提升风险管理的效率，我就很急切地想去购买一本能够将固定收益业务与计算机编程融合在一起的图书。然而，跑遍了上海的各大书店，最终却无功而返，实在是让我深感沮丧。此时此刻读到欧晨先生的这本书，真是有一种相见恨晚的感觉啊！在阅读了本书之后，我发现本书有以下三个特征。

一是全面性。固定收益（fixed income）是一个舶来品，固定收益产品通常是指那些能够带来相对稳定现金流的金融产品。随着金融市场的不断发展，固定收益产品不仅包括国债、金融债、企业债等各种债券，而且包含资产证券化、国债期货、利率互换、利率期权等衍生产品。本书不仅涵盖了主流的固定收益产品，同时，全面讲解了这些产品的市场现状、交易规则、定价估值以及风险管理等内容。

二是实战性。欧晨先生拥有长期从事固定收益研究与模型验证的实战经验，因此实战性是本书的一个鲜明特征。全书讨论的固定收益产品都是国内已有的相关产品，而 Python 编程则紧紧围绕着解决固定收益的现实问题展开，不仅能够帮助读者解决固定收益产品到底"是个啥"的困惑，更能让读者收获关于固定收益业务中"如何做"的经验以及"做得好"的技巧。

三是易懂性。我个人一直认为要将比较复杂的固定收益产品讲清楚，并且能够使读者易于接受和理解，是一件很不容易的事情。然而，欧晨先生将固定收益产品定价以及风险管理这些比较复杂的问题，通过浅显易懂的文字以及直观简洁的 Python 代码进行呈现，只要读者能够顺着作者的写作思路去理解，动手编写相关的 Python 代码并运行，必将能够掌握固定收益产品的精髓。

无论是正在从事固定收益相关工作的从业者，还是有志于加入这一专业领域的有识之士，相信本书都是不可或缺的工具书和实战宝典。

整个金融行业始终都在翘首企盼一本能够将 Python 编程与固定收益业务进行完美结合的书，欧晨先生的力作恰好就满足了整个行业的这种期待，在这里也对这部著作的出版表示最热烈的祝贺！

强烈推荐大家阅读本书,并借此强化知识储备,更好地提升自身综合能力!

斯文

博士、CFA、CPA、FRM

《上财风险管理论坛》杂志主编

《基于Python的金融分析与风险管理》

《Python金融实战案例精粹》等书的作者

序言

金融作为经济的命脉，不断促进着经济的发展。固定收益证券作为我国金融领域不可或缺的重要组成部分，其需求越来越旺盛。长期以来，国内有关固定收益的定量实操层面的研究相对较少，而宏观层面的研究较多。特别是讲解如何将理论模型应用到实际市场中的图书非常稀少，且大部分是较多的复杂公式推导，难以理解；和计算机编程语言结合的图书更是寥寥无几。当前恰逢金融科技快速发展的时代，市场上既懂金融业务又懂IT的人员非常稀缺，各大金融机构对复合型人才的需求很旺盛。

在这样的多重背景下，大多数人可能对金融固定收益领域并不是非常了解，而又渴望快速入门并打破固定收益定量分析的专业壁垒，因此非常需要一本专门系统讲解固定收益定量分析实操的书，以顺应时代的发展潮流。

对于本书采用何种编程语言，笔者考虑了许久，因为选用一种合适的编程语言对金融固定收益领域的业务模型的实现至关重要。Python的语法很容易实现那些金融算法和数学计算，每个数学语句基本都能转变成简易的Python代码进行快速计算和调试。因此，本书中的所有实例是基于Python编写的。与传统的教科书和学术论文不同，本书以实务案例为主，尽量省去大量的复杂公式推导，强调经济含义与应用。本书引用了市场的真实数据与案例，并且基本都有详细的计算过程，有助于读者理解。本书的主要特色是金融与科技的融合，让懂金融业务的人员了解金融业务模型如何运用Python编程的方式实现，让懂科技的人员学会金融业务。考虑到大部分金融从业人员并不是信息技术专业的，又想学习Python在金融领域尤其是在固定收益领域的应用，笔者尽量以函数的形式进行案例的实现，这样更易于读者理解与调用。科技人员可以学习固定收益领域模型的中间计算过程，加强对业务的具体应用与开发。

本书的第1章对我国固定收益市场（尤其是债券市场）进行了基本介绍与归纳总结。第2章至第8章主要介绍债券基础产品（包含回购和借贷）的交易要素、业务与计量方法及实际应用，为后续相关衍生产品的介绍打下基础。第9章至第11章主要介绍固定收益中利率衍生品——国债期货、标准债券远期、利率互换与利率期权的要素与计量模型。第12章主要介绍与固定收益中的信用衍生品——信用风险缓释工具（CRM）相关的业务，并对该产品进行定量与风险分析。

书中的部分内容源自笔者微信公众号"金学智库",并进行了改写,尽量保持与时俱进。另外,为方便读者学习并实操,本书涉及的数据和代码可到异步社区网站下载,或通过微信公众号"金学智库"联系笔者,获取免费的资源。

本书的编写得到了张卫国、于孝建、斯文、姚奕、周瑶、屈金磊、徐晓玲、庾灿斌、李伟涛及其他朋友的支持与帮助,他们提供了很多非常宝贵的建议,笔者在这里一并向他们表示衷心的感谢。

由于笔者的能力有限,书中难免有疏漏,欢迎读者批评指正,并及时与笔者联系,笔者的邮箱:warcraft_0001@163.com。

欧晨

2024 年春

前言

随着金融科技的发展，Python 已逐渐成为各大金融机构流行的编程语言之一。摩根大通资产管理经理 Mary Callahan Erodes 表示，"现代资产管理的唯一语言是编程语言"。美国银行前任总经理 Kirat Singh 表示，"美国银行约 5 000 名开发人员都在使用 Python"。甚至在新的特许金融分析师（Chartered Financial Analyst，CFA）的考试变革中（从 2024 年起），也会引入 Python、数据科学和人工智能。因此，掌握 Python 在金融实务中的应用，可以快速解决金融领域中错综复杂的事务。

本书基于 Python 3.10.0 编写，结合一系列金融实务中固定收益领域相关的交易、估值与风险计量案例，帮助读者快速掌握业务知识和 Python 的实操应用。

全书共 12 章内容，涉及固定收益的基本业务知识，各类产品的交易模式、估值模型以及风险计量模型等。为增强理解与实用性，本书结合市场案例给出了模型的建立步骤、计算细节以及 Python 的实现代码。本书包含丰富的图表案例，力求帮助读者充分了解固定收益的业务流程以及 Python 的实操应用，真正解决在学习或工作中与固定收益相关的业务难题。

本书涵盖以下主要内容。

第 1 章介绍中国固定收益债券市场的基本概念，包括一级市场和二级市场中的债券及其衍生品。此外，还介绍了中国债券市场的发展与监管的情况。

第 2 章介绍债券常见的计息基准及应计利息的计算方式。依据国内的债券类型介绍应计利息的计算，同时还拓展讲解了一些其他计息基准和应计利息。

第 3 章介绍债券的净价、全价与到期收益率的计算。读者可以通过本章了解到净价、全价与应计利息之间的关系，到期收益率中单利和复利的使用条件与计算细节。

第 4 章介绍当前市场上债券到期收益率、即期收益率与远期收益率的构建方式。通过市场实例对比验证各种构建方法，在此基础上读者可以选择最适合自己的收益率曲线。

第 5 章介绍不同类型债券的估值与风险计量方法。读者可以了解到如何通过债券的基本信息选择对应的收益率曲线对债券进行估值。在风险计量方面，演示了常见的久期、凸性、基点价值、关键利率久期、风险价值和预期损失的计算方法。

第 6 章介绍新会计准则下的债券 SPPI 分析、摊余成本法的计算原理（每日摊销的计算模型）。在此基础上，先采用会计的视角来分析债券持有及买卖价差的损益分析，接着从债券投资的角度分解损益，最后详细介绍了业界广泛采用的 Campisi 绩效归因方法。

第 7 章介绍银行间和交易所债券的交易方式。读者在厘清基本业务与计量模型后，可以了解到债券在真实的市场上是如何交易的。

第 8 章介绍三种与债券结合的其他交易方式：质押式回购、买断式回购与债券借贷。通过以上交易方式可以完成现券交易无法直接实现的"卖空"。

第 9 章介绍以债券为标的的衍生产品——国债期货与标准债券远期。读者可以了解这两类债券衍生品的基本原理、功能与相关指标的计算。

第 10 章介绍固定收益中的衍生品——利率互换。其中，包括利率互换的交易要素、利息计算方法、收益率曲线的构建以及对应的估值与风险计量方法。此外，还介绍了实务中常用的利率互换的风险价值与预期损失的计算方法。

第 11 章介绍固定收益中的复杂衍生品——利率上下限期权与利率互换期权。对这两类产品分别从基础交易要素、波动率曲面以及估值方法进行了详细的分析与实例展示。此外，由于衍生品相对比较复杂，本章介绍了一种风险价值的简易计算方法。

第 12 章介绍国内外信用衍生品的发展，CRM 的基本概念、交易要素、功能以及常见的两种估值方法（分别是生存曲线法估值与现金流贴现法估值）。

目标读者

本书适合金融固定收益业务及相关科技从业者阅读，也适合对 Python 在金融固定收益领域的实践应用感兴趣的人士阅读，还适合作为高等院校经济、金融与科技相关专业的实践参考用书。

配套资源

本书提供配套的数据集、相关彩图和 Python 源代码，以及本书导读视频和 Pycharm 下载与安装教程，希望能够帮助读者更好地复现书中案例，并掌握相关知识点。

此外，为了更好地适应人工智能（以下简称"AI"）时代的需求，作者精心整理了 AI 攻略（含 AI 智能编码 Python 教程）和 AI 常用工具集，以帮助读者提升效率，感受 AI 的魅力。

上述资源可以从异步社区免费下载。

资源与支持

资源获取

本书提供如下资源：
- 配套源代码；
- 配套数据集；
- 配套彩图包；
- Pycharm 下载与安装教程；
- AI 攻略（含 AI 智能编码 Python 教程）；
- AI 常用工具集；
- 本书导读视频；
- 本书思维导图；
- 异步社区 7 天 VIP 会员。

要获得以上资源，您可以扫描右侧的二维码，根据指引领取。

提交勘误

作者和编辑虽已尽最大努力来确保书中内容的准确性，但难免会存在疏漏。欢迎您将发现的问题反馈给我们，帮助我们提升图书的质量。

当您发现错误时，请登录异步社区（https://www.epubit.com），按书名搜索，进入本书页面，单击"发表勘误"，输入勘误信息，单击"提交勘误"按钮即可（见右图）。本书的作者和编辑会对您提交的勘误进行审核，确认并接受后，您将获赠异步社区的 100 积分。积分可用于在异步社区兑换优惠券、样书或奖品。

与我们联系

我们的联系邮箱是 contact@epubit.com.cn。

如果您对本书有任何疑问或建议,请您发邮件给我们,并请在邮件标题中注明本书书名,以便我们更高效地做出反馈。

如果您有兴趣出版图书、录制教学视频,或者参与图书翻译、技术审校等工作,可以发邮件给我们。

如果您所在的学校、培训机构或企业,想批量购买本书或异步社区出版的其他图书,也可以发邮件给我们。

如果您在网上发现有针对异步社区出品图书的各种形式的盗版行为,包括对图书全部或部分内容的非授权传播,请您将怀疑有侵权行为的链接发邮件给我们。您的这一举动是对作者权益的保护,也是我们持续为您提供有价值的内容的动力之源。

关于异步社区和异步图书

"异步社区"(www.epubit.com)是由人民邮电出版社创办的 IT 专业图书社区,于 2015 年 8 月上线运营,致力于优质内容的出版和分享,为读者提供高品质的学习内容,为作译者提供专业的出版服务,实现作者与读者在线交流互动,以及传统出版与数字出版的融合发展。

"异步图书"是异步社区策划出版的精品 IT 图书的品牌,依托于人民邮电出版社在计算机图书领域的发展与积淀。异步图书面向 IT 行业以及各行业使用 IT 的用户。

目录

第1章 中国固定收益市场介绍 1
1.1 债券与债券市场概念 1
1.1.1 债券 1
1.1.2 债券市场 1
1.2 债券品种分类 4
1.2.1 按付息方式分类 4
1.2.2 按发行主体信用分类 5
1.2.3 按发行主体类型分类 8
1.2.4 按币种分类 11
1.3 中国债券市场的发展、监管与业务 12
1.3.1 中国债券市场的发展沿革 12
1.3.2 中国债券市场监管体系 13
1.3.3 中国债券市场交易业务 14
1.4 本章小结 15

第2章 债券的计息基准与应计利息的计算 16
2.1 国内债券常见计息基准 18
2.1.1 附息债券 18
2.1.2 利随本清债券 21
2.1.3 贴现、零息债券 22
2.2 其他计息基准 23
2.2.1 实际/360 23
2.2.2 30/360 25
2.2.3 实际/365F 27
2.2.4 实际/365 29
2.2.5 实际/实际（ISDA） 30
2.3 本章小结 32

第3章 债券的净价、全价与到期收益率的计算 33
3.1 净价与全价 33
3.2 到期收益率的计算 34
3.2.1 单利计算的类型 34
3.2.2 复利计算的类型 36
3.3 本章小结 42

第4章 收益率曲线与构建 43
4.1 债券收益率曲线的构建方法 43
4.1.1 我国不同机构债券收益率曲线的构建方法 43
4.1.2 外国债券收益率曲线的构建方法 45
4.2 债券到期收益率曲线的构建 46
4.2.1 拟合法 46
4.2.2 插值法 51
4.3 债券即期收益率曲线的构建 56
4.3.1 拔靴法（bootstrapping） 56
4.3.2 NS模型与NSS模型 60
4.4 债券远期收益率曲线的构建 64
4.5 本章小结 66

第 5 章　债券的估值与风险计量……67

5.1　固定利率债券的估值……67
- 5.1.1　固定利率债券现值的计算……67
- 5.1.2　G-spread 与 Z-spread……71
- 5.1.3　固定利率债券风险指标的计算……76

5.2　浮动利率债券的估值……83
- 5.2.1　浮动利率债券现值的计算……83
- 5.2.2　浮动利率债券风险指标的计算……87

5.3　含权债券的深入理解与估值……90
- 5.3.1　行权估值与到期估值……90
- 5.3.2　远期收益率判断法估值……93
- 5.3.3　Hull-White 模型估值……99

5.4　债券的关键利率久期……102
- 5.4.1　单券的关键利率久期……102
- 5.4.2　组合的关键利率久期……110

5.5　债券的风险价值与预期损失……113
- 5.5.1　单券的风险价值与预期损失……113
- 5.5.2　组合的风险价值与预期损失……116

5.6　本章小结……119

第 6 章　债券的会计与损益归因分析……120

6.1　新会计准则下债券 SPPI 分析……120

6.2　债券的摊余成本法……122
- 6.2.1　摊余成本的基本原理……122
- 6.2.2　摊余成本的每日计算……123

6.3　债券的会计损益分析……128

6.4　债券投资的损益分解……130

6.5　Campisi 绩效归因……133
- 6.5.1　Campisi 三因素归因……133
- 6.5.2　Campisi 六因素归因……135

6.6　本章小结……138

第 7 章　债券现券交易方式……139

7.1　银行间现券交易方式……139
- 7.1.1　意向报价……140
- 7.1.2　对话报价……141
- 7.1.3　请求报价……142
- 7.1.4　做市报价……144
- 7.1.5　指示性报价……144
- 7.1.6　匿名点击……145

7.2　交易所现券交易方式……147
- 7.2.1　匹配成交……147
- 7.2.2　点击成交……148
- 7.2.3　询价成交……148
- 7.2.4　协商成交……149
- 7.2.5　竞买成交……150

7.3　本章小结……150

第 8 章　回购与债券借贷……151

8.1　质押式回购……151
- 8.1.1　银行间质押式回购……151
- 8.1.2　交易所质押式回购……154
- 8.1.3　质押式回购的功能……155

8.2　买断式回购……155
- 8.2.1　买断式回购的基本原理……155
- 8.2.2　买断式回购的功能……159

8.3　债券借贷……159
- 8.3.1　债券借贷的基本原理……159
- 8.3.2　债券借贷的功能……161

8.4　本章小结……162

第 9 章　国债期货与标准债券远期……163

9.1　国债期货……163
- 9.1.1　中金所国债期货简介……163
- 9.1.2　国债期货的功能……165
- 9.1.3　国债期货常见指标的计算……165

9.2　标准债券远期……173
- 9.2.1　标准债券远期简介……173
- 9.2.2　标准债券远期的功能……175
- 9.2.3　标准债券远期常见指标的计算……175

  9.3 本章小结……………………… 181

第10章　利率互换……………………… 182

 10.1 利率互换介绍………………… 182
  10.1.1 利率互换简介……………… 182
  10.1.2 利率互换的功能…………… 183
  10.1.3 利率互换的交易要素……… 184
  10.1.4 利率互换的交易曲线体系… 186
  10.1.5 利率互换的交易与利息
     计算……………………… 187
 10.2 利率互换即期与远期收益率曲线的
    构建……………………………… 194
  10.2.1 利率互换即期收益率曲线的
     构建……………………… 194
  10.2.2 利率互换远期收益率曲线的
     构建……………………… 199
 10.3 利率互换的估值与风险计量…… 202
  10.3.1 估值原理与步骤…………… 202
  10.3.2 Shibor3M利率互换的估值… 203
  10.3.3 FR007利率互换的估值…… 206
  10.3.4 利率互换的DV01与
     利率互换关键期限的DV01… 209
  10.3.5 利率互换的风险价值与预期
     损失……………………… 216
 10.4 本章小结……………………… 219

第11章　利率期权……………………… 220

 11.1 利率上下限期权介绍………… 220
  11.1.1 利率上限期权与利率下限
     期权……………………… 220
  11.1.2 利率上下限期权的功能…… 221
  11.1.3 利率上下限期权交易要素… 221
  11.1.4 利率上限期权与利率下限期权的
     平价关系………………… 223
 11.2 利率上下限期权波动率曲面的
    构建……………………………… 223

  11.2.1 波动率曲面介绍…………… 223
  11.2.2 波动率曲面的常用构建方法… 224
  11.2.3 利率上下限期权波动率曲面的
     具体构建………………… 224
 11.3 利率上下限期权的估值
    与风险指标…………………… 231
  11.3.1 利率上下限期权现值的
     计算……………………… 231
  11.3.2 利率上下限期权风险指标的
     计算……………………… 235
 11.4 利率互换期权介绍…………… 237
  11.4.1 利率互换期权简介………… 237
  11.4.2 利率互换期权的功能……… 238
  11.4.3 利率互换期权的平价关系… 238
  11.4.4 利率互换期权的交易要素… 239
 11.5 利率互换期权的估值与风险
    指标…………………………… 241
  11.5.1 利率互换期权波动率曲面的
     构建……………………… 241
  11.5.2 利率互换期权现值的计算… 245
  11.5.3 利率互换期权风险指标的
     计算……………………… 249
 11.6 利率期权风险价值的简易
    计算…………………………… 251
  11.6.1 敏感度一阶模型计算风险
     价值……………………… 251
  11.6.2 敏感度二阶模型计算风险
     价值……………………… 252
 11.7 本章小结……………………… 253

第12章　信用衍生品…………………… 254

 12.1 信用衍生品简介……………… 254
  12.1.1 国内外信用衍生品的发展… 254
  12.1.2 信用风险缓释凭证
     （CRMW）……………… 256
  12.1.3 CDS/CRMA/信用保护合约… 258

12.1.4　CDS 指数 ……………………260
　　12.1.5　CRM 业务的功能 ………………262
12.2　CRM 的估值与风险指标 ……………263
　　12.2.1　生存曲线的构建 ………………263
　　12.2.2　CRM 产品现值的计算 …………269
　　12.2.3　CRM 产品的风险指标计算 ……276
12.3　本章小结 ………………………………281

参考资料 ……………………………………282

第1章 中国固定收益市场介绍

固定收益是指投资者可以预先得知在一段时间内所获得的具体收益,通常出现在债券类金融产品中。由于投资者会在"固定"的时间,收到债务人"固定"金额的还款(如利息和本金),所以固定收益的本质是借贷性质,双方形成债权债务关系。随着市场的发展,实际上固定收益逐渐变得不再"固定",但是这一称呼习惯逐渐延续下来。在国内市场(提示:本书所阐述的业务场景暂不涉及港澳台地区),狭义的固定收益产品通常指的是债券,广义的固定收益产品指的是各种与债券类似及相关的产品及其衍生品。本书所介绍的固定收益产品主要是债券及其衍生品。

1.1 债券与债券市场概念

1.1.1 债券

债券是最为常见的固定收益证券,为方便理解,可将"债"和"券"分开来解释。生活中,我们向亲人朋友借钱、向银行贷款购房等行为都属于欠"债",即形式债务。向亲人朋友借钱时,会打下欠条,约定利息以及怎么还钱等;而向银行贷款购房会有贷款合同,同样也会约定利息、本金的相关内容。以上欠条、贷款合同等凭证就可以理解为"券"。用专业的术语来说,债券是政府、企业等机构直接向社会借款筹措资金时,向投资者发行的债权债务凭证,该凭证约定了本金和利息的偿还与支付方式。通常来说,债券的本质是债的证明书,债券购买(或投资)人与发行人之间是一种债权债务关系。

1.1.2 债券市场

债券市场是债券发行和交易的场所。债券市场主要功能是为政府、企业、金融机构及公共团体筹集资金提供重要渠道,为投资者提供具有流动性与盈利性的金融资产平台,为中央银行间接调节市场利率和货币供应量提供市场机制。通常债券市场可分为发行市场和交易市场。

发行市场也称为一级市场,即发行人首次出售债券的市场。通常出售债券的招标方式有三种。

(1)荷兰式招标(单一中标价):按照投标人所报利率自低向高的顺序累计投标量,直到预定发行规模为止,最高中标利率为债券的票面利率,投资者统一按照该利率获配。

(2)美式招标:类比荷兰式招标,按照投标人所报利率自低向高的顺序累计投标量,直到预定发行规模为止,边际利率及以下投标人按照各自投标利率获配,中标利率的全场加权平均值为债券的票面利率。

(3)混合式招标:按照投标人所报利率自低向高的顺序累计投标量,直到预定发行规模为止,全场加权平均中标利率为债券票面利率。投标机构中标利率低于或等于票面利率的标位,按票面利率获配;高于票面利率一定价位以内,按各自中标利率获配。

【实例1-1】 A公司计划发行100亿元债券,为简化计算,假定有3家机构投标,投标利率与投标量如表1-1所示。分别用三种招标方式计算发行利率并分析中标情况。

表1-1 债券发行投标情况

投标机构	投标利率(%)	投标量(亿元)
机构甲	3.9	40
机构乙	4	70
机构丙	4.1	50

【分析解答】 按三种投标方式分别计算。

① 荷兰式招标:将投标利率从低到高排序后,机构甲和机构乙的投标量 40 亿元+70 亿元>100 亿元,因而机构甲和机构乙中标利率均为 4%,机构甲中标 40 亿元,机构乙中标 60 亿元,债券发行票面利率为 4%。

② 美式招标:机构甲中标利率为 3.9%,中标量为 40 亿元;机构乙中标利率为 4%,中标量为 60 亿元;债券发行票面利率=(3.9%×40+4%×60)/100=3.96%。

③ 混合式招标:债券发行票面利率=(3.9%×40+4%×60)/100=3.96%,机构甲中标利率为 3.96%,中标量为 40 亿元,机构乙中标利率为 4%,中标量为 60 亿元。

债券在一级市场一经认购,即确立了一定期限的债权债务关系,而通过债券二级市场,投资者可以转让债权变现。债券交易员在二级市场可以进行现券交易、回购交易、期货与远期交易等,场所主要在银行间、交易所。图 1-1 和图 1-2 分别展示了债券一级市场(发行市场)历年的发行数量与金额、债券二级市场(银行间市场)历年成交金额。

【实例1-2】 查看银行间 21 附息国债 11(210011)在 2022-7-22 报价行情,如图 1-3 所示。

【分析解答】 广发证券报买入面额 3 000 万元,净价 100.645 1 元,收益率 2.52%;恒丰银行报卖出面额 3 000 万元,净价 100.807 7 元,收益率 2.477 5%;净价差额 = 100.807 7 − 100.645 1 = 0.162 6(元),收益率差 = (2.477 5% − 2.52%)×10 000 = −4.25BP。

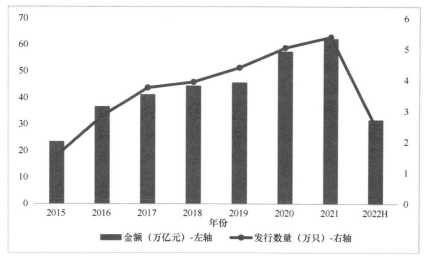

图 1-1　债券一级市场历年发行数量与金额
（数据来源：Wind 资讯）

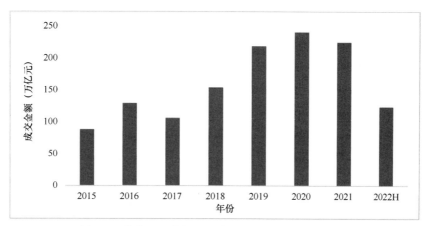

图 1-2　债券二级市场（银行间市场）历年成交金额
（数据来源：历年银行间本币市场运行报告）

债券信息　现金流

代码	210011.IB	发行年限	5.0000	发行日期	2021-08-11
简称	21附息国债11	发行量(亿)	3109.3000	上市日期	2021-08-16
债券类型	国债	发行价格	100.0000	起息日期	2021-08-12
上市市场	银行间市场	票面利率(%)	2.6900	到期日期	2026-08-12
付息频率	一年一次	担保人		剩余年限	4.0521
债券评级		担保方式		剩余天数	1480

原始基本资料　假设基本资料

今日报价明细　今日行情　今日成交明细　近一月历史报价　近一月日行情　近一月日内行情　试算结果比较

2022-07-22				买入				价差		卖出				
序号	债券代码	报价时间	报价方	速度	面额(万元)	净价	收益率(%)	净价差额	收益率差(BP)	报价方	速度	面额(万元)	净价	收益率(%)
1	210011.IB	17:42:08	广发证券	T+1	3,000.0000	100.6451	2.5200	0.1626	-4.2500	恒丰银行	T+1	3,000.0000	100.8077	2.4775
2	210011.IB	17:37:05	广发证券	T+1	3,000.0000	100.6451	2.5200	0.1626	-4.2500	恒丰银行	T+1	3,000.0000	100.8077	2.4775
3	210011.IB	17:34:50	广发证券	T+1	3,000.0000	100.6451	2.5200	0.1626	-4.2500	恒丰银行	T+1	3,000.0000	100.8077	2.4775
4	210011.IB	17:30:13	广发证券	T+1	3,000.0000	100.6451	2.5200	0.1626	-4.2500	恒丰银行	T+1	3,000.0000	100.8077	2.4775
5	210011.IB	17:29:59	广发证券	T+1	3,000.0000	100.6451	2.5200	0.1626	-4.2500	恒丰银行	T+1	3,000.0000	100.8077	2.4775
6	210011.IB	17:26:22	广发证券	T+1	3,000.0000	100.6451	2.5200	0.0956	-2.5000	平安证券	T+1	3,000.0000	100.7407	2.4950
7	210011.IB	17:24:19	广发证券	T+1	3,000.0000	100.6451	2.5200	0.0956	-2.5000	平安证券	T+1	3,000.0000	100.7407	2.4950
8	210011.IB	17:15:58	广发证券	T+1	3,000.0000	100.6451	2.5200	0.0765	-2.0000	平安证券	T+1	3,000.0000	100.7216	2.5000

图 1-3　2022-7-22 银行间 21 附息国债 11 的报价明细（部分）
（数据来源：东方财富 choice）

【注 1】基点常被简称为 BP（bp）或 BPS（bps），1 个基点为 0.01%。

【注 2】净价与收益率等概念在第 3 章详细介绍，债券的报价方式在第 7 章详细介绍。

【实例 1-3】查看 2022-7-22 银行间现券做市报价行情，如图 1-4 所示。

现券市场成交行情　现券市场做市报价　　最新日报　最新月报　债券做市商名单

现券市场做市报价　　07-22 20:00

报价机构 全部　债券简称　查询

报价机构	债券简称	买入/卖出净价(元)	买入/卖出收益率(%)
浦发银行	20附息国债09	100.30 / 100.49	2.0319 / 1.8275
浦发银行	20附息国债06	98.51 / 99.69	2.8934 / 2.7234
上海银行	20附息国债14	100.85 / 101.21	2.1981 / 1.9099
浦发银行	21进出10	99.17 / 102.91	3.4890 / 3.0050
上海银行	21进出10	99.02 / 102.87	3.5090 / 3.0100

【注】报价机构（做市商）是对做市券种向市场提供连续双边报价（需在合理范围），享有规定权利并承担提供流动性义务的金融机构。做市报价的方式在第 7 章详细介绍。

图 1-4　2022-7-22 银行间现券做市报价行情（部分）
（数据来源：中国货币网）

【分析解答】在交易时间内，不同的报价机构（做市商）可以对债券进行双边报价。例如，浦发银行对 20 附息国债 09、20 附息国债 06 和 21 进出 10 均进行了净价和收益率的双边报价。

1.2　债券品种分类

债券的分类方式有多种，本节分别从付息方式、发行主体信用、发行主体类型与币种等角度对债券进行分类介绍。

1.2.1　按付息方式分类

在国内，债券的付息方式有多种，如零息、贴现、固定利率附息、浮动利率附息与利随本清等。下面分别介绍各种付息方式的债券。

（1）零息债券：折价（低于面值）发行并且期限大于或等于 1 年，到期按面值全部偿还。

（2）贴现债券：折价（低于面值）发行并且期限小于 1 年，到期按面值全部偿还。

【注】以上两种债券除了期限外，其他并无本质差别。

（3）固定利率附息债券：发行时约定起息日、到期日、票面利率、付息周期等基本要素，根据约定的利率定期（如某个月固定的一天）支付利息，到期偿还本金和最后一次利息。

（4）浮动利率附息债券：整个周期票面利率并不固定，而是以某一短期货币市场参考利率指标为债券基准利率并加上利差（基本利差不变）来确定实际的票面利率，如以上海银行间同业拆放利率（Shibor）为基准的浮动利率债券。其他的基本要素与固定利率附息债券类似。

【注】附息债券还包括累进利率债券（通常指利率递增的可赎回债券）。

（5）利随本清债券：发行时约定票面利率，在到期日前均不支付利息，而是将利息全部累计至到期日和本金一起偿付。

【实例1-4】按付息方式，查看2022年上半年我国债券市场债券的发行数据与存量数据。

【分析解答】

① 发行市场。表1-2为2022年上半年我国债券发行数据（按付息方式分类）。

表1-2 2022年上半年我国债券发行数据（按付息方式分类）

类别	发行数量（只）	数量比重（%）	发行总额（亿元）	金额比重（%）
贴现债券	13 500	54.52	118 703.90	37.67
附息债券	7 668	30.97	154 025.10	48.88
固定利率债券	6 010	24.27	138 817.82	44.05
浮动利率债券	50	0.20	1 051.63	0.33
Shibor	18	0.07	283.00	0.09
其他	32	0.13	768.63	0.24
累进利率债券	1 608	6.49	14 155.65	4.49
利随本清债券	3 595	14.52	42 388.69	13.45
合计	24 763	100.00	315 117.69	100.00

数据来源：Wind资讯

【注】比重相关的数据经过四舍五入，其总和不一定恰好为100.00%。

② 存量市场。表1-3为2022年上半年我国债券二级市场存量（按付息方式分类）。

表1-3 2022年上半年我国债券二级市场存量（按付息方式分类）

类别	债券数量（只）	数量比重（%）	债券余额（亿元）	余额比重（%）
贴现债券	16 182	24.13	153 208.40	11.08
附息债券	44 876	66.92	1 166 005.99	84.30
固定利率债券	32 064	47.82	1 046 239.92	75.64
浮动利率债券	566	0.84	12 469.36	0.90
1年期定存利率	6	0.01	758.59	0.05
Shibor	44	0.07	658.20	0.05
其他	516	0.77	11 052.57	0.80
累进利率债券	12 246	18.26	107 296.71	7.76
利随本清债券	6 000	8.95	63 894.41	4.62
合计	67 058	100.00	1 383 108.80	100.00

数据来源：Wind资讯

【注】比重相关的数据经过四舍五入，其总和不一定恰好为100.00%。

1.2.2 按发行主体信用分类

投资者购买债券，考虑最多的一点就是债券的信用，例如是否会发生违约，是否会导致本金亏损等；然后才考虑债券的收益大小，即利率水平。根据发行主体信用状况，债券可分为利率债和信用债。

（1）利率债：国债、地方政府债、央票等。这类债券有政府背景的信用支撑，基本不会发生违约。

（2）信用债：除利率债之外的其他债券，如公司债、企业债、非金融企业债务融资工具等。这类债券需要考虑信用情况。

【实例1-5】按发行主体信用，查看2022年上半年我国债券市场发行数据（见表1-4）与存量数据（见表1-5）。

【分析解答】

① 发行市场。

表1-4 2022年上半年我国债券发行数据（按发行主体信用分类）

类别	发行数量（只）	数量比重（%）	发行总额（亿元）	金额比重（%）
国债	75	0.30	34 376.40	10.91
地方政府债	1 504	6.07	52 501.57	16.66
央行票据	6	0.02	300.00	0.10
利率债合计	**1 585**	**6.40**	**87 177.97**	**27.67**
金融债	850	3.43	45 827.72	14.54
政策银行债	437	1.76	28 582.50	9.07
商业银行债	73	0.29	6 056.57	1.92
商业银行次级债券	57	0.23	5 371.50	1.70
保险公司债	9	0.04	211.50	0.07
证券公司债	164	0.66	3 374.65	1.07
证券公司短期融资券	100	0.40	1 804.00	0.57
其他金融机构债	10	0.04	427.00	0.14
企业债	280	1.13	2 166.77	0.69
一般企业债	280	1.13	2 166.77	0.69
集合企业债	0	0.00	0.00	0.00
公司债	1 734	7.00	15 144.34	4.81
一般公司债	716	2.89	7 757.47	2.46
私募债	1 018	4.11	7 386.87	2.34
中期票据	1 426	5.76	14 094.33	4.47
一般中期票据	1 426	5.76	14 094.33	4.47
集合票据	0	0.00	0.00	0.00
短期融资券	2 646	10.68	26 128.61	8.29
一般短期融资券	301	1.22	2 917.92	0.93
超短期融资债券	2 345	9.47	23 210.69	7.37
定向工具	638	2.58	4 081.68	1.30

续表

类别	发行数量（只）	数量比重（%）	发行总额（亿元）	金额比重（%）
国际机构债	3	0.01	115.00	0.04
政府支持机构债	10	0.04	1 000.00	0.32
资产证券化	2 062	8.33	9 561.97	3.03
国家金融监督管理总局主管资产支持证券	166	0.67	1 800.83	0.57
证监会主管资产支持证券	1 397	5.64	5 021.80	1.59
交易商协会主管资产支持票据	499	2.02	2 739.34	0.87
可转债	60	0.24	1 175.56	0.37
可分离转债存债	0	0.00	0.00	0.00
可交换债	12	0.05	267.23	0.08
信用债合计	9 721	39.25	119 563.21	37.94
同业存单	13 458	54.35	108 376.60	34.39
合计	24 764	99.99	315 117.78	100.00

数据来源：Wind 资讯

【注】比重相关的数据经过四舍五入，其总和不一定恰好为 100.00%。

② 存量市场。

表 1-5　2022 年上半年我国债券二级市场存量（按发行主体信用分类）

类别	债券数量（只）	数量比重（%）	债券余额（亿元）	余额比重（%）
国债	256	0.38	236 250.86	17.08
地方政府债	8 990	13.41	344 008.94	24.87
央行票据	3	0.00	150.00	0.01
利率债合计	9 249	13.79	580 409.80	41.96
金融债	2 548	3.80	318 050.62	23.00
政策银行债	302	0.45	210 552.52	15.22
商业银行债	325	0.48	23 361.92	1.69
商业银行次级债券	604	0.90	51 193.60	3.70
保险公司债	80	0.12	3 185.50	0.23
证券公司债	936	1.40	21 640.08	1.56
证券公司短期融资券	117	0.17	2 145.00	0.16
其他金融机构债	184	0.27	5 972.00	0.43
企业债	2 747	4.10	22 152.07	1.60
一般企业债	2 744	4.09	22 132.07	1.60
集合企业债	3	0.00	20.00	0.00

续表

类别	债券数量（只）	数量比重（%）	债券余额（亿元）	余额比重（%）
公司债	11 415	17.02	103 307.11	7.47
私募债	6 988	10.42	51 658.69	3.73
一般公司债	4 427	6.60	51 648.42	3.73
中期票据	8 020	11.96	85 900.14	6.21
一般中期票据	8 020	11.96	85 900.14	6.21
集合票据	0	0.00	0.00	0.00
短期融资券	3 021	4.51	27 943.54	2.02
一般短期融资券	614	0.92	6 006.20	0.43
超短期融资债券	2 407	3.59	21 937.34	1.59
定向工具	3 604	5.37	23 277.46	1.68
国际机构债	20	0.03	440.00	0.03
政府支持机构债	185	0.28	18 525.00	1.34
资产证券化	9 515	14.19	47 264.20	3.42
国家金融监督管理总局主管资产支持证券	1 311	1.96	15 913.71	1.15
证监会主管资产支持证券	2 004	2.99	9 530.55	0.69
交易商协会主管资产支持票据	6 200	9.25	21 819.94	1.58
可转债	446	0.67	7 656.67	0.55
可交换债	83	0.12	1 484.47	0.11
项目收益票据	28	0.04	127.50	0.01
信用债合计	41 632	62.08	656 128.78	47.44
同业存单	16 177	24.12	146 570.20	10.60
合计	67 058	99.99	1 383 108.78	99.98

数据来源：Wind 资讯

【注】比重相关的数据经过四舍五入，其总和不一定恰好为 100.00%。

1.2.3 按发行主体类型分类

在国内，中央国债登记结算有限责任公司（简称"中债登"或"中债"）对债券的估值被认定为具有权威的公允价值的代表之一，在债券市场发挥了价格基准和会计计量两大作用。笔者在此选择根据中央国债登记结算有限责任公司发布的《中国债券市场概览（2021 年版）》，结合市场热点，按照发行主体类型对债券进行分类，具体的分类见图 1-5。

值得大家关注的是企业债与公司债的区别以及中国特色的熊猫债券。

（1）企业债：发行主体为企业（主要是国有企业），经证监会注册后发行。

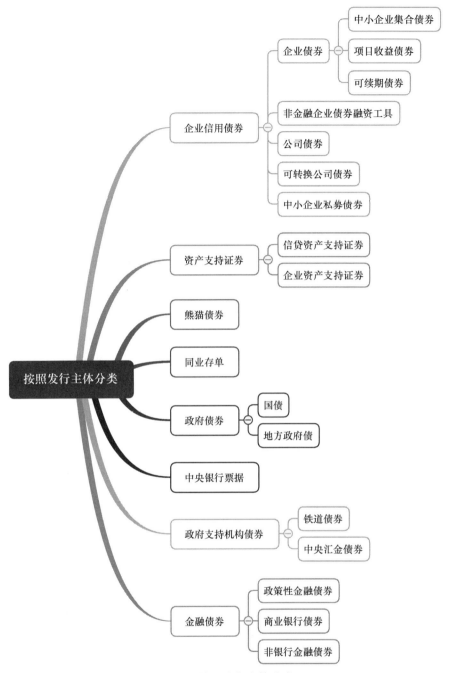

图 1-5 按照发行主体分类

（2）公司债：发行主体为上市公司或非上市公众公司，在交易所债券市场公开或非公开发行，在中国证券登记结算有限责任公司（简称"中证登"或"中证"）登记托管。

（3）熊猫债券：境外机构在中国境内发行的人民币债券，包括主权类机构、国际开发机构、金融机构和非金融企业等。在银行间债券市场发行的熊猫债券，在中债登或上海清算所（以下简称"上清所"）登记托管；在交易所市场发行的熊猫债券发行人主要是非金融企业，在中证登记托管。

【**实例 1-6**】按发行主体类型，查看 2022 年上半年我国债券市场发行数据（见表 1-6）与存量数据（见表 1-7）。

【**分析解答**】

① 发行市场。

表 1-6　2022 年上半年我国债券发行数据（按发行主体类型分类）

类别	发行数量（只）	数量比重（%）	发行总额（亿元）	金额比重（%）
国债（中债）	1 579	61.32	86 877.97	66.77
记账式国债（中债）	71	2.76	33 576.40	25.81
凭证式国债（中债）	0	0.00	0.00	0.00
储蓄国债（中债）	4	0.16	800.00	0.61
地方政府债（中债）	1 504	58.41	52 501.57	40.35
央行票据（中债）	6	0.23	300.00	0.23
政策性银行债券（中债）	389	15.11	26 247.70	20.17
中国进出口银行债（中债）	150	5.83	7 884.60	6.06
中国农业发展银行债（中债）	89	3.46	5 406.20	4.16
国家开发银行债（中债）	150	5.83	12 956.90	9.96
商业银行债券（中债）	71	2.76	6 026.57	4.63
普通债（中债）	71	2.76	6 026.57	4.63
非银行金融机构债（中债）	13	0.50	295.50	0.23
特种金融债（中债）	0	0.00	0.00	0.00
国际机构债券（中债）	0	0.00	0.00	0.00
政府支持机构债（中债）	10	0.39	1 000.00	0.77
证券公司债（中债）	0	0.00	0.00	0.00
企业债（中债）	284	11.03	2 186.92	1.68
项目收益债（中债）	5	0.19	31.30	0.02
中央企业债（中债）	0	0.00	0.00	0.00
地方企业债（中债）	275	10.68	2 135.47	1.64
集合企业债（中债）	0	0.00	0.00	0.00
其他	4	0.16	20.15	0.02
中期票据（中债）	0	0.00	0.00	0.00
集合票据（中债）	0	0.00	0.00	0.00
短期融资券（中债）	0	0.00	0.00	0.00
证券公司短期融资券（中债）	0	0.00	0.00	0.00
超短期融资券（中债）	0	0.00	0.00	0.00
资产支持证券（中债）	166	6.45	1 800.83	1.38
资本工具（中债）	57	2.21	5 371.50	4.13
二级资本工具（中债）	42	1.63	3 791.50	2.91
其他	15	0.58	1 580.00	1.21
合计	2 575	100.00	130 106.99	100.00

数据来源：Wind 资讯

【注】比重相关的数据经过四舍五入，其总和不一定恰好为 100.00%。

② 存量市场。

表 1-7 2022 年上半年我国债券二级市场存量（按发行主体类型分类）

类别	债券数量（只）	数量比重（%）	债券余额（亿元）	余额比重（%）
国债（中债）	9 246	62.11	580 259.80	63.13
记账式国债（中债）	196	1.32	224 656.67	24.44
凭证式国债（中债）	9	0.06	1 550.00	0.17
储蓄国债（中债）	51	0.34	10 044.19	1.09
地方政府债（中债）	8 990	60.39	344 008.94	37.43
央行票据（中债）	3	0.02	150.00	0.02
政策性银行债券（中债）	241	1.62	198 946.52	21.64
国家开发银行债（中债）	131	0.88	105 932.82	11.53
中国农业发展银行债（中债）	54	0.36	52 415.90	5.70
中国进出口银行债（中债）	56	0.38	40 597.80	4.42
商业银行债券（中债）	336	2.26	25 222.42	2.74
普通债（中债）	322	2.16	23 326.92	2.54
次级债（中债）	14	0.09	1 895.50	0.21
非银行金融机构债（中债）	209	1.40	5 972.00	0.65
政府支持机构债（中债）	185	1.24	18 525.00	2.02
企业债（中债）	2 744	18.43	22 052.07	2.40
项目收益债（中债）	126	0.85	655.93	0.07
中央企业债（中债）	54	0.36	1 831.34	0.20
地方企业债（中债）	2 561	17.20	19 544.80	2.13
集合企业债（中债）	3	0.02	20.00	0.00
中期票据（中债）	23	0.15	538.82	0.06
资产支持证券（中债）	1 299	8.73	15 817.49	1.72
资本工具（中债）	601	4.04	51 655.10	5.62
二级资本工具（中债）	452	3.04	31 440.10	3.42
其他	149	1.00	20 215.00	2.20
合计	14 887	100.00	919 139.22	100.00

数据来源：Wind 资讯

【注】比重相关的数据经过四舍五入，其总和不一定恰好为 100.00%。

需要注意的是，中债统计数值的选取口径与 Wind 的分类并不相同，不同分类下的汇总数值有一定差异。

1.2.4 按币种分类

近年来，我国债券市场不断往国际化方向发展，因而外币债券的比重在不断增大。以下按照币种对债券进行划分。

（1）人民币债券：以人民币计价的债券，包括境内机构发行的人民币债券和境外机构发行的熊猫债券，占中国债券市场的绝大部分。

（2）外币债券：境内机构在境内发行的以外币计价的债券，经人民银行批准发行。目前境内美元债券，大部分在中债登托管。

（3）SDR债券：以特别提款权（SDR）计价的债券。世界银行2016年8月在中国银行间市场发行了本金为5亿元的SDR债券（以人民币结算），后续预计有更多中资机构和国际组织参与发行。

1.3 中国债券市场的发展、监管与业务

1.3.1 中国债券市场的发展沿革

中国债券市场主要经历了以柜台市场为主（1988—1991年），以交易所市场为主（1992—2000年）以及以银行间市场为主（2001年至今）三个阶段的发展。图1-6展示了更加详细的发展历程。

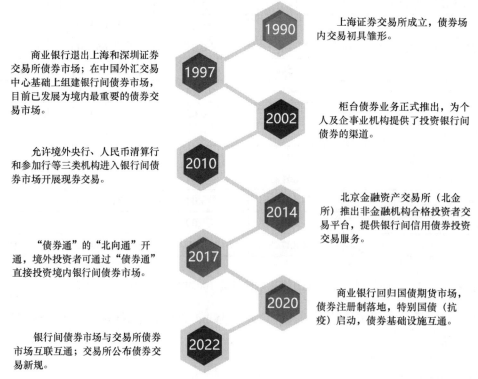

图1-6 中国债券市场的发展历程

我国债券市场为包括银行间市场、北金所市场、商业银行柜台市场和交易所市场在内的多

层次市场体系，如表 1-8 所示。

表 1-8 我国债券市场的多层次体系

债券市场类型	银行间市场	北金所市场	商业银行柜台市场	交易所市场
市场性质	场外	场外	场外	场内
交易券种	国债、地方债、政策性银行债、央行票据、商业银行普通金融债、次级债、短期融资券、超短期融资券、中期票据、企业债、资产支持证券	短期融资券、超短期融资券、中期票据	国债、政策性金融债、地方债（下一步可能有短期融资券、超短期融资券、中期票据等）	国债、地方债、公司债、可转换债券、可交换债券、资产支持证券等
参与机构	商业银行、外资银行、保险公司、证券公司、信托公司、境外金融机构、资管产品等	非金融机构投资者	非金融企业、个人、未进入银行间市场的金融机构、事业单位和团体法人	商业银行、非银行金融机构、个人投资者
交易类型	现券交易、回购交易、债券借贷交易等	现券交易	现券交易、回购交易	现券交易、回购交易
交易方式	对话报价、请求报价、做市报价、指示性报价、匿名点击等	双边报价	双边报价	竞价撮合（竞价系统）、询价交易（固收平台）等
托管机构	中债登、上清所	上清所	中债登、上清所（一级托管人）	中证登
清算速度	$T+0$ $T+1$ $T+N$（含境外投资者）	$T+1$	$T+0$	$T+1$
下单系统	本币交易系统（交易中心）	本币交易系统（交易中心）	商业银行独立系统	第三方系统（金仕达、恒生系统等连接交易所）

1.3.2 中国债券市场监管体系

我国债券市场的监管框架涉及部门众多，是明显的多头监管的局面。其中，涉及中国人民银行、国家发展改革委、证监会、交易商协会等多个部门，功能监管与机构监管相互交织。当前，各个部门也在积极配合，不断为构建统一、互通互联的市场做出努力。表 1-9 为中国债券市场监管体系分类。

表 1-9 中国债券市场监管体系分类

主管单位	债券品种	管理机制
中国人民银行或国家金融监督管理总局	政策性金融债、商业银行债、商业银行二级资本债、同业存单、保险公司次级债等	审批制
	信贷资产证券化（CLO）	备案制

续表

主管单位	债券品种	管理机制
财政部	国债、地方政府债	审批制
国家发展和改革委员会	铁道债、企业债	注册制
交易商协会	超短期融资券（SCP）、短期融资券（CP）、中期票据（MTN）、资产支持票据（ABN）、项目收益票据（PRN）、非公开定向债务融资工具（PPN）、央行票据等	注册制
证监会	大公募	注册制
	小公募	注册制
	私募债	交易所预沟通，中国证券业协会备案
	可转换债券、可交换债券	一般主板上市公司发行为注册制，其余为核准制
	企业债	注册制
	企业资产证券化	交易所审核，中国证券投资基金业协会备案

【注1】交易所公司债细分为大公募、小公募、私募债（非公开）。
大公募：面向公共投资者的公开发行的公司债。
小公募：面向合格投资者的公开发行的公司债。
私募债：面向合格投资者的非公开发行的公司债。
【注2】自2020年3月1日起，公司债公开发行实行注册制。公开发行公司债，应当符合修订后的《中华人民共和国证券法》和国务院有关通知规定的发行条件和信息披露要求等。
【注3】上述监管体系可能会随时代发展有所变动。

1.3.3 中国债券市场交易业务

债券市场（二级市场）交易业务主要包括现券买卖、质押式回购、买断式回购和债券借贷等，如图1-7所示。

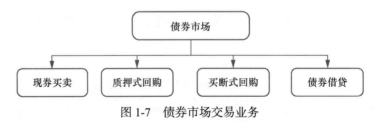

图1-7 债券市场交易业务

相关的衍生品包括国债期货、标准债券远期、利率互换、利率期权、信用风险缓释工具等，如图1-8所示。

以上这些产品在后续的章节中会陆续介绍。

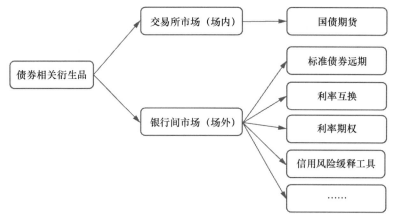

图 1-8 债券市场衍生品

1.4 本章小结

本章针对我国的固定收益市场展开，主要介绍了债券与债券市场。首先，介绍了我国的债券市场主要分为发行市场（一级市场）与交易市场（二级市场）。在一级市场发行债券后，通常在二级市场进行流通交易。其次，介绍了我国债券的多种分类方式：按付息方式、发行主体信用、发行主体类型、币种分类。最后，对国内债券市场的发展与监管做了简要的概括。我国债券市场涉及的监管部门较多，交易方式有场内也有场外。

第 2 章 债券的计息基准与应计利息的计算

债券计息基准为年化时间的计算基准，应计利息则描述了持有债券期间（年化时间）获得利息的金额。本章主要介绍在计息基准的基础上，计算债券在持有期内获得利息金额的具体方法。在计算利息金额之前，需要知道上一计息计划结束日（首期则为起息日）至计算日之间的间隔天数，这又需得知债券整个计息间隔计划的日期。下面将用实例来讲解如何生成计息间隔计划的日期。

【实例 2-1】08 国债 02 债券的基本信息如表 2-1 所示，请计算该债券的计息间隔计划。

表 2-1　08 国债 02 债券的基本信息

债券简称	08 国债 02	债券代码	080002
债券类型	国债	发行人	财政部
债券起息日	2008-2-28	债券到期日	2023-2-28
付息频率	半年	发行期限	15 年
息票类型	附息式固定利率	面值	100 元
计息基准	实际/实际	票面利率（%）	4.160 0

数据来源：中国货币网

【分析解答】由于 08 国债 02 的起息日为 2008-2-28，付息频率为每半年付息一次，所以计息间隔计划为按半年频率增加的日期计划。由此可知 08 国债 02 的计息日期计划应当为：

2008-2-28，2008-8-28，2009-2-28，……，2022-8-28，2023-2-28。

下面采用 Python 编写生成债券计息计划的日期函数（coupon_schedule）：

```
#加载需要使用的库
from datetime import date
from dateutil import relativedelta
#用于生成债券计息计划的日期的函数
def coupon_schedule(start_date,yearlenth,fre):
    '''
    :param start_date: 债券起息日；
```

```
    :param yearlenth: 债券的发行年限;
    :param fre: 债券的付息频率;
    :return: 返回债券的计息间隔计划。
    '''
    schedule=[start_date]
    if fre == 0:   #付息频率为0,通常为零息或贴现债
        schedule.append(start_date+relativedelta.relativedelta(months=12*yearlenth))
    elif fre == 4:   #付息频率为4
        for i in range(3,int(yearlenth*3*4+1), 3):
            schedule.append(start_date+relativedelta.relativedelta(months=i))
    elif fre == 2:   #付息频率为2
        for i in range(6,int(yearlenth*6*2+1), 6):
            schedule.append(start_date+relativedelta.relativedelta(months=i))
    else:   #付息频率为1
        for i in range(12,int(yearlenth*12*1+1), 12):
            schedule.append(start_date+relativedelta.relativedelta(months=i))
    return schedule
```

调用 coupon_schedule 函数,输入起息日、发行年限、付息频率参数,进行计算。

```
#测试案例
schedule_test=coupon_schedule(start_date=date(2008,2,28),yearlenth=15,fre=2)
print("计息间隔计划:\n",schedule_test)
```

输出结果:

```
计息间隔计划:
[datetime.date(2008, 2, 28), datetime.date(2008, 8, 28), datetime.date(2009, 2, 28),
 datetime.date(2009, 8, 28), datetime.date(2010, 2, 28), datetime.date(2010, 8, 28),
 datetime.date(2011, 2, 28), datetime.date(2011, 8, 28), datetime.date(2012, 2, 28),
 datetime.date(2012, 8, 28), datetime.date(2013, 2, 28), datetime.date(2013, 8, 28),
 datetime.date(2014, 2, 28), datetime.date(2014, 8, 28), datetime.date(2015, 2, 28),
 datetime.date(2015, 8, 28), datetime.date(2016, 2, 28), datetime.date(2016, 8, 28),
 datetime.date(2017, 2, 28), datetime.date(2017, 8, 28), datetime.date(2018, 2, 28),
 datetime.date(2018, 8, 28), datetime.date(2019, 2, 28), datetime.date(2019, 8, 28),
 datetime.date(2020, 2, 28), datetime.date(2020, 8, 28), datetime.date(2021, 2, 28),
 datetime.date(2021, 8, 28), datetime.date(2022, 2, 28), datetime.date(2022, 8, 28),
 datetime.date(2023, 2, 28)]
```

将上述计息间隔计划汇总整理成表2-2。

表2-2 08国债02债券的计息与付息时间

计息计划序列	计息计划开始日	计息计划结束日	付息日	计息天数
1	2008-2-28(起息日)	2008-8-28	2008-8-28	182
2	2008-8-28	2009-2-28	2009-3-2	184
3	2009-2-28	2009-8-28	2009-8-28	181
⋮	⋮	⋮	⋮	⋮
29	2022-2-28	2022-8-28	2022-8-29	181
30	2022-8-28	2023-2-28	2023-2-28	184

【注】计息天数算头不算尾。

需要注意的是,在不考虑节假日情况下,计息计划结束日和付息日是一致的。而国内的债

券大部分是在遇到节假日时将付息日顺延至下一营业日。有了计息间隔计划,就可以判断起息日或上一计息计划结束日(未进行节假日调整)至计算日之间的年化时间,后续百元面值应计利息可以采用一个通用的思路进行计算,即 $AI = \text{yearfactor} \times C \times \dfrac{m}{100}$。

2.1 国内债券常见计息基准

2.1.1 附息债券

附息债券,指债券券面上附有利率条款(即具有票息)的债券,包含固定、浮动利率债券和普通资产支持证券。

(1)实际/实际——付息频率小于或等于1年(按平均值付息)。

$$\text{yearfactor} = \frac{t}{TS \times f} \qquad (2-1)$$

$$AI = \text{yearfactor} \times C \times \frac{m}{100} \qquad (2-2)$$

yearfactor:起息日或上一计息计划结束日至计算日的年化时间。
t:起息日或上一计息计划结束日至计算日的实际(或自然日)天数,含2月29日。
TS:计算日所处付息周期的自然日天数,含2月29日。
f:债券的付息频率。
AI:按百元面值计价的债券在计算日的应计利息。
C:按百元面值计价的债券年利息。
m:按百元面值计价的债券在计算日剩余本金值。

【注】针对付息频率小于等于1年的情况,发行公告中很多未明确约定按照哪种方式付息,通常采用平均值付息的公式。

【实例 2-2】债券信息同实例 2-1,计算该债券在 2020-5-20 的日间百元面值应计利息。

【分析解答】由债券信息可以计算得到:

$$t = \text{days}(2020\text{-}5\text{-}20 - 2020\text{-}2\text{-}28) = 82$$
$$TS = \text{days}(2020\text{-}8\text{-}28 - 2020\text{-}2\text{-}28) = 182$$
$$C = 4.16;\ f = 2;\ m = 100$$

$$AI = \text{yearfactor} \times C \times \frac{m}{100} = \frac{82}{182 \times 2} \times 4.16 \times \frac{100}{100} = 0.937\ 14$$

下面采用 Python 编写实际/实际(按平均值付息)基准应计利息的函数(ACT_ACT_AVE)。

```
#加载需要使用的库
from coupon_schedule import *
#计息基准为 ACT_ACT_AVE 的函数
def ACT_ACT_AVE(cal_date,start_date,yearlenth,fre, coupon,m):
    '''
```

```
:param cal_date: 计算日期;
:param start_date: 债券的起息日;
:param yearlenth: 债券的发行年限;
:param fre: 债券的付息频率;
:param coupon: 债券的百元票面利息;
:param m: 债券的百元剩余本金;
:return: 返回债券应计利息的计算结果。
'''
#寻找计算日在哪两个付息日之间
schedule=coupon_schedule(start_date=start_date,yearlenth=yearlenth,fre=fre)
for i in range(1, len(schedule)):
    if schedule[i] >= cal_date: break
#实际/实际——付息频率小于等于1年(按平均值付息)
yearfactor = (cal_date - schedule[i-1]) / ((schedule[i] - schedule[i-1]) * fre)
AI = yearfactor * coupon * m / 100
return AI
```

调用 ACT_ACT_AVE 函数，输入计算日、起息日、发行年限、付息频率、百元票面利息（通常为票面利率乘以100）和当前百元剩余本金进行计算。

```
#测试案例
ACC1=ACT_ACT_AVE(cal_date=date(2020,5,20),start_date=date(2008,2,28),
            yearlenth=15,fre=2,coupon=4.16,m=100)
print("应计利息:",round(ACC1,5))
```

输出结果：

应计利息: 0.93714

【注】为方便查看，这里应计利息精度统一保留5位小数。

（2）实际/实际——付息频率小于1年（按实际天数付息）。

$$\text{yearfactor} = \frac{t}{TY} \tag{2-3}$$

$$AI = \text{yearfactor} \times C \times \frac{m}{100} \tag{2-4}$$

yearfactor：起息日或上一计息计划结束日至计算日的年化时间。

t：起息日或上一计息计划结束日至计算日的自然日天数，含2月29日。

TY：计算日所处付息周期所在计息年度的自然日天数（从起息日起计算的计算日所属的整年度，即债券本身的完整计息年度），含2月29日。

AI：按百元面值计价的债券在计算日的应计利息。

C：按百元面值计价的债券年利息。

m：按百元面值计价的债券在计算日剩余本金值。

【注】计息年度是从起息日起，每加1年（即下一年的同月同日）算一个完整的计息年度。如果该完整年度中包含2月29日，无论几次付息，该计息年度分母均按366天计算；若不包含2月29日，采用365天计算。

【实例2-3】债券信息同实例2-1，计算该债券在2020-5-20的日间百元面值应计利息，对比实际/实际中按平均值和实际天数的计算是否存在差异。

【分析解答】依据债券信息可以计算得到：

$$t = \text{days}(2020\text{-}5\text{-}20 - 2020\text{-}2\text{-}28) = 82$$
$$TY = \text{days}(2021\text{-}2\text{-}28 - 2020\text{-}2\text{-}28) = 366$$
$$C = 4.16; f = 2; m = 100$$
$$AI = \text{yearfactor} \times C \times \frac{m}{100} = \frac{82}{366} \times 4.16 \times \frac{100}{100} = 0.932\,02$$

下面采用 Python 编写实际/实际（按实际天数）基准应计利息的函数（ACT_ACT_ACT）。

```python
#加载需要使用的库
from coupon_schedule import *
from dateutil import relativedelta
#计息基准为ACT_ACT_ACT的函数
def ACT_ACT_ACT(cal_date,start_date,yearlenth,fre, coupon,m):
    '''
    :param cal_date: 计算日期;
    :param start_date: 债券的起息日;
    :param yearlenth: 债券的发行年限;
    :param fre: 债券的付息频率;
    :param coupon: 债券的百元票面利息;
    :param m: 债券的百元剩余本金;
    :return: 返回债券应计利息的计算结果。
    '''
    #寻找计算日在哪两个付息日之间
    schedule=coupon_schedule(start_date=start_date,yearlenth=yearlenth,fre=fre)
    for i in range(1, len(schedule)):
        if schedule[i] >= cal_date: break
    #实际/实际——付息频率小于等于1年（按实际天数付息），包含利随本清债券
    schedule_spe = [schedule[0]]
    if yearlenth < 1:
        yearlenth = 1
    for j in range(12, int(yearlenth * 12 * 1 + 1), 12):
        schedule_spe.append(schedule[0] + relativedelta.relativedelta(months=j))
    for k in range(1, len(schedule_spe)):
        if schedule_spe[k] >= cal_date: break
    TY = schedule_spe[k] - schedule_spe[k - 1]
    yearfactor = (cal_date - schedule[i - 1]) / TY
    AI = yearfactor * coupon * m / 100
    return AI
```

调用 ACT_ACT_ACT 函数，输入计算日、起息日、发行年限、付息频率、百元票面利息（通常为票面利率乘以 100）和当前百元剩余本金进行计算。

```python
#测试案例
ACC2=ACT_ACT_ACT(cal_date=date(2020,5,20),start_date=date(2008,2,28),
                 yearlenth=15,fre=2,coupon=4.16,m=100)
print("应计利息:",round(ACC2,5))
```

输出结果：

```
应计利息：0.93202
```

可以发现，计息基准不同时，即便债券其他要素及计算日期均相同，计算的结果也有所不同。

2.1.2 利随本清债券

利随本清债券指的是到期一次偿还本金和所有利息（即中途不付息）的债券。

$$\text{yearfactor} = \frac{t}{\text{TS}} \quad (2-5)$$

$$\text{AI} = (\text{yearfactor} + K) \times C \times \frac{m}{100} \quad (2-6)$$

yearfactor：起息日或上一计息计划结束日至计算日的年化时间。

t：起息日或上一理论付息日（从起息日起，一年为一个理论付息期）至计算日的自然日天数，含 2 月 29 日。

TS：计算日所处付息周期的自然日天数，含 2 月 29 日。

AI：按百元面值计价的债券在计算日的应计利息。

C：按百元面值计价的债券年利息。

m：按百元面值计价的债券在计算日剩余本金值。

K：债券起息日至计算日的整年数。

【实例 2-4】20 新滨江 PPN002 债券的基本信息如表 2-3 所示，计算该债券在 2022-4-28 的日间百元面值应计利息。

表 2-3　20 新滨江 PPN002 债券的基本信息

债券简称	20 新滨江 PPN002	债券代码	032001025
债券类型	非金公司信用债-定向工具（PPN）	发行人	河南东龙控股集团有限公司
债券起息日	2020-12-4	债券到期日	2023-12-4
付息频率	—	发行期限	3 年
息票类型	到期一次性还本付息	面值	100 元
计息基准	—	票面利率（%）	6.5

数据来源：中国货币网

【分析解答】依据债券信息可以计算得到：

$$t = \text{days}(2022\text{-}4\text{-}28 - 2021\text{-}12\text{-}4) = 145$$

$$\text{TS} = \text{days}(2021\text{-}12\text{-}4 - 2022\text{-}12\text{-}4) = 365$$

$$K = 1;\ C = 6.5;\ m = 100$$

$$\text{AI} = (\text{yearfactor} + K) \times C \times \frac{m}{100} = \left(\frac{145}{365} + 1\right) \times 6.5 \times \frac{100}{100} = 9.082\,19$$

调用 coupon_schedule 函数并输入相关参数，生成计息计划日期；调用 ACT_ACT_ACT 函数并输入相关参数，计算债券的应计利息：

```
#加载需要使用的库
from coupon_schedule import *
from ACT_ACT_ACT import *
from dateutil import relativedelta
#测试案例
ACT_sch=coupon_schedule(start_date=date(2020,12,4),yearlenth=3,fre=0)
print("计息间隔计划:",ACT_sch)
ACC3=ACT_ACT_ACT(cal_date=date(2022,4,28),start_date=date(2020,12,4),
                 yearlenth=3,fre=0,coupon=6.5,m=100)
print("应计利息:",round(ACC3,5))
```

输出结果：

```
计息间隔计划: [datetime.date(2020, 12, 4), datetime.date(2023, 12, 4)]
应计利息: 9.08219
```

2.1.3 贴现、零息债券

贴现、零息债券均以低于面值的价格发行，到期时再按面值偿还本金。因此，贴现、零息债券的利息实际上隐含在发行时的价格和面值的差价中。具体的计算方法如下：

$$\text{yearfactor} = \frac{t}{T} \tag{2-7}$$

$$AI = \text{yearfactor} \times (M - P_d) \tag{2-8}$$

yearfactor：起息日至计算日的年化时间。

t：起息日至计算日的自然日天数，含 2 月 29 日。

T：起息日至到期兑付日的自然日天数，含 2 月 29 日。

AI：按百元面值计价的债券在计算日的应计利息。

M：每百元面值到期兑付额。

P_d：债券发行价。

【实例 2-5】表 2-4 给出了 22 青岛农商行 CD039 债券的基本信息，计算该债券在 2022-4-28 的日间百元面值应计利息。

表 2-4 22 青岛农商行 CD039 债券的基本信息

债券简称	22 青岛农商行 CD039	债券代码	112294847
债券类型	同业存单-其他同业存单	发行人	青岛农村商业银行股份有限公司
债券起息日	2022-3-14	债券到期日	2023-3-14
付息频率	—	发行期限	1 年
息票类型	零息	面值	100 元
计息基准	—	发行价格	97.371 0 元

数据来源：中国货币网

【分析解答】依据债券信息可以计算得到：

$$t = \text{days}(2022\text{-}4\text{-}28 - 2022\text{-}3\text{-}14) = 45$$

$$T = \text{days}(2023\text{-}3\text{-}14 - 2022\text{-}3\text{-}14) = 365$$

$$M = 100; P_d = 97.371\,0$$

$$\text{AI} = \text{yearfactor} \times (M - P_d) = \frac{45}{365} \times (100 - 97.371\,0) = 0.324\,12$$

下面采用 Python 编写计算贴现、零息债券应计利息的函数（ACT_ACT_ZERO）。

```
#加载需要使用的库
from coupon_schedule import *
#计息基准为ACT_ACT_ZERO 的函数
def ACT_ACT_ZERO(cal_date,start_date,yearlenth,fre, issue_price):
    '''
    :param cal_date: 计算日期；
    :param start_date: 债券的起息日；
    :param yearlenth: 债券的发行年限；
    :param fre: 债券的付息频率；
    :param issue_price: 债券的发行价格；
    :return: 返回债券应计利息计算结果。
    '''
    #寻找计算日在哪两个付息日之间
    schedule=coupon_schedule(start_date=start_date,yearlenth=yearlenth,fre=fre)
    for i in range(1, len(schedule)):
        if schedule[i] >= cal_date: break
    #零息债券利息的计算
    yearfactor = (cal_date - schedule[0]) / (schedule[i] - schedule[i - 1])
    AI = yearfactor * (100 - issue_price)
    return AI
```

调用 coupon_schedule 函数输入相关参数，生成计息计划日期；调用 ACT_ACT_ZERO 函数并输入相关参数，计算债券的应计利息。

```
#测试案例
zero_sch=coupon_schedule(start_date=date(2022,3,14),yearlenth=1,fre=0)
print("计息间隔计划:",zero_sch)
ACC4=ACT_ACT_ZERO(cal_date=date(2022,4,28),start_date=date(2022,3,14),
                  yearlenth=1,fre=0,issue_price=97.3710)
print("应计利息:",ACC4)
```

输出结果：

```
计息间隔计划: [datetime.date(2022, 3, 14), datetime.date(2023, 3, 14)]
应计利息: 0.32412
```

2.2 其他计息基准

2.2.1 实际/360

$$\text{yearfactor} = \frac{t}{360} \tag{2-9}$$

$$AI = \text{yearfactor} \times C \times \frac{m}{100} \qquad (2-10)$$

yearfactor：起息日或上一计息计划结束日至计算日的年化时间。

t：起息日或上一计息计划结束日至计算日的自然日天数，含 2 月 29 日。

AI：按百元面值计价的债券在计算日的应计利息。

C：按百元面值计价的债券年利息。

m：按百元面值计价的债券在计算日剩余本金值。

【实例 2-6】表 2-5 给出了 22 建设银行 CD051 债券的相关信息，计算该债券在 2022-4-28 的日间百元面值应计利息。

表 2-5　22 建设银行 CD051 债券的基本信息

债券简称	22 建设银行 CD051	债券代码	112205051
债券类型	同业存单	发行人	中国建设银行股份有限公司
债券起息日	2022-4-14	债券到期日	2023-4-14
付息频率	1 年 4 次	发行期限	1 年
息票类型	附息式浮动利率	面值	100 元
基准利率名称	Shibor3M	当前基准利率（%）	2.347 0
计息基准	实际/360	基准利差（%）	0.06
基准利率精度	4 位	当前票面利率（%）	2.407 0

数据来源：中国货币网

【分析解答】依据债券信息可以计算得到：

$$t = \text{days}(2022\text{-}4\text{-}28 - 2022\text{-}4\text{-}14) = 14$$
$$C = 2.347\,0 + 0.06 = 2.407\,0$$
$$m = 100$$
$$AI = \text{yearfactor} \times C \times \frac{m}{100} = \frac{14}{360} \times 2.407\,0 \times \frac{100}{100} = 0.093\,61$$

下面采用 Python 编写计算实际/360 基准应计利息的函数（ACT_360）。

```
#加载需要使用的库
from coupon_schedule import *
import datetime
#计息基准为 ACT_360 的函数
def ACT_360(cal_date,start_date,yearlenth,fre,coupon,m):
    '''
    :param cal_date: 计算日期；
    :param start_date: 债券的起息日；
    :param yearlenth: 债券的发行年限；
    :param fre: 债券的付息频率；
    :param coupon: 债券的百元票面利息；
    :param m: 债券的百元剩余本金；
    :return: 返回债券应计利息的计算结果。
    '''
```

```
#寻找计算日在哪两个付息日之间
schedule=coupon_schedule(start_date=start_date, yearlenth=yearlenth, fre=fre)
for i in range(1, len(schedule)):
    if schedule[i] >= cal_date: break
#实际/360
yearfactor = (cal_date - schedule[i - 1]) / datetime.timedelta(days=360)
AI = yearfactor * coupon * m / 100
return AI
```

调用 coupon_schedule 函数输入参数生成付息计划日期，调用 ACT_360 函数输入参数计算应计利息。

```
#测试案例
ACT_360_sch= coupon_schedule(start_date=date(2022, 4, 14), yearlenth=1, fre=4)
print("计息间隔计划: \n ",ACT_360_sch)
ACC5=ACT_360(cal_date=date(2022,4,28),start_date=date(2022, 4, 14),
            yearlenth=1,fre=4,coupon=2.347+0.06,m=100)
print("应计利息:",round(ACC5,5))
```

输出结果：

```
计息间隔计划:
 [datetime.date(2022, 4, 14), datetime.date(2022, 7, 14),
  datetime.date(2022, 10, 14), datetime.date(2023, 1, 14),
  datetime.date(2023, 4, 14)]
应计利息: 0.09361
```

2.2.2 30/360

$$\text{yearfactor} = \frac{360 \times (YY_2 - YY_1) + 30 \times (MM_2 - MM_1) + (DD_{M2} - DD_{M1})}{360} \quad (2-11)$$

$$AI = \text{yearfactor} \times C \times \frac{m}{100} \quad (2-12)$$

yearfactor：分子取决于起息日或上一计息计划结束日和计算日之间的年数、月数和一个月内的自然日天数，分母始终是 360。

DD_{Mi}：起息日或上一计息计划结束日或计算日所在月份的计息期天数；原则上每个月按 30 天计算，如果计息期第一天（DD_{M1}）不是 30 日或 31 日，但最后一天为 31 日，计息期最后一天（DD_{M2}）所在月份应为 31 天；如果计息期最后一天是 2 月的最后一天，则 2 月计息天数应为当月的实际自然日天数。

MM_i：起息日或上一计息计划结束日或计算日所在的月份。

YY_i：起息日或上一计息计划结束日或计算日所在的年份。

AI：按百元面值计价的债券在计算日的应计利息。

C：按百元面值计价的债券年利息。

m：按百元面值计价的债券在计算日剩余本金值。

【实例 2-7】表 2-6 是 21 福特汽车 04 债券的基本信息，计算该债券在 2022-3-31 的日间百元面值应计利息。

表2-6 21福特汽车04债券的基本信息

债券简称	21福特汽车04	债券代码	2122053
债券类型	非银行金融债-其他金融机构债	发行人	福特汽车金融(中国)有限公司
债券起息日	2021-9-8	债券到期日	2024-9-8
付息频率	1年1次	发行期限	3年
息票类型	附息式固定利率	面值	100元
计息基准	30/360	票面利率（%）	3.32

数据来源：中国货币网

【分析解答】依据债券信息可以计算得到：

$$YY_1 = 2021, YY_2 = 2022$$
$$MM_1 = 9, MM_2 = 3;$$
$$DD_{M1} = 8, DD_{M2} = 31;$$
$$C = 3.32; m = 100$$

$$AI = \frac{360 \times (YY_2 - YY_1) + 30 \times (MM_2 - MM_1) + (DD_{M2} - DD_{M1})}{360} \times C \times \frac{m}{100}$$

$$= \frac{360 \times (2022 - 2021) + 30 \times (3 - 9) + (31 - 8)}{360} \times 3.32 \times \frac{100}{100}$$

$$= 1.87211$$

下面采用Python编写计算30/360基准应计利息的函数（ACT_30_360）。

```python
#加载需要使用的库
from coupon_schedule import *
import calendar
#计息基准为ACT_30_360的函数
def ACT_30_360(cal_date,start_date,yearlenth,fre, coupon,m):
    '''
    :param cal_date: 计算日期;
    :param start_date: 债券的起息日;
    :param yearlenth: 债券的发行年限;
    :param fre: 债券的付息频率;
    :param coupon: 债券的百元票面利息;
    :param m: 债券的百元剩余本金;
    :return: 返回债券应计利息的计算结果。
    '''
    #寻找计算日在哪两个付息日之间
    schedule=coupon_schedule(start_date=start_date,yearlenth=yearlenth,fre=fre)
    for i in range(1, len(schedule)):
        if schedule[i] >= cal_date: break
    #判断是否将月末调整为30日
    days_1=schedule[i - 1].day
    if schedule[i - 1].day>30 :
        days_1 = 30
    elif (schedule[i - 1].month == 2 and schedule[i - 1].day == 29) :
        days_1 = 30
```

```
        elif ~calendar.isleap(schedule[i - 1].year) and schedule[i - 1].month == 2 and
            schedule[i - 1].day == 28 :
                days_1 = 30
        else :
            pass
        days_2=cal_date.day
        if schedule[i - 1].day==30 and cal_date.day > 30:
            days_2 = 30
        #elif cal_date.month == 2 and schedule[i - 1].day == 29:
        #    days_2 = 30
        #elif ~calendar.isleap(cal_date.year) and cal_date.month == 2 and cal_date.day == 28:
        #    days_2 = 30
        else :
            pass
        yearfactor=(360*(cal_date.year-schedule[i - 1].year)+
        30*(cal_date.month-schedule[i - 1].month)+(days_2-days_1))/360
        AI=yearfactor*coupon*m/100
        return AI
```

调用 coupon_schedule 函数输入对应参数生成计息计划日期，调用 ACT_30_360 函数输入对应参数计算应计利息。

```
#测试案例
ACT_30_360_sch=coupon_schedule(start_date=date(2021,9,8),yearlenth=3,fre=1)
print("计息间隔计划:\n",ACT_30_360_sch)
ACC6=ACT_30_360(cal_date=date(2022,3,31),start_date=date(2021,9,8),
                yearlenth=2,fre=1,coupon=3.32,m=100)
print("应计利息:",round(ACC6,5))
```

输出结果：

```
计息间隔计划:
 [datetime.date(2021, 9, 8), datetime.date(2022, 9, 8),
  datetime.date(2023, 9, 8), datetime.date(2024, 9, 8)]
应计利息: 1.87211
```

2.2.3 实际/365F

$$\text{yearfactor} = \frac{t}{365} \qquad (2-13)$$

$$AI = \text{yearfactor} \times C \times \frac{m}{100} \qquad (2-14)$$

yearfactor：起息日或上一计息计划结束日至计算日的年化时间。

t：起息日或上一计息计划结束日至计算日的自然日天数（若包含 2 月 29 日，剔除该日）。

AI：按百元面值计价的债券在计算日的应计利息。

C：按百元面值计价的债券年利息。

m：按百元面值计价的债券在计算日剩余本金值。

【实例 2-8】19 杭州银行债的基本信息如表 2-7 所示，计算该债券在 2020-5-18 的日间百元面值应计利息。

表 2-7 19 杭州银行债的基本信息

债券简称	19 杭州银行债	债券代码	1920045
债券类型	商业银行债	发行人	杭州银行股份有限公司
债券起息日	2019-7-15	债券到期日	2022-7-15
付息频率	1 年 1 次	发行期限	3 年
息票类型	附息式固定利率	面值	100 元
计息基准	实际/365F	票面利率（%）	3.6

数据来源：中国货币网

【分析解答】依据债券信息可以计算得到：

$$t = \text{days}(2020\text{-}5\text{-}18 - 2019\text{-}7\text{-}15) - 1 = 307$$

$$C = 3.6; \quad m = 100$$

$$AI = \text{yearfactor} \times C \times \frac{m}{100} = \frac{307}{365} \times 3.6 \times \frac{100}{100} = 3.02795$$

下面采用 Python 编写计算实际/365F 基准应计利息的函数（ACT_365F）。

```python
#加载需要使用的库
from coupon_schedule import *
import datetime
import calendar
#计息基准为ACT_365F的函数
def ACT_365F(cal_date,start_date,yearlenth,fre, coupon,m):
    '''
    :param cal_date:计算日期；
    :param start_date: 债券的起息日；
    :param yearlenth: 债券的发行年限；
    :param fre: 债券的付息频率；
    :param coupon:债券的百元票面利息；
    :param m:债券的百元剩余本金；
    :return:返回债券应计利息的计算结果。
    '''
    #寻找计算日在哪两个付息日之间
    schedule=coupon_schedule(start_date=start_date,yearlenth=yearlenth,fre=fre)
    for i in range(1, len(schedule)):
        if schedule[i] >= cal_date: break
    #实际/365F
    if calendar.isleap(cal_date.year) and (schedule[i - 1]<=date(cal_date.year,2,29)<cal_date) :
        yearfactor = (cal_date - schedule[i - 1]-datetime.timedelta(days=1)) / 
                    datetime.timedelta(days=365)
    else:
        yearfactor = (cal_date - schedule[i - 1] ) / datetime.timedelta(days=365)
    AI = yearfactor * coupon * m / 100
    return AI
```

调用 coupon_schedule 函数输入参数生成计息计划日期，调用 ACT_365F 函数输入参数计算应计利息。

```
#测试案例
ACT_365F_sch=coupon_schedule(start_date=date(2019,7,15),yearlenth=3,fre=1)
print("计息间隔计划:",ACT_365F_sch)
ACC7=ACT_365F(cal_date=date(2020,5,18),start_date=date(2019,7,15),
              yearlenth=3,fre=1,coupon=3.6,m=100)
print("应计利息:",round(ACC7,5))
```

输出结果：

```
计息间隔计划:
 [datetime.date(2019, 7, 15), datetime.date(2020, 7, 15),
  datetime.date(2021, 7, 15), datetime.date(2022, 7, 15)]
应计利息: 3.02795
```

2.2.4 实际/365

$$\text{yearfactor} = \frac{t}{365} \tag{2-15}$$

$$\text{AI} = \text{yearfactor} \times C \times \frac{m}{100} \tag{2-16}$$

yearfactor：起息日或上一计息计划结束日至计算日的年化时间。

t：起息日或上一计息计划结束日至计算日的自然日天数，含 2 月 29 日。

AI：按百元面值计价的债券在计算日的应计利息。

C：按百元面值计价的债券年利息。

m：按百元面值计价的债券在计算日剩余本金值。

【**实例 2-9**】债券信息同实例 2-8，将计息基准变更为实际/365，计算该债券在 2020-5-18 的日间百元面值应计利息。

【**分析解答**】依据债券信息可以计算得到：

$$t = \text{days}(2020\text{-}5\text{-}18 - 2019\text{-}7\text{-}15) = 308$$

$$C = 3.6;\ m = 100$$

$$\text{AI} = \text{yearfactor} \times C \times \frac{m}{100} = \frac{308}{365} \times 3.6 \times \frac{100}{100} = 3.037\,81$$

下面采用 Python 编写计算实际/365 基准应计利息的函数（ACT_365）。

```
#加载需要使用的库
from coupon_schedule import *
import datetime
#计息基准为 ACT_365 的函数
def ACT_365(cal_date,start_date,yearlenth,fre, coupon,m):
    '''
    :param cal_date:计算日期;
    :param start_date: 债券的起息日;
    :param yearlenth: 债券的发行年限;
    :param fre: 债券的付息频率;
```

```
    :param coupon:债券的百元票面利息;
    :param m:债券的百元剩余本金;
    :return:返回债券应计利息计算结果。
    '''
    #寻找计算日在哪两个付息日之间
    schedule=coupon_schedule(start_date=start_date,yearlenth=yearlenth,fre=fre)
    for i in range(1, len(schedule)):
        if schedule[i] >= cal_date: break
    #实际/365
    yearfactor = (cal_date - schedule[i - 1] ) / datetime.timedelta(days=365)
    AI = yearfactor * coupon * m / 100
    return AI
```

调用 coupon_schedule 函数输入参数生成计息计划日期,调用 ACT_365 函数输入参数计算应计利息。

```
#测试案例
ACT_365_sch=coupon_schedule(start_date=date(2019,7,15),yearlenth=3,fre=1)
print("债券付息间隔计划\n:",ACT_365_sch)
ACC8=ACT_365(cal_date=date(2020,5,18),start_date=date(2019,7,15),
             yearlenth=3,fre=1,coupon=3.6,m=100)
print("应计利息:",round(ACC8,5))
```

输出结果:

```
计息间隔计划:
 [datetime.date(2019, 7, 15), datetime.date(2020, 7, 15),
  datetime.date(2021, 7, 15), datetime.date(2022, 7, 15)]
应计利息: 3.03781
```

2.2.5 实际/实际(ISDA)

根据国际掉期与衍生工具协会(International Swaps and Derivatives Association,ISDA)制定的实际/实际计息基准,在公式(2-17)中,分子是起息日和计算日之间的自然日天数,分母取决于起息日或上一计息计划结束日和计算日是否在同一自然年度。如果起息日或上一计息计划结束日和计算日不在一年内,则:

$$\text{yearfactor} = \frac{n_1}{B_1} + \frac{n_2}{B_2} + (YY_2 - YY_1 - 1) \tag{2-17}$$

$$AI = \text{yearfactor} \times C \times \frac{m}{100} \tag{2-18}$$

yearfactor:起息日或上一计息计划结束日至计算日的年化时间。

n_1:起息日或上一计息计划结束日所在年内的计息期天数。

n_2:计算日所在年内的计息期天数。

B_1:起息日或上一计息计划结束日所在年的自然日天数,根据该年是否为闰年,取 366 或 365。

B_2:计算日所在年的自然日天数,根据该年是否为闰年,取 366 或 365。

YY_1:起息日或上一计息计划结束日所在的年份。

YY_2:计算日所在的年份。

AI：按百元面值计价的债券在计算日的应计利息。

C：按百元面值计价的债券年利息。

m：按百元面值计价的债券在计算日剩余本金值。

【实例 2-10】债券信息同实例 2-8，将计息基准变更为实际/实际（ISDA），计算该债券在 2020-5-18 的日间百元面值应计利息。

【分析解答】依据债券信息可以计算得到：

$$n_1 = \text{days}(2020\text{-}1\text{-}1 - 2019\text{-}7\text{-}15) = 170; B_1 = 365$$

$$n_2 = \text{days}(2020\text{-}5\text{-}18 - 2020\text{-}1\text{-}1) = 138; B_2 = 366$$

$$YY_1 = 2019, YY_2 = 2020;$$

$$C = 3.6; m = 100$$

$$\text{AI} = \text{yearfactor} \times C \times \frac{m}{100} = \left[\frac{170}{365} + \frac{138}{366} + (2020 - 2019 - 1)\right] \times 3.6 \times \frac{100}{100}$$

$$= 3.034\,09$$

下面采用 Python 编写计算实际/实际（ISDA）基准应计利息的函数（ACT_ACT_ISDA）。

```python
#加载需要使用的库
from coupon_schedule import *
import datetime
import calendar
#计息基准为ACT_ACT_ISDA的函数
def ACT_ACT_ISDA(cal_date,start_date,yearlenth,fre, coupon,m):
    '''
    :param cal_date:计算日期；
    :param start_date: 债券的起息日；
    :param yearlenth: 债券的发行年限；
    :param fre: 债券的付息频率；
    :param coupon:债券的百元票面利息；
    :param m:债券的百元剩余本金；
    :return:返回债券应计利息计算结果。
    '''
    #寻找计算日在哪两个付息日之间
    schedule=coupon_schedule(start_date=start_date,yearlenth=yearlenth,fre=fre)
    for i in range(1, len(schedule)):
        if schedule[i] >= cal_date: break
    #实际/实际（ISDA）
    if calendar.isleap(schedule[i - 1].year):
        B1=datetime.timedelta(days=366)
    else:
        B1=datetime.timedelta(days=365)
    n1 = date(schedule[i - 1].year, 12, 31) - schedule[i - 1]+datetime.timedelta(days=1)
    if calendar.isleap(cal_date.year):
        B2 = datetime.timedelta(days=366)
    else:
        B2 = datetime.timedelta(days=365)
    n2 = cal_date - date(cal_date.year, 1, 1)
```

```
            yearfactor = n1/B1+n2/B2 + (cal_date.year-schedule[i - 1].year-1)
            AI = yearfactor * coupon * m / 100
            return AI
```

调用 coupon_schedule 函数输入参数生成计息计划日期，调用 ACT_ACT_ISDA 函数输入参数计算应计利息。

```
#测试案例
ACT_ACT_ISDA_sch=coupon_schedule(start_date=date(2019,7,15),yearlenth=3,fre=1)
print("债券付息间隔计划:",ACT_ACT_ISDA_sch)
ACC9=ACT_ACT_ISDA(cal_date=date(2020,5,18),start_date=date(2019,7,15),
                  yearlenth=3,fre=1,coupon=3.6,m=100)
print("应计利息:",ACC9)
```

输出结果：

```
计息间隔计划:
 [datetime.date(2019, 7, 15), datetime.date(2020, 7, 15),
  datetime.date(2021, 7, 15), datetime.date(2022, 7, 15)]
应计利息: 3.03409
```

为后续调用函数方便，这里将以上编写的相关利息计算方式汇总成一个文件，该文件命名为 ACT_SUM.py。

```
from ACT_ACT_AVE import *
from ACT_ACT_ACT import *
from ACT_ACT_ZERO import *
from ACT_360 import *
from ACT_30_360 import *
from ACT_365F import *
from ACT_365 import *
from ACT_ACT_ISDA import *
```

2.3 本章小结

本章主要介绍了在债券交易中常见的计息基准及具体计算应计利息的方式（年化时间 × 百元面值年化利息 × 当前百元面值剩余本金比例）。首先依据国内的债券分类，介绍附息债券、利随本清债券以及贴现、零息债券的应计利息的计算，接着拓展了常见的其他计息基准的计算方式（如实际/360、30/360 等），最后将这些计息基准的计算方式采用 Python 编写并汇总到了 ACT_SUM.py 文件，以便后续计算时调用。

第 3 章 债券的净价、全价与到期收益率的计算

3.1 净价与全价

债券现值（Present Value, PV）的表示方法有净价和全价之分。由于债券的利息是定期（比如每年、每半年等）支付的，因此非利息支付日，债券都应当含有上一计息计划结束日至当前计算日期的部分应计而未付的利息（即第 2 章介绍的应计利息），包含这种利息的价格就是全价。净价是扣除应计利息后的价格。

从 2001 年 7 月 4 日开始，银行间债券市场债券买卖实行净价交易，全价结算。所谓的净价交易是指在现券交易时，以不含应计利息的价格（净价）报价并成交的交易方式。在净价交易方式下，由于债券交易价格不含有应计利息，其价格形成及变动能够更加准确地体现债券的内在价值、供求关系和市场利率的变动趋势。此外，由于国债的利息收入一般都享有免税待遇，因此净价交易也有利于国债交易的税务处理。而全价结算指以包含应计利息的成交价格进行结算。

全价、净价和应计利息三者关系是全价等于净价与应计利息之和。

$$\text{Dirty}_{\text{price}} = \text{Clean}_{\text{price}} + \text{AI} \tag{3-1}$$

$\text{Dirty}_{\text{price}}$：债券的全价。

$\text{Clean}_{\text{price}}$：债券的净价。

AI：债券的应计利息。

【实例 3-1】已知 21 附息国债 17 在 2022-4-8 的日间百元面值全价为 102.191 8 元，应计利息为 1.125 7 元，计算该债券的净价。

【分析解答】

$$\text{Clean}_{\text{price}} = \text{Dirty}_{\text{price}} - \text{AI} = 102.191\,8 - 1.125\,7 = 101.066\,1（元）$$

3.2 到期收益率的计算

我们常见的收益率（或利率）计算是用投资收益直接除以期初投入金额，这种收益率通常忽略了货币的时间价值。而到期收益率（或最终收益率）考虑了收益再投资的影响（如中途获得利息的再投资），即投资者以全价购买债券，一直持有至债券到期所获得的年平均收益率。我国银行间债券市场到期收益率的计算公式是由《中国人民银行关于完善全国银行间债券市场债券到期收益率计算标准有关事项的通知》（银发〔2007〕200号）确定的。由于部分公式已经无法满足现实市场新的需求，如不同的计息基准、提前还本以及浮动利率债券等，笔者将部分公式进行了拓展，将其一般化。

3.2.1 单利计算的类型

单利计算到期收益率主要针对剩余期限较短的债券，包含在最后付息周期的固定和浮动利率债券、到期期限在1年以内的一次性还本付息（利随本清）债券和零息债券。

$$PV = \frac{FV}{1 + \frac{y \times D}{TY}} \quad (3-2)$$

PV：债券全价。

FV：到期兑付日债券本息和。固定利率债券$FV = m + C/f$，到期一次还本付息债券$FV = m + N \times C$，零息债券$FV = m$。

m：按百元面值计价的债券在计算日剩余本金值。

N：债券期限（年），即从起息日至到期兑付日的年数。

C：按百元面值计价的债券年利息。

f：债券的付息频率。

y：到期收益率。

D：计算日至到期兑付日的自然日天数。

TY：当前计息年度的自然日天数，算头不算尾。

【注1】最后付息周期是指债券只剩下最后一次利息尚未支付的时期。

【注2】计息年度是指从起息日起，每加1年（即下一年的该同月同日）算一个完整的计息年度，依次类推。

【注3】对于计息基准不同的情况，FV需根据计息基准调整。

【实例3-2】02国开05债券在2022-4-7的日间百元面值全价为101.091 8元，其他债券相关信息如表3-1所示。计算该债券的到期收益率。

表 3-1　02 国开 05 债券的基本信息

债券简称	02 国开 05	债券代码	020205
债券类型	政策性银行债	发行人	国家开发银行
债券起息日	2002-5-9	债券到期日	2022-5-9
付息频率	1 年 2 次	发行期限	20 年
息票类型	附息式固定利率	面值	100 元
计息基准	实际/实际	票面利率（%）	2.65

数据来源：中国货币网

【分析解答】02 国开 05 债券的剩余期限付息计划如表 3-2 所示。

表 3-2　02 国开 05 债券的剩余期限付息计划

开始日期	结束日期	剩余期限付息次数	现金流（元）
2021-11-9	2022-5-9	1	100+2.65/2

$$D = \text{days}(2022\text{-}5\text{-}9 - 2022\text{-}4\text{-}7) = 32$$

$$\text{PV} = \frac{100 + 2.65/2}{1 + \frac{y \times 32}{365}} = 101.091\,8\,（元）$$

$$y = 2.631\,21\%$$

以上的计算方式中存在一些中间计算参数，如 D、TY 等。现在将其一般化，即知道债券的基本信息参数（起息日、发行年限、付息频率、票面利率、剩余本金、全价等）和计算日期，便可计算该笔债券的到期收益率。

下面采用 Python 编写处于最后付息周期的附息债券的到期收益率计算函数（YTM_coupon_bond）。

```
#加载需要使用的库
from ACT_SUM import *
from datetime import date
#处于最后付息周期的附息债券的到期收益率计算函数
def YTM_coupon_bond(cal_date,start_date,yearlenth,fre, coupon,m,PV):
    '''
    :param cal_date: 计算日期;
    :param start_date: 债券的起息日;
    :param yearlenth: 债券的发行年限;
    :param fre: 债券的付息频率;
    :param coupon: 债券的百元票面利息（票面利率乘以 100）;
    :param m: 债券的百元剩余本金;
    :param PV: 债券的全价;
    :return: 返回计算债券的到期收益率。
    '''
    schedule = coupon_schedule(start_date=start_date, yearlenth=yearlenth, fre=fre
```

```python
        if schedule[-2]<=cal_date<=schedule[-1]:
            Last_ACC=ACT_ACT_AVE(start_date=start_date,yearlenth=yearlenth,fre=fre,
                                 cal_date=schedule[-1],coupon=coupon,m=m)
            FV=m+Last_ACC
        else:
            print("计算日不在最后一个付息周期！")
            pass
    # 计算D与TY
    TY_sch = coupon_schedule(start_date=start_date, yearlenth=1, fre=1)
    TY = TY_sch[-1] - TY_sch[-2]     # 当前计息年度的实际自然日天数，算头不算尾
    D = schedule[-1] - cal_date      # 债券结息日至到期兑付日的自然日天数；
    return (FV - PV) / PV / (D / TY)
```

调用 YTM_coupon_bond 函数并输入参数计算到期收益率。

```
bond_YTM1=YTM_coupon_bond(cal_date=date(2022,4,7),start_date=date(2002, 5, 9),
                          yearlenth=20,fre=2,coupon=2.65,m=100,PV=101.0918)
print('计算得到债券的到期收益率(%)', np.round(bond_YTM1*100,6))
```

输出结果：

```
计算得到债券的到期收益率(%)： 2.63121
```

如果将计算日期改为 2021-4-7，不处于最后付息周期。由于该函数未考虑计算日不处于最后付息周期的情况，因此程序会报错。

```
bond_YTM2=YTM_coupon_bond(cal_date=date(2021,4,7),start_date=date(2002, 5, 9),
                          yearlenth=20,fre=2,coupon=2.65,m=100,PV=101.0918)
print('计算得到债券的到期收益率(%):',bond_YTM2)
```

输出结果：

```
UnboundLocalError: local variable 'FV' referenced before assignment
计算日不在最后一个付息周期！
```

不处于最后付息周期的附息债券的计算函数会在实例 3-4 中介绍。

3.2.2 复利计算的类型

（1）剩余期限在 1 年以上的利随本清债券和零息债券，采用复利计算到期收益率。

$$PV = \frac{FV}{(1+y)^{\frac{d}{TY}+k}} \qquad (3-3)$$

PV：债券全价。

FV：到期兑付日债券本息和。利随本清债券 $FV = m + N \times C$，零息债券 $FV = m$。

m：按百元面值计价的债券在计算日剩余本金值。

N：债券期限（年），即从起息日至到期兑付日的年数。

C：按百元面值计价的债券年利息。

y：到期收益率。

d：计算日至下一理论付息日的自然日天数。

k：下一理论付息日至到期兑付日的整年数。

TY：计算日当前计息年度的自然日天数，算头不算尾。

【注】理论付息日暂不考虑节假日调整。

【实例 3-3】20 新滨江 PPN002 债券在 2022-4-28 的日间百元面值全价为 109.138 6 元，该债券的其他相关信息同实例 2-4。计算该债券的到期收益率。

【分析解答】20 新滨江 PPN002 债券的剩余期限付息计划如表 3-3 所示。

表 3-3　20 新滨江 PPN002 债券的剩余期限付息计划

开始日期	结束日期	付息次数	现金流（元）
2020-12-4	2023-12-4	1	100+6.5×3

$$d = \text{days}(2022\text{-}12\text{-}4 - 2022\text{-}4\text{-}28) = 220; k = 1$$

$$\text{PV} = \frac{100 + 6.5 \times 3}{(1+y)^{\frac{220}{365}+1}} = 109.138\,6\,（元）$$

$$y = 5.822\,099\%$$

这里，利随本清的到期收益率的计算，笔者同时考虑了 1 年以内单利计算与 1 年以上复利计算的情况，具体采用 Python 编写的函数（YTM_once_bond）如下。

```python
#加载需要使用的库
from ACT_SUM import *
import datetime
from datetime import date
#计算利随本清债券的到期收益率的函数
def YTM_once_bond(cal_date,start_date,yearlenth,fre,coupon,m,PV):
    '''
    :param cal_date: 计算日期；
    :param start_date: 债券的起息日；
    :param yearlenth: 债券的发行年限；
    :param fre: 债券的付息频率；
    :param coupon: 债券的百元票面利息；
    :param m: 债券的百元剩余本金；
    :param PV: 债券的全价；
    :return: 返回计算债券的到期收益率。
    '''
    schedule=coupon_schedule(start_date=start_date,yearlenth=yearlenth,fre=fre)
    # 计算 FV
    TY_sch = coupon_schedule(start_date=start_date, yearlenth=1, fre=1)
    FV = m + coupon * yearlenth
    #待偿还期大于 1 年的情况
    if schedule[-1]-cal_date>datetime.timedelta(days=365):
        print("待偿还期超过 1 年! ")
        for i in range(1, len(schedule)):
            if TY_sch[i] >= cal_date: break
        TY = TY_sch[i] - TY_sch[i - 1]    # 当前计息年度的自然日天数，算头不算尾
        d= TY_sch[i] - cal_date     # 债券计算日至下一理论付息日的自然日天数；
        k= schedule[-1].year-TY_sch[i].year #下一理论付息日至到期兑付日的整年数
```

```
                YTM = (FV/PV)**(1/(d/TY+k))-1
        #待偿还期小于1年的情况
        else:
                TY = TY_sch[-1] - TY_sch[-2]    # 当前计息年度的自然日天数，算头不算尾
                D = schedule[-1] - cal_date     # 债券计算日至到期兑付日的自然日天数；
                YTM = (FV-PV)/PV/(D/TY)
        return YTM
```

调用 YTM_once_bond 函数并输入对应参数计算到期收益率。

```
bond_YTM3=YTM_once_bond(cal_date=date(2022,4,28),start_date=date(2020, 12, 4),
                yearlenth=3,fre=0,coupon=6.5,m=100,PV=109.1386)
print('计算得到债券的到期收益率(%):',np.round(bond_YTM3*100,6))
```

输出结果：

```
待偿还期超过1年！
计算得到债券的到期收益率(%): 5.822099
```

（2）附息债券（固定、浮动与普通资产支持证券）不处于最后付息时间段内，采用复利计算到期收益率。

$$PV = \frac{(R_1 + \Delta r) \times T_1 \times m_1 + V_1}{(1+y/f)^{\frac{d}{TS}}} + \frac{(R_2 + \Delta r) \times T_2 \times m_2 + V_2}{(1+y/f)^{\frac{d}{TS}+1}} + \cdots + \frac{(R_2 + \Delta r) \times T_n \times m_n + V_n}{(1+y/f)^{\frac{d}{TS}+n-1}} \tag{3-4}$$

PV：债券全价。

Δr：债券基本利差。

R_1：计算日所处付息周期的基准利率，根据基准利率确定日规则决定。

R_2：计算日基准利率。

T_i：根据债券计息基准计算的计息区间年化期限。

y：到期收益率。

f：债券的付息频率。

d：计算日至下一最近计划付息日的自然日天数。

TS：计算日所处付息周期的自然日天数，含 2 月 29 日。

n：未来付息次数。

m_i：第 i 个付息日百元面值剩余本金值。

V_i：第 i 个付息日百元面值还本量。

【注1】如果是固定利率，则有 R_1=R_2=发行时固定票面利率，Δr=0。

【注2】非提前还本债券，m_i=100，V_i=0（$i \neq n$），V_i=100（$i=n$）。

【注3】付息周期的自然日天数是指下一个计划付息日与上一个计划付息日之间的自然日天数，算头不算尾，含闰年的 2 月 29 日。计划付息日暂不考虑节假日调整。

【实例3-4】02 国开 05 债券在 2020-4-16 的日间百元面值全价为 103.213 564 元。该债券的其他相关信息同实例 3-2，其剩余期限付息计划如表 3-4 所示。计算该债券的到期收益率。

表 3-4　02 国开 05 债券的剩余期限付息计划

开始日期	结束日期	付息次数	现金流（元）
2019-11-9	2020-5-9	1	(2.65%+0)×0.5×100
2020-5-9	2020-11-9	2	(2.65%+0)×0.5×100
2020-11-9	2021-5-9	3	(2.65%+0)×0.5×100
2021-5-9	2021-11-9	4	(2.65%+0)×0.5×100
2021-11-9	2022-5-9	5	(2.65%+0)×0.5×100+100

【分析解答】

$$PV = \frac{(2.65\% + 0) \times 0.5 \times 100 + 0}{(1 + y/2)^{\frac{23}{182}}} + \frac{(2.65\% + 0) \times 0.5 \times 100 + 0}{(1 + y/2)^{\frac{23}{182}+1}} + \cdots$$

$$+ \frac{(2.65\% + 0) \times 0.5 \times 100 + 100}{(1 + y/2)^{\frac{23}{182}+5-1}} = 103.213\,564\,（元）$$

$$y = 1.632\,25\%$$

这里，完善实例 3-2 附息债券的到期收益率的函数，增加不处于最后付息周期的情况。采用 Python 编写附息债券到期收益率计算的函数 YTM_coupon_bond 如下。

```
#加载需要使用的库
from ACT_SUM import *
from datetime import date
import scipy.optimize as so
import numpy as np
#计算附息债券的到期收益率的函数
def YTM_coupon_bond(cal_date,start_date,yearlenth,fre, R,m,PV,coupon_type,ACC_type,r):
    '''
    :param cal_date: 计算日期;
    :param start_date: 债券的起息日;
    :param yearlenth: 债券的发行年限;
    :param fre: 债券的付息频率;
    :param R: 债券的百元票面利息,固定利率为数值,浮动利率填写列表[R1,R2];
    :param m: 未到期债券的百元剩余本金,无本金摊还计划填写数值,否则填写目前摊还计划;
    :param PV: 债券的全价;
    :param coupon_type:债券类型,"fixed"或"floated";
    :param ACC_type:债券的计息基准,如'ACT_ACT_AVE','ACT_360','ACT_365',可自行根据需求添加;
    :param r:浮动利率债券的发行利差;
    :return: 返回计算债券的到期收益率。
    '''
    #生成付息计划
    schedule = coupon_schedule(start_date=start_date, yearlenth=yearlenth, fre=fre)
    #判断计算日在哪两个付息计划之间
    for i in range(1, len(schedule)):
        if schedule[i] >= cal_date: break
    #获取每个付息计划的票面利率
    if coupon_type == "fixed":
        R=[R]*(len(schedule)-1)
    else:
```

```
                        R=[R[0]]*i+[R[1]]*(len(schedule)-i-1)
            #设定本金计划,如填写本金摊还计划list不处理
            flag=1
            if isinstance(m,list):    #有还本计划
                    flag=0
            else:              #无还本计划
                    m = [m] * (len(schedule) - 1)
            #计算日不处于最后付息周期的计算逻辑
            if  cal_date<schedule[-2]:
                    #生成债券的利息现金流计划
                    j = i
                    ACC = []
                    for j in range(j, len(schedule)):
                            if ACC_type == 'ACT_ACT_AVE':
                                    ACC.append(ACT_ACT_AVE(start_date=start_date, yearlenth=yearlenth,
                                            fre=fre, cal_date=schedule[j], coupon=R[j-1]+r, m=m[j-1]))
                            elif ACC_type == 'ACT_360':
                                    ACC.append(ACT_360(start_date=start_date, yearlenth=yearlenth,
                                            fre=fre, cal_date=schedule[j], coupon=R[j-1]+r,m=m[j-1]))
                            elif ACC_type == 'ACT_365':
                                    ACC.append(ACT_365(start_date=start_date, yearlenth=yearlenth,
                                            fre=fre, cal_date=schedule[j], coupon=R[j-1]+r,m=m[j-1]))
                    #求解到期收益率的公式
                    TS = schedule[i] - schedule[i - 1]  #当前付息周期自然日天数
                    d = schedule[i] - cal_date
                    def f(y):
                            SUM_ACC = []
                            for n in range(0, len(ACC)):
                                    SUM_ACC.append( (ACC[n]+m[i+n-2]-m[i+n-1])/ pow(1 + y / fre, d / TS + n))
                            return np.sum(SUM_ACC) + m[-1]*flag / pow(1 + y / fre, d / TS + n ) - PV
                    YTM=so.fsolve(f, 0.1)[0]
                    return YTM
            #计算日处于最后付息周期的计算逻辑
            else:
                    Last_ACC=ACT_ACT_AVE(start_date=start_date,yearlenth=yearlenth,fre=fre,
                                    cal_date=schedule[-1],coupon=R[-1],m=m[-1])
                    FV=m[-1]+Last_ACC
                    # 计算D与TY
                    TY_sch = coupon_schedule(start_date=start_date, yearlenth=1, fre=1)
                    TY = TY_sch[-1] - TY_sch[-2]   # 当前计息年度的自然日天数,算头不算尾
                    D = schedule[-1] - cal_date    # 债券结算日至到期兑付日的自然日天数;
                    return (FV - PV) / PV / (D / TY)
```

调用写好的 YTM_coupon_bond 函数并输入对应参数进行计算。

```
bond_YTM4=YTM_coupon_bond(cal_date=date(2020,4,16),start_date=date(2002,5,9),
                    yearlenth=20,fre=2,R=2.65,m=100,PV=103.213564,
                    coupon_type="fixed",ACC_type="ACT_ACT_AVE",r=0)
print('计算得到债券的到期收益率(%): ',np.round(bond_YTM4*100,6))
```

输出结果:

```
计算得到债券的到期收益率(%): 1.63225
```

【实例 3-5】19 深圳债 11 债券在 2022-4-7 的日间百元面值全价为 81.465 4 元，其他债券相关信息如表 3-5 所示。计算该债券的到期收益率。

表 3-5　19 深圳债 11 债券的基本信息

债券简称	19 深圳债 11	债券代码	104567
债券类型	地方政府债-专项地方债	发行人	深圳市人民政府
债券起息日	2019-3-29	债券到期日	2026-3-29
付息频率	1 年 1 次	发行期限	7 年
息票类型	附息式固定利率	面值	100 元
计息基准	实际/实际	票面利率（%）	3.37
特殊条款	从第 3 个付息日（包含）起，每个付息日提前还本的比例为 20%		

数据来源：中国货币网

【分析解答】19 深圳债 11 债券的剩余期限付息计划如表 3-6 所示。

表 3-6　19 深圳债 11 债券的剩余期限付息计划

开始日期	结束日期	付息次数	现金流（元）
2022-3-29	2023-3-29	1	(3.37%+0)×1×80+20
2023-3-29	2024-3-29	2	(3.37%+0)×1×60+20
2024-3-29	2025-3-29	3	(3.37%+0)×1×40+20
2025-3-29	2026-3-29	4	(3.37%+0)×1×20+20

$$PV = \frac{(3.37\% + 0) \times 1 \times 80 + 20}{(1+y)^{\frac{356}{365}}} + \frac{(3.37\% + 0) \times 1 \times 60 + 20}{(1+y)^{\frac{356}{365}+1}} + \cdots$$

$$+ \frac{(3.37\% + 0) \times 1 \times 20 + 20}{(1+y)^{\frac{356}{365}+4-1}} = 81.465\,4（元）$$

$$y = 2.625\,973\%$$

调用写好的 YTM_coupon_bond 函数并输入对应参数进行计算。

```
bond_YTM5=YTM_coupon_bond(cal_date=date(2022,4,7),start_date=date(2019,3,29),
            yearlenth=7,fre=1,R=3.37,m=[100,100,100,80,60,40,20],
            PV=81.4654,coupon_type="fixed",ACC_type="ACT_ACT_AVE",r=0)
print('计算得到债券的到期收益率(%): ',np.round(bond_YTM5*100,6))
```

输出结果：

计算得到债券的到期收益率(%)：2.625973

【实例 3-6】22 建设银行 CD051 债券在 2022-4-28 的日间百元面值全价为 100.160 8 元，该债券的其他相关信息同实例 2-6，计算该债券的到期收益率。

【分析解答】

首先，在中国货币网查询计算日前一天（T–1）的基准利率 Shibor3M 为 2.242 0%，而基准利率的精度要求为小数点后 4 位，得到 2.242 0%。2022-4-27 日终 Shibor 数据如表 3-7 所示。

表 3-7 2022-4-27 日终 Shibor 数据

日期	ON	1W	2W	1M	3M	6M	9M	1Y
2022-4-13	1.665 0	1.966 0	1.933 0	2.276 0	**2.347 0**	2.434 0	2.493 0	2.575 0
2022-4-27	1.303 0	1.743 0	1.889 0	2.154 0	**2.242 0**	2.346 0	2.404 0	2.497 0

数据来源：中国货币网

22 建设银行 CD051 债券的付息计划如表 3-8 所示。

表 3-8 22 建设银行 CD051 债券的付息计划

利率确定日	计息周期	现金流发生日	基准利率（%）	利差（%）	票面利率（%）
2022-4-13	2022-4-14—2022-7-14	2022-7-14	2.347 0	0.06	2.407 0
2022-7-13	2022-7-14—2022-10-14	2022-10-14	2.242 0	0.06	2.302 0
2022-10-13	2022-10-14—2023-1-14	2023-1-14	2.242 0	0.06	2.302 0
2023-1-13	2023-1-14—2023-4-14	2023-4-14	2.242 0	0.06	2.302 0

$$PV = \frac{(2.347\,0\% + 0.06\%) \times \frac{91}{360} \times 100 + 0}{(1+y/4)^{\frac{77}{91}}} + \frac{(2.242\,0\% + 0.06\%) \times \frac{92}{360} \times 100 + 0}{(1+y/4)^{\frac{77}{91}+1}} + \cdots$$

$$+ \frac{(2.242\,0\% + 0.06\%) \times \frac{90}{360} \times 100 + 100}{(1+y/4)^{\frac{77}{91}+4-1}} = 100.160\,8\,（元）$$

$$y = 2.286\,754\%$$

【注】最后三期的基准利率（$T-1$）参考日在未来，目前只能用计算日前一日的基准利率预估替代。

调用写好的 YTM_coupon_bond 函数并输入参数进行计算。

```
bond_YTM6=YTM_coupon_bond(cal_date=date(2022,4,28),start_date=date(2022,4,14),
                yearlenth=1,fre=4,R=[2.3470,2.2420],m=100,PV=100.1608,
                coupon_type="floated",ACC_type="ACT_360",r=0.06)
print('计算得到债券的到期收益率',bond_YTM6)
```

输出结果：

计算得到债券的到期收益率(%)： 2.286754

3.3 本章小结

债券的价格和收益率的计算相对于股票而言更为复杂。通常债券价格分为净价（不包含应计利息）、全价（包含应计利息）。债券在实际交易中，通常是净价交易，全价结算。收益率是债券从计算日至假定持有至到期的收益率，即到期收益率。到期收益率分为单利和复利计算两种类型。通常时间较短（1 年以内）以及只剩下最后一个付息周期的债券采用单利计算，其他常见的附息债券采用复利计算。

第 4 章 收益率曲线与构建

债券的收益率（或利率）曲线一般分为到期收益率曲线（或最终收益率曲线）、即期收益率曲线（或零息收益率曲线）和远期收益率曲线，三者都是债券的期限结构表达方式，即债券的期限与收益率之间的关系。到期收益率是购买者以市价购买债券，一直持有至到期，获得的年平均收益率；即期收益率是未来不同时点现金流（或零息债券）折现到今天的收益率；远期收益率是隐含在给定的即期收益率中从未来的某一时点到另一时点的利率水平。实际上，如果进一步分析，三者是可以相互推导的。本章主要介绍各类收益率曲线的构建方法。

4.1 债券收益率曲线的构建方法

4.1.1 我国不同机构债券收益率曲线的构建方法

不同机构构建收益率曲线的方法具有较大差异。我国提供收益率曲线的机构主要有中债、中证、中国外汇交易中心（中国货币网）、上清所与 YY 评级等。表 4-1 总结了我国机构的收益率曲线的构建方法。

表 4-1 我国机构的收益率曲线构建方法

机构名称	曲线拟合方法	构建方法	说明
中债	埃尔米特（Hermite）插值	先获取关键期限点及对应收益率，设定好插值函数外生变量，再使用 Hermite 插值法	Hermite 插值的曲线需要经过每一个样本点，因此样本的选择非常重要。模型要求 x 轴坐标不重复，因此剩余期限的样本点只能选取一个，一般取收益率的平均值。若样本太多，或波动太大，会造成收益率曲线起伏不定，导致过拟合。中债有专家进行样本筛选，因此中债通过 Hermite 插值模型得到的到期收益率曲线可以较好地反映各期限收益率的水平

续表

机构名称	曲线拟合方法	构建方法	说明
中证	使用平滑样条模型加上贝叶斯方法进行估计，称之为贝叶斯平滑样条模型	① 利率类收益率曲线采用一维平滑样条模型（或称为平滑样条估计），是非参数模型的代表，其原理是寻找带惩罚项的最小二乘问题的解 ② 信用类债券收益率曲线族采用有序局部可加平滑样条模型方法拟合，使用定价基准叠加信用利差的非参数模型联合构建	中证的收益率曲线相比中债的收益率曲线更为平滑
中国外汇交易中心（中国货币网）	线性回归模型	以当日对应债券样本的双边报价和成交数据为样本，利用线性回归模型计算得到收盘到期收益率曲线，利用收盘到期收益率曲线推导出对应的即期和远期收益率曲线	构建方法较为简单
上清所	带有可变粗糙项的B样条模型	加入带可变的粗糙惩罚项的B样条函数拟合远期收益率曲线，获取贴现因子，以此推导出即期和到期收益率曲线	兼顾拟合度与光滑度，形态灵活，能够充分使用市场数据，较好反映市场交易情况
YY评级	对数加多项式样条	使用与收益率曲线整体形状相似的对数函数加多项式函数作为对关键点的最小二乘法曲线拟合的工具来进行曲线拟合，得到每日YY收益率曲线	YY曲线一般会从当日成交点的中间穿过，但各等级曲线形态差异较大，这说明为了让曲线穿过成交点YY愿意牺牲一定的曲线形态。YY估值是非官方的第三方估值，兼顾价格信息和基本面信息是YY观点，主要服务于投研

数据来源：各机构官网

图 4-1、图 4-2 分别展示了我国不同机构在 2022-8-4 日终的国债到期收益率曲线和即期国债收益率曲线。

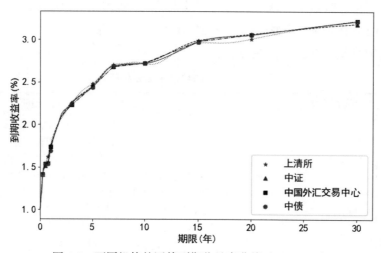

图 4-1　不同机构的国债到期收益率曲线（2022-8-4）
（数据来源：Wind 资讯）

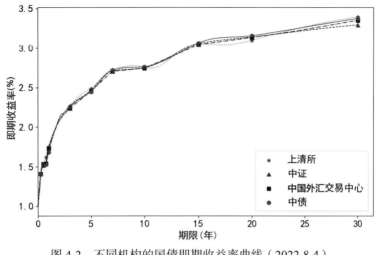

图 4-2 不同机构的国债即期收益率曲线（2022-8-4）
（数据来源：Wind 资讯）

可以看出，不同机构构建的曲线在总体趋势上保持一致，但在局部还是有一定的分化。

4.1.2 外国债券收益率曲线的构建方法

不同国家对收益率曲线有不同的构建方法，表 4-2 罗列了部分外国机构收益率曲线的构建方法。

表 4-2 外国不同机构的收益率曲线构建方法

机构名称	所用模型
美国央行	三次 B 样条模型
美国财政部	Hermite 插值模型
日本央行	平滑样条模型
英国央行	平滑样条模型
瑞典央行	平滑样条模型和 NSS 模型
加拿大央行	指数样条模型
比利时央行	NS 模型或 NSS 模型
芬兰央行	NS 模型或 NSS 模型
法国央行	NSS 模型
德国央行	NSS 模型
意大利央行	NS 模型

数据来源：网络公开信息

由表 4-2 可知，国外大部分国家喜欢采用样条模型、NS 模型或 NSS 模型，我国除中债采用对样本质量要求更高的 Hermite 插值模型，其他大部分机构也是采用样条模型。

4.2 债券到期收益率曲线的构建

4.2.1 拟合法

(1) 分段线性回归。

线性回归是利用线性回归方程(函数),模拟因变量与一个或多个自变量之间的关系的一种统计分析方法。分段线性回归模型由多条直线组成,且在折点处曲线仍是连续的(见图 4-3)。在此基础上,考虑以下的基本模型:

$$f(x) = \begin{cases} \beta_0 + \beta_1(x - \alpha_0) + e_i & \alpha_0 \leqslant x < \alpha_1 \\ \beta_0 + \beta_1(x - \alpha_0) + \beta_2(x - \alpha_1) + e_2 & \alpha_1 \leqslant x < \alpha_2 \\ \beta_0 + \beta_1(x - \alpha_0) + \beta_2(x - \alpha_1) + \cdots + \beta_n(x - \alpha_{n-1}) + e_n & \alpha_{n-1} \leqslant x \leqslant \alpha_n \end{cases} \quad (4-1)$$

$f(x)$:分段线性回归的因变量。

x:分段线性回归的自变量。

β_i:回归的系数(图 4-3 中的截距为 β_0)。

α_i:分段点(图 4-3 中的 $\alpha_0 = 0$)。

e_i:残差项。

【实例 4-1】数据摘自 2022-3-28 中国货币网的基准债券与样本债券最优报价买入收益率、最优报价卖出收益率,基于以上数据,采用分段线性回归模型拟合当日的国债到期收益率曲线(本例只展示方法,实际还应当汇总多种报价,对数据进行清洗,如去除偏离正常报价较多的数据)。

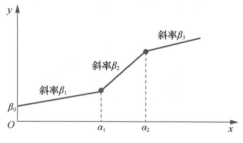

图 4-3 分段线性回归模型

【分析解答】首先,加载需要的相关库,导入并查看原始数据。

```
import numpy as np
import matplotlib.pyplot as plt
#安装拟合曲线包(库),如已有请忽略
#pip install pwlf
import pwlf
from pylab import mpl
mpl.rcParams['font.sans-serif']=['SimHei']
mpl.rcParams['axes.unicode_minus']=False
import pandas as pd
data=pd.read_excel('D:/债券收益率曲线构建样本20220328.xlsx',
                   'bond_data',header=0,index_col=0)
print(data)
```

输出结果：

```
    关键期限点  债券名称      债券代码    ...  最优报价买入收益率  最优报价卖出收益率
    0.083    21附息国债06   210006   ...        2.1198         1.9307
    0.083    17附息国债07   170007   ...          NaN           NaN
    0.083    21贴现国债48   219948   ...          NaN           NaN
    0.083    21贴现国债50   219950   ...          NaN           NaN
    0.083    21贴现国债53   219953   ...        2.1708         1.9213
      ...        ...         ...   ...           ...           ...
    50.000   21附息国债03   210003   ...        3.5300         3.4301
    50.000   18附息国债12   180012   ...        3.5525         3.3700
    50.000   18附息国债25   180025   ...        3.5475         3.3900
    50.000   19附息国债08   190008   ...        3.5300         3.4301
    50.000   20附息国债07   200007   ...        3.5300         3.4301

[115 rows x 18 columns]
```

其次，提取需要的相关数据（如剩余年限、报价收益率等）并去除有空值的无效行。

```
data1=data.dropna(axis=0,how='any')
print(data1[['剩余年限','最优报价买入收益率','最优报价卖出收益率']])
```

输出结果：

```
    关键期限点   剩余年限     最优报价买入收益率  最优报价卖出收益率
    0.083    0.068493       2.1198        1.9307
    0.083    0.115068       2.1708        1.9213
    0.250    0.191781       2.1568        1.9068
    0.250    0.282192       2.0405        1.7905
    0.250    0.293151       1.8618        1.6321
      ...        ...           ...           ...
    50.000  49.016438       3.5300        3.4301
    50.000  46.180822       3.5525        3.3700
    50.000  46.679452       3.5475        3.3900
    50.000  47.273973       3.5300        3.4301
    50.000  48.191781       3.5300        3.4301

[112 rows x 3 columns]
```

最后，设置分段线性回归模型，分段点设定为 0.083、0.25、0.5、0.75、1、2、3、5、7、10、15、20、30、50，拟合国债到期收益率曲线。

```
#买入收益率数据
bidytm=data1[['剩余年限','最优报价买入收益率']]
bidytm1=bidytm.rename(columns={'最优报价买入收益率':'收益率'})
#卖出收益率数据
offerytm=data1[['剩余年限','最优报价卖出收益率']]
offerytm1=offerytm.rename(columns={'最优报价卖出收益率':'收益率'})
new_df1=pd.concat([bidytm1,offerytm1])
# 定义到期时间、市场收益率散点
x=new_df1['剩余年限']
y=new_df1['收益率']
# 输入需要断点的地方
x1 = np.array([0.083,0.25,0.5,0.75,1,2,3,5,7,10,15,20,30,50])
x2 = np.array([0.083,0.5,1,2,3,5,50])
# 输入需要拟合的数据x、y、多项式的次数
my_pwlf1 = pwlf.PiecewiseLinFit(x, y,degree=1)
# 载入需要的断点
my_pwlf1.fit_with_breaks(x1)
```

```
# 产生拟合后曲线的数据
xHat = np.linspace(min(x), max(x), num=10000)
yHat1 = my_pwlf1.predict(xHat)
# 绘制拟合后的图像
plt.figure(figsize=(10,6))
ax=plt.gca()
ax.yaxis.set_ticks_position('left')
ax.spines['left'].set_position(('data',0))
plt.scatter(bidytm['剩余年限'], bidytm['最优报价买入收益率'], c='#0000FF', alpha=0.4, marker='^', label='最优报价买入收益率')
plt.scatter(offerytm['剩余年限'], offerytm['最优报价卖出收益率'], c='#A52A2A', alpha=0.4, marker='v', label='最优报价卖出收益率')
plt.plot(xHat, yHat1,'red',linestyle='--',label='关键期限点分段线性回归拟合')
plt.title("分段回归拟合曲线图",fontsize=20)
plt.xlabel('期限(年)',fontsize=16)
plt.ylabel('到期收益率(%)',fontsize=16)
plt.xticks(fontsize=16)
plt.yticks(fontsize=16)
plt.legend(loc=4,fontsize=16)
plt.show()
```

输出结果见图4-4。

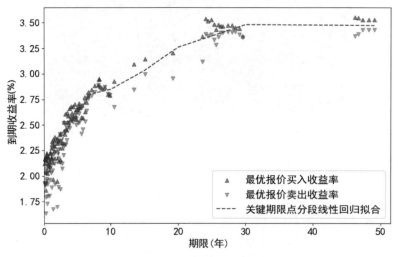

图4-4　分段线性回归拟合的到期收益率曲线

由图4-4可以看出，多个线性回归之间存在断点，断点两侧描述了不同形式的变量响应，分段线性回归从整体上体现了非线性的响应模式，能够在一定程度上拟合出较好的数据趋势结果。不过，分段线性回归的一阶导数不连续，连接的曲线不光滑，并且对断点的选择要求较高，如果断点选择不准确，则会引起较大失真。

（2）分段多项式回归。

有时采用线性回归对报价数据进行拟合并不合适，这时可以考虑用分段多项式回归拟合。对于给定的数据点$(x_i, y_i), i=1,2,\cdots,n$，有以下多项式：

$$y = a_0 + \sum_{i=1}^{m} a_i x_i \qquad (4-2)$$

同普通线性回归一样，分段线性多项式拟合由多个多项式组成，但在断点处曲线仍是连续的。为方便计算，这里以三次多项式（m=3）回归的计算模型为例。

设收益率函数为：

$$y(t) = \begin{cases} a_0 + a_1 t + a_2 t^2 + a_3 t^3, & 0 \leqslant t < t_1 \\ a_0 + a_1 t + a_2 t^2 + a_3 t^3 + (a_4 - a_3)t^3, & t_1 \leqslant t < t_2 \\ \cdots\cdots \\ a_0 + a_1 t + a_2 t^2 + a_3 t^3 + \sum_{j=4}^{n}(a_j - a_{j-1})t^3, & t_{n-3} \leqslant t < t_{n-2} \end{cases} \qquad (4-3)$$

其中t_i为设置的分段点。在此基础上，还需使拟合的多项式回归曲线与搜集的样本券的报价收益率的误差值最小：

$$\varepsilon = \min \sum_{i=1}^{n}(y_i - y_i')^2 \qquad (4-4)$$

【**实例 4-2**】接实例 4-1，采用多项式回归模型对国债的数据进行拟合，对比不同拟合方式的结果差异。

【**分析解答**】这里，选择两种断点情况：第一种，采用关键期限点（0.083、0.25、0.5、0.75、1、2、3、5、7、10、15、20、30、50）；第二种，自己设定断点，将间隔扩大（0.083、0.5、1、10、15、50）。

```
#买入收益率数据
bidytm=data1[['剩余年限','最优报价买入收益率']]
bidytm1=bidytm.rename(columns={'最优报价买入收益率':'收益率'})
#卖出收益率数据
offerytm=data1[['剩余年限','最优报价卖出收益率']]
offerytm1=offerytm.rename(columns={'最优报价卖出收益率':'收益率'})
new_df1=pd.concat([bidytm1,offerytm1])
#定义到期时间、市场收益率散点
x=new_df1['剩余年限']
y=new_df1['收益率']
# 输入需要断点的地方
x1 = np.array([0.083,0.25,0.5,0.75,1,2,3,5,7,10,15,20,30,50])
x2 = np.array([0.083,0.5,1,10,50])
# 输入需要拟合的数据x、y、多项式的次数
my_pwlf1 = pwlf.PiecewiseLinFit(x, y,degree=1)
my_pwlf2 = pwlf.PiecewiseLinFit(x, y,degree=3)
my_pwlf3 = pwlf.PiecewiseLinFit(x, y,degree=3)
# 载入需要的断点
my_pwlf1.fit_with_breaks(x1)
my_pwlf2.fit_with_breaks(x1)
my_pwlf3.fit_with_breaks(x2)
```

```
# 产生拟合后曲线的数据
xHat = np.linspace(min(x), max(x), num=10000)
yHat1 = my_pwlf1.predict(xHat)
yHat2 = my_pwlf2.predict(xHat)
yHat3 = my_pwlf3.predict(xHat)
# 绘制拟合后的图像
plt.figure(figsize=(10,6))
ax=plt.gca()
ax.yaxis.set_ticks_position('left')
ax.spines['left'].set_position(('data',0))
plt.scatter(bidytm['剩余年限'], bidytm['最优报价买入收益率'], c='#0000FF', alpha=0.4, marker='^', label='最优报价买入收益率')
plt.scatter(offerytm['剩余年限'], offerytm['最优报价卖出收益率'], c='#A52A2A', alpha=0.4, marker='v', label='最优报价卖出收益率')
plt.plot(xHat, yHat1,'red',linestyle='--',label='关键期限点分段线性回归拟合')
plt.plot(xHat, yHat2,'violet',linestyle='-.',label='关键期限点分段三次样条拟合')
plt.plot(xHat, yHat3,'green',label='自选分段点分段三次样条拟合')
plt.title("分段回归拟合曲线图",fontsize=20)
plt.xlabel('期限(年)',fontsize=16)
plt.ylabel('到期收益率(%)',fontsize=16)
plt.xticks(fontsize=16)
plt.yticks(fontsize=16)
plt.legend(loc=4,fontsize=16)
plt.show()
```

输出结果见图 4-5。

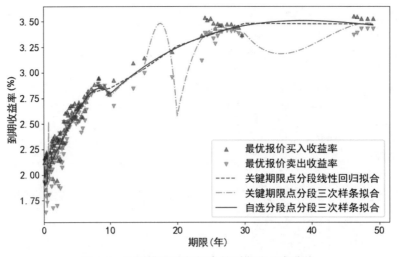

图 4-5　不同模型回归拟合的到期收益率曲线

从图 4-5 中可以看出，关键期限点分段三次样条多项式拟合出现了较大的跳动现象，效果并不好；将断点减少，对自选分段点使用分段三次样条拟合调试使得效果有一定改善，拟合的曲线具有较好的平滑效果，总体的趋势也与关键期限点分段线性回归一致。因此，采用该方法对分段点的选择有较高的要求。

4.2.2 插值法

（1）分段线性插值。

分段线性插值法是指使用连接两个已知量的直线来确定在这两个已知量之间的一个未知量的值的方法。

图 4-6 展示了一个一维线性插值函数，坐标轴上 x_{i-1}、x_i、x_{i+1} 等的值"两两直接相连"为线段，从而构成了一个连续的约束函数。而插值坐标点如 x_1，其值应为 $f(x_1)$。因为每两个坐标点之间的约束函数是一次线性的线段，对插值结果而言是线性的，所以该方法称为分段线性插值法。

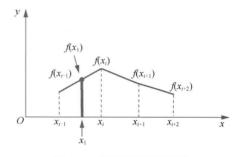

图 4-6 分段线性插值函数

$$f(x) = f(x_{i-1}) + \frac{x - x_{i-1}}{x_i - x_{i-1}}[f(x_i) - f(x_{i-1})] \tag{4-5}$$

【**实例 4-3**】数据取自 2022-3-28 中债到期收益率曲线关键期限点及其收益率。通常收益率数据的来源为债券的双边报价、专家估值、中债业务人员编制数据等。这里以中债处理过的关键期限点收益率为基准，通过线性插值处理后获得完整的到期收益率曲线。

【**分析解答**】下面采用 Python 对收益率进行分段线性插值。

```
#导入需要的相关库
from scipy.interpolate import KroghInterpolator
from scipy import interpolate
import numpy as np
import matplotlib.pyplot as plt
from pylab import mpl
mpl.rcParams['font.sans-serif']=['SimHei']
mpl.rcParams['axes.unicode_minus']=False
#构建关键期限点
x = np.array([0,0.087,0.1,0.17,0.2,0.25,0.5,0.75,
              1,2,3,4,5,6,7,8,9,10,15,20,30,40,50])
#关键期限点筛选后的收益率
y=np.array([1.6060,2.0355,2.0290,2.0015,2.0024,2.0157,2.1302,2.1439,
            2.1595,2.3352,2.4390,2.5153,2.5837,2.7284,2.8200,2.8116,
            2.7968,2.7903,3.1012,3.1924,3.3674,3.4378,3.4800])
#对数据进行线性插值
x_new = np.linspace(0,50,52*50)
f_linear = interpolate.interp1d(x, y, kind = 'linear')
#绘图
plt.figure(figsize=(10,6))
ax=plt.gca()
ax.yaxis.set_ticks_position('left')
ax.spines['left'].set_position(('data',0))
plt.plot(x, y, "o", label="原始数据")
plt.plot(x_new, f_linear(x_new),linestyle='--', label="分段线性插值")
```

```
plt.ylabel("到期收益率(%)",fontsize = 16)
plt.xlabel("期限(年)",fontsize = 16)
plt.xticks(fontproperties = 'Times New Roman', size = 16)
plt.yticks(fontproperties = 'Times New Roman', size = 16)
plt.title("关键期限点插值图",fontsize=20)
plt.legend(prop = {'size':15})
plt.legend(loc=4,fontsize=16)
plt.show()
```

输出结果见图 4-7。

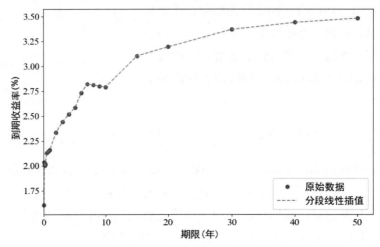

图 4-7　通过分段线性插值法处理到期收益率

由图 4-7 可以看出，分段线性插值可以通过每一个关键期限点，保证数值具有一定的连续性，但是在端点处并不光滑。

（2）分段三次样条插值。

设在区间 $[a,b]$ 上给定 $n+1$ 个节点 $x_i(a \leqslant x_0 \leqslant \cdots \leqslant x_n \leqslant b)$。在节点 x_i 处的函数值为 $y_i = f(x_i), i = 0,1,2,\cdots,n$。若函数 $S(x)$ 满足以下条件：①在每个子区间 $[x_{i-1},x_i],(i = 1,2,\cdots,n)$ 上 $S(x)$ 是三次多项式；② $S(x_i) = y_i, i = 0,1,\cdots,n$；③在区间 $[a,b]$ 上 $S(x_i)$ 的二阶导数 $S''(x)$ 连续。则称 $S(x)$ 为函数 $y = f(x)$ 在区间 $[a,b]$ 上的三次样条插值函数。

分段三次样条函数根据最终两个条件的选择不同，可以分为不同的样条函数。若设定两端节点处的二阶导数值为 0，即 $S''(x_0) = S''(x_n) = 0$，则得到三次自然样条；若指定两端节点处的一阶导数值，即 $S'(x_0) = \mu$，$S'(x_n) = v$，则得到三次钳制样条；若设定两端节点处的函数值、一阶导数值、二阶导数值分别相等，即 $S(x_0) = S(x_n)$，$S'(x_0) = S'(x_n)$，$S''(x_0) = S''(x_n)$，则得到三次周期样条。分段三次样条的一般表达式如下。

$$S(x) = \frac{1}{6h_i}[(x_i - x)^3 M_{i-1} + (x - x_{i-1})^3 M_i] + \left(y_{i-1} - \frac{h_i^2}{6}M_{i-1}\right)\frac{x_i - x}{h_i} +$$

$$\left(y_i - \frac{h_i^2}{6}M_i\right)\frac{x - x_{i-1}}{h_i},$$

$$x \in [x_{i-1}, x_i], \quad i = 1,2,\cdots,n \tag{4-6}$$

其中，
$$M_i = S''(x_i), \quad i = 0,1,2,\cdots,n$$
$$h_i = x_i - x_{i-1}$$
$$\begin{cases} \mu_i = \dfrac{h_i}{h_i + h_{i+1}}, \quad \lambda_i = \dfrac{h_{i+1}}{h_i + h_{i+1}} = 1 - \mu_i \\ d_i = \dfrac{6}{h_i + h_{i+1}}\left(\dfrac{y_{i+1} - y_i}{h_{i+1}} - \dfrac{y_i - y_{i-1}}{h_i}\right) \end{cases} \quad (4-7)$$

以三次自然样条为例，设定$M_0 = M_n = 0$，那么可以根据以下矩阵解出M_1、$M_2 \cdots M_{n-1}$：

$$\begin{pmatrix} 2 & \lambda_1 & \square & \square & \square \\ \mu_2 & 2 & \lambda_2 & \square & \square \\ \square & \ddots & \ddots & \ddots & \square \\ \square & \square & \mu_{n-2} & 2 & \lambda_{n-2} \\ \square & \square & \square & \mu_{n-1} & 2 \end{pmatrix} \begin{pmatrix} M_1 \\ M_2 \\ \vdots \\ M_{n-2} \\ M_{n-1} \end{pmatrix} = \begin{pmatrix} d_1 \\ d_2 \\ \vdots \\ d_{n-2} \\ d_{n-1} \end{pmatrix}$$

【**实例 4-4**】接实例 4-3，采用相同的数据，采用分段三次样条对收益率进行插值，对比线性插值与三次样条插值结果。

【**分析解答**】下面采用 Python 对收益率进行分段三次样条插值。省略相同的代码。

```
#对数据进行插值
x_new = np.linspace(0,50,52*50)
f_linear = interpolate.interp1d(x, y, kind = 'linear')
f_cubic = interpolate.interp1d(x, y, kind = 'cubic')
#绘图
plt.figure(figsize=(10,6))
ax=plt.gca()
ax.yaxis.set_ticks_position('left')
ax.spines['left'].set_position(('data',0))
plt.plot(x, y, "o", label="原始数据")
plt.plot(x_new, f_linear(x_new),linestyle='--', label="分段线性插值")
plt.plot(x_new, f_cubic(x_new),linestyle='-.', label="分段三次样条插值")
plt.ylabel("到期收益率(%)",fontsize = 16)
plt.xlabel("期限(年)",fontsize = 16)
plt.xticks(fontproperties = 'Times New Roman', size = 16)
plt.yticks(fontproperties = 'Times New Roman', size = 16)
plt.title("关键期限点插值图",fontsize=20)
plt.legend(prop = {'size':15})
plt.legend(loc=4,fontsize=16)
plt.show()
```

输出结果见图 4-8。

由图 4-8 可以看出，分段三次样条插值同样会通过每一个样本点，在端点处明显有了平滑的处理，这里的平滑保证了一阶导和二阶导均连续。

（3）分段三次埃尔米特（Hermite）插值。

该插值方法保持插值曲线在节点处有切线（光滑），使得插值函数和被插值函数的拟合程度更好。即不但要求在节点处的函数值相等，而且还要求对应的一阶导数值也相等（并未保证二阶导数值相等）。同样，分段三次埃尔米特插值按照分段插值的方法，把区间[a,b]分为若干个区间，在每个区间上使用三次 Hermite 插值。

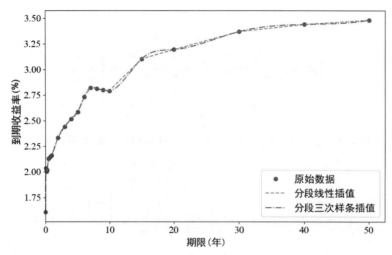

图 4-8　通过分段线性插值与分段三次样条插值法处理数据

如果已知函数 $y=f(x)$ 在节点 $a=x_0<x_1<\cdots<x_n=b$ 处的值和导数值（端点处导数值可参考 "Monotone Piecewise Cubic Interpolation" 一文进行求解）：

$$y_i=f(x_i), y_i'=f'(x_i), i=0,1,2,\cdots,n$$

则在小区间 $[x_{i-1},x_i]$ 上有四个插值条件：

$$y_{i-1}=f(x_{i-1}), y_i=f(x_i)$$
$$y_{i-1}'=f'(x_{i-1}), y_i'=f'(x_i)$$

因而可以构造一个埃尔米特三次多项式 $H(x)$，在整个 $[a,b]$ 上利用分段三次埃尔米特插值来逼近 $f(x)$。

$$H(x)=\begin{cases}H_1(x),x_0\leqslant x<x_1\\H_2(x),x_1\leqslant t<x_2\\\cdots\cdots\\H_n(x),x_{n-1}\leqslant t<x_n\end{cases} \qquad (4-8)$$

其中，$H_i(x)$，$x_{i-1}\leqslant t<x_i$ 满足条件：

$$H_i(x_{i-1})=f(x_{i-1})=y_{i-1},H_i(x_i)=f(x_i)=y_i$$
$$H_i'(x_{i-1})=f'(x_{i-1})=y_{i-1}',H_i'(x_i)=f'(x_i)=y_i'$$

$$H_i(x)=\frac{[h_i+2(x-x_{i-1})](x-x_i)^2}{h_i^3}y_{i-1}+\frac{[h_i+2(x-x_i)](x-x_{i-1})^2}{h_i^3}y_i+$$
$$\frac{(x-x_{i-1})(x-x_i)^2}{h_i^2}y_{i-1}'+\frac{(x-x_i)(x-x_{i-1})^2}{h_i^2}y_i'$$

其中，$h_i=x_i-x_{i-1}$。

【实例 4-5】 接实例 4-3，采用相同的收益率数据，运用分段三次埃尔米特插值法对收益率进行处理，对比不同插值方式下的插值结果。

【分析解答】 下面采用 Python 对收益率进行分段三次埃尔米特插值。省略相同的代码。

```
#对数据进行插值
x_new = np.linspace(0,50,52*50)
f_linear = interpolate.interp1d(x, y, kind = 'linear')
f_cubic = interpolate.interp1d(x, y, kind = 'cubic')
f_pchip = interpolate.PchipInterpolator(x, y)
#绘图
plt.figure(figsize=(10,6))
ax=plt.gca()
ax.yaxis.set_ticks_position('left')
ax.spines['left'].set_position(('data',0))
plt.plot(x, y, "o", label="原始数据")
plt.plot(x_new, f_linear(x_new),linestyle='--', label="分段线性插值")
plt.plot(x_new, f_cubic(x_new),linestyle='-.', label="分段三次样条插值")
plt.plot(x_new, f_pchip(x_new), label="分段三次埃尔米特插值")
plt.ylabel("到期收益率(%)",fontsize = 16)
plt.xlabel("期限(年)",fontsize = 16)
plt.xticks(fontproperties = 'Times New Roman', size = 16)
plt.yticks(fontproperties = 'Times New Roman', size = 16)
plt.title("关键期限点插值图",fontsize=20)
plt.legend(prop = {'size':15})
plt.legend(loc=4,fontsize=16)
plt.show()
```

输出结果见图 4-9。

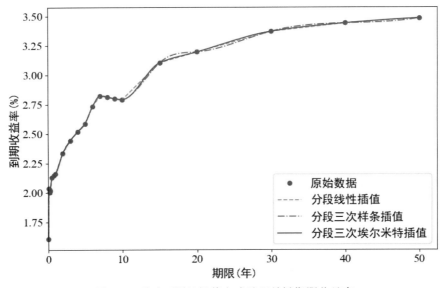

图 4-9　通过不同的插值方式处理关键期限收益率

由图 4-9 可以看出，分段三次埃尔米特插值在插值点处有一定的平滑处理，但并没有分段三次样条插值的平滑程度高，这是由于分段三次埃尔米特插值除了端点值相同、一阶导数连续，并未保证二阶导数连续，所以插值的特性介于分段线性插值与分段三次样条插值之间。我国的中债估值中心收益率曲线的构建采用的是分段三次埃尔米特插值，该方法对样本点的质量要求很高，所需的样本点要经过专门的挑选，且对剩余期限也有较高的要求。

4.3 债券即期收益率曲线的构建

4.3.1 拔靴法（bootstrapping）

到期收益率曲线描述了债券到期收益率和到期期限之间的关系。即期（或零息）收益率曲线描述了零息债券的到期收益率。部分零息债券的到期收益率可以直接得到，不能直接得到的零息债券的到期收益率，通常需要从附息债券的价格剥离求得。附息债券有很多，究竟以什么为基准来选择呢？在实务中，通常使用到期（或平价）收益率曲线来层层倒推即期收益率曲线，这种方法被称为拔靴法。而到期收益率曲线通常是以最新面值发行的债券的收益率为基准确定的。拔靴法具体的计算方法如下。

（1）1年期以下（包括1年）的即期收益率及贴现因子计算如下。

$$SC_t = R_t \tag{4-9}$$

$$DF_t = \frac{1}{1 + R_t \times t} \tag{4-10}$$

SC_t：距离现在年限为 t 的即期收益率。
R_t：距离现在年限为 t 的到期收益率。
DF_t：距离现在年限为 t 的贴现因子。

（2）1年期以上的即期收益率及贴现因子（假定每年付息一次）计算如下。

① 采用线性插值法补全每年（有些非关键年份无数据）的到期收益率：

$$R_k = R_a + \frac{t_k - t_a}{t_b - t_a} \times (R_b - R_a), \ a < k < b \tag{4-11}$$

R_k：对应年限为 k 插值的到期收益率。
R_a：对应年限为 a 的到期收益率。
R_b：对应年限为 b 的到期收益率。
t_i：各点对应的到期年化时间。

② 采用拔靴法求取每年付息一次的即期收益率。

$$R_t \times 100 \times (DF_1 + \cdots + DF_t) + 100 \times DF_t = 100 \tag{4-12}$$

$$DF_t = \frac{1 - R_t \sum_{i=1}^{t-1} DF_i}{1 + R_t}, \ t \geqslant 2 \text{ 且为整数} \tag{4-13}$$

【注】上述公式含义为 t 年期国债现金流贴现到期初刚好均等于面值100。求出第2年的贴现因子（或即期收益率）后，可以递推第3年，层层递推进行计算。

则一般复利的即期收益率 SC_t 为：

$$SC_t = \left(\frac{1}{DF_t}\right)^{\frac{1}{t}} - 1 \tag{4-14}$$

也可将其转换为连续复利 r_t：

$$r_t = -\frac{1}{t}\ln\mathrm{DF}_t \qquad (4-15)$$

【实例 4-6】 设定国债关键期限点为 0.083、0.25、0.5、0.75、1、2、3、5、7、10、15、20、30、40、50 年。根据表 4-3 列出的 2022-3-28 在中国货币网查询的每个关键期限对应的收盘到期收益率，求解并绘制即期收益率曲线。

表 4-3　2022-3-28 日终关键期限收盘到期收益率

关键期限（年）	到期收益率（%）
0.083	2.025 2
0.25	2.049 5
0.5	2.081 3
0.75	2.125 5
1	2.158 4
2	2.330 5
3	2.428 8
5	2.559 5
7	2.797 8
10	2.799 3
15	3.120 6
20	3.210 5
30	3.381 7
40	3.448 6
50	3.480 1

数据来源：中国货币网

【分析解答】 ①对于 1 年及以下的关键期限点，根据公式（4-9）和公式（4-10）计算即期收益率和贴现因子，有：

$$\mathrm{SC}_{0.083} = R_{0.083} = 2.025\,2\%$$

$$\mathrm{SC}_{0.25} = R_{0.25} = 2.049\,5\%$$

$$\cdots\cdots$$

$$\mathrm{SC}_1 = R_1 = 2.158\,4\%$$

$$\mathrm{DF}_1 = \frac{1}{1+2.158\,4\% \times 1} = 0.978\,872$$

② 对于 1 年以上的期限点，根据公式（4-12）、公式（4-13）和公式（4-14）计算即期收益率和贴现因子，有：

$$R_2 \times 100 \times (\mathrm{DF}_1 + \mathrm{DF}_2) + 100 \times \mathrm{DF}_2 = 100$$

$$\mathrm{DF}_2 = \frac{1 - R_2 \times \mathrm{DF}_1}{1 + R_2} = \frac{1 - 2.330\,5\% \times 0.978\,872}{1 + 2.330\,5\%} = 0.954\,933$$

$$SC_2 = \left(\frac{1}{DF_2}\right)^{\frac{1}{2}} - 1 = 2.3325\%$$

$$DF_3 = \frac{1 - R_3 \times [DF_1 + DF_2]}{1 + R_3} = \frac{1 - 2.4288\% \times [0.978872 + 0.954933]}{1 + 2.4288\%} = 0.930433$$

$$SC_3 = \left(\frac{1}{DF_3}\right)^{\frac{1}{3}} - 1 = 2.4326\%$$

……

后续贴现因子与即期收益率的计算方法同上。

需要注意的是,比如不知道第 4 年到期收益率 R_4,可以采用线性插值法对其进行插值。根据公式(4-11),有:

$$R_4 = R_3 + \frac{t_4 - t_3}{t_5 - t_3} \times (R_5 - R_3) = 2.4288\% + \frac{4 - 3}{5 - 3} \times (2.5595\% - 2.4288\%) = 2.4942\%$$

此外,如果将一般复利转化为连续复利,根据公式(4-15),有:

$$r_2 = -\frac{1}{2}\ln DF_2 = 2.3057\%$$

$$r_3 = -\frac{1}{3}\ln DF_3 = 2.4035\%$$

……

后续连续复利即期收益率的计算方法同上。

下面采用 Python 编写求解即期(零息)收益率曲线的函数(Bond_Spotratecurve)。

```python
#导入需要的库
import numpy as np
import pandas as pd
import matplotlib.pyplot as plt
from pylab import mpl
import scipy.interpolate as si
mpl.rcParams['font.sans-serif']=['SimHei']
mpl.rcParams['axes.unicode_minus']=False
#编写构建即期收益率曲线的函数
def Bond_Spotratecurve (year_array,ytm_array):
    '''
    :param year_array: 到期年化时间矩阵;
    :param ytm_array:  对应到期年化时间的到期收益率;
    :return: 计算返回所有到期时间、到期收益率、贴现因子、一般复利的即期收益率、连续复利的即期收益率。
    '''
    #对原始数据处理
    for s in range(1, len(year_array)):
        if year_array[s] >= 1: break
    matruity_new = np.arange(1, 51, 1)    # 每年付息一次,扩充期限至50年
    matruity_new = np.append(year_array[0:s],matruity_new)
    Zero_rates = np.zeros(len(matruity_new))    # 定义一般复利即期收益率数组
```

```python
    Zero_rates_continuous = np.zeros(len(matruity_new))   # 定义连续复利即期收益率数组
    DFs = np.zeros(len(matruity_new))    # 定义贴现因子数组
    # 线性插值补充付息频率为 1 年的到期收益率
    func = si.interp1d(maturity, ytm_array, kind="slinear")   # 线性插值
    ytm_new = func(matruity_new)
    # 求取前 1 年及以内的贴现因子与即期收益率曲线
    i = 0
    while i <= np.argwhere(matruity_new == 1):   # 年限≤1 的即期收益率与贴现因子求解
        Zero_rates[i] = ytm_new[i]
        DFs[i] = 1 / (1 + ytm_new[i] * matruity_new[i])
        Zero_rates_continuous[i] = -1/(matruity_new[i]) * np.log(DFs[i])
        i = i + 1
    # 求取大于 1 年的贴现因子与即期收益率
    add = np.zeros(len(matruity_new))
    add[np.where(matruity_new == 1)] = DFs[matruity_new == 1]
    while i <= len(matruity_new) - 1:
        DFs[i] = (1 - ytm_new[i] * add[i - 1]) / (1 + ytm_new[i])
        add[i] = add[i - 1] + DFs[i]
        Zero_rates[i] = (1 / DFs[i]) ** (1 / (i - 3)) - 1
        Zero_rates_continuous[i] = -1/matruity_new[i] * np.log(DFs[i])
        i = i + 1
    rate_sum=pd.DataFrame({'T.':matruity_new,'YTM':ytm_new*100,'DF':DFs,
        'Zero_rates':Zero_rates*100,'Zero_rates_continuous':Zero_rates_continuous*100})
    return rate_sum
```

调用 Bond_Spotratecurve 函数并输入对应参数计算即期（或零息）收益率。

```python
maturity=np.array([0.083,0.25, 0.5,  0.75,  1,
            2,   3,    5,    7,   10,
            15,  20,  30,   40,  50])
ytm=np.array([2.0252, 2.0495, 2.0813, 2.1255, 2.1584,
            2.3305, 2.4288, 2.5595, 2.7978, 2.7993,
            3.1206, 3.2105, 3.3817, 3.4486, 3.4801
            ])/100
SPOT_RATE_CURVE_TEST=Bond_Spotratecurve (year_array=maturity,ytm_array=ytm)
print(round(SPOT_RATE_CURVE_TEST,4))
```

输出结果（部分）：

	T.	YTM	DF	Zero_rates	Zero_rates_continuous
0	0.083	2.0252	0.9983	2.0252	2.0235
1	0.250	2.0495	0.9949	2.0495	2.0443
2	0.500	2.0813	0.9897	2.0813	2.0705
3	0.750	2.1255	0.9843	2.1255	2.1087
4	1.000	2.1584	0.9789	2.1584	2.1354
5	2.000	2.3305	0.9549	2.3325	2.3057
6	3.000	2.4288	0.9304	2.4326	2.4035
7	4.000	2.4942	0.9060	2.4996	2.4689
8	5.000	2.5595	0.8810	2.5674	2.5350
9	6.000	2.6786	0.8526	2.6939	2.6582
10	7.000	2.7978	0.8230	2.8221	2.7830
11	8.000	2.7983	0.8006	2.8196	2.7806
12	9.000	2.7988	0.7787	2.8178	2.7788
13	10.000	2.7993	0.7575	2.8165	2.7775

绘制图形的代码如下。

```
#绘制按照计息周期插值的即期收益率曲线
plt.figure(figsize=(10,6))
ax=plt.gca()
ax.yaxis.set_ticks_position('left')
ax.spines['left'].set_position(('data',0))
plt.scatter(maturity,ytm*100)
plt.plot(SPOT_RATE_CURVE_TEST['T.'],SPOT_RATE_CURVE_TEST['YTM'],label=u'到期收益率',lw=2.5)
plt.plot(SPOT_RATE_CURVE_TEST['T.'],SPOT_RATE_CURVE_TEST['Zero_rates'],linestyle='-.',label=u'即期收益率（一般复利）',lw=2.5)
plt.plot(SPOT_RATE_CURVE_TEST['T.'],SPOT_RATE_CURVE_TEST['Zero_rates_continuous'],linestyle='--',label=u'即期收益率（连续复利）',lw=2.5)
plt.xlabel(u'期限(年)',fontsize=16)
plt.ylabel(u'收益率(%)',fontsize=16)
plt.title(u'收益率曲线',fontsize=20)
plt.xticks(fontproperties = 'Times New Roman', size = 16)
plt.yticks(fontproperties = 'Times New Roman', size = 16)
plt.legend(loc=4,fontsize=16)
plt.show()
```

输出结果见图 4-10。

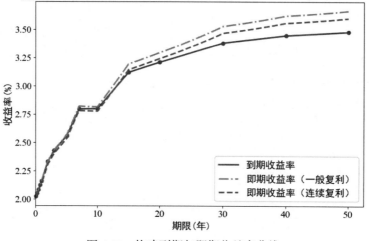

图 4-10　构建到期与即期收益率曲线

从图 4-10 可以发现，随着到期期限增加，到期收益率曲线为向上递增的趋势，即期（零息）收益率曲线位于其上方。连续复利的即期收益率是小于一般复利的，这是由于将一般复利等价转换为连续复利，连续复利相当于无数次复利，而并非按年复利。

4.3.2　NS 模型与 NSS 模型

除了 4.2.1 中介绍的分段多项式的拟合方法，还有一种拟合模型可以用来求解即期收益率函数——NS（Nelson-Siegel）模型。纳尔逊（Nelson）和西格尔（Siegel）在 1987 年提出了一个采用参数表示瞬时（即期限为 0 的）远期收益率的函数：

$$f(t) = \beta_0 + \beta_1 e^{-\frac{t}{m}} + \beta_2 \frac{t}{m} e^{-\frac{t}{m}} \tag{4-16}$$

对应的即期收益率函数为：

$$R(t) = \frac{1}{t}\int_0^t f(0,\tau)\mathrm{d}\tau = \beta_0 + \beta_1 \frac{1-\mathrm{e}^{-\frac{t}{m}}}{\frac{t}{m}} + \beta_2\left(\frac{1-\mathrm{e}^{-\frac{t}{m}}}{\frac{t}{m}} - \mathrm{e}^{-\frac{t}{m}}\right) \quad (4-17)$$

t：到期年限。

β_0：不衰减，对所有收益率期限影响一致，水平因子。

β_1：衰减，对短期收益率影响大，斜率因子。

β_2：先增加后衰减，对中期收益率影响大，曲度因子。

m：衰减速度。

由公式（4-16）可以定性分析出：当t趋近0时，第二项趋近于β_1，第三项趋近于0，下限$f(0) = \beta_0 + \beta_1$；当t趋近正无穷大时，上限$f(+\infty) = \beta_0$。

为了更好地拟合成熟市场中更为复杂的收益率曲线，斯文松（Svensson）将NS模型进行了推广（即NSS模型），引进了另外两个参数——β_3和n，得到了如下即期收益率函数：

$$R(t) = \frac{1}{t}\int_0^t f(0,\tau)\mathrm{d}\tau =$$

$$\beta_0 + \beta_1 \frac{1-\mathrm{e}^{-\frac{t}{m}}}{\frac{t}{m}} + \beta_2\left(\frac{1-\mathrm{e}^{-\frac{t}{m}}}{\frac{t}{m}} - \mathrm{e}^{-\frac{t}{m}}\right) + \beta_3\left(\frac{1-\mathrm{e}^{-\frac{t}{n}}}{\frac{t}{n}} - \mathrm{e}^{-\frac{t}{n}}\right) \quad (4-18)$$

【实例4-7】 依据中国货币网2022-3-28公布的国债收盘即期收益率曲线，采用NS模型和NSS模型对其进行拟合。

【分析解答】 下面使用Python来具体实现。

```python
#导入需要的库
#pip install PyCurve
from PyCurve.nelson_siegel import NelsonSiegel
from PyCurve.curve import Curve
import numpy as np
import matplotlib.pyplot as plt
from pylab import mpl
mpl.rcParams['font.sans-serif']=['SimHei']
mpl.rcParams['axes.unicode_minus']=False
#设定时间与收益率数据，构建曲线
time = np.array([0.08,0.1,0.2,0.25,0.5,0.75,1,
                 2,3,4,5,6,7,8,9,10,15,20,30,40,50])
d_rate = np.array([2.0252,2.0276,2.0422,2.0495,2.0813,2.1255,
                   2.1584,2.3325,2.4326,2.4996,2.5674,2.6939,
                   2.8221,2.8196,2.8178,2.8165,3.1947,3.2957,
                   3.5295,3.6225,3.6655])/100
curve = Curve(time,d_rate)
#采用NS模型对曲线进行拟合
ns = NelsonSiegel(0.1,0.4,12,1)
ns.calibrate(curve)
```

```python
#绘图
xHat = np.linspace(min(time), max(time), num=10000)
yHat = ns.d_rate(xHat)
plt.figure(figsize=(10,6))
ax=plt.gca()
ax.yaxis.set_ticks_position('left')
ax.spines['left'].set_position(('data',0))
plt.scatter(time, d_rate*100, c='#0000FF', alpha=0.4, label='原始数据')
plt.plot(xHat, yHat*100,'red',linestyle='-',label='即期收益率')
plt.plot(xHat, (ns.forward_rate(xHat,xHat+0.0001)*100),'c',linestyle='-.',label='瞬时远期收益率')
plt.plot(xHat, np.linspace(ns.beta0*100,ns.beta0*100,num=10000),'b',linestyle=':',label='上限')
plt.plot(xHat, np.linspace((ns.beta0+ns.beta1)*100,(ns.beta0+ns.beta1)*100,num=10000),'g',linestyle=':',label='下限')
plt.title("NS 模型拟合图",fontsize=20)
plt.xlabel('期限(年)',fontsize=16)
plt.ylabel('收益率(%)',fontsize=16)
plt.xticks(fontsize=16)
plt.yticks(fontsize=16)
plt.legend(fontsize=14)
plt.show()
```

可以得到拟合的相关参数与校准误差：

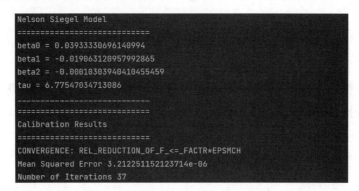

输出结果见图 4-11。

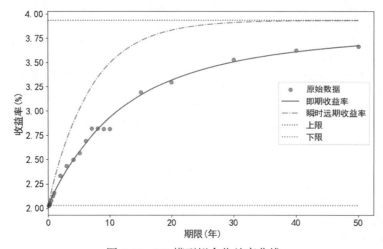

图 4-11　NS 模型拟合收益率曲线

由图 4-11 可以看出，NS 模型拟合由于只有 4 个参数，相对于 4.2.1 小节中的分段拟合的方式，操作相对简单，各个参数有一定的经济意义，并且具有一定的灵活度。下面采用 NSS 模型进行拟合。

```
from PyCurve.svensson_nelson_siegel import NelsonSiegelAugmented
nss = NelsonSiegelAugmented(0.1,0.4,12,12,1,1)
nss.calibrate(curve)
```

可以得到拟合的相关参数与校准误差：

```
Augmented Nelson Siegel Model
==========================
==========================
beta0 = 0.03672387732285598
beta1 = -0.017489743774237464
beta2 = -0.16381544663240444
beta3 = 0.1444932708164943
tau = 1.2018254007432119
tau2 = 1.0634764105739392
==========================
==========================
Calibration Results
==========================
CONVERGENCE: REL_REDUCTION_OF_F_<=_FACTR*EPSMCH
Mean Squared Error 1.548651859048141e-05
Number of Iterations 23
```

绘制图形的代码如下。

```
#绘图
yHat1 = nss.d_rate(xHat)
plt.figure(figsize=(10,6))
ax=plt.gca()
ax.yaxis.set_ticks_position('left')
ax.spines['left'].set_position(('data',0))
plt.scatter(time, d_rate*100, c='#0000FF', alpha=0.4, label='原始数据')
plt.plot(xHat, yHat*100,'red',linestyle='-',label='NS 模型')
plt.plot(xHat, yHat1*100,'blue',linestyle='--',label='NSS 模型')
plt.title("NS 与 NSS 模型拟合图",fontsize=20)
plt.xlabel('期限(年)',fontsize=16)
plt.ylabel('即期收益率(%)',fontsize=16)
plt.xticks(fontsize=16)
plt.yticks(fontsize=16)
plt.legend(loc=4,fontsize=14)
plt.show()
```

输出结果见图 4-12。

由图 4-12 可以看出，NSS 模型对于简单类型的收益率曲线更容易过拟合。在实操中没有发现它显著强于 NS 模型，此外在拟合的时候 NSS 模型更容易发生扭曲的情形，这并不是分析者希望看到的结果。

需要说明的是，如果想要更为精确地拟合收益率曲线，可以采用更多的债券样本，采用 NS 模型或 NSS 模型中的即期收益率，得到相应的贴现函数，计算债券的理论价格，再将债券理论价格与债券市场实际价格之差作为目标函数，并以最小二乘法进行参数估计获取 NS 或 NSS 模型参数。

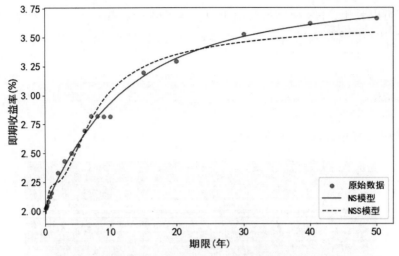

图 4-12 NS 模型与 NSS 模型拟合即期收益率曲线对比

4.4 债券远期收益率曲线的构建

远期收益率是未来某个时点到另一个时点的收益率，在确定了即期收益率曲线后，所有的远期收益率都可以根据即期收益率求得。例如，假设一年期即期收益率为 3%，两年期即期收益率为 4%（两者都用年复利）。粗略估计，远期收益率第一年末到第二年末的收益率是 5%。这是因为第一年为 3%，第二年为 5%，两年平均为 4%（两年期即期收益率）。接下来进行精确的计算。

这里考虑离散的一般复利。假设所有收益率都用年复利表示，有以下等式：

$$(1+\text{SC}_{t-1})^{t-1}(1+F_{t-1,t}) = (1+\text{SC}_t)^t \tag{4-19}$$

$F_{t-1,t}$：第 t-1 年至第 t 年的远期收益率。
SC_t：t 年的即期收益率。
SC_{t-1}：t-1 年的即期收益率。

【实例 4-8】使用实例 4-6 的相关数据与计算得到的即期收益率，计算并构建当日的远期收益率曲线。

【分析解答】由于默认的付息频率为年，所以计算远期收益率也按每年来处理。具体的计算过程如下。

对于 0～1 年的远期收益率，认为等于 1 年期的即期收益率。

$$F_{0,1} = \text{SC}_1 = 2.158\,4\%$$

对于 1～2 年的远期收益率，则有：

$$(1+\text{SC}_1)^1(1+F_{1,2}) = (1+\text{SC}_2)^2$$

$$F_{1,2} = \frac{(1+2.332\,5\%)^2}{1+2.158\,4\%} - 1 = 2.506\,9\%$$

对于 2～3 年的远期收益率，则有：

$$(1+SC_2)^2(1+F_{2,3}) = (1+SC_3)^3$$

$$F_{2,3} = \frac{(1+2.432\ 6\%)^3}{(1+2.332\ 5\%)^2} - 1 = 2.633\ 1\%$$

……

其余期限，类比计算。

下面接实例 4-6 代码，采用 Python 来计算。

```
#调用前面计算好的即期收益率函数 SPOT_RATE_CURVE_TEST 获取期限和即期收益率
Zero_rates=list(SPOT_RATE_CURVE_TEST[SPOT_RATE_CURVE_TEST['T.']>=1]['Zero_rates']/100)
#计算远期收益率
F_rate=[Zero_rates[0]]
for i in range(0,len(Zero_rates)-1):
    F_rate.append((1+Zero_rates[i+1])**(i+2)/(1+Zero_rates[i])**(i+1)-1)
F_rate_sum=pd.DataFrame({'T.':list(range(1, len(F_rate)+1)),'forward_rate':np.array(F_rate)*100})
print(np.round(F_rate_sum,4))
```

输出结果（部分）：

```
    T.   forward_rate
0    1         2.1584
1    2         2.5069
2    3         2.6331
3    4         2.7008
4    5         2.8392
5    6         3.3287
6    7         3.5946
7    8         2.8023
8    9         2.8034
9   10         2.8045
```

绘制图形的代码如下：

```
#汇总到期收益率、即期收益率、远期收益率绘图
plt.figure(figsize=(10,6))
ax=plt.gca()
ax.yaxis.set_ticks_position('left')
ax.spines['left'].set_position(('data',0))
plt.scatter(maturity,ytm*100)
plt.plot(SPOT_RATE_CURVE_TEST['T.'],SPOT_RATE_CURVE_TEST['YTM'],label=u'到期收益率',lw=2.5)
plt.plot(SPOT_RATE_CURVE_TEST['T.'],SPOT_RATE_CURVE_TEST['Zero_rates'],linestyle='-.',label=u'即期收益率',lw=2.5)
plt.plot(F_rate_sum['T.'],F_rate_sum['forward_rate'],linestyle='--',label=u'远期收益率',lw=2.5)
plt.xlabel(u'期限(年)',fontsize=16)
plt.ylabel(u'收益率(%)',fontsize=16)
plt.title(u'收益率曲线',fontsize=20)
plt.xticks(fontproperties = 'Times New Roman', size = 16)
plt.yticks(fontproperties = 'Times New Roman', size = 16)
plt.legend(loc=4,fontsize=16)
plt.show()
```

输出结果见图 4-13。

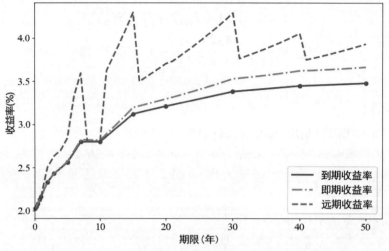

图 4-13　到期收益率、即期收益率、远期收益率曲线

以上计算结果基本与中国外汇交易中心当日公布的收益率曲线一致。值得注意的是，远期收益率曲线在中长期存在非常高窄的锯齿和上下波动变化。导致这类问题的原因，主要是基准债券的选择与线性的插值方法。感兴趣的读者可自行选择样本债券，采用不同的插值或拟合方法进行优化处理。

4.5　本章小结

债券的到期收益率曲线的构建方法有两大类：插值法和拟合法。不同的机构依据自己的实际需求选用的样本及方法不同。其中，插值法通常会经过每个样本点，对样本的要求更高。在实务中，债券即期收益率曲线可采用拔靴法或 NS 模型（或 NSS 模型），远期收益率曲线可由即期收益率曲线推导出。中债、中证、中国外汇交易中心、上清所以及 YY 评级等机构都提供收益率曲线，分析者可根据自己的实际需求情况适当选择。

第 5 章 债券的估值与风险计量

债券的估值是确定债券公允价格的过程,即判断债券在某天某个时刻的公允价格应该为多少。债券的风险计量是判断有哪些因素会影响债券的价格,比如,市场收益率变动会导致债券的价格如何变化。本章主要介绍债券的估值与风险计量。

5.1 固定利率债券的估值

对于常见的固定利率债券,估值的核心思想是将未来的现金流(本息)进行贴现求和。其中,贴现收益率可采用对应的到期收益率或即期收益率加上对应利差,贴现求和得到的结果是债券的现值(或估值全价)。本章涉及的现值均以全价表示。

5.1.1 固定利率债券现值的计算

$$\mathrm{PV} = \sum_{i=1}^{n} \frac{CF_i}{\left(1 + \dfrac{r_{t_i} + \mathrm{spread}}{f}\right)^{\frac{d}{\mathrm{TS}}+i-1}} \quad (5-1)$$

$$CF_i = C \times T_i \times m_i + V_i$$

PV:债券的现值(或估值全价)。

CF_i:债券待偿期内各期现金流数额(包含本金和利息)。

C:固定利率债券的票面年利率。

T_i:根据债券计息基准计算的计息区间年化期限。

m_i:第 i 个付息日百元面值剩余本金值。

V_i:第 i 个付息日百元还本量。

r_{t_i}:债券所在收益率曲线(根据债券类型与评级判定)的对应即期收益率。

spread:即期利差,首次由一级市场发行价格确定,后续结合二级市场报价交易情况进行调整；如果难以确认，也可依据第三方机构提供的估值全价反推。

f：债券的付息频率。

d：估值日至下一最近计划付息日的自然日天数。

TS：当前付息周期的自然日天数。

n：未来付息次数。

【注】非提前还本债券，$m_i=100$，$V_i=0$（$i \neq n$），$V_i=100$（$i=n$）。

【实例 5-1】金融机构 A 持有 10 广东高速债券，相关的债券信息如表 5-1 所示。请在 2022-5-18 日终对该债券进行估值。

表 5-1 10 广东高速债券的基本信息

债券简称	10 广东高速债券	债券代码	1080073
债券类型	企业债-普通企业债	发行人	广东省高速公路有限公司
债券起息日	2010-7-2	债券到期日	2025-7-2
付息频率	1年1次	发行期限	15年
息票类型	附息式固定利率	面值	100元
计息基准	ACT/ACT	票面利率（%）	4.68
债项评级	AAA	主体评级	AAA

数据来源：Wind 资讯

【分析解答】依据债券基本信息可以分析出剩余期限的付息计划，见表 5-2。

表 5-2 10 广东高速债券的剩余期限付息计划

开始日期	结束日期	付息次数	现金流（元）
2021-7-2	2022-7-2	1	4.68
2022-7-2	2023-7-2	2	4.68
2023-7-2	2024-7-2	3	4.68
2024-7-2	2025-7-2	4	4.68+100

首先，获取债券类型为企业债，债项评级为 AAA（如无债项选择主体评级）的中债即期收益曲线，对相关现金流发生日（结束日期）进行收益率的插值处理。需要注意的是，国外评级或一些特殊评级与我国的评级机构的尺度不同，需要建立相关映射关系使得对应的收益率曲线正确。表 5-3 为 2022-5-18 日终中债企业债的即期收益率（AAA）。

表 5-3 2022-5-18 日终中债企业债的即期收益率（AAA）

关键期限（年）	即期收益率（%）
0	1.668 8
0.08	1.785 3
0.25	1.932 7
0.5	2.130 4
0.75	2.228 7
1	2.317 6
2	2.596 2

续表

关键期限（年）	即期收益率（%）
3	2.845 9
4	3.128 7
5	3.261 1
6	3.321 7
7	3.424 5
8	3.444 5
9	3.610 6
10	3.727 5

数据来源：中国债券信息网——中债收益率、Wind 资讯

$$d = \text{days}(2022\text{-}7\text{-}2 - 2022\text{-}5\text{-}18) = 45$$
$$TS = \text{days}(2022\text{-}7\text{-}2 - 2021\text{-}7\text{-}2) = 365$$

2022-7-2 的插值收益率为：

$$r_{2022\text{-}7\text{-}2} = 1.785\,3\% + \frac{\frac{45}{365} - 0.08}{0.25 - 0.08} \times (1.932\,7\% - 1.785\,3\%) = 1.822\,833\%$$

同理，2023-7-2 的插值收益率为：

$$r_{2023\text{-}7\text{-}2} = 2.317\,6\% + \frac{\frac{45}{365} + 1 - 1}{2 - 1} \times (2.596\,2\% - 2.317\,6\%) = 2.351\,948\%$$

其余现金流发生日类比插值。

其次，依据信用溢价、流动性溢价以及市场行情，金融机构 A 确定的即期利差为 0.124 848%。

最后，将相关具体参数代入公式（5-1）可以计算得到 10 广东高速债券在 2022-5-18 日终的估值价格。

$$PV = \frac{4.68}{(1 + 1.822\,833\% + 0.124\,848\%)^{\frac{45}{365}}} + \frac{4.68}{(1 + 2.351\,948\% + 0.124\,848\%)^{\frac{45}{365}+1}} + \cdots$$
$$+ \frac{104.68}{(1 + 2.880\,766\% + 0.124\,848\%)^{\frac{45}{365}+3}} = 109.072\,2\,（元）$$

下面采用 Python 编写计算固定利率债券的估值函数（Fixed_Bond_Valuation）。

```python
#加载需要使用的库
from ACT_SUM import *
from datetime import date
import numpy as np
import scipy.interpolate as si
#固定利率债券的估值函数（计算 PV）
def Fixed_Bond_Valuation(cal_date,start_date,yearlenth,fre, R,m,ACC_type,spread,
                         curve_time,curve_list):
    '''
    :param cal_date: 计算日期;
    :param start_date: 债券的起息日;
```

```python
    :param yearlenth: 债券的发行年限;
    :param fre: 债券的付息频率;
    :param R: 债券的百元票面利息;
    :param m: 未到期债券的百元剩余本金,无本金摊还计划填写数值,否则填写目前摊还计划;
    :param ACC_type:债券的计息基准,如'ACT_ACT_AVE','ACT_360','ACT_365',可自行根据需求添加;
    :param spread:即期利差;
    :param curve_time:收益率曲线的关键期限点(年);
    :param curve_list:对应关键期限点的收益率;
    :return: 返回计算债券的估值全价。
    '''
    #生成付息计划
    schedule = coupon_schedule(start_date=start_date, yearlenth=yearlenth, fre=fre)
    #判断计算日在哪两个附息计划之间
    for i in range(1, len(schedule)):
        if schedule[i] >= cal_date: break
    #设定本金计划,如填写本金摊还计划list不处理
    flag=1
    if isinstance(m,list):   #有还本计划
        flag=0
    else:                    #无还本计划
        m = [m] * (len(schedule) - 1)
    #计算日不处于最后付息周期的计算逻辑
    if  cal_date<schedule[-2]:
        #生成债券的利息现金流计划
        j = i
        ACC = []
        for j in range(j, len(schedule)):
            if ACC_type == 'ACT_ACT_AVE':
                ACC.append(ACT_ACT_AVE(start_date=start_date, yearlenth=yearlenth,
                    fre=fre, cal_date=schedule[j], coupon=R, m=m[j-1]))
            elif ACC_type == 'ACT_360':
                ACC.append(ACT_360(start_date=start_date, yearlenth=yearlenth,
                    fre=fre, cal_date=schedule[j], coupon=R,m=m[j-1]))
            elif ACC_type == 'ACT_365':
                ACC.append(ACT_365(start_date=start_date, yearlenth=yearlenth,
                    fre=fre, cal_date=schedule[j], coupon=R,m=m[j-1]))
        TS = schedule[i] - schedule[i - 1] #当前付息周期自然日天数
        d = schedule[i] - cal_date
        #对相关现金流发生日进行收益率的插值处理
        coupon_time_list=[]
        for s in range(len(schedule[i:])):
            coupon_time_list.append(d.days/365+s/fre)
        func = si.interp1d(curve_time, curve_list, kind="slinear")   # 线性插值
        spot_new = func(coupon_time_list)
        #求取现金流的贴现和
        ACC_list = []
        for n in range(0, len(ACC)):
            ACC_list.append( (ACC[n]+m[i+n-2]-m[i+n-1])/ pow(1 + (spot_new[n]+spread) /
                fre, d / TS + n))
```

```
            ACC_list.append(m[-1]*flag / pow(1 + (spot_new[-1]+spread) / fre, d / TS + n ))
        return sum(ACC_list)
#计算日处于最后付息周期的计算逻辑
    else:
        Last_ACC=ACT_ACT_AVE(start_date=start_date,yearlenth=yearlenth,fre=fre,
                       cal_date=schedule[-1],coupon=R,m=m[-1])
        FV=m[-1]+Last_ACC
        # 计算D与TY
        TY_sch = coupon_schedule(start_date=start_date, yearlenth=1, fre=1)
        TY = TY_sch[-1] - TY_sch[-2]  # 当前计息年度的自然日天数，算头不算尾
        D = schedule[-1] - cal_date    # 债券结算日至到期兑付日的自然日天数；
        func = si.interp1d(curve_time, curve_list, kind="slinear")   # 线性插值
        spot_new = func(D/TY)
        return FV/(1+(spot_new+spread)*D/TY)
```

调用 Fixed_Bond_Valuation 函数并输入对应参数计算债券的估值全价。

```
maturity=np.array([0,0.08,0.25,0.5,0.75,1,
                   2,3,4,5,6,7,8,9,10])
spot_rate=np.array([1.6688,1.7853,1.9327,2.1304,2.2287,2.3176,
                    2.5962,2.8459,3.1287,3.2611,3.3217,3.4245,
                    3.4445,3.6106,3.7275])/100
bond_1= Fixed_Bond_Valuation(cal_date=date(2022,5,18),start_date=date(2010,7,2),
                    yearlenth=15,fre=1,R=4.68,m=100,
                    ACC_type="ACT_ACT_AVE",spread=0.00124848,
                    curve_time=maturity,curve_list=spot_rate)
print('计算得到债券的估值全价: ',round(bond_1,4))
```

输出结果：

```
计算得到债券的估值全价: 109.0722
```

5.1.2 G-spread 与 Z-spread

（1）G-spread。通过试错法，不断地调整利差，使债券的现值刚好等于债券的市场全价或估值全价。其中，G-spread 中的 G 代表政府国债（Government-Bond），即求出的利差是债券的到期收益率与国债到期收益率之间的利差。

$$\text{PV} = \sum_{i=1}^{n} \frac{\text{CF}_i}{\left(1 + \dfrac{y_t + G_{\text{spread}}}{f}\right)^{\frac{d}{\text{TS}}+i-1}} \tag{5-2}$$

y_t：与计算债券相同到期时间的国债到期收益率。

G_{spread}：与国债到期收益率之间的利差。

【注】其他参数含义同公式（5-1）。

【实例 5-2】接实例 5-1 的债券信息，10 广东高速债券在 2022-5-18 日终的百元面值估值全价为 109.072 2 元，请计算该债券的 G_{spread}。

【分析解答】获取 2022-5-18 日终的国债到期收益率数据，对最后 1 期现金流发生日进行收

益率的插值处理。表 5-4 为 2022-5-18 日终中债国债到期收益率。

表 5-4　2022-5-18 日终中债国债到期收益率

关键期限（年）	到期收益率（%）
0	1.226 8
0.08	1.450 3
0.17	1.648 1
0.25	1.660 1
0.5	1.790 5
0.75	1.844 3
1	1.927 5
2	2.243 9
3	2.335 6
4	2.440 2
5	2.542 4
6	2.706 7
7	2.789 9
8	2.787
9	2.782 4
10	2.780 1

数据来源：中国债券信息网——中债收益率、Wind 资讯

$$y_{2025\text{-}7\text{-}2} = 2.335\ 6\% + \frac{\frac{45}{365} + 3 - 3}{4 - 3} \times (2.440\ 2\% - 2.335\ 6\%) = 2.348\ 496\%$$

根据已有条件，代入公式（5-2）：

$$PV = \frac{4.68}{(1 + 2.348\ 496\% + G_{\text{spread}})^{\frac{45}{365}}} + \frac{4.68}{(1 + 2.348\ 496\% + G_{\text{spread}})^{\frac{45}{365}+1}} + \cdots$$

$$+ \frac{104.68}{(1 + 2.348\ 496\% + G_{\text{spread}})^{\frac{45}{365}+3}} = 109.072\ 2\ (\text{元})$$

可以计算得到

$$G_{\text{spread}} = 0.638\ 94\%$$

因此，可以得出结论：相对于国债到期收益率，10 广东高速债券的到期利差为 0.638 94%。事实上，还可以换位思考，到期利差为债券本身的到期收益率减去对应国债到期期限的到期收益率：$G_{\text{spread}} = y - y_{2025\text{-}7\text{-}2}$。

（2）Z-spread。通过试错法，不断调整利差，使得债券的现值刚好等于债券的市场全价或估值全价。其中 Z-spread 中的 Z 代表零息（Zero），即求出的利差是债券的即期收益率与国债即期收益率之间的利差。

$$PV = \sum_{i=1}^{n} \frac{CF_i}{\left(1 + \frac{r_{t_i} + Z_{\text{spread}}}{f}\right)^{\frac{d}{TS}+i-1}} \tag{5-3}$$

Z_{spread}：与国债即期收益率之间的利差。

r_{t_i}：与计算债券相同现金流发生日的国债即期收益率。

【注】其他参数含义同公式（5-1）。

【**实例 5-3**】接实例 5-1 的债券信息，10 广东高速债券在 2022-5-18 日终的百元面值估值全价为 109.072 2 元，请计算该债券的 Z-spread。

【**分析解答**】获取 2022-5-18 日终的国债即期收益率，对现金流发生日进行收益率的插值处理。表 5-5 为 2022-5-18 日终中债国债即期收益率。

表 5-5　2022-5-18 日终中债国债即期收益率

关键期限（年）	即期收益率（%）
0	1.223 1
0.08	1.445 1
0.17	1.641 4
0.25	1.653 3
0.5	1.782 5
0.75	1.835 9
1	1.918 7
2	2.248 4
3	2.340 9
4	2.448 4
5	2.554 6
6	2.726 8
7	2.818 7
8	2.821 6
9	2.821 2
10	2.819 4

数据来源：中国债券信息网——中债收益率、Wind 资讯

2022-7-2 的插值收益率为：

$$r_{2022\text{-}7\text{-}2} = 1.445\,1\% + \frac{\frac{45}{365} - 0.08}{0.17 - 0.08} \times (1.641\,4\% - 1.445\,1\%) = 1.539\,515\%$$

同理，2023-7-2 的插值收益率为：

$$r_{2023\text{-}7\text{-}2} = 1.918\,7\% + \frac{\frac{45}{365} + 1 - 1}{2 - 1} \times (2.248\,4\% - 1.918\,7\%) = 1.959\,348\%$$

其余现金流发生日类比插值。

根据已有条件，代入公式（5-3）：

$$PV = \frac{4.68}{(1 + 1.539\,515\% + Z_{\text{spread}})^{\frac{45}{365}}} + \frac{4.68}{(1 + 1.959\,348\% + Z_{\text{spread}})^{\frac{45}{365}+1}} + \cdots$$

$$+ \frac{104.68}{(1 + 2.354\,153\% + Z_{\text{spread}})^{\frac{45}{365}+3}} = 109.072\,2\,（元）$$

计算得到

$$Z_{\text{spread}} = 0.644\,037\%$$

因此，可以得到结论：相对于国债即期收益率，10 广东高速债券的即期收益率溢价即期利差为 0.644 037%。

接下来用 Python 编写函数（Fixed_Bond_spread）来求解 G-spread 与 Z-spread。

```python
#加载需要使用的库
from ACT_SUM import *
from datetime import date
import numpy as np
import scipy.interpolate as si
import scipy.optimize as so
#计算固定利率债券 G-spread 和 Z-spread 的函数
def Fixed_Bond_spread(cal_date,start_date,yearlenth,fre, R,m,ACC_type,PV,
                     spread_type,curve_time,curve_list):
    '''
    :param cal_date: 计算日期;
    :param start_date: 债券的起息日;
    :param yearlenth: 债券的发行年限;
    :param fre: 债券的付息频率;
    :param R: 债券的百元票面利息;
    :param m: 未到期债券的百元剩余本金,无本金摊还计划填写数值,否则填写目前摊还计划;
    :param ACC_type:债券的计息基准,如'ACT_ACT_AVE','ACT_360','ACT_365',可自行根据需求添加;
    :param PV:债券的全价;
    :param spread_type:包括'G-spread'、'Z-spread';
    :param curve_time:收益率曲线的关键期限点（年）;
    :param curve_list:对应关键期限点的收益率;
    :return: 返回计算债券的 G-spread 或 Z-spread。
    '''
    #生成付息计划
    schedule = coupon_schedule(start_date=start_date, yearlenth=yearlenth, fre=fre)
    #判断计算日在哪两个附息计划之间
    for i in range(1, len(schedule)):
        if schedule[i] >= cal_date: break
    #设定本金计划,如填写本金摊还计划 list 不处理
    flag=1
    if isinstance(m,list):   #有还本计划
        flag=0
    else:                    #无还本计划
        m = [m] * (len(schedule) - 1)
    #计算日不处于最后付息周期的计算逻辑
```

```python
        if cal_date<schedule[-2]:
            #生成债券的利息现金流计划
            j = 1
            ACC = []
            for j in range(j, len(schedule)):
                if ACC_type == 'ACT_ACT_AVE':
                    ACC.append(ACT_ACT_AVE(start_date=start_date,
                                yearlenth=yearlenth,fre=fre, cal_date=schedule[j],
                                coupon=R, m=m[j-1]))
                elif ACC_type == 'ACT_360':
                    ACC.append(ACT_360(start_date=start_date, yearlenth=yearlenth,
                                fre=fre, cal_date=schedule[j],
                                coupon=R,m=m[j-1]))
                elif ACC_type == 'ACT_365':
                    ACC.append(ACT_365(start_date=start_date, yearlenth=yearlenth,
                                fre=fre, cal_date=schedule[j], coupon=R,m=m[j-1]))
            TS = schedule[i] - schedule[i - 1] #当前付息周期自然日天数
            d = schedule[i] - cal_date
            #对相关现金流发生日进行收益率的插值处理
            coupon_time_list=[]
            for s in range(len(schedule[i:])):
                coupon_time_list.append(d.days/365+s/fre)
            func = si.interp1d(curve_time, curve_list, kind="slinear")   # 线性插值
            new_inter = func(coupon_time_list)
            if spread_type == 'Gspread':
                spot_new = [new_inter[-1] for _ in range(len(new_inter))]
            else:
                spot_new = new_inter
            #求取spread
            def f(spread):
                SUM_ACC = []
                for n in range(0, len(ACC)):
                    SUM_ACC.append((ACC[n]+m[i+n-2]-m[i+n-1])/
                                pow(1 + (spot_new[n]+spread) / fre, d / TS + n))
                return np.sum(SUM_ACC) + m[-1]*flag / pow(1 + (spot_new[-1]+spread) /
                                                fre, d / TS + n ) - PV
            spread = so.fsolve(f, 0.1)[0]
            return spread
    #计算日处于最后付息周期的计算逻辑
    else:
        Last_ACC=ACT_ACT_AVE(start_date=start_date,yearlenth=yearlenth,fre=fre,
                        cal_date=schedule[-1],coupon=R,m=m[-1])
        FV=m[-1]+Last_ACC
        # 计算D与TY
        TY_sch = coupon_schedule(start_date=start_date, yearlenth=1, fre=1)
        TY = TY_sch[-1] - TY_sch[-2]   # 当前计息年度的自然日天数,算头不算尾
        D = schedule[-1] - cal_date    # 债券结算日至到期兑付日的自然日天数;
        func = si.interp1d(curve_time, curve_list, kind="slinear")   # 线性插值
```

```
                spot_new = func(D/TY)
                spread=(FV/PV-1)*TY/D-spot_new
                return spread
```

输入国债关键期限、关键期限到期收益率以及债券的相关要素条件到 Fixed_Bond_spread 函数，求解债券的 G-spread。

```
maturity=np.array([0,0.08,0.17,0.25,0.5,0.75,1,
                   2,3,4,5,6,7,8,9,10])
ytm_rate= np.array([1.2268, 1.4503, 1.6481, 1.6601, 1.7905, 1.8443,
                    1.9275, 2.2439, 2.3356, 2.4402, 2.5424, 2.7067,
                    2.7899, 2.787, 2.7824, 2.7801]) / 100
bond_1_Gspread=Fixed_Bond_spread(cal_date=date(2022,5,18),start_date=date(2010,7,2),
                                 yearlength=15, fre=1,R=4.68,m=100,PV=109.0722,
                                 spread_type='Gspread',ACC_type="ACT_ACT_AVE",
                                 curve_time=maturity, curve_list=ytm_rate)
print('计算得到债券的 G-spread(%): ',round(bond_1_G-spread*100,6)
```

输出结果：

```
计算得到债券的G-spread(%):  0.63894
```

输入国债关键期限、关键期限即期收益率以及债券的相关要素条件到 Fixed_Bond_spread 函数，求解债券的 Z-spread。

```
maturity2=np.array([0,0.08,0.17,0.25,0.5,0.75,1,
                    2,3,4,5,6,7,8,9,10])
spot_rate= np.array([1.2231,1.4451,1.6414,1.6533,1.7825,1.8359,
                     1.9187,2.2484,2.3409,2.4484,2.5546,2.7268,
                     2.8187,2.8216,2.8212,2.8194]) / 100
bond_1_Zspread=Fixed_Bond_spread(cal_date=date(2022,5,18),start_date=date(2010,7,2),
                                 yearlength=15, fre=1,R=4.68,m=100,PV=109.0722,
                                 spread_type='Zspread',ACC_type="ACT_ACT_AVE",
                                 curve_time=maturity2, curve_list=spot_rate)
print('计算得到债券的 Z-spread(%): ',round(bond_1_Z-spread*100,6)
```

输出结果：

```
计算得到债券的Z-spread(%):  0.644037
```

5.1.3 固定利率债券风险指标的计算

（1）麦考利久期。

债券未来每期的现金流都有对应的发生时间，有没有办法找出一个指标来衡量现金流和发生时间的平均情况呢？这就要追溯至最早在1938年提出久期概念的麦考利，因而该指标又称为麦考利久期。麦考利久期的本质是债券未来现金流与期限的综合效应，即债券未来现金流的加权平均时间。对应的计算方法是使用各期现金流现值在债券价格中所占的比重乘以对应年化到期时间。

$$\text{Mac.D} = \sum_{t=1}^{n}\left[\frac{\text{PV}(\text{CF}_t)}{\text{PV}} \times \text{yearfactor}_t\right] \tag{5-4}$$

Mac.D：债券的麦考利久期。

PV(CF$_t$)：债券每期现金流的现值（包含本息）。

PV：债券的估值全价。

yearfactor$_t$：距离债券未来每期现金流发生日的年化时间。

【注】对于零息债券，麦考利久期等同于其到期时间。

【实例 5-4】接实例 5-1 的债券信息，10 广东高速债券在 2022-5-18 日终的百元面值估值全价为 109.072 2 元，请计算该债券的麦考利久期。

【分析解答】计算未来现金流付息计划，对于 PV(CF$_t$) 可以将债券到期收益率的计算公式进行拆解，即公式（3-4）每一项为每一期的贴现现金流。表 5-6 为 10 广东高速债的剩余期限现金流计划。

表 5-6　10 广东高速债的剩余期限现金流计划

现金流发生日	距离计算日年化时间（年）	付息次数	现金流（元）	贴现现金流（元）
2022-7-2	45/365	1	4.68	4.663 046 15
2023-7-2	$1 + \frac{45}{365}$	2	4.68	4.527 781 59
2024-7-2	$2 + \frac{45}{365}$	3	4.68	4.396 440 75
2025-7-2	$3 + \frac{45}{365}$	4	4.68+100	95.484 931 52

这里可以调用前面的到期收益率函数（YTM_coupon_bond）先将债券的到期收益率算出来（后面会用）。

```
bond_YTM_Cal=YTM_coupon_bond(cal_date=date(2022,5,18),start_date=date(2010,7,2),
                    yearlenth=15,fre=1,R=4.68,m=100,PV=109.0722,
                    coupon_type="fixed",ACC_type="ACT_ACT_AVE",r=0)
print('计算得到债券的到期收益率(%):',np.round(bond_YTM_Cal*100,10))
```

输出结果：

计算得到债券的到期收益率(%)：2.9874356319

计算债券未来每期现金流的现值：

$$PV(CF_1) = \frac{4.68}{(1 + 2.987\ 435\ 631\ 9\%)^{\frac{45}{365}}} = 4.663\ 046\ 15$$

$$PV(CF_2) = \frac{4.68}{(1 + 2.987\ 435\ 631\ 9\%)^{\frac{45}{365}+1}} = 4.527\ 781\ 59$$

其余计算类比。

将以上中间计算结果代入公式（5-4），则有：

$$\text{Mac.D} = \frac{4.663\ 046\ 15}{109.072\ 2} \times \frac{45}{365} + \frac{4.527\ 781\ 57}{109.072\ 2} \times \left(1 + \frac{45}{365}\right) + \cdots + \frac{95.484\ 930\ 45}{109.072\ 2} \times \left(3 + \frac{45}{365}\right)$$

$$= 2.871\ 7$$

(2) 修正久期。

麦考利久期并未考虑收益率（或利率）变动的影响，考虑收益率的影响后对其进行修正的久期被称为修正久期。修正久期反映收益率变动对债券价格的影响，其只考虑了一阶线性的影响。修正久期的具体计算方法是债券价格变动的百分比 $\left(\dfrac{\Delta PV}{PV}\right)$ 与债券收益率变动(Δy)的比值。其中，为了使修正久期的分子分母量纲统一，分子债券价格变动采用了百分比的形式。

$$MD = \dfrac{\dfrac{\Delta PV}{PV}}{\Delta y} = \dfrac{Mac.D}{1 + \dfrac{y}{f}} \qquad (5-5)$$

MD：债券的修正久期。

Mac.D：债券的麦考利久期。

y：债券的年化到期收益率。

f：债券的付息频率。

【实例 5-5】接实例 5-1 的债券信息，在实例 5-4 计算的基础上，10 广东高速债券在 2022-5-18 日终的百元面值估值全价为 109.072 2 元，到期收益率为 2.987 435 631 9%，请计算该债券的修正久期。

【分析解答】根据公式（5-5），有：

$$MD = \dfrac{2.871\,7}{1 + 2.987\,435\,631\,9\%/1} = 2.788\,4$$

(3) 凸性。

在收益率出现较大的波动时，修正久期无法完全度量债券的价格变动情况，这时就需要引入非线性的二阶项估计，即凸性。凸性是债券价格关于修正久期的一阶敏感性，关于收益率的二阶敏感性。凸性是对修正久期无法度量的价格变动部分进行的补充。无论收益率向上波动还是向下波动，这项补充的影响效果均是正向的，所以如果债券的修正久期相同，凸性越大越有利。

$$Con = \dfrac{\sum_{t=1}^{n}\left[\dfrac{PV(CF_t)}{PV} \times yearfactor_t(yearfactor_t + 1)\right]}{\left(1 + \dfrac{y}{f}\right)^2} \qquad (5-6)$$

Con：债券的凸性。

$PV(CF_t)$：债券每期现金流的现值（包含本息）。

PV：债券的估值全价。

$yearfactor_t$：距离债券未来每期现金流发生日的年化时间。

y：债券的年化到期收益率。

f：债券的付息频率。

【实例 5-6】接实例 5-1 的债券信息，在实例 5-4 计算的基础上，10 广东高速债在 2022-5-18 日终的百元面值估值全价为 109.072 2 元，到期收益率为 2.987 435 631 9%，请计算该债券的凸性。

【分析解答】根据公式（5-6），有：

$$\text{Con} = \left[\frac{4.663\,046\,15}{109.072\,2} \times \frac{45}{365} \times \left(\frac{45}{365}+1\right) + \frac{4.527\,781\,59}{109.072\,2} \times 1.123\,3 \times \left(\frac{45}{365}+1\right) + \cdots \right.$$
$$\left. + \frac{95.484\,931\,52}{109.072\,2} \times \left(\frac{45}{365}+3\right) \times \left(\frac{45}{365}+3+1\right)\right] \bigg/ \left(1+\frac{2.987\,435\,631\,9\%}{1}\right)^2$$
$$= 10.980\,3$$

【注】计算凸性时，尽量保持较高的精度，否则会造成较大偏差。

下面采用 Python 编写计算固定利率债券的风险指标函数（Fixed_Bond_Dur_Con）。

```python
#加载需要使用的库
from ACT_SUM import *
from datetime import date
import numpy as np
import scipy.interpolate as si
#计算固定利率债券的相关风险指标：麦考利久期、修正久期、凸性的函数
def Fixed_Bond_Dur_Con(cal_date,start_date,yearlenth,fre, R,m,ACC_type,
                       spread,curve_time,curve_list):
    '''
    :param cal_date: 计算日期;
    :param start_date: 债券的起息日;
    :param yearlenth: 债券的发行年限;
    :param fre: 债券的付息频率;
    :param R: 债券的百元票面利息;
    :param m: 未到期债券的百元剩余本金,无本金摊还计划填写数值,否则填写目前摊还计划;
    :param ACC_type:债券的计息基准,如'ACT_ACT_AVE','ACT_360','ACT_365',可自行根据需求添加;
    :param spread:即期利差;
    :param curve_time:收益率曲线的关键期限点（年）;
    :param curve_list:对应关键期限点的收益率;
    :return: 返回计算债券的估值全价、麦考利久期、修正久期、凸性。
    '''
    #生成付息计划
    schedule = coupon_schedule(start_date=start_date, yearlenth=yearlenth, fre=fre)
    #判断计算日在哪两个付息计划之间
    for i in range(1, len(schedule)):
        if schedule[i] >= cal_date: break
    #设定本金计划,如填写本金摊还计划list不处理
    flag=1
    if isinstance(m,list):   #有还本计划
        flag=0
    else:                    #无还本计划
        m = [m] * (len(schedule) - 1)
    #计算日不处于最后付息周期的计算逻辑
    if  cal_date<schedule[-2]:
        #生成债券的利息现金流计划
        j = i
        ACC = []
        for j in range(j, len(schedule)):
            if ACC_type == 'ACT_ACT_AVE':
```

```python
                ACC.append(ACT_ACT_AVE(start_date=start_date, yearlenth=yearlenth,
                                fre=fre, cal_date=schedule[j], coupon=R, m=m[j-1]))
            elif ACC_type == 'ACT_360':
                ACC.append(ACT_360(start_date=start_date, yearlenth=yearlenth,
                                fre=fre, cal_date=schedule[j], coupon=R,m=m[j-1]))
            elif ACC_type == 'ACT_365':
                ACC.append(ACT_365(start_date=start_date, yearlenth=yearlenth,
                                fre=fre, cal_date=schedule[j], coupon=R,m=m[j-1]))
    TS = schedule[i] - schedule[i - 1]  #当前付息周期自然日天数
    d = schedule[i] - cal_date
    #对相关现金流发生日进行收益率的插值处理
    coupon_time_list=[]
    for s in range(len(schedule[i:])):
            coupon_time_list.append(d.days/365+s/fre)
    func = si.interp1d(curve_time, curve_list, kind="slinear")    # 线性插值
    spot_new = func(coupon_time_list)
    #求取现金流的贴现和
    ACC_list = []
    for n in range(0, len(ACC)):
            ACC_list.append((ACC[n]+m[i+n-2]-m[i+n-1])/ pow(1 + (spot_new[n]+spread) / fre,
                                                                            d / TS + n))
    ACC_list.append(m[-1]*flag / pow(1 + (spot_new[-1]+spread) / fre, d / TS + n ))
    PV=sum(ACC_list)
    #计算麦考利久期、修正久期、凸性
    discount_cashflow=ACC_list[:-1]
    discount_cashflow[-1]=discount_cashflow[-1]+ACC_list[-1]
    MacD = sum(np.multiply(np.array(coupon_time_list),np.array(discount_cashflow))/
                                                        sum(ACC_list))
    ModD = MacD/(1+curve_list[-1]/fre)
    t_adj=np.multiply(np.array(coupon_time_list),np.array(coupon_time_list)+1)
    Con=sum(np.multiply(t_adj,np.array(discount_cashflow))/sum(ACC_list))/
                                        (1+curve_list[-1]/fre)**2

    return PV,MacD,ModD,Con
#计算日处于最后付息周期的计算逻辑
else:
    Last_ACC=ACT_ACT_AVE(start_date=start_date,yearlenth=yearlenth,fre=fre,
                                cal_date=schedule[-1],coupon=R,m=m[-1])
    FV=m[-1]+Last_ACC
    # 计算D与TY
    TY_sch = coupon_schedule(start_date=start_date, yearlenth=1, fre=1)
    TY = TY_sch[-1] - TY_sch[-2]    # 当前计息年度的自然日天数,算头不算尾
    D = schedule[-1] - cal_date    # 债券结算日至到期兑付日的自然日天数;
    func = si.interp1d(curve_time, curve_list, kind="slinear")    # 线性插值
    spot_new = func(D/TY)
    MacD=D/TY
    ModD=MacD/(1+curve_list[-1]/fre)
    Con=D/TY*(D/TY+1)/(1+curve_list[-1]/fre)**2
    PV=FV/(1+(spot_new+spread)*D/TY)
    return PV,MacD,ModD,Con
```

在实例 5-4 中，已经求解出了该债券的到期收益率为 2.987 435 631 9%，接下来构建平坦的收益率曲线，即假定即期收益率是一条水平线（如同到期收益率的计算方法），均为 2.987 435 631 9% 来进行计算。调用 Fixed_Bond_Dur_Con 函数计算如下。

```
maturity=np.array([0,0.08,0.25,0.5,0.75,1,
                   2,3,4,5,6,7,8,9,10])
spot_rate=np.array([2.9874356319]*len(maturity))/100
bond_1=Fixed_Bond_Dur_Con(cal_date=date(2022,5,18),start_date=date(2010,7,2),
                   yearlenth=15,fre=1,R=4.68,m=100,ACC_type="ACT_ACT_AVE",
                   spread=0,curve_time=maturity,curve_list=spot_rate)
print('计算得到债券的估值全价: ',np.round(bond_1[0],4))
print('计算得到债券的麦考利久期: ',np.round(bond_1[1],4))
print('计算得到债券的修正久期: ',np.round(bond_1[2],4))
print('计算得到债券的凸性: ',np.round(bond_1[3],4))
```

输出结果：

```
计算得到债券的估值全价:  109.0722
计算得到债券的麦考利久期:  2.8717
计算得到债券的修正久期:  2.7884
计算得到债券的凸性:  10.9803
```

（4）有效久期。

有效久期是收益率双向（向上或向下）发生微小的变化时债券价格的平均变化率。采用该方法无须考虑债券未来现金流发生日收益率细微的变动情况，只需考虑收益率整体双向变动（上移或下移）的影响。由于考虑的是双向情况，所以有效久期可以用来衡量含有隐含期权性质的债券的收益率风险。如果同一债券没有隐含期权性质（如非含权债券），则计算出的修正久期和有效之期的结果是相同的。

$$D^E = \frac{PV_- - PV_+}{2 \times PV \times 0.000\,1} \quad (5-7)$$

D^E：债券的有效久期。

PV：债券的估值全价。

PV_-：到期收益率下降 1 个基点时的债券的估值全价。

PV_+：到期收益率上升 1 个基点时的债券的估值全价。

【**实例 5-7**】接实例 5-1 的债券信息，10 广东高速债券在 2022-5-18 日终的百元面值估值全价为 109.072 2 元，到期收益率为 2.987 435 631 9%，请计算该债券的有效久期。

【**分析解答**】根据公式（5-7），有：

$$D^E = \frac{109.102\,619\,67 - 109.041\,792\,31}{2 \times 109.072\,2 \times 0.000\,1} = 2.788\,4$$

接实例 5-6 代码，使用 Python 调用写好的函数并输入参数计算如下。

```
maturity=np.array([0,0.08,0.25,0.5,0.75,1,
                   2,3,4,5,6,7,8,9,10])
spot_rate=np.array([2.9874356319]*len(maturity))/100
bond_1_up=Fixed_Bond_Dur_Con(cal_date=date(2022,5,18),start_date=date(2010,7,2),
                   yearlenth=15,fre=1,R=4.68,m=100,ACC_type="ACT_ACT_AVE",
```

```
                        spread=0,curve_time=maturity,curve_list=spot_rate+0.0001)
bond_1_down=Fixed_Bond_Dur_Con(cal_date=date(2022,5,18),start_date=date(2010,7,2),
                        yearlenth=15,fre=1,R=4.68,m=100,ACC_type="ACT_ACT_AVE",
                        spread=0,curve_time=maturity,curve_list=spot_rate-0.0001)
effect_dur=(bond_1_down[0]-bond_1_up[0])/(2*bond_1[0]*0.0001)
print("计算得到债券的有效久期: ",np.round(effect_dur,4))
```

输出结果：

```
计算得到债券的有效久期: 2.7884
```

（5）有效凸性。

有效凸性是久期对利率变化的敏感性，能够较准确地衡量具有隐含期权性质的金融工具的利率二阶风险。对于没有隐含期权的金融工具，有效凸性与凸性的结果是相等的。

$$C^E = \frac{PV_- + PV_+ - 2 \times PV}{PV \times 0.0001^2} \quad (5-8)$$

C^E：债券的有效凸性。

PV：债券的估值全价。

PV_-：到期收益率下降1个基点时的债券全价。

PV_+：到期收益率上升1个基点时的债券全价。

【实例5-8】接实例5-1的债券信息与PV的计算方法，10广东高速债券在2022-5-18日终的百元面值估值全价为109.072 200 000 2元，到期收益率为2.987 435 631 9%，请计算该债券的有效凸性。

【分析解答】根据公式（5-8），有：

$$C^E = \frac{109.102\,619\,671\,8 + 109.041\,792\,305\,1 - 2 \times 109.072\,200\,000\,2}{109.072\,200\,000\,2 \times 0.000\,1^2} = 10.980\,3$$

【注】计算有效凸性时，尽量保持较高的精度，否则会造成较大偏差。

接实例5-7代码，使用Python计算如下。

```
effect_con=(bond_1_down[0]+bond_1_up[0]-2*bond_1[0])/(bond_1[0]*0.0001**2)
print("计算得到债券的有效凸性: ",np.round(effect_con,4))
```

输出结果：

```
计算得到债券的有效凸性: 10.9803
```

（6）基点价值（DV01）。

基点价值（DV01）是指当收益率变动1个基点时债券价格的变化量。

$$DV01 = \frac{PV_- - PV_+}{2} \quad (5-9)$$

DV01：债券的基点价值。

PV：债券的估值全价。

PV_-：到期收益率下降1个基点时的债券的估值全价。

PV_+：到期收益率上升1个基点时的债券的估值全价。

【实例5-9】接实例5-1的债券信息与PV的计算方法，10广东高速债券在2022-5-18日终的估值全价为 109.072 2，到期收益率为 2.987 435 631 9%，请计算该债券的基点价值。

【分析解答】根据公式（5-9），有：

$$DV01 = (109.102\,619\,67 - 109.041\,792\,31)/2 = 0.030\,4$$

接实例 5-7 代码，使用 Python 计算如下。

```
DV01=(bond_1_down[0]-bond_1_up[0])/2
print("计算得到债券的基点价值: ",np.round(DV01,4))
```

输出结果：

```
计算得到债券的基点价值:  0.0304
```

5.2 浮动利率债券的估值

对于常见的浮动利率债券，估值的核心思想同样是将未来的现金流（本息）进行贴现求和。对于未来未知的利率通常可以采用远期收益率曲线进行预测或采用计算日（或前一天）的参考（定盘）利率统一平铺处理。本节主要采用后面一种方式进行估值计算。

5.2.1 浮动利率债券现值的计算

$$PV = \sum_{i=1}^{n} \frac{CF_i}{\left(1 + \frac{R_2 + \Delta y + \text{spread}}{f}\right)^{\frac{d}{TS}+n-1}}$$

$$CF_i = \begin{cases} (R_1 + \Delta r) \times T_1 \times m_1 + V_1, & i = 1 \\ (R_2 + \Delta r) \times T_i \times m_i + V_i, & i \geqslant 2 \end{cases} \qquad (5-10)$$

PV：债券的现值（或估值全价）。

CF_i：债券待偿期内各期现金流数额（包含本金和利息）。

R_1：当前付息周期的基准利率。

R_2：计算日的基准利率（通常计算日的基准利率未确定时，采用 T-1 日的基准利率）。

Δr：债券的基本利差。

T_i：根据债券计息基准计算的计息区间年化期限。

m_i：第 i 个付息日百元面值剩余本金值。

V_i：第 i 个付息日百元还本量。

Δy：对应期限的点差收益率（根据基准利率指标与评级判定）。

spread：到期点差，首次由一级市场发行价格确定，后续结合二级市场报价交易情况进行调整；如果难以确认，也可依据第三方机构提供的估值全价反推。

f：债券的付息频率。

d：计算日至下一最近计划付息日的自然日天数。

TS：当前付息周期的自然日天数。

n：未来付息次数。

【注1】非提前还本债券，$m_i=100$，$V_i=0$（$i\neq n$），$V_i=100$（$i=n$）。

【注2】付息周期的自然日天数是指下一个付息计划日与上一个付息计划日之间的自然日天数，算头不算尾，含2月29日。

【实例5-10】金融机构A持有22平安银行CD056债券，相关的债券信息如表5-7所示。请在2022-5-18日终对该债券进行估值。

表5-7 22平安银行CD056债券的基本信息

债券简称	22平安银行CD056	债券代码	112211056
债券类型	同业存单-股份制商业银行同业存单	发行人	平安银行股份有限公司
债券起息日	2022-4-25	债券到期日	2023-4-25
付息频率	1年4次	发行期限	1年
息票类型	附息式浮动利率	面值	100元
基准利率名称	Shibor3M	当前基准利率（%）	2.27
计息基准	实际/360	基准利差（%）	0.01
基准利率精度	2位	当前票面利率（%）	2.28
债项评级	AAA	主体评级	AAA

数据来源：Wind资讯

【分析解答】首先，在中国货币网查询估值日前一天（$T-1$）的基准利率Shibor3M为2.109 0%，基准利率的精度要求为2位，四舍五入得到2.11%。日终Shibor数据见表5-8。

表5-8 日终Shibor数据（%）

日期	ON	1W	2W	1M	3M	6M	9M	1Y
2022-4-24	1.302 0	1.809 0	1.961 0	2.194 0	**2.274 0**	2.380 0	2.436 0	2.530 0
2022-5-17	1.325 0	1.584 0	1.594 0	1.954 0	**2.109 0**	2.239 0	2.301 0	2.377 0

数据来源：中国货币网

22平安银行CD056债券的剩余期限付息计划见表5-9。

表5-9 22平安银行CD056债券的剩余期限付息计划

利率确定日	计息周期	现金流发生日	基准利率（%）	利差（%）	票面利率（%）
2022-4-24	2022-4-25—2022-7-25	2022-7-25	2.27	0.01	2.28
2022-7-24	2022-7-25—2022-10-25	2022-10-25	2.11	0.01	2.12
2022-10-24	2022-10-25—2023-1-25	2023-1-25	2.11	0.01	2.12
2023-1-24	2023-1-25—2023-4-25	2023-4-25	2.11	0.01	2.12

【注】由于后三个计息周期的基准利率均未定盘，采用估值日前一天的基准利率2.11%（基准利率精度为2位）。

获取2022-5-18日终的中债浮动利率商业银行普通债（Shibor3M-1D）（AAA-）（未查询到AAA评级的数据，这里暂且使用AAA-评级的数据）的到期收益率（见表5-10），对最后1期现金流发生日进行收益率的插值处理。

表 5-10 2022-5-18 日终中债商业银行普通债（Shibor3M-1D）（AAA-）到期收益率

关键期限（年）	到期收益率（%）
0	−0.943 7
0.08	−0.850 8
0.25	−0.552 9
0.5	−0.080 9
0.75	0.120 7
1	0.221 7

数据来源：中国债券信息网——中债收益率、Wind 资讯

$$d = days(2022\text{-}7\text{-}25 - 2022\text{-}5\text{-}18) = 68$$
$$TY = days(2023\text{-}5\text{-}18 - 2022\text{-}5\text{-}18) = 365$$

$$\Delta y = 0.120\ 7\% + \frac{\frac{68}{365} + \frac{3}{4} - 0.75}{1 - 0.75} \times (0.221\ 7\% - 0.120\ 7\%) = 0.195\ 965\ 75\%$$

其次，依据信用溢价、流动性溢价以及市场行情，金融机构 A 确定的到期点差为−0.156%。

最后，将相关具体参数代入公式（5-10），可以计算得到 10 广东高速债券在 2022-5-18 的估值。

$$PV = \frac{(2.27\% + 0.01\%) \times \frac{91}{360} \times 100 + 0}{[1 + (2.11\% + 0.195\ 965\ 75\% - 0.156\%)/4]^{\frac{68}{91}}}$$

$$+ \frac{(2.11\% + 0.01\%) \times \frac{92}{360} \times 100 + 0}{[1 + (2.11\% + 0.195\ 965\ 75\% - 0.156\%)/4]^{\frac{68}{91}+1}} + \cdots$$

$$+ \frac{(2.11\% + 0.01\%) \times \frac{90}{360} \times 100 + 100}{[1 + (2.11\% + 0.195\ 965\ 75\% - 0.156\%)/4]^{\frac{68}{91}+3}} = 100.175\ 4（元）$$

接下来，用 Python 编写浮动利率债券的估值函数（Float_Bond_Valuation）。

```
#加载需要使用的库
from ACT_SUM import *
from datetime import date
import numpy as np
import scipy.interpolate as si
#浮动利率债券的估值函数（计算 PV）
def Float_Bond_Valuation(cal_date,start_date,yearlenth,fre, R,m,
                ACC_type,spread,r,curve_time,curve_list):
    '''
    :param cal_date: 计算日期；
    :param start_date: 债券的起息日；
    :param yearlenth: 债券的发行年限；
    :param fre: 债券的付息频率；
```

```
:param R: 列表[R1,R2]中的R1代表当前付息周期的基准利率，R2代表计算日（或前一日）的基准利率；
:param m: 未到期债券的百元剩余本金，无本金摊还计划填写数值，否则填写目前摊还计划；
:param ACC_type:债券的计息基准，如'ACT_ACT_AVE','ACT_360','ACT_365',可自行根据需求添加；
:param spread:估值点差；
:param r:浮动利率债券的发行利差；
:param curve_time:收益率曲线的关键期限点（年）；
:param curve_list:对应关键期限点的收益率；
:return:返回计算债券的估值全价、点差收益率。
'''
#生成付息计划
schedule = coupon_schedule(start_date=start_date, yearlenth=yearlenth, fre=fre)
#判断计算日在哪两个附息计划之间
for i in range(1, len(schedule)):
    if schedule[i] >= cal_date: break
#调整浮动利率
R = [R[0]] * i + [R[1]] * (len(schedule) - i - 1)
#设定本金计划,如填写本金摊还计划list不处理
flag=1
if isinstance(m,list):   #有还本计划
    flag=0
else:              #无还本计划
    m = [m] * (len(schedule) - 1)
#计算日不处于最后付息周期的计算逻辑
if  cal_date<schedule[-2]:
    #生成债券的利息现金流计划
    j = i
    ACC = []
    for j in range(j, len(schedule)):
        if ACC_type == 'ACT_ACT_AVE':
            ACC.append(ACT_ACT_AVE(start_date=start_date, yearlenth=yearlenth,
                    fre=fre, cal_date=schedule[j], coupon=R[j-1]+r, m=m[j-1]))
        elif ACC_type == 'ACT_360':
            ACC.append(ACT_360(start_date=start_date, yearlenth=yearlenth,
                    fre=fre, cal_date=schedule[j], coupon=R[j-1]+r,m=m[j-1]))
        elif ACC_type == 'ACT_365':
            ACC.append(ACT_365(start_date=start_date, yearlenth=yearlenth,
                    fre=fre, cal_date=schedule[j], coupon=R[j-1]+r,m=m[j-1]))
    TS = schedule[i] - schedule[i - 1] #当前付息周期自然日天数
    d = schedule[i] - cal_date
    #获取当前计算日所在为闰年还是非闰年
    TY_sch = coupon_schedule(start_date=start_date, yearlenth=1, fre=1)
    for t in range(1, len(TY_sch)):
        if TY_sch[t] >= cal_date: break
    TY=TY_sch[t]-TY_sch[t-1]
    #对相关现金流发生日进行收益率的插值处理
    coupon_time_list=[]
    for s in range(len(schedule[i:])):
```

```python
            coupon_time_list.append(d/TY+s/fre)
        func = si.interp1d(curve_time, curve_list, kind="slinear")   # 线性插值
        s_ytm = func(coupon_time_list[-1])
        #求取现金流的贴现和
        ACC_list = []
        for n in range(0, len(ACC)):
            ACC_list.append((ACC[n]+m[i+n-2]-m[i+n-1])/
                            pow(1 + (R[1]/100+s_ytm+spread) / fre, d / TS + n))
        ACC_list.append(m[-1]*flag / pow(1 + (R[1]/100+s_ytm+spread) / fre, d / TS + n))
        return sum(ACC_list),s_ytm
    #计算日处于最后付息周期的计算逻辑
    else:
        Last_ACC=ACT_ACT_AVE(start_date=start_date,yearlenth=yearlenth,fre=fre,
                            cal_date=schedule[-1],coupon=R[-1]+r,m=m[-1])
        FV=m[-1]+Last_ACC
        # 计算D与TY
        TY_sch = coupon_schedule(start_date=start_date, yearlenth=1, fre=1)
        TY = TY_sch[-1] - TY_sch[-2]     # 当前计息年度的自然日天数，算头不算尾
        D = schedule[-1] - cal_date      # 债券结算日至到期兑付日的自然日天数；
        func = si.interp1d(curve_time, curve_list, kind="slinear")   # 线性插值
        s_ytm = func(D/TY)
        return FV/(1+(s_ytm+spread)*D/TY),s_ytm
```

调用写好的浮动利率债券估值函数（Float_Bond_Valuation），并输入对应参数进行计算。

```python
maturity=np.array([0,0.08,0.25,0.5,0.75,1])
ytm_rate=np.array([-0.9437,-0.8508,-0.5529,-0.0809,0.1207,0.2217])/100
bond_2=Float_Bond_Valuation(cal_date=date(2022,5,18),start_date=date(2022,4,25),
                            yearlenth=1,fre=4,R=[2.27,2.11],m=100,ACC_type="ACT_360",
                            spread=-0.00156,r=0.01,curve_time=maturity,curve_list=ytm_rate)
print('计算得到债券的估值全价： ',np.round(bond_2[0],4))
print('点差收益率(%)： ',np.round(bond_2[1]*100,8))
print('到期收益率(%)： ',np.round((bond_2[1]+2.11/100-0.00156)*100,8))
```

输出结果：

```
计算得到债券的估值全价：   100.1754
点差收益率(%)：   0.19596575
到期收益率(%)：   2.14996575
```

5.2.2 浮动利率债券风险指标的计算

在分析影响浮动利率债券价格的因素时，需要考虑点差收益率（Δy）和基准利率（R_2）。浮动利率债券价格对点差收益率的一阶敏感性称为"利差久期"，浮动利率债券价格对点差收益率的二阶敏感性称为"利差凸性"。由于点差收益率在贴现因子（分母）部分，所以浮动利率债券的利差久期和利差凸性可类比固定利率债券的修正久期和凸性。针对基准利率的情况，浮动利率债券价格对基准利率的一阶敏感性称为"利率久期"，浮动利率债券价格对基准利率的二阶敏感性称为"利率凸性"。由于基准利率同时出现在贴现因子（分母）和现金流（分子）中，

所以基准利率变化的影响会被抵消一部分。因此，浮动利率债券的利率久期和利率凸性相比利差久期和利差凸性通常要小很多。

（1）利差久期。

$$\text{Dur}_d = \frac{\text{PV}_{\Delta y-} - \text{PV}_{\Delta y+}}{2 \times \text{PV} \times 0.0001} \tag{5-11}$$

Dur_d：浮动利率债券的利差久期。

PV：浮动利率债券的估值全价。

$\text{PV}_{\Delta y-}$：点差收益率Δy减少1个基点后的浮动利率债券的估值全价。

$\text{PV}_{\Delta y+}$：点差收益率Δy增加1个基点后的浮动利率债券的估值全价。

Δy：浮动利率债券对应曲线的点差收益率。

（2）利差凸性。

$$\text{Con}_d = \frac{\text{PV}_{\Delta y-} + \text{PV}_{\Delta y+} - 2 \times \text{PV}}{\text{PV} \times 0.0001^2} \tag{5-12}$$

Con_d：浮动利率债券的利差凸性。

PV：浮动利率债券的估值全价。

$\text{PV}_{\Delta y-}$：点差收益率Δy减少1个基点后的浮动利率债券的估值全价。

$\text{PV}_{\Delta y+}$：点差收益率Δy增加1个基点后的浮动利率债券的估值全价。

Δy：浮动利率债券对应曲线的点差收益率。

【**实例 5-11**】接实例 5-10 的债券信息与 PV 的计算方法，22 平安银行 CD056 在 2022-5-18 日终的百元面值估值全价为 100.175 391 740 7 元，到期收益率为 2.149 965 75%，请计算该债券的利差久期与利差凸性。

【**分析解答**】根据公式（5-11）与公式（5-12），有：

$$\text{Dur}_d = \frac{100.184\ 643\ 886\ 6 - 100.166\ 140\ 684\ 1}{2 \times 100.175\ 391\ 740\ 7 \times 0.0001} = 0.923\ 5$$

$$\text{Con}_d = \frac{100.184\ 643\ 886\ 6 + 100.166\ 140\ 684\ 1 - 2 \times 100.175\ 391\ 740\ 7}{100.175\ 391\ 740\ 7 \times 0.0001^2} = 1.087\ 4$$

接实例 5-10 代码，采用 Python 计算利差久期和利差凸性。

```python
#设定平坦的收益率曲线，即假定点差收益率为bond_2[1]
#设置点差上升1个基本点，重新计算PV+
maturity2=np.array([0,0.08,0.25,0.5,0.75,1])
ytm_rate_up=np.array([bond_2[1]+0.0001]*len(maturity2))
bond_2_up=Float_Bond_Valuation(cal_date=date(2022,5,18),start_date=date(2022,4,25),
                               yearlenth=1,fre=4,R=[2.27,2.11],m=100,ACC_type="ACT_360",
                               spread=0.00156,r=0.01,
                               curve_time=maturity2,curve_list=ytm_rate_up)
#设置点差下降1个基本点，重新计算PV-
ytm_rate_down=np.array([bond_2[1]-0.0001]*len(maturity2))
bond_2_down=Float_Bond_Valuation(cal_date=date(2022,5,18),start_date=date(2022,4,25),
                                 yearlenth=1,fre=4,R=[2.27,2.11],m=100,ACC_type="ACT_360",
```

```
                        spread=0.00156,r=0.01,
                        curve_time=maturity2,curve_list=ytm_rate_down)
licha_dur=(bond_2_down[0]-bond_2_up[0])/(2*bond_2[0]*0.0001)
print("计算得到债券的利差久期: ",np.round(licha_dur,4))
licha_con=(bond_2_down[0]+bond_2_up[0]-2*bond_2[0])/(bond_2[0]*0.0001**2)
print("计算得到债券的利差凸性: ",np.round(licha_con,4))
```

输出结果：

```
计算得到债券的利差久期: 0.9235
计算得到债券的利差凸性: 1.0874
```

（3）利率久期。

$$\text{Dur}_r = \frac{\text{PV}_{R_2-} - \text{PV}_{R_2+}}{2 \times \text{PV} \times 0.0001} \quad (5-13)$$

Dur_r：浮动利率债券的利率久期。

PV：浮动利率债券的估值全价。

PV_{R_2-}：基准利率R_2减少1个基点后的浮动利率债券的估值全价。

PV_{R_2+}：基准利率R_2增加1个基点后的浮动利率债券的估值全价。

（4）利率凸性。

$$\text{Con}_r = \frac{\text{PV}_{R_2-} + \text{PV}_{R_2+} - 2 \times \text{PV}}{\text{PV} \times 0.0001^2} \quad (5-14)$$

Con_r：浮动利率债券的利率凸性。

PV：浮动利率债券的估值全价。

PV_{R_2-}：基准利率R_2减少1个基点后的浮动利率债券的估值全价。

PV_{R_2+}：基准利率R_2增加1个基点后的浮动利率债券的估值全价。

（5）基点价值。

$$\text{DV01} = (\text{Dur}_d + \text{Dur}_r) \times \frac{\text{PV}}{10\,000} \quad (5-15)$$

DV01：浮动利率债券的基点价值。

Dur_d：浮动利率债券的利差久期。

Dur_r：浮动利率债券的利率久期。

PV：浮动利率债券的估值全价。

【**实例 5-12**】接实例 5-10 的债券信息与 PV 的计算方法，22 平安银行 CD056 在 2022-5-18 日终的百元面值估值全价为 100.175 391 740 7，到期收益率为 2.149 965 75%，请计算该债券的利率久期、利率凸性与基点价值。

【**分析解答**】根据公式（5-13）、公式（5-14）与公式（5-15），有：

$$\text{Dur}_r = \frac{100.177\,143\,165\,4 - 100.173\,640\,384\,5}{2 \times 100.175\,391\,740\,7 \times 0.000\,1} = 0.174\,8$$

$$\text{Con}_r = \frac{100.177\,143\,165\,4 + 100.173\,640\,384\,5 - 2 \times 100.175\,391\,740\,7}{100.175\,391\,740\,7 \times 0.000\,1^2} = 0.068\,4$$

$$DV01 = (0.923\,5 + 0.174\,8) \times \frac{100.175\,391\,740\,7}{10\,000} = 0.011\,0$$

接实例 5-10、实例 5-11 代码,采用 Python 计算利率久期、利率凸性与基点价值。

```python
maturity=np.array([0,0.08,0.25,0.5,0.75,1])
ytm_rate=np.array([-0.9437,-0.8508,-0.5529,-0.0809,0.1207,0.2217])/100
bond_2_coupon_up=Float_Bond_Valuation(cal_date=date(2022,5,18),start_date=date(2022,4,25),
                        yearlenth=1,fre=4,R=[2.27,2.11+0.01],m=100,
                        ACC_type="ACT_360",spread=-0.00156,r=0.01,
                        curve_time=maturity,curve_list=ytm_rate)
maturity=np.array([0,0.08,0.25,0.5,0.75,1])
ytm_rate=np.array([-0.9437,-0.8508,-0.5529,-0.0809,0.1207,0.2217])/100
bond_2_coupon_down=Float_Bond_Valuation(cal_date=date(2022,5,18),start_date=date(2022,4,25),
                        yearlenth=1,fre=4,R=[2.27,2.11-0.01],m=100,
                        ACC_type="ACT_360",spread=-0.00156,r=0.01,
                        curve_time=maturity,curve_list=ytm_rate)
lilv_dur=(bond_2_coupon_down[0]-bond_2_coupon_up[0])/(2*bond_2[0]*0.0001)
print("计算得到债券的利率久期: ",lilv_dur)
lilv_con=(bond_2_coupon_down[0]+bond_2_coupon_up[0]-2*bond_2[0])/(bond_2[0]*0.0001**2)
print("计算得到债券的利率凸性: ",lilv_con)
DV01=(licha_dur+lilv_dur)*bond_2[0]/10000
print("计算得到债券的基点价值: ",DV01)
```

输出结果:

```
计算得到债券的利率久期: 0.1748
计算得到债券的利率凸性: 0.0684
计算得到债券的基点价值: 0.011
```

5.3 含权债券的深入理解与估值

含权债券,一般是指包含投资者回售权、发行人赎回权、票面利率调整权等特殊条款的债券。

5.3.1 行权估值与到期估值

(1)行权估值。

含权债券通常具有赎回权或回售权,这里的行权估值主要是假定行使赎回权或回售权,从而对债券进行估值。

(2)到期估值。

含权债通常具有赎回权或回售权,这里的到期估值主要是假定不行使赎回权或回售权,但可能调整票面利率,直至债券到期,从而对债券进行估值。

【实例 5-13】金融机构 A 持有 20 陕煤债 01 债券,相关的债券信息如表 5-11 所示。请计算 2020-5-14 日终该债券的行权估值。

5.3 含权债券的深入理解与估值

表 5-11 20 陕煤债 01 债券的基本信息

债券简称	20 陕煤债 01	债券代码	2080048
债券类型	企业债-普通企业债	发行人	陕西煤业化工集团有限责任公司
债券起息日	2020-3-17	债券到期日	2035-3-17
付息频率	1 年 1 次	发行期限	15 年
息票类型	附息式固定利率	面值	100 元
计息基准	ACT/ACT	票面利率（%）	3.94
债项评级	AAA	主体评级	AAA
回售条款	在本期债券存续期的第 7 个、第 12 个计息年度末，发行人刊登关于是否调整本期债券票面利率及调整幅度的公告后，投资者有权选择在本期债券的投资者回售登记期内进行登记，将所持债券的全部或部分按面值回售给发行人，或选择继续持有本期债券		
票面利率选择权	在本期债券存续期的第 7 个、第 12 个计息年度末，发行人有权选择上调或下调本期债券的票面利率，调整的幅度为 0 至 300 个基点（含本数），最终调整的幅度以《票面利率调整及投资者回售实施办法的公告》为准		

数据来源：Wind 资讯

【分析解答】对于行权估值，假定在第 7 个计息年度末投资者进行了行权（提前回售），则现金流计划如表 5-12 所示。

表 5-12 20 陕煤债 01 债券行权剩余期限付息计划

现金流发生日	距离计算日年化时间（年）	付息次数	现金流（元）
2021-3-17	307/365	1	3.94
2022-3-17	$\frac{307}{365} + 1$	2	3.94
2023-3-17	$\frac{307}{365} + 2$	3	3.94
2024-3-17	$\frac{307}{365} + 3$	4	3.94
2025-3-17	$\frac{307}{365} + 4$	5	3.94
2026-3-17	$\frac{307}{365} + 5$	6	3.94
2027-3-17	$\frac{307}{365} + 6$	7	103.94

与 5.1 节估值方法一致，这里债券估值方法采用即期收益率。依据中债对应类型债券以及评级获取即期收益率，如表 5-13 所示。

表 5-13 2020-5-14 日终中债企业债即期收益率（AAA）

关键期限（年）	即期收益率（%）
0	1.431 0
0.08	1.483 9
0.25	1.620 9
0.5	1.722 1
0.75	1.824 3
1	1.884 5
2	2.223 2

续表

关键期限（年）	即期收益率（%）
3	2.568 1
4	2.957 9
5	3.187 8
6	3.452 3
7	3.656 4
8	3.877 5
9	4.045 0
10	4.127 7
15	4.321 4
20	4.348 2
30	4.520 1

数据来源：中国债券信息网——中债收益率、Wind 资讯

对各个现金流发生日对应的即期收益率做插值处理：

$$r_{\frac{307}{365}} = 1.846\,236\%$$

$$r_{\frac{307}{365}+1} = 2.169\,379\%$$

……

$$r_{\frac{307}{365}+6} = 3.623\,968\%$$

根据市场行情以及评级等综合信息确定贴现的即期利差：

$$\text{spread} = 0.377\,676\%$$

依据债券的估值公式（5-1）：

$$PV = \frac{3.94}{\left(1+\frac{1.846\,236\%+0.377\,676\%}{1}\right)^{\frac{307}{365}}} + \frac{3.94}{\left(1+\frac{2.169\,379\%+0.377\,676\%}{1}\right)^{\frac{307}{365}+1}} + \cdots$$

$$+ \frac{103.94}{\left(1+\frac{3.623\,968\%+0.377\,676\%}{1}\right)^{\frac{307}{365}+6}} = 100.717\,5\,（元）$$

下面使用 Python 计算该债券的行权价值，即直接调用前面已经写好的 Fixed_Bond_Valuation 函数，输入参数进行计算。

```
maturity=np.array([0,0.08,0.25,0.5,0.75,1,
                   2,3,4,5,6,7,8,9,10,15,20,30])
spot_rates=np.array([1.431,1.4839,1.6209,1.7221,1.8243,1.8845,2.2232,
                     2.5681,2.9579,3.1878,3.4523,3.6564,3.8775,4.045,
                     4.1277,4.3214,4.3482,4.5201])/100
bond_exer=Fixed_Bond_Valuation(cal_date=date(2020,5,14),start_date=date(2020,3,17),
                     yearlenth=15,fre=1,R=3.94,m=100,
                     ACC_type="ACT_ACT_AVE",spread=0.377676/100,
                     curve_time=maturity,curve_list=spot_rates)
print('计算得到债券的行权估值全价：',round(bond_exer,4))
```

输出结果：

计算得到债券的行权估值全价： 100.7175

对于到期估值，需要判断未来的现金流。在债券存续期的第 7 个、第 12 个计息年度末，发行人有权选择上调或下调本期债券的票面利率，调整的幅度为 0 至 300 个基点（含本数）。这里实际调整为多少是未知数，需要进行估计，在 5.3.2 小节中会介绍如何确定均衡利率，从而估计实际调整的利率。

5.3.2 远期收益率判断法估值

远期收益率判断法的主要思想是根据预估的未来远期收益率来判定债券是否行权、票面利率是否调整以及调整的幅度。

（1）计算均衡票面利率。

假定债券计息周期规则（如常见的按平均值付息），则债券的均衡票面利率可以使用如下公式进行求解：

$$P_0 = \sum_{i=1}^{n-1} \frac{\frac{100 \times C_x}{f}}{\left[1 + \frac{(r_{N,K_i} + \text{spread}_f)}{f}\right]^i} + \frac{\frac{100 \times C_x}{f} + M}{\left(1 + \frac{r_{N,K_n} + \text{spread}_f}{f}\right)^n} \tag{5-16}$$

r_{N,K_i}：N 年之后期限为 K_i 年的远期的即期收益率。

spread_f：根据市场行情以及评级、期限、债券发行人等综合信息确定的远期贴现的利差。

M：行权日的剩余本金额。

n：行权日后债券剩余的总付息次数。

P_0：约定的行权价格。

C_x：预期均衡票面利率。

f：债券的付息频率。

N：计算日至行权日的时间（年）。

K_i：行权日至行权日之后每期现金流发生日的时间（年）。

【注】根据其他计息基准以及提前还本情况，可调整公式的分子。

（2）确定行权后的票面利率，判断推荐方向。

确定预期均衡票面利率 C_x 后，将其与未来票面利率调整范围 $[C - r_d, C + r_u]$ 进行比较，基于合理假设确定行权结果和预期调整后的票面利率 C_m。

【注】若没有明确约定下限或上限，则 $r_d = r_u = \infty$；若无调整票面利率条款，则 $r_d = r_u = 0$。

① 回售权判断标准如表 5-14 所示。

表 5-14　回售权判断标准

情况	判断结果	预期调整票面利率
$C_x > C + r_u$	将票面利率调整至最大，仍比均衡利率小，行权	$C_m = C + r_u$
$C_x \in [C - r_d, C + r_u]$	到期	$C_m = C_x$
$C_x < C - r_d$	到期	$C_m = C - r_d$

② 赎回权判断标准如表 5-15 所示。

表 5-15 赎回权判断标准

情况	判断结果	预期调整票面利率
$C_x \geqslant C - r_d$	到期	$C_m = C - r_d$
$C_x < C - r_d$	将票面利率调整至最小仍比均衡利率大,行权	$C_m = C - r_d$

【注】假定发行人不会主动上调票面利率增加融资成本,在下调票面利率时会调整至下限水平。

(3)计算估值。

① 看短估值的计算方法(行权估值)。

假定债券计息周期规则,那么该债券的看短估值全价为:

$$\mathrm{PV} = \sum_{i=1}^{n-1} \frac{\frac{100 \times C_i}{f}}{\left(1 + \frac{r_{t_i} + \mathrm{spread}}{f}\right)^{\frac{d}{\mathrm{TS}} + i - 1}} + \frac{\frac{100 \times C_i}{f} + P_0}{\left(1 + \frac{r_{t_n} + \mathrm{spread}}{f}\right)^{\frac{d}{\mathrm{TS}} + n - 1}} \quad (5-17)$$

② 看长估值的计算方法(到期估值)。

假定债券计息周期规则,那么该债券的看长估值全价为:

$$\mathrm{PV} = \sum_{i=1}^{n} \frac{\frac{100 \times C_i}{f}}{\left(1 + \frac{r_{t_i} + \mathrm{spread}}{f}\right)^{\frac{d}{\mathrm{TS}} + i - 1}} +$$

$$\sum_{i=n+1}^{n+k-1} \frac{\frac{100 \times C_m}{f}}{\left(1 + \frac{r_{t_i} + \mathrm{spread}}{f}\right)^{\frac{d}{\mathrm{TS}} + i - 1}} + \frac{\frac{100 \times C_m}{f} + M}{\left(1 + \frac{r_{t_{n+k}} + \mathrm{spread}}{f}\right)^{\frac{d}{\mathrm{TS}} + n + k - 1}} \quad (5-18)$$

PV:债券的估值全价。

P_0:约定的行权价格。

r_{t_i}:债券所在收益率曲线的对应即期收益率。

spread:利差,根据一级市场发行价格首次确定,结合二级市场报价交易情况进行调整;如果难以确认,也可依据第三方机构提供的估值全价反推。

n:计算日至行权日债券的总付息次数。

k:行权日至到期日债券的总付息次数。

f:债券的付息频率。

C_i:利权前的票面利率。

C_m:由第(2)步估算得出的行权后票面利率。

M:行权日的剩余本金额。

d:估值日至下一最近理论付息日的自然日天数。

TS:当前付息周期的自然日天数。

【注】根据其他计息基准以及提前还本情况,可调整公式的分子。

(4)含有多个行权日的处理方式。

暂时只考虑距离计算日最近的一个行权节点。当前的行权节点结束,考虑下一个行权节点,以此类推。

【实例 5-14】 接实例 5-13,请计算 2020-5-14 日终该债券的到期估值。

【分析解答】 首先,计算该债券的均衡票面利率。20 陕煤债 01 债券的行权日及以后的剩余期限付息计划如表 5-16 所示。

表 5-16 20 陕煤债 01 债券的行权日及以后的剩余期限付息计划

现金流发生日	距离计算日年化时间(年)	付息次数	即期收益率(%)
2027-3-17	$\frac{307}{365}+6$	0	3.623 968
2028-3-17	$\frac{307}{365}+7$	1	3.842 366
2029-3-17	$\frac{307}{365}+8$	2	4.018 384
2030-3-17	$\frac{307}{365}+9$	3	4.114 559
2031-3-17	$\frac{307}{365}+10$	4	4.160 284
2032-3-17	$\frac{307}{365}+11$	5	4.199 024
2033-3-17	$\frac{307}{365}+12$	6	4.237 764
2034-3-17	$\frac{307}{365}+13$	7	4.276 504
2035-3-17	$\frac{307}{365}+14$	8	4.315 244

依据即期收益率,计算未来行权日后远的即期远期收益率:

$$f_{\frac{307}{365}+6 \sim \frac{307}{365}+7} = \frac{(1+3.842\,366\%)^{\left(\frac{307}{365}+7\right)}}{(1+3.623\,968\%)^{\left(\frac{307}{365}+6\right)}} - 1 = 5.348\,844\%$$

$$f_{\frac{307}{365}+6 \sim \frac{307}{365}+8} = \sqrt[2]{\frac{(1+4.018\,384\%)^{\left(\frac{307}{365}+8\right)}}{(1+3.623\,968\%)^{\left(\frac{307}{365}+6\right)}}} - 1 = 5.378\,888\%$$

$$\cdots\cdots$$

$$f_{\frac{307}{365}+6 \sim \frac{307}{365}+14} = \sqrt[8]{\frac{(1+4.315\,244\%)^{\left(\frac{307}{365}+14\right)}}{(1+3.623\,968\%)^{\left(\frac{307}{365}+6\right)}}} - 1 = 4.910\,036\%$$

根据市场行情以及评级、期限、债券发行人等综合信息确定远期贴现的利差:

$$\text{spread}_f = 0.380\,2\%$$

$$P_0 = \frac{100 \times C_x/1}{\left(1+\frac{5.348\,844\% + 0.380\,2\%}{1}\right)^1} + \frac{100 \times C_x/1}{\left(1+\frac{5.378\,888\% + 0.380\,2\%}{1}\right)^2} + \cdots$$

$$+ \frac{100 \times C_x/1 + 100}{\left(1+\frac{4.910\,036\% + 0.380\,2\%}{1}\right)^8} = 100$$

可以得出

$$C_x = 5.3152 < 3.94 + \frac{300}{10\,000} = 6.94\%$$

即票面利率按发行人选择权最高调整至 6.94%，但是依据远期的即期收益率计算的均衡利率，预计发行人会将票面利率调整至 5.3152%。20 陕煤债 01 债券的（到期）剩余期限付息计划如表 5-17 所示。

表 5-17　20 陕煤债 01 债券的（到期）剩余期限付息计划

现金流发生日	距离计算日年化时间（年）	付息次数	现金流（元）
2021-3-17	307/365	1	3.94
2022-3-17	$\frac{307}{365} + 1$	2	3.94
2023-3-17	$\frac{307}{365} + 2$	3	3.94
2024-3-17	$\frac{307}{365} + 3$	4	3.94
2025-3-17	$\frac{307}{365} + 4$	5	3.94
2026-3-17	$\frac{307}{365} + 5$	6	3.94
2027-3-17	$\frac{307}{365} + 6$	7	3.94
2028-3-17	$\frac{307}{365} + 7$	8	5.3152
2029-3-17	$\frac{307}{365} + 8$	9	5.3152
2030-3-17	$\frac{307}{365} + 9$	10	5.3152
2031-3-17	$\frac{307}{365} + 10$	11	5.3152
2032-3-17	$\frac{307}{365} + 11$	12	5.3152
2033-3-17	$\frac{307}{365} + 12$	13	5.3152
2034-3-17	$\frac{307}{365} + 13$	14	5.3152
2035-3-17	$\frac{307}{365} + 14$	15	105.3152

接着，为每个现金流发生日的即期收益率进行插值处理：

$$r_{\frac{307}{365}} = 1.846236\%$$

$$r_{\frac{307}{365}+1} = 2.169379\%$$

……

$$r_{\frac{307}{365}+14} = 4.315244\%$$

根据市场行情以及评级、期限、债券发行人等综合信息确定利差：

$$\text{spread} = 0.365\%$$

最后，代入到期估值的公式进行计算：

$$PV = \frac{3.94}{\left(1+\frac{1.846\ 236\% + 0.365\%}{1}\right)^{\frac{307}{365}}} + \frac{3.94}{\left(1+\frac{2.169\ 379\% + 0.365\%}{1}\right)^{1.841\ 1}}$$

$$+ \cdots \frac{5.315\ 2}{\left(1+\frac{3.842\ 366\% + 0.365\%}{1}\right)^{\left(\frac{307}{365}+7\right)}} + \cdots$$

$$+ \frac{105.315\ 2}{\left(1+\frac{4.315\ 244\ \% + 0.365\%}{1}\right)^{\left(\frac{307}{365}+14\right)}} = 100.866\ 6$$

下面使用 Python 来计算到期估值。由于预估的票面利率发生了变动，这时需要修改用 Python 编写的 Fixed_Bond_Valuation 函数每期的票面利率。改写后的函数命名为 Step_Bond_Valuation。

```python
#加载需要使用的库
from ACT_SUM import *
from datetime import date
import numpy as np
import scipy.interpolate as si
#累进利率债券的估值函数（计算PV）
def Step_Bond_Valuation(cal_date,start_date,yearlenth,fre, R,
                        m,ACC_type,spread,curve_time,curve_list,):
    '''
    :param cal_date: 计算日期;
    :param start_date: 债券的起息日;
    :param yearlenth: 债券的发行年限;
    :param fre: 债券的付息频率;
    :param R: 债券的百元票面利息付息计划（支持累计利率）;
    :param m: 未到期债券的百元剩余本金,无本金摊还计划填写数值,否则填写目前摊还计划;
    :param ACC_type:债券的计息基准,如'ACT_ACT_AVE','ACT_360','ACT_365',可自行根据需求添加;
    :param spread:即期利差;
    :param curve_time:收益率曲线的关键期限点（年）;
    :param curve_list:对应关键期限点的收益率;
    :return: 返回计算债券的估值全价。
    '''
    #生成付息计划
    schedule = coupon_schedule(start_date=start_date, yearlenth=yearlenth, fre=fre)
    #判断计算日在哪两个付息计划之间
    for i in range(1, len(schedule)):
            if schedule[i] >= cal_date: break
    #设定本金计划,如填写本金摊还计划list不处理
    flag=1
    if isinstance(m,list):  #有还本计划
            flag=0
    else:           #无还本计划
            m = [m] * (len(schedule) - 1)
    #计算日不处于最后付息周期的计算逻辑
    if  cal_date<schedule[-2]:
        #生成债券的利息现金流计划
        j = i
        ACC = []
```

```python
            for j in range(j, len(schedule)):
                if ACC_type == 'ACT_ACT_AVE':
                    ACC.append(ACT_ACT_AVE(start_date=start_date, yearlenth=yearlenth,
                              fre=fre, cal_date=schedule[j], coupon=R[j-1], m=m[j-1]))
                elif ACC_type == 'ACT_360':
                    ACC.append(ACT_360(start_date=start_date, yearlenth=yearlenth,
                              fre=fre, cal_date=schedule[j], coupon=R[j-1],m=m[j-1]))
                elif ACC_type == 'ACT_365':
                    ACC.append(ACT_365(start_date=start_date, yearlenth=yearlenth,
                              fre=fre, cal_date=schedule[j], coupon=R[j-1],m=m[j-1]))
            TS = schedule[i] - schedule[i - 1] #当前付息周期自然日天数
            d = schedule[i] - cal_date
            #对相关现金流发生日进行收益率的插值处理
            coupon_time_list=[]
            for s in range(len(schedule[i:])):
                coupon_time_list.append(d.days/365+s/fre)
            func = si.interp1d(curve_time, curve_list, kind="slinear")  # 线性插值
            spot_new = func(coupon_time_list)
            #求取现金流的贴现和
            ACC_list = []
            for n in range(0, len(ACC)):
                ACC_list.append((ACC[n]+m[i+n-2]-m[i+n-1])/
                               pow(1 + (spot_new[n]+spread) / fre, d / TS + n))
            ACC_list.append(m[-1]*flag / pow(1 + (spot_new[-1]+spread) / fre, d / TS + n ))
            return sum(ACC_list)
        #计算日处于最后付息周期的计算逻辑
        else:
            Last_ACC=ACT_ACT_AVE(start_date=start_date,yearlenth=yearlenth,fre=fre,
                              cal_date=schedule[-1],coupon=R,m=m[-1])
            FV=m[-1]+Last_ACC
            # 计算D与TY
            TY_sch = coupon_schedule(start_date=start_date, yearlenth=1, fre=1)
            TY = TY_sch[-1] - TY_sch[-2]    # 当前计息年度的自然日天数，算头不算尾
            D = schedule[-1] - cal_date     # 债券结算日至到期兑付日的自然日天数；
            func = si.interp1d(curve_time, curve_list, kind="slinear")   # 线性插值
            spot_new = func(D/TY)
            return FV/(1+(spot_new+spread)*D/TY)
```

调用 Step_Bond_Valuation 函数，并输入相关债券参数，对债券进行估值。

```python
maturity=np.array([0,0.08,0.25,0.5,0.75,1,
                   2,3,4,5,6,7,8,9,10,15,20,30])
spot_rates=np.array([1.431,1.4839,1.6209,1.7221,1.8243,1.8845,2.2232,
                     2.5681,2.9579,3.1878,3.4523,3.6564,3.8775,4.045,
                     4.1277,4.3214,4.3482,4.5201])/100
R1=[3.94]*7
R2=[5.3152]*(15-7)
R=R1+R2
bond_maturity_valuation=Step_Bond_Valuation(cal_date=date(2020,5,14),start_date=date(2020,3,17),
                                   yearlenth=15,fre=1,R=R,m=100,
                                   ACC_type="ACT_ACT_AVE",spread=0.365/100,
                                   curve_time=maturity,curve_list=spot_rates)
print('计算得到债券的到期估值全价：',round(bond_maturity_valuation,4))
```

输出结果：

```
计算得到债券的到期估值全价: 100.8666
```

5.3.3 Hull-White 模型估值

赫尔（Hull）和怀特（White）在 1990 年发表的论文中的模型（Hull-White 模型），可以有效地描述短期利率波动变化，并适应原始期限结构。

$$d_{r(t)} = [\theta(t) - ar(t)]dt + \sigma dW_t \quad (5-19)$$

短期利率 $r(t)$ 服从以下分布：

$$E\{r(t)|F_s\} = r(s)e^{-a(t-s)} + \alpha(t) - \alpha(s)e^{-a(t-s)}$$

$$Var\{r(t)|F_s\} = \frac{\sigma^2}{2a}[1 - e^{-2a(t-s)}]$$

其中，

$$\alpha(t) = f^M(0,t) + \frac{\sigma^2}{2a}(1 - e^{-at})^2 \quad (5-20)$$

a：利率均值回归常数。

σ：利率波动幅度。

$\theta(t)$：利率期限结构所确定的函数。

为了更为方便地计算，通常将以上表达式进行离散化并采用三叉树进行模拟。定义利率过程的时间步长为 Δt，有：

$$r(t + \Delta t) - r(t) = [\theta(t) - r(t)]\Delta t + \sigma\sqrt{\Delta t}\varepsilon_t, \varepsilon_t \sim N(0,1)$$

可以得知：

$$r(t + \Delta t) - r(t) \sim N\{[\theta(t) - r(t)]\Delta t, \sigma^2 \Delta t\} \quad (5-21)$$

上式表示 r 的变动量服从均值为 $[\theta(t) - r(t)]\Delta t$、方差为 $\sigma^2 \Delta t$ 的正态分布。

下面定义三叉树的树形利率节点之间的垂直距离为 Δr，三叉树树枝上行、平行、下行的概率分别为 p_u、p_m、p_d，则变动情况有三种，每个节点如图 5-1 所示。

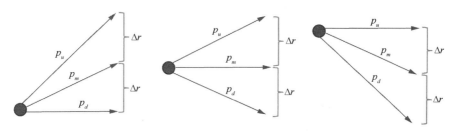

图 5-1 每一步变动概率及变动幅度

每个节点下一期相邻节点间的变动幅度均为 Δr。根据 Hull-White 模型可以计算 Δr 的均值和方差约束，可以得到 Δr 的范围，相应可计算出转移概率的具体表达式。

下一阶段，引入时间变动的飘移量v_i，引入该变量后，节点(i,j)的利率r等于第一阶段中构建的利率树节点的r加上v_i。新构建的利率树中，各分支结构的概率p_u、p_m、p_d将保持不变。v_i的选取要保证所有贴现债券的价格与初始的期限结构一致。

$$\hat{\theta}(t) = \frac{v_i - v_{i-1}}{\Delta t} + \mathrm{a}v_i \qquad (5-22)$$

其中，$\Delta t \to 0$，$\hat{\theta}(t) = \theta(t)$。

基于原始期限结构的校准如图 5-2 所示。

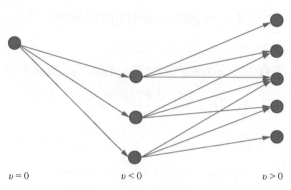

图 5-2　基于原始期限结构的校准

构建完标准三叉树后，引入θ来描述初始期限结构特征。对于树中每个时点的树权，使用v来进行修正。v通过下式分步递归得出：

$$v_m = \frac{\ln\left(\sum_{j=-n_m}^{n_m} Q_{m,j} \mathrm{e}^{-j\Delta r \Delta t}\right) - \ln P_{m+1}}{\Delta t} \qquad (5-23)$$

$Q_{m,j}$：债券达到利率树(m,j)节点支付 1 单位价格的贴现值（否则为 0）。

n_m：在$m\Delta t$时，中间节点每条边的节点个数。

根据动态规划原理，在利率三叉树上从后往前找出每个行权日的最优策略对债券进行估值。最终可以计算含权债券的估值如下。

$$V_\text{callput} = V_\text{callputbond} - V_\text{bond} \qquad (5-24)$$

$V_\text{callputbond}$：含权估值，为采用 Hull-White 模型进行利率校准的估值。

V_bond：不含权估值，为普通不含权其他要素相同情况下的债券的估值。

V_callput：行使权估值，为含权估值与不含权估值之差。

【实例 5-15】债券相关信息同实例 5-13，请采用 Hull-White 模型计算 2020-5-14 日终该债券的估值。

【分析解答】由于手工计算较为复杂，这里使用 Python 中的 QuantLib 包的含权债券模块进行计算。其中 Hull-White 模型中的相关参数用该类型债券三个月以上的对应收益率曲线进行校准，这里直接给出了已经调优后的具体参数$a = 0.9665$，$\sigma = 0.0132$进行计算。

```
#加载需要使用的库
import math
import numpy as np
```

```python
import pandas as pd
import QuantLib as ql   #未安装,输入pip install QuantLib命令进行安装
import matplotlib.pyplot as plt
#设定估值日期
calc_date=ql.Date(14,5,2020)
ql.Settings.instance().evaluationDate=calc_date
#构建即期收益率曲线
spot_dates=[ql.Date(14,5,2020),ql.Date(14,6,2020),ql.Date(14,8,2020),
            ql.Date(14,11,2020),ql.Date(14,2,2021),ql.Date(14,5,2021),
            ql.Date(14,5,2022),ql.Date(14,5,2023),ql.Date(14,5,2024),
            ql.Date(14,5,2025),ql.Date(14,5,2026),ql.Date(14,5,2027),
            ql.Date(14,5,2028),ql.Date(14,5,2029),ql.Date(14,5,2030),
            ql.Date(14,5,2035),ql.Date(14,5,2040),ql.Date(14,5,2050)]
spot_rates=np.array([1.431,1.4839,1.6209,1.7221,1.8243,1.8845,2.2232,
                     2.5681,2.9579,3.1878,3.4523,3.6564,3.8775,4.045,
                     4.1277,4.3214,4.3482,4.5201])/100
discount_rate=spot_rates+0.365/100  #添加贴现利差
day_count=ql.ActualActual(ql.ActualActual.Bond)
calendar=ql.China()
interpolation=ql.Linear()
compounding=ql.Compounded
compounding_frequency=ql.Annual
spot_curve=ql.ZeroCurve(spot_dates,discount_rate,day_count,calendar,interpolation,compounding,
compounding_frequency)
ts_handle=ql.YieldTermStructureHandle(spot_curve)
#设定含权债券赎回或回售计划
callability_schedule=ql.CallabilitySchedule()
call_price=100
calendar=ql.China()
callability_price=ql.BondPrice(call_price,ql.BondPrice.Clean)
callability_schedule.append(ql.Callability(callability_price,ql.Callability.Put,ql.Date
(17,3,2027)))
callability_schedule.append(ql.Callability(callability_price,ql.Callability.Put,ql.Date
(17,3,2032)))
#含权债券的基本债券要素
issue_date=ql.Date(17,3,2020)
maturity_date=ql.Date(17,3,2035)
tenor=ql.Period('1Y')
accrual_convention=ql.Unadjusted
schedule=ql.Schedule(issue_date,maturity_date,tenor,calendar,accrual_convention,
                     accrual_convention,ql.DateGeneration.Backward,False)
settlement_days=0
face_amount=100
accrual_daycount=ql.ActualActual(ql.ActualActual.Bond)
coupon=0.0394
bond=ql.CallableFixedRateBond(settlement_days,face_amount,
                              schedule,[coupon],accrual_daycount,
                              ql.Following,face_amount,issue_date,callability_schedule)
#设定估值模型为Hull-White模型进行估值
def value_bond(a,s,grid_points,bond):
    model=ql.HullWhite(ts_handle,a,s)
    engine=ql.TreeCallableFixedRateBondEngine(model,grid_points)
```

```
        bond.setPricingEngine(engine)
        return bond
#设定参数对含权债券进行估值
value_bond(0.9665,0.0132,1000,bond)
print("计算得到含权债券的估值全价:",round(bond.dirtyPrice(),4))
```

输出结果：

```
计算得到债券的含权估值全价: 100.8312
```

使用 Python 计算不含权该债券的估值全价。

```
maturity=np.array([0,0.08,0.25,0.5,0.75,1,
                   2,3,4,5,6,7,8,9,10,15,20,30])
spot_rates=np.array([1.431,1.4839,1.6209,1.7221,1.8243,1.8845,2.2232,
                     2.5681,2.9579,3.1878,3.4523,3.6564,3.8775,4.045,
                     4.1277,4.3214,4.3482,4.5201])/100
bond_no_exer=Fixed_Bond_Valuation(start_date=date(2020,3,17),yearlenth=15,fre=1,
                     cal_date=date(2020,5,14),R=3.94,m=100,
                     ACC_type="ACT_ACT_AVE",spread=0.365/100,
                     curve_time=maturity,curve_list=spot_rates)
print('计算得到债券的不含权估值全价: ',round(bond_no_exer,4))
```

输出结果：

```
计算得到债券的不含权估值全价: 94.1717
```

则行使权估值对投资者而言为：

$$V_{\text{callput}} = 100.8312 - 94.1717 = 6.6595$$

5.4 债券的关键利率久期

5.4.1 单券的关键利率久期

一般的久期度量的方法是计算收益率曲线平行上移或下移对债券价格的影响。如果收益率曲线在某个期限点上发生变化，或收益率曲线发生了扭曲，将如何影响债券的价格呢？下面将介绍更为精确的度量指标——关键利率久期。关键利率久期是关键期限点上的局部久期，它测量了收益率曲线上各个关键期限点的收益率变化对债券价格的影响。

$$\text{KeyDur}_i = -\frac{\text{PV}_{+,i} - \text{PV}_{-,i}}{2\text{PV}_0 \Delta r}, i = 1,2,\cdots,n \tag{5-25}$$

KeyDur_i：第 i 个关键期限点的关键利率久期。

n：关键期限点个数。一般来说关键利率久期的期限点是人为设置的，例如可以设置为 3M、6M、1Y、2Y、3Y、5Y、10Y、15Y、20Y、30Y 等。

Δr：关键期限点的收益率变化值，一般取 1BP。

$\text{PV}_{+,i}$：第 i 个关键期限点收益率向上变动 Δr 后债券的估值全价。

$\text{PV}_{-,i}$：第 i 个关键期限点收益率向下变动 Δr 后债券的估值全价。

PV_0：债券的估值全价。

依据所选择的曲线不同,计算关键利率久期的方法也有一定差别。如果选择到期收益率曲线,其是一条平坦的收益率曲线,计算相对来说比较简便;而如果选择即期收益率曲线,则关键期限点变动后,需要重新采用拔靴法构建即期收益率曲线,计算比较复杂。对债券来说,通常风险点最大的是最后一笔现金流,即最后一笔现金流所处的关键期限的收益率变动对债券的影响较大。由于比较流行的是采用到期收益率来进行计算,因此下面将介绍采用到期收益率计算关键利率久期的实例。

【实例 5-16】20 附息国债 16 债券的基本信息如表 5-18 所示。假定该债券在 2022-4-22 日终的百元面值估值全价为 104.644 4 元,到期收益率为 2.839 657%,修正久期为 7.36。设置关键期限点为 3M、6M、1Y、2Y、3Y、5Y、15Y,计算该债券关键利率久期。

表 5-18 20 附息国债 16 债券的基本信息

债券简称	20 附息国债 16	债券代码	200016
债券类型	国债	发行人	财政部
债券起息日	2020-11-19	债券到期日	2030-11-19
付息频率	1 年 2 次	发行期限	10 年
息票类型	附息式固定利率	面值	100 元
计息基准	实际/实际	票面利率(%)	3.27

数据来源:中国货币网

【分析解答】接下来运用到期收益率曲线和公式(5-25)展示本例中债券关键利率久期的计算过程。

采用到期收益率计算债券的 PV_0:

$$PV_0 = \frac{3.27/2}{(1+2.839\,657\%/2)^{\frac{27}{181}+1-1}} + \frac{3.27/2}{(1+2.839\,657\%/2)^{\frac{27}{181}+2-1}} + \cdots$$

$$+ \frac{100+\frac{3.27}{2}}{(1+2.839\,657\%/2)^{\frac{27}{181}+18-1}} = 104.644\,4(元)$$

① 假定关键期限点 3M 的利率发生变动,则到期收益率变动 1 个 BP 的情况如表 5-19、图 5-3 所示。

表 5-19 3M 关键期限点到期收益率变动 1BP 的情况

开始日期	结束日期	期限点	到期收益率(%)	+1BP 变动后(%)	-1BP 变动后(%)
2022-4-22	2022-4-22	0	2.839 657	2.839 657	2.839 657
2022-4-22	2022-7-22	3M	2.839 657	**2.849 657**	**2.829 657**
2022-4-22	2022-10-22	6M	2.839 657	2.839 657	2.839 657
2022-4-22	2023-4-22	1Y	2.839 657	2.839 657	2.839 657
2022-4-22	2024-4-22	2Y	2.839 657	2.839 657	2.839 657
2022-4-22	2025-4-22	3Y	2.839 657	2.839 657	2.839 657
2022-4-22	2027-4-22	5Y	2.839 657	2.839 657	2.839 657
2022-4-22	2032-4-22	10Y	2.839 657	2.839 657	2.839 657
2022-4-22	2037-4-22	15Y	2.839 657	2.839 657	2.839 657

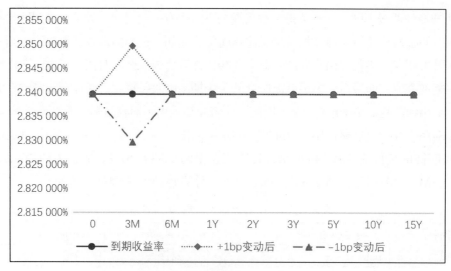

图 5-3 3M 关键期限点到期收益率变动 1BP 情况

3M 关键期限点的利率变动会影响相邻两个期限点之间的到期收益率，查看 0～6M 的现金流发生日，对现金流发生日的到期收益率（+1BP 和−1BP 后的收益率曲线）进行插值，例如 2022-5-19 的到期收益率计算如下。

$$y_{+,2022\text{-}5\text{-}19} = 2.839\,657\% + \frac{\text{days}(2022\text{-}5\text{-}19 - 2022\text{-}4\text{-}22)}{\text{days}(2022\text{-}7\text{-}22 - 2022\text{-}4\text{-}22)} \times (2.849\,657\% - 2.839\,657\%)$$
$$= 2.842\,624\%$$

$$y_{-,2022\text{-}5\text{-}19} = 2.839\,657\% + \frac{\text{days}(2022\text{-}5\text{-}19 - 2022\text{-}4\text{-}22)}{\text{days}(2022\text{-}7\text{-}22 - 2022\text{-}4\text{-}22)} \times (2.829\,657\% - 2.839\,657\%)$$
$$= 2.836\,690\%$$

$$\text{PV}_{+,3M} = \frac{3.27/2}{(1+2.842\,624\%/2)^{\frac{27}{181}+1-1}} + \frac{3.27/2}{(1+2.839\,657\%/2)^{\frac{27}{181}+2-1}} + \cdots$$
$$+ \frac{100+\frac{3.27}{2}}{(1+2.839\,657\%/2)^{\frac{27}{181}+18-1}} = 104.644\,396\,8$$

$$\text{PV}_{-,3M} = \frac{3.27/2}{(1+2.836\,690\%/2)^{\frac{27}{181}+1-1}} + \frac{3.27/2}{(1+2.839\,657\%/2)^{\frac{27}{181}+2-1}} + \cdots$$
$$+ \frac{100+\frac{3.27}{2}}{(1+2.839\,657\%/2)^{\frac{27}{181}+18-1}} = 104.644\,403\,9$$

$$\text{KeyDur}_{3M} = -\frac{104.644\,396\,8 - 104.644\,403\,9}{2 \times 104.644\,4 \times 0.000\,1} = 0.000\,339$$

【注】PV 取更高的精度会得到一致的结果。

② 假定关键期限点 6M 的利率发生变动，则到期收益率变动 1PB 的情况如表 5-20、

图 5-4 所示。

表 5-20　6M 关键期限点到期收益率变动 1BP 的情况

开始日期	结束日期	期限点	到期收益率（%）	+1BP 变动后（%）	−1BP 变动后（%）
2022-4-22	2022-4-22	0	2.839 657	2.839 657	2.839 657
2022-4-22	2022-7-22	3M	2.839 657	2.839 657	2.839 657
2022-4-22	2022-10-22	6M	2.839 657	**2.849 657**	**2.829 657**
2022-4-22	2023-4-22	1Y	2.839 657	2.839 657	2.839 657
2022-4-22	2024-4-22	2Y	2.839 657	2.839 657	2.839 657
2022-4-22	2025-4-22	3Y	2.839 657	2.839 657	2.839 657
2022-4-22	2027-4-22	5Y	2.839 657	2.839 657	2.839 657
2022-4-22	2032-4-22	10Y	2.839 657	2.839 657	2.839 657
2022-4-22	2037-4-22	15Y	2.839 657	2.839 657	2.839 657

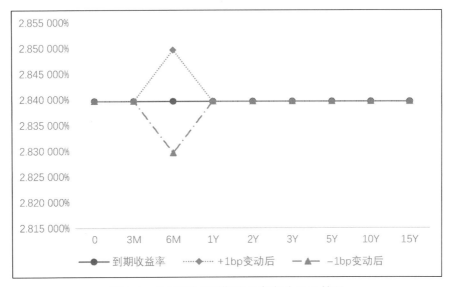

图 5-4　6M 期限点到期收益率变动 1BP 情况

6M 关键期限点的利率变动会影响相邻两个期限点之间的到期收益率，查看 3M～1Y 的现金流发生日，对现金流发生日的到期收益率（+1BP 和−1BP 后的收益率曲线）进行插值，例如 2022-11-19 的到期收益率计算如下。

$$y_{+,\text{2022-11-19}} = 2.849\,657\%$$
$$+ \frac{\text{days}(2022\text{-}11\text{-}19 - 2022\text{-}10\text{-}22)}{\text{days}(2023\text{-}4\text{-}22 - 2022\text{-}10\text{-}22)} \times (2.839\,657\% - 2.849\,657\%)$$
$$= 2.848\,119\%$$

$$y_{-,\text{2022-11-19}} = 2.829\,657\%$$
$$+ \frac{\text{days}(2022\text{-}11\text{-}19 - 2022\text{-}10\text{-}22)}{\text{days}(2023\text{-}4\text{-}22 - 2022\text{-}10\text{-}22)} \times (2.839\,657\% - 2.829\,657\%)$$
$$= 2.831\,195\%$$

$$PV_{+,6M} = \frac{3.27/2}{(1+2.839\ 657\%/2)^{\frac{27}{181}+1-1}} + \frac{3.27/2}{(1+2.848\ 119\%/2)^{\frac{27}{181}+2-1}} + \cdots$$

$$+ \frac{100+\frac{3.27}{2}}{(1+2.839\ 657\%/2)^{\frac{27}{181}+18-1}} = 104.644\ 322\ 556$$

$$PV_{-,6M} = \frac{3.27/2}{(1+2.839\ 657\%/2)^{\frac{27}{181}+1-1}} + \frac{3.27/2}{(1+2.831\ 195\%/2)^{\frac{27}{181}+2-1}} + \cdots$$

$$+ \frac{100+\frac{3.27}{2}}{(1+2.839\ 657\%/2)^{\frac{27}{181}+18-1}} = 104.644\ 477\ 864$$

$$\text{KeyDur}_{6M} = -\frac{104.644\ 322\ 556 - 104.644\ 477\ 864}{2 \times 104.644\ 4 \times 0.000\ 1} = 0.007\ 421$$

【注】PV 取更高的精度会得到一致的结果。

其他关键期限点的关键利率久期的计算方法类似,这里就不再叙述。汇总全部的关键利率久期,如表 5-21 所示。

表 5-21 关键利率久期汇总

开始日期	结束日期	期限点	期限点(年)	关键利率久期
2022-4-22	2022-4-22	0	0	0.000 000
2022-4-22	2022-7-22	3M	0.25	0.000 339
2022-4-22	2022-10-22	6M	0.5	0.007 421
2022-4-22	2023-4-22	1Y	1	0.026 047
2022-4-22	2024-4-22	2Y	2	0.058 135
2022-4-22	2025-4-22	3Y	3	0.139 832
2022-4-22	2027-4-22	5Y	5	2.321 084
2022-4-22	2032-4-22	10Y	10	4.808 202
2022-4-22	2037-4-22	15Y	15	0.000 000
		合计		7.361 060

$$\text{KeyDur}_{\text{sum}} = \text{KeyDur}_{3M} + \text{KeyDur}_{6M} + \cdots + \text{KeyDur}_{15Y}$$
$$= 0.000\ 339 + 0.007\ 421 + \cdots + 0.000\ 000 = 7.361\ 060$$
$$\approx 7.36\ (\text{修正久期})$$

可以发现,计算的关键利率久期的合计结果约等于修正久期的结果,其中微小的误差源自线性插值各个现金流发生日的利率。如果需要完全相同,可以按比例缩放进行归一化处理。绘制的关键利率久期的图形如图 5-5 所示。

可以看到,最后一笔现金流(本金+利息)的时间为 2030-11-19,其所处的关键期限点在 5Y 和 10Y 之间,这两个关键期限利率久期较大,其他利息所处的关键期限点对关键利率久期影响较小。

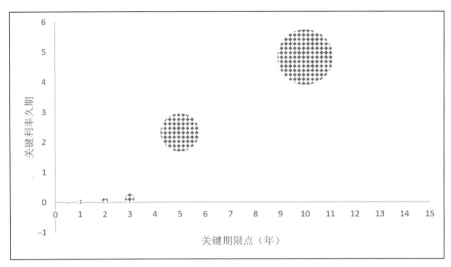

图 5-5　20 附息国债 16 债券关键利率久期

下面使用 Python 编写计算关键利率久期的函数（Fixed_Bond_KeyDur）。

```
#加载需要使用的库
import numpy as np
from datetime import date
from Fixed_Bond_Valuation import Fixed_Bond_Valuation
#计算固定利率债券关键利率久期的函数
def Fixed_Bond_KeyDur(cal_date,curve_time,curve_list,start_date,yearlenth,fre, R,m,ACC_type):
    '''
    :param cal_date: 计算日期;
    :param curve_time: 收益率曲线的关键期限点（年）;
    :param curve_list: 对应关键期限点的收益率;
    :param start_date: 债券的起息日;
    :param yearlenth: 债券的发行年限;
    :param fre: 债券的付息频率;
    :param R: 债券的百元票面利息;
    :param m: 未到期债券的百元剩余本金;
    :param ACC_type: 债券的计息基准,如'ACT_ACT_AVE','ACT_360','ACT_365',可自行根据需求添加;
    :return: 返回关键期限点、关键期限点关键利率久期、关键利率久期的合计值。
    '''
    #设定计算原始债券的PV0
    bond=Fixed_Bond_Valuation(start_date=start_date,yearlenth=yearlenth,fre=fre,
                    cal_date=cal_date,R=R,m=m,ACC_type=ACC_type,spread=0,
                    curve_time=curve_time,curve_list=curve_list)
    #计算关键期限点 3M 的关键利率久期
    spot_rate_3M_up = curve_list*0.25/0.25
    spot_rate_3M_up[1] = spot_rate_3M_up[1] + 0.0001
    spot_rate_3M_down = curve_list*0.25/0.25
    spot_rate_3M_down[1] = spot_rate_3M_down[1] - 0.0001
    bond_3M_up=Fixed_Bond_Valuation(start_date=start_date,yearlenth=yearlenth,fre=fre,
```

```
                         cal_date=cal_date,R=R,m=m, ACC_type=ACC_type,spread=0,
                         curve_time=curve_time,curve_list=spot_rate_3M_up)
bond_3M_down=Fixed_Bond_Valuation(start_date=start_date,yearlenth=yearlenth,fre=fre,
                         cal_date=cal_date,R=R,m=m,
                         ACC_type=ACC_type,spread=0,
                         curve_time=curve_time,curve_list=spot_rate_3M_down)
Key_Dur_3M=-(bond_3M_up-bond_3M_down)/(2*bond*0.0001)
# 计算关键期限点 6M 的关键利率久期
spot_rate_6M_up = curve_list*0.5/0.5
spot_rate_6M_up[2] = spot_rate_6M_up[2] + 0.0001
spot_rate_6M_down = curve_list*0.5/0.5
spot_rate_6M_down[2] = spot_rate_6M_down[2] - 0.0001
bond_6M_up=Fixed_Bond_Valuation(start_date=start_date,yearlenth=yearlenth,fre=fre,
                         cal_date=cal_date,R=R,m=m,ACC_type=ACC_type,spread=0,
                         curve_time=curve_time,curve_list=spot_rate_6M_up)
bond_6M_down=Fixed_Bond_Valuation(start_date=start_date,yearlenth=yearlenth,fre=fre,
                         cal_date=cal_date,R=R,m=m, ACC_type=ACC_type,spread=0,
                         curve_time=curve_time,curve_list=spot_rate_6M_down)
Key_Dur_6M=-(bond_6M_up-bond_6M_down)/(2*bond*0.0001)
# 计算关键期限点 1Y 的关键利率久期
spot_rate_1Y_up = curve_list*1/1
spot_rate_1Y_up[3] = spot_rate_1Y_up[3] + 0.0001
spot_rate_1Y_down = curve_list*1/1
spot_rate_1Y_down[3] = spot_rate_1Y_down[3] - 0.0001
bond_1Y_up=Fixed_Bond_Valuation(start_date=start_date,yearlenth=yearlenth,fre=fre,
                         cal_date=cal_date,R=R,m=m,ACC_type=ACC_type,spread=0,
                         curve_time=curve_time,curve_list=spot_rate_1Y_up)
bond_1Y_down=Fixed_Bond_Valuation(start_date=start_date,yearlenth=yearlenth,fre=fre,
                         cal_date=cal_date,R=R,m=m,ACC_type=ACC_type,spread=0,
                         curve_time=curve_time,curve_list=spot_rate_1Y_down)
Key_Dur_1Y=-(bond_1Y_up-bond_1Y_down)/(2*bond*0.0001)
# 计算关键期限点 2Y 的关键利率久期
spot_rate_2Y_up = curve_list*2/2
spot_rate_2Y_up[4] = spot_rate_1Y_up[4] + 0.0001
spot_rate_2Y_down = curve_list*2/2
spot_rate_2Y_down[4] = spot_rate_1Y_down[4] - 0.0001
bond_2Y_up=Fixed_Bond_Valuation(start_date=start_date,yearlenth=yearlenth,fre=fre,
                         cal_date=cal_date,R=R,m=m,ACC_type=ACC_type,spread=0,
                         curve_time=curve_time,curve_list=spot_rate_2Y_up)
bond_2Y_down=Fixed_Bond_Valuation(start_date=start_date,yearlenth=yearlenth,fre=fre,
                         cal_date=cal_date,R=R,m=m,ACC_type=ACC_type,spread=0,
                         curve_time=curve_time,curve_list=spot_rate_2Y_down)
Key_Dur_2Y=-(bond_2Y_up-bond_2Y_down)/(2*bond*0.0001)
# 计算关键期限点 3Y 的关键利率久期
spot_rate_3Y_up = curve_list*3/3
spot_rate_3Y_up[5] = spot_rate_3Y_up[5] + 0.0001
spot_rate_3Y_down = curve_list*3/3
spot_rate_3Y_down[5] = spot_rate_3Y_down[5] - 0.0001
```

```
            bond_3Y_up=Fixed_Bond_Valuation(start_date=start_date,yearlenth=yearlenth,fre=fre,
                        cal_date=cal_date,R=R,m=m,ACC_type=ACC_type,spread=0,
                        curve_time=curve_time,curve_list=spot_rate_3Y_up)
            bond_3Y_down=Fixed_Bond_Valuation(start_date=start_date,yearlenth=yearlenth,fre=fre,
                        cal_date=cal_date,R=R,m=m,ACC_type=ACC_type,spread=0,
                        curve_time=curve_time,curve_list=spot_rate_3Y_down)
            Key_Dur_3Y=-(bond_3Y_up-bond_3Y_down)/(2*bond*0.0001)
            # 计算关键期限点 5Y 的关键利率久期
            spot_rate_5Y_up = curve_list*5/5
            spot_rate_5Y_up[6] = spot_rate_5Y_up[6] + 0.0001
            spot_rate_5Y_down = curve_list*5/5
            spot_rate_5Y_down[6] = spot_rate_5Y_down[6] - 0.0001
            bond_5Y_up=Fixed_Bond_Valuation(start_date=start_date,yearlenth=yearlenth,fre=fre,
                        cal_date=cal_date,R=R,m=m,ACC_type=ACC_type,spread=0,
                        curve_time=curve_time,curve_list=spot_rate_5Y_up)
            bond_5Y_down=Fixed_Bond_Valuation(start_date=start_date,yearlenth=yearlenth,fre=fre,
                        cal_date=cal_date,R=R,m=m,ACC_type=ACC_type,spread=0,
                        curve_time=curve_time,curve_list=spot_rate_5Y_down)
            Key_Dur_5Y=-(bond_5Y_up-bond_5Y_down)/(2*bond*0.0001)
            # 计算关键期限点 10Y 的关键利率久期
            spot_rate_10Y_up = curve_list*10/10
            spot_rate_10Y_up[7] = spot_rate_10Y_up[7] + 0.0001
            spot_rate_10Y_down = curve_list*10/10
            spot_rate_10Y_down[7] = spot_rate_10Y_down[7] - 0.0001
            bond_10Y_up=Fixed_Bond_Valuation(start_date=start_date,yearlenth=yearlenth,fre=fre,
                        cal_date=cal_date,R=R,m=m,ACC_type=ACC_type,spread=0,
                        curve_time=curve_time,curve_list=spot_rate_10Y_up)
            bond_10Y_down=Fixed_Bond_Valuation(start_date=start_date,yearlenth=yearlenth,fre=fre,
                        cal_date=cal_date,R=R,m=m,ACC_type=ACC_type,spread=0,
                        curve_time=curve_time,curve_list=spot_rate_10Y_down)
            Key_Dur_10Y=-(bond_10Y_up-bond_10Y_down)/(2*bond*0.0001)
            # 计算关键期限点 15Y 的关键利率久期
            spot_rate_15Y_up = curve_list*15/15
            spot_rate_15Y_up[8] = spot_rate_10Y_up[8] + 0.0001
            spot_rate_15Y_down = curve_list*15/15
            spot_rate_15Y_down[8] = spot_rate_10Y_down[8] - 0.0001
            bond_15Y_up=Fixed_Bond_Valuation(start_date=start_date,yearlenth=yearlenth,fre=fre,
                        cal_date=cal_date,R=R,m=m,ACC_type=ACC_type,spread=0,
                        curve_time=curve_time,curve_list=spot_rate_15Y_up)
            bond_15Y_down=Fixed_Bond_Valuation(start_date=start_date,yearlenth=yearlenth,fre=fre,
                        cal_date=cal_date,R=R,m=m,ACC_type=ACC_type,spread=0,
                        curve_time=curve_time,curve_list=spot_rate_15Y_down)
            Key_Dur_15Y=-(bond_15Y_up-bond_15Y_down)/(2*bond*0.0001)
            return [0, 0.25, 0.5, 1, 2, 3, 5, 10,15],[0,Key_Dur_3M,Key_Dur_6M,Key_Dur_1Y,
                    Key_Dur_2Y,Key_Dur_3Y,Key_Dur_5Y,Key_Dur_10Y,Key_Dur_15Y]
```

调用 Fixed_Bond_KeyDur 函数，输入实例 5-16 中的相关参数，计算关键利率久期。

```
maturity = np.array([0, 0.25, 0.5, 1, 2, 3, 5, 10, 15])
spot_rate=np.array([2.839657,2.839657,2.839657,2.839657,2.839657,
            2.839657,2.839657,2.839657,2.839657])/100
```

```
Fixed_Bond_KeyDur_test1=Fixed_Bond_KeyDur(cal_date=date(2022,4,22),
                        curve_time=maturity,curve_list=spot_rate,start_date=date(2020,11,19),
                        yearlenth=10,fre=2, R=3.27, m=100,ACC_type="ACT_ACT_AVE")
print("关键期限点: ",Fixed_Bond_KeyDur_test1[0])
np.set_printoptions(suppress=True)    #不使用科学记数法
print("各关键期限点关键利率久期:\n",np.round(Fixed_Bond_KeyDur_test1[1],6))
print("20 附息国债 16 的关键利率久期: ",np.round(sum(Fixed_Bond_KeyDur_test1[1]),6))
```

输出结果：

```
关键期限点: [0, 0.25, 0.5, 1, 2, 3, 5, 10, 15]
各关键期限点关键利率久期:
 [ 0.          0.000339  0.007421  0.026047  0.058135  0.139832  2.321084
  4.808202 -0.      ]
20附息国债16的关键利率久期: 7.36106
```

【注】关键期限点是人为主观定义的，例如想要增加 7Y、20Y 等期限，可以将 Fixed_Bond_KeyDur 函数添加关键期限点进行改进。

5.4.2 组合的关键利率久期

组合，即投资组合，整个投资组合的关键利率久期，等于组合中每只债券的关键利率久期的加权平均数：

$$KRD_i = \sum_{j=1}^{N} w_j \times KeyDur_{j,i} \qquad (5-26)$$

KRD_i：投资组合在关键期限点 i 上的关键利率久期。

w_j：债券 j 的市值在投资组合中的占比。

$KeyDur_{j,i}$：债券 j 在关键期限点 i 上的关键利率久期。

【实例 5-17】交易员在 2022-4-22 持仓 20 附息国债 16 债券（债券信息见实例 5-16）和 20 抗疫国债 02 债券的券面金额各有 1 000 万元，这两只债券的百元面值全价分别为 104.644 400 元（到期收益率为 2.839 657%）与 102.270 398 4 元（到期收益率为 2.710 865%），持仓市值分别为 10 464 440.00 元与 10 227 039.84 元。计算该组合的关键利率久期。其中 20 抗疫国债 02 债券的相关信息如表 5-22 所示。

表 5-22　20 抗疫国债 02 债券的基本信息

债券简称	20 抗疫国债 02	债券代码	2000002
债券类型	国债	发行人	财政部
债券起息日	2020-6-19	债券到期日	2027-6-19
付息频率	1 年 1 次	发行期限	7 年
息票类型	附息式固定利率	面值	100 元
计息基准	实际/实际	票面利率（%）	2.71

数据来源：中国货币网。

【分析解答】接下来结合【实例 5-16】和公式（5-26）介绍本例中债券组合的关键利率久期的计算过程。

对于 20 抗疫国债 02，同样可以采用 5.4.1 节介绍的单券的关键利率久期方法计算关键利率久期。

两只债券的组合关键利率久期的计算，根据公式（5-26），有：

$$KRD_{3M} = \frac{10\ 464\ 440.00}{10\ 464\ 440.00 + 10\ 227\ 039.84} \times 0.000\ 339$$
$$+ \frac{10\ 227\ 039.84}{10\ 464\ 440.00 + 10\ 227\ 039.84} \times 0.002\ 595 = 0.001\ 454$$

其他的组合关键利率久期类比计算，具体计算结果如表 5-23 所示。

表 5-23 组合关键利率久期明细

关键期限点	期限（年）	20 附息国债 16	20 抗疫国债 02	组合关键利率久期
0	0	0.000 000	0.000 000	0.000 000
3M	0.25	0.000 339	0.002 594 7	0.001 454
6M	0.5	0.007 421	0	0.003 753
1Y	1	0.026 047	0.024 38	0.025 223
2Y	2	0.058 135	0.048 824 4	0.053 533
3Y	3	0.139 832	0.117 669 6	0.128 878
5Y	5	2.321 084	4.316 089 6	3.307 142
10Y	10	4.808 202	0.139 650 1	2.500 708
15Y	15	0.000 000	0.000 000	0.000 000
合计		7.361 060	4.649 208	6.020 691

组合关键利率久期如图 5-6 所示。

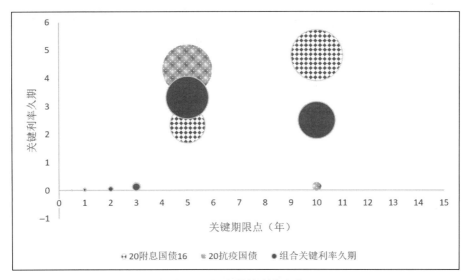

图 5-6 组合关键利率久期

从图 5-6 中可以看到，中间位置的深色气泡图为两只债券组合的关键利率久期，有一定的中和作用。如果购买的不同期限的债券足够多，到期日平均分配在不同的期限点上，则关键利率久期就会在各个关键期限点上更为明显,可以针对关键期限点进行精准对冲。

下面使用 Python 编写计算组合的关键利率久期的函数(Fixed_Bond_KeyDur_Portfo)。

```python
def Fixed_Bond_KeyDur_Portfo(time_list,keydur_array,weight):
    '''
    :param time_list: 收益率曲线的关键期限点(年);
    :param keydur_array: 各个子债券的关键利率久期,以矩阵方式输入;
    :param weight: 各个子债券占总持仓的市值比率;
    :return: 关键期限点和组合的关键利率久期
    '''
    keydur_array=keydur_array.T
    keydurprofo=np.dot(keydur_array,weight)
    return time_list,keydurprofo
```

20 附息国债 16 的关键利率久期在实例 5-16 已经计算,下面计算 20 抗疫国债 02 的关键利率久期:

```python
spot_rate2=np.array([2.710865,2.710865,2.710865,2.710865,2.710865,
            2.710865,2.710865,2.710865,2.710865])/100
Fixed_Bond_KeyDur_test2=Fixed_Bond_KeyDur(curve_time=maturity,curve_list=spot_rate2,
    start_date=date(2020,6,19),yearlenth=7,fre=1,cal_date=date(2022,4,22),R=2.71,
    m=100,ACC_type="ACT_ACT_AVE")
print("关键期限点: ",Fixed_Bond_KeyDur_test2[0])
np.set_printoptions(suppress=True)   #不使用科学记数法
print("各关键期限点关键利率久期:\n",np.round(Fixed_Bond_KeyDur_test2[1],7))
print("20抗疫国债02的关键利率久期: ",np.round(sum(Fixed_Bond_KeyDur_test2[1]),6))
```

输出结果:

```
关键期限点: [0, 0.25, 0.5, 1, 2, 3, 5, 10, 15]
各关键期限点关键利率久期:
 [ 0.         0.0025947 -0.         0.02438    0.0488244  0.1176696
   4.3160896  0.1396501 -0.        ]
20抗疫国债02的关键利率久期: 4.649208
```

输入实例 5-16 中的相关参数与本例的参数,计算组合关键利率久期。

```python
maturity=np.array([0, 0.25, 0.5, 1, 2, 3, 5, 10, 15])
Fixed_Bond_KeyDur_Portfo_test=Fixed_Bond_KeyDur_Portfo(time_list=maturity,
keydur_array=np.array([Fixed_Bond_KeyDur_test1[1],Fixed_Bond_KeyDur_test2[1]]),
weight=np.array([10464440.00/(10464440.00+10227039.84),10227039.84/(10464440.00+10227039.84)]))
print("关键期限点: ",Fixed_Bond_KeyDur_Portfo_test[0])
print("关键期限点组合关键利率久期: \n",np.round(Fixed_Bond_KeyDur_Portfo_test[1],6))
print("组合的关键利率久期: ",np.round(sum(Fixed_Bond_KeyDur_Portfo_test[1]),6))
```

输出结果:

```
关键期限点: [ 0.   0.25 0.5  1.   2.   3.   5.   10.  15. ]
关键期限点组合关键利率久期:
 [0.       0.001454 0.003753 0.025223 0.053533 0.128878 3.307142 2.500708
 0.      ]
组合的关键利率久期: 6.020691
```

5.5　债券的风险价值与预期损失

风险价值（Value at Risk，VaR）是指持有资产一段时间并在给定的置信水平（如95%、99%等）下，价格、利率或汇率等市场风险要素发生变化时可能对持有资产造成的最大损失。例如，在持有期为1天、置信水平为99%的情况下，若所计算的风险价值为100万元，则表明资产在1天中的损失有99%的可能不会超过100万元。预期损失（Expected Shortfall，ES）是指在正常市场条件下和一定的置信水平下，测算出在给定的时间段内损失超过风险价值的条件期望值。预期损失考虑了超过风险价值损失的情况，改善了风险价值模型在处理损失分布中可能出现的厚尾问题。目前理论界给出的计算风险价值或预期损失有三种主要方法：方差协方差方法（如德尔塔-正态方法）、历史模拟方法、蒙特卡洛模拟方法。由于在实操中历史模拟方法无须假设正态分布或其他分布，而是基于历史实际发生的数据进行的完全评价，操作相对简单，更受到实务界青睐，因而本节主要介绍历史模拟方法。

5.5.1　单券的风险价值与预期损失

对于单券的风险价值与预期损失的计算，无须考虑券与券之间的相关性。由于风险因子为利率，所以可以采用历史的收益率曲线对债券进行重估值，计算债券的价值，然后对不同的债券价值做轧差后将损益排序，筛选需要的分位数。具体计算步骤如下。

（1）计算持有1天后债券的各期现金流剩余到期时间$T_1, T_2, T_3, \cdots, T_m$。

（2）提取计算日和前250个营业日的债券所在即期收益率曲线数据，每相隔1天相减，得到250个增量情景，并叠加至计算日收益率曲线，按照各期现金流剩余到期时间进行收益率插值。

（3）使用当天的收益率曲线、插值后的叠加收益率曲线和即期利差对债券进行估值，共有251个估值。

（4）计算每相邻日的债券的估值差值损益，并从小到大排列。

（5）计算得出债券在$(1-\alpha)$置信水平下持有1天的风险价值为上述排列后的α的分位数ΔPL_α：

$$VaR_{1-\alpha}(1_D) = \Delta PL_\alpha \tag{5-27}$$

（6）筛选出小于等于ΔPL_α的损益值，这些损益的平均值为$\overline{\Delta PL_\alpha}$，则债券在置信水平（$1-\alpha$）下持有1天的预期损失为：

$$ES_{1-\alpha}(1_D) = \overline{\Delta PL_\alpha} \tag{5-28}$$

（7）计算持有n天后债券的风险价值与预期损失，将持有1天后债券的风险价值与预期损失乘以$\sqrt{n}$。

$$VaR_{1-\alpha}(n_D) = VaR_{1-\alpha}(1_D) \times \sqrt{n} \tag{5-29}$$

$$ES_{1-\alpha}(n_D) = ES_{1-\alpha}(1_D) \times \sqrt{n} \tag{5-30}$$

【实例5-18】根据实例5-1提供的债券基本信息，收益率曲线取自"债券的VaR与ES.xlsx"

中的"即期收益率曲线企业债 AAA"工作表，计算 2022-5-20 债券的风险价值与预期损失。

【分析解答】由于历史 250 个营业日的曲线数据较多，计算流程也较为复杂，所以本例使用 Python 直接编写 Fixed_Bond_VaR 函数进行计算。

```python
#加载需要使用的库
from Fixed_Bond_Valuation import Fixed_Bond_Valuation
from datetime import date
import numpy as np
import pandas as pd
#定义使用历史模拟方法计算固定利率债券 VaR 的函数
def Fixed_Bond_VaR(cal_date,zero_rate_data,start_date,yearlenth,fre,R,m,
                   ACC_type,spread,confidence,holdingdays):
    '''
    :param cal_date: 计算日期；
    :param zero_rate_data: 关键期限点与即期收益率的矩阵；
    :param start_date: 债券起息日；
    :param yearlenth: 债券的年化期限；
    :param fre: 债券的付息频率；
    :param R: 债券的百元票面利息；
    :param m: 债券的剩余本金面值；
    :param ACC_type: 债券的计息基准；
    :param spread: 债券的贴现利差；
    :param confidence: 计算 VaR 的置信水平；
    :param holdingdays: 计算 VaR 的持有天数；
    :return: 返回相关置信水平和持有天数的 VaR 和 ES，叠加 250 个营业日收益率变动情景的债券的估值差值损益。
    '''
    #调整即期收益率曲线，叠加历史 250 个营业日收益率变动的情景
    rate_PL_adust = (zero_rate_data.shift(1)-zero_rate_data).dropna(axis=0)
    mid_rate=rate_PL_adust+zero_rate_data.iloc[0]
    last_day_rate=pd.DataFrame(zero_rate_data.iloc[0]).T
    new_zero_rate=pd.concat([mid_rate,last_day_rate])
    new_zero_rate=new_zero_rate.sort_index(ascending=False)
    #计算债券的 VaR
    bond_value=[]
    for indexs in new_zero_rate.index:
        zero_rates=(new_zero_rate.loc[indexs].values[0:])/100
        bond_value.append(Fixed_Bond_Valuation(start_date=start_date,
            yearlenth=yearlenth, fre=fre,cal_date=cal_date, R=R, m=m,
            ACC_type=ACC_type, spread=spread,
            curve_time=new_zero_rate.columns.tolist(),curve_list=zero_rates))
    diff_PL = []
    for i in range(1, len(bond_value)):
        x = bond_value[i-1] - bond_value[i]
        diff_PL.append(x)
    diff_PL=np.array(diff_PL)
```

```python
        VaR = np.percentile(diff_PL, (1 - confidence) * 100)
        ES = diff_PL[diff_PL <= VaR].mean()
        VaR_nday=VaR*np.sqrt(holdingdays)
        ES_nday=ES*np.sqrt(holdingdays)
        return [VaR_nday,ES_nday,bond_value,diff_PL]
```

加载 Excel 数据。

```
#测试案例
data1=pd.read_excel('D:/债券的VaR与ES.xlsx',
                    '即期收益率曲线企业债AAA',header=0,index_col=0)
print(data1)
```

输出结果：

```
              0.000   0.083   0.250   0.500  ...  10.000  15.000  20.000  30.000
2022-05-20   1.7609  1.7609  1.9091  2.0955  ...  3.6982  3.9294  4.0149  4.0732
2022-05-19   1.8027  1.8027  1.9412  2.1268  ...  3.7079  3.9389  4.0294  4.0915
2022-05-18   1.7856  1.7856  1.9740  2.1544  ...  3.7235  3.9565  4.0432  4.1136
2022-05-17   1.8045  1.8045  1.9900  2.1677  ...  3.7439  3.9767  4.0630  4.1213
2022-05-16   1.8604  1.8604  2.0125  2.1838  ...  3.7546  3.9877  4.0738  4.1328
...             ...     ...     ...     ...  ...     ...     ...     ...     ...
2021-05-26   2.4526  2.4526  2.5406  2.6857  ...  3.9795  4.2784  4.3851  4.6040
2021-05-25   2.4625  2.4625  2.5630  2.6958  ...  3.9837  4.2858  4.3832  4.6341
2021-05-24   2.4552  2.4552  2.5603  2.6958  ...  3.9842  4.2775  4.3867  4.6441
2021-05-21   2.4368  2.4368  2.5647  2.6978  ...  4.0092  4.2763  4.3697  4.6697
2021-05-20   2.4247  2.4247  2.5658  2.7041  ...  4.0214  4.2872  4.3796  4.6775

[251 rows x 14 columns]
```

调用 Fixed_Bond_VaR 函数并输入参数进行计算。

```python
Fixed_Bond_VaR_test1=Fixed_Bond_VaR(cal_date=date(2022,5,21),
                                    zero_rate_data=data1,start_date=date(2010,7,2),
                                    yearlenth=15,fre=1,
                                    R=4.68,m=100,ACC_type="ACT_ACT_AVE",
                                    spread=0.0011965,confidence=0.95,holdingdays=1)
print('置信水平为95%,持有1天的VaR:',round(Fixed_Bond_VaR_test1[0],8))
print('置信水平为95%,持有1天的ES:',round(Fixed_Bond_VaR_test1[1],8))
Fixed_Bond_VaR_test2=Fixed_Bond_VaR(cal_date=date(2022,5,21),
                                    zero_rate_data=data1,start_date=date(2010,7,2),
                                    yearlenth=15,fre=1,
                                    R=4.68,m=100,ACC_type="ACT_ACT_AVE",
                                    spread=0.0011965,confidence=0.95,holdingdays=10)
print('置信水平为95%,持有10天的VaR:',round(Fixed_Bond_VaR_test2[0],8))
print('置信水平为95%,持有10天的ES:',round(Fixed_Bond_VaR_test2[1],8))
Fixed_Bond_VaR_test3=Fixed_Bond_VaR(cal_date=date(2022,5,21),
                                    zero_rate_data=data1,start_date=date(2010,7,2),
                                    yearlenth=15,fre=1,
                                    R=4.68,m=100,ACC_type="ACT_ACT_AVE",
                                    spread=0.0011965,confidence=0.99,holdingdays=1)
print('置信水平为99%,持有1天的VaR:',round(Fixed_Bond_VaR_test3[0],8))
print('置信水平为99%,持有1天的ES:',round(Fixed_Bond_VaR_test3[1],8))
Fixed_Bond_VaR_test4=Fixed_Bond_VaR(cal_date=date(2022,5,21),
                                    zero_rate_data=data1,start_date=date(2010,7,2),
                                    yearlenth=15,fre=1,
                                    R=4.68,m=100,ACC_type="ACT_ACT_AVE",
                                    spread=0.0011965,confidence=0.99,holdingdays=10)
```

```
print('置信水平为99%,持有10天的VaR:',round(Fixed_Bond_VaR_test4[0],8))
print('置信水平为99%,持有10天的ES:',round(Fixed_Bond_VaR_test4[1],8))
```

【注】由于持有 1 天后为 2022-5-21，所以输入的计算日期为 2022-5-21。

输出结果：

```
置信水平为95%,持有1天的VaR: -0.09415843
置信水平为95%,持有1天的ES: -0.1292267
置信水平为95%,持有10天的VaR: -0.29775509
置信水平为95%,持有10天的ES: -0.40865069
置信水平为99%,持有1天的VaR: -0.13015362
置信水平为99%,持有1天的ES: -0.18113533
置信水平为99%,持有10天的VaR: -0.4115819
置信水平为99%,持有10天的ES: -0.57280021
```

5.5.2 组合的风险价值与预期损失

对于多券投资组合的情况，债券历史的损益会相互对冲。计算方法如下。

（1）计算持有 1 天后每只债券的各期现金流年化剩余到期时间为 $T_1, T_2, T_3, \cdots, T_m$。

（2）提取计算日和前 250 个营业日的债券所在即期收益率曲线数据，每相隔 1 天相减，得到 250 个增量情景，并叠加至计算日收益率曲线，按照各期现金流剩余到期时间进行收益率插值。

（3）使用当天的每只债券的收益率曲线、插值后的叠加收益率曲线和即期利差对每只债券进行估值。

（4）计算相邻日的每只债券的估值差值损益，将各只债券的损益按照对应市值占投资组合市值的比例进行加权平均，计算加权平均总损益，共 250 个值。

（5）将以上加权平均总损益按照从小到大顺序排列。

（6）计算得出投资组合在 $(1-\alpha)$ 置信水平下持有 1 天的风险价值为上述排列后的 α 的分位数 ΔSPL_α：

$$\text{Mul}_{\text{VaR}_{1-\alpha}}(1_D) = \Delta SPL_\alpha \tag{5-31}$$

（7）筛选出小于等于 ΔSPL_α 的损益值，这些损益的平均值为 $\overline{\Delta SPL_\alpha}$，则投资组合在置信水平 $(1-\alpha)$ 下持有 S 天的预期损失为：

$$\text{Mul}_{\text{ES}_{1-\alpha}}(1_D) = \overline{\Delta SPL_\alpha} \tag{5-32}$$

（8）计算持有 n 天后投资组合的风险价值与预期损失，将持有 1 天后投资组合的风险价值与预期损失乘以 $\sqrt{n}$。

$$\text{Mul}_{\text{VaR}_{1-\alpha}}(n_D) = \text{Mul}_{\text{VaR}_{1-\alpha}}(1_D) \times \sqrt{n} \tag{5-33}$$

$$\text{Mul}_{\text{ES}_{1-\alpha}}(n_D) = \text{Mul}_{\text{ES}_{1-\alpha}}(1_D) \times \sqrt{n} \tag{5-34}$$

【实例 5-19】金融机构 A 持有 10 广东高速债券面总额 1 000 000 元，该债券信息同实例 5-1，此外还持有 20 抗疫国债 01 债券、21 宁波银行 01 债券，券面总额分别为 2 000 000 元和 1 000 000 元，相关信息如表 5-24 和表 5-25 所示。请计算金融机构 A 持有的债券投资组合在 2022-05-20

持有 1 天，置信水平为 95% 的风险价值与预期损失，并将上述结果与单券的结果相对比。

表 5-24 20 抗疫国债 01 债券的基本信息

债券简称	20 抗疫国债 01	债券代码	2000001
债券类型	国债-记账式国债	发行人	财政部
债券起息日	2020-6-19	债券到期日	2025-6-19
付息频率	1 年 1 次	发行期限	5 年
息票类型	附息式固定利率	面值	100 元
计息基准	ACT/ACT	票面利率（%）	2.41

数据来源：中国货币网

表 5-25 21 宁波银行 01 债券的基本信息

债券简称	21 宁波银行 01	债券代码	2120028
债券类型	商业银行债-商业银行普通债	发行人	宁波银行股份有限公司
债券起息日	2021-4-12	债券到期日	2024-4-12
付息频率	1 年 1 次	发行期限	3 年
息票类型	附息式固定利率	面值	100 元
计息基准	ACT/ACT	票面利率（%）	3.48
债项评级	AAA	主体评级	AAA

数据来源：中国货币网

【分析解答】下面编写 Fixed_Bond_VaR_Mul 函数来计算组合的风险价值与预期损失。

```
#加载需要使用的库
from Fixed_Bond_VaR import Fixed_Bond_VaR
from datetime import date
import numpy as np
import pandas as pd
#计算组合的 VaR 的函数
def Fixed_Bond_VaR_Mul(Fixed_Bond_VaR,Notional,confidence,holdingdays):
    '''
    :param Fixed_Bond_VaR: VaR 与 ES 组成的矩阵；
    :param Notional:组合各券种的名义本金；
    :param confidence:债券投资组合的置信水平；
    :param holdingdays:债券投资组合的持有期；
    :return:返回债券投资组合的风险价值与预期损失。
    '''
    #计算组合中每只债券的权重
    market_value=[]
    for i in range(0,len(Notional)):
        market_value.append(Fixed_Bond_VaR[i][2][0]*Notional[i]/100)
    weight=np.matrix(market_value)/sum(market_value)
```

```
#计算加权平均的历史每日损益
PL=np.matrix(Fixed_Bond_VaR[0][3])
for i in range(1,len(Notional)):
    PL=np.row_stack((PL,np.matrix(Fixed_Bond_VaR[i][3])))
#计算加权平均的VaR与ES
VaR_Mul = np.percentile(np.dot(weight,PL).tolist(), (1 - confidence) * 100)
ES_Mul = np.array(np.dot(weight,PL).tolist())[np.array(np.dot(weight,PL).tolist()) <= VaR_Mul].mean()
VaR_nday_Mul = VaR_Mul * np.sqrt(holdingdays)*sum(market_value)/100
ES_nday_Mul = ES_Mul * np.sqrt(holdingdays)*sum(market_value)/100
return [VaR_nday_Mul,ES_nday_Mul]
```

下面调用 Fixed_Bond_VaR 和 Fixed_Bond_VaR_Mul 函数计算组合的风险价值与预期损失。

```
#测试案例
data1=pd.read_excel('D:/债券的VaR与ES.xlsx',
                    '即期收益率曲线企业债AAA',header=0,index_col=0)
Fixed_Bond_VaR_test_all=[Fixed_Bond_VaR(cal_date=date(2022,5,21),
                    zero_rate_data=data1,start_date=date(2010,7,2),yearlenth=15,fre=1,
                    R=4.68,m=100,ACC_type="ACT_ACT_AVE",
                    spread=0.0011965,confidence=0.95,holdingdays=1)]
data2=pd.read_excel('D:/债券的VaR与ES.xlsx','即期收益率曲线国债',header=0,index_col=0)
Fixed_Bond_VaR_test_all.extend([Fixed_Bond_VaR(cal_date=date(2022,5,21),
                    zero_rate_data=data2,start_date=date(2020,6,19),yearlenth=5,fre=1,
                    R=2.41,m=100,ACC_type="ACT_ACT_AVE",
                    spread=0.000703,confidence=0.95,holdingdays=1)])
data3=pd.read_excel('D: /债券的VaR与ES.xlsx','即期收益率曲线商业银行普通债AAA',header=0,index_col=0)
Fixed_Bond_VaR_test_all.extend([Fixed_Bond_VaR(cal_date=date(2022,5,21),
                    zero_rate_data=data3,start_date=date(2021,4,12),yearlenth=3,fre=1,
                    R=3.48,m=100,ACC_type="ACT_ACT_AVE",
                    spread=0.0004454,confidence=0.95,holdingdays=1)])
Fixed_Bond_VaR_Mul_test=Fixed_Bond_VaR_Mul(Fixed_Bond_VaR=Fixed_Bond_VaR_test_all,Notional=[1000000,2000000,1000000], confidence=0.95,holdingdays=1)
print('置信水平为95%,债券投资组合持有1天的VaR:',round(Fixed_Bond_VaR_Mul_test[0],2))
print('置信水平为95%,债券投资组合持有1天的ES:',round(Fixed_Bond_VaR_Mul_test[1],2))
```

输出结果：

```
置信水平为95%,债券投资组合持有1天的VaR: -3228.38
置信水平为95%,债券投资组合持有1天的ES: -5521.4
```

下面分别计算单券的风险价值与预期损失，再进行汇总。

```
print('置信水平为95%,债券投资组合持有1天的VaR(单券计算汇总):',
round(Fixed_Bond_VaR_test_all[0][0]/100*Fixed_Bond_VaR_test_all[0][2][0]/100*1000000+
      Fixed_Bond_VaR_test_all[1][0]/100*Fixed_Bond_VaR_test_all[1][2][0]/100*2000000+
      Fixed_Bond_VaR_test_all[2][0]/100*Fixed_Bond_VaR_test_all[2][2][0]/100*1000000,2))
print('置信水平为95%,债券投资组合持有1天的ES(单券计算汇总):',
round(Fixed_Bond_VaR_test_all[0][1]/100*Fixed_Bond_VaR_test_all[0][2][0]/100*1000000+
```

```
Fixed_Bond_VaR_test_all[1][1]/100*Fixed_Bond_VaR_test_all[1][2][0]/100*2000000+
Fixed_Bond_VaR_test_all[2][1]/100*Fixed_Bond_VaR_test_all[2][2][0]/100*1000000,2))
```

输出结果：

```
置信水平为95%,债券投资组合持有1天的VaR(单券计算汇总): -4323.44
置信水平为95%,债券投资组合持有1天的ES(单券计算汇总): -6763.45
```

由以上计算结果可以发现，持有1天，在95%置信水平下，单券汇总计算的风险价值和预期损失比直接用组合计算的风险价值和预期损失要小（绝对值则大），这是因为单券计算汇总并未考虑各债券之间的正负相关性所导致的损益抵消情况。需要注意的是，这里的计算仅仅考虑了市场风险利率的影响，并未考虑违约以及即期利差变动的影响。

5.6 本章小结

本章针对不同类型的债券（固定利率债券、浮动利率债券、含权债券）给出了相关的估值与风险指标计算方法。除了考虑收益率整体平行移动（基础的久期、凸性与基点价值）对债券的影响外，还增加了关键期限点收益率变动对债券的影响，即债券关键利率久期，进而可以对债券各个期限点进行精准风险对冲。对于债券整体的市场风险情况，本章还给出了债券的风险价值和预期损失计算方法（历史模拟方法）。

第 6 章 债券的会计与损益归因分析

持有债券后,如何记录每天的损益情况?这就必须要了解债券中与会计相关的基本概念。如果持有债券期间发生了买入或卖出,损益该如何归因?本章主要解决这两个问题。

6.1 新会计准则下债券 SPPI 分析

根据《国际财务报告准则第 9 号——金融工具》(IFRS9)的规定,合同现金流(Solely Payments of Principal and Interest,SPPI)测试取决于金融工具的合同条款设计。如果合同现金流特征与基本借贷安排相一致,金融资产在特定日期产生的合同现金流仅为对本金和以未偿付本金为基础的利息的支付,则可以通过合同现金流测试。简单来说,合同现金流的特征为单纯的本金和规则的利息偿付。例如,我们常见的固定利率附息债券通过 SPPI 测试。常见固定收益产品 SPPI 测试与会计三分类如图 6-1 所示。

对于固定收益债券类产品,SPPI 测试的核心判断逻辑主要考虑以下债券条款。

(1)浮动利率条款,如债券的浮动利率挂钩指标、重置频率、期限及利息计算方法等,以及是否存在货币时间价值修正。

(2)含权条款,如常见的赎回/回售条款、调换条款、转股条款以及定向转让条款等。尤其对于折溢价购买的含回售条款或赎回条款的债券,要分析初始购买时含权条款的公允价值是否重大(含权条款公允价值占购入价比例较高,则认为权的公允价值大)。

(3)永续条款,是否存在利息递延支付条款以及递延利息计息方式等。

(4)减记条款,主要包括核销、减记、暂停索偿条款等。

(5)资产支持证券条款,如剩余风险、合格投资、分级、各级的信用风险等。

(6)其他条款,如有无追索特征、条件更改等。

6.1 新会计准则下债券 SPPI 分析

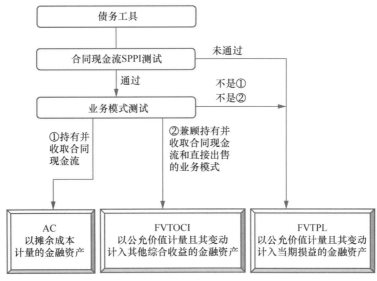

图 6-1 常见固定收益产品（债务工具）SPPI 测试与会计三分类

表 6-1 总结了常见的固定收益类债券产品是否通过 SPPI 测试的基本判断规则。

表 6-1 一般债券是否通过 SPPI 测试的判断逻辑

分类	条件 1：利率测试	条件 2：条款测试	测试结果
固定利率债券（包括零息债券、累进利率债券）	默认通过利率测试	① 含有减记条款 ② 含转股权条款 ③ 含可调换条款 ④ 含赎回条款 ⑤ 含回售条款权 若不含以上任何条款，则通过条款测试； 若含有条件 2 中①~③中的任一条款，则不通过条款测试； 对于仅含有条件 2 中条款④或条款⑤的，则需要判断赎回或回售是否仅针对本金与利息，若是，则可通过条款测试	当"条件 1：利率测试"和"条件 2：条款测试"都通过，才算 SPPI 测试通过
浮动利率债券	针对使用贷款利率、存款基准利率、Libor、Shibor 等的债券，若同时满足如下条件，则通过利率测试： ① 本金跟利率的币种相同 ② 利率日期与定息日期相近 ③ 没有利率错配 对于不满足以上条件的浮动利率债券，直接不通过利率测试		

表 6-2 为 ABS 债券是否通过 SPPI 测试的判断逻辑。

表 6-2 ABS 债券是否通过 SPPI 测试的判断逻辑

分类	条件 1：利率测试	条件 2：底层产品与份额测试	测试结果
份额为固定利率	默认通过利率测试	① 底层产品产生的现金流量仅为本金和以未偿付本金为基础的利息，例如底层产品为贷款 ② 份额级别是最优先或 AAA 评级 如果①②中任意一个为否，则不通过底层产品与份额测试	当"条件 1：利率测试"和"条件 2：底层产品与份额测试"都通过，才算 SPPI 测试通过
份额为浮动利率	针对使用贷款利率、存款基准利率、Libor、Shibor 等的债券，同时满足如下条件，则通过利率测试： ① 本金跟利率的币种相同 ② 利率日期与定息日期相近 ③ 没有利率错配		

6.2 债券的摊余成本法

6.2.1 摊余成本的基本原理

对于债券，无论是溢价还是折价买入（或卖出），都有每期账面成本=摊余成本+剩余折溢价，而剩余折溢价会随着摊销而趋近于 0，最终账面成本总会回归至债券的票面金额。从本质来说，摊余成本就是债券未来所能带来的现金流在当期的现值。

【实例 6-1】金融机构 A 于 2022-5-25 以 98.643 7 元的净价买入 1 张 19 附息国债 13 债券（面值 100 元），计算实际利率与摊余成本摊销情况。相关债券信息如表 6-3 所示。

表 6-3 19 附息国债 13 债券的基本信息

债券简称	19 附息国债 13	债券代码	190013
债券类型	国债	发行人	财政部
债券起息日	2019-10-17	债券到期日	2024-10-17
付息频率	1 年 1 次	发行期限	5 年
息票类型	附息式固定利率	面值	100 元
计息基准	实际/实际	票面利率（%）	2.940 0

数据来源：中国货币网

【分析解答】在计算日 2022-5-25 来看，剩余付息次数为 3 次，每次付息时进行一次折溢价的摊销，债券最终到期时面值将收敛为 100 元，则有：

$$PV = \frac{2.94}{(1+r)^1} + \frac{2.94}{(1+r)^2} + \frac{2.94+100}{(1+r)^3} = 98.643\ 7（元）$$

由于只有 1 个未知数 r，采用牛顿法或二分法可以计算得到实际利率 $r = 3.423\ 4\%$。

在计算得到实际利率后，依据下面的摊余成本计算公式计算摊余成本。

① 每期的实际利息=期初摊余成本×实际利率。

② 每期的折溢价金额=实际利息−票面利息=实际利率下应付的利息−现金流入=期初摊余成本×实际利率−票面金额×票面利率。

在无提前还本的情况下，摊到最后一期的期末摊余成本为票面金额 100 元。

根据以上摊余成本的原理，将以上债券的基本信息代入计算后，可以得到每期的摊余成本情况，如表 6-4 所示。

表 6-4 19 附息国债 13 债券的摊余成本

期初	期末	期初摊余成本（元）	实际利率（%）	实际利息（元）	票面利息（元）	折溢价金额（元）	期末摊余成本（元）
2022-5-25	2022-10-17	98.643 7	3.423 4	3.377	2.94	0.437 0	99.080 7
2022-10-17	2023-10-17	99.080 7	3.423 4	3.392	2.94	0.451 9	99.532 6
2023-10-17	2024-10-17	99.532 6	3.423 4	3.407	2.94	0.467 4	100.000 0

6.2.2 摊余成本的每日计算

上述基本概念介绍以及教科书（如 CPA 教材）中介绍的债券的摊销方式都是按照付息频率（或按年）进行摊销处理的，过于理论化。而在实务操作中，如果选择的会计方式是需要采用摊余成本法的，则每日都要计提摊销。本小节主要对实务中的摊销计提方法进行详细介绍。

依据《国际财务报告准则第 9 号——金融工具》（IFRS9），将原先的金融资产四分类更新为金融资产三分类，如表 6-5 所示。

表 6-5 金融资产分类对比

原四分类	新三分类	计量方式
贷款和应收款项	以摊余成本计量的金融资产	摊余成本
持有至到期投资		摊余成本
以公允价值计量且其变动计入当期损益的金融资产	以公允价值计量且其变动计入当期损益的金融资产	公允价值
可供出售金融资产	以公允价值计量且其变动计入其他综合收益的金融资产	公允价值

与债券相关投资分类需要运用到摊余成本的有：

① 以摊余成本计量的金融资产（债权投资，对应旧会计准则持有至到期投资）；

② 以公允价值计量且其变动计入其他综合收益的金融资产（其他债权投资，对应旧会计准则可供出售金融资产）。

【注】②计算过程中运用了摊余成本并需要将其调整为公允价值。

接下来详细介绍实务中每日摊销的计算方法。通常来说，T 日摊余成本的基本原理由以下表达式给出：

$$\text{EAC}_T = \text{SAC}_T + r_{\text{int}} - \text{AI}_{\text{day}} \quad (6-1)$$

EAC_T：T 日期末摊余成本。

SAC_T：T 日期初摊余成本。

r_{int}：T 日应收实际利息。

AI_{day}：T 日票面利息收入。

将摊余成本的计算方法应用于每天，则有：

$$Z = \frac{T_{\text{discount\_nom\_remain}}}{T_{\text{discount\_amount\_remain}}} \quad (6-2)$$

Z：T 日单位债券的摊销余额。

$T_{\text{discount\_nom\_remain}}$：$T$ 日债券已交割折溢价余额。

$T_{\text{discount\_amount\_remain}}$：$T$ 日债券数量已交割余额。

设定 i 为票面日利率，在预知未来付息计划利率的情况下设定为 $i_0, i_1, \cdots, i_t$，而 $t+1$ 代表剩余付息次数，则每日的票面利率计算方式如下。

① 按平均值付息的付息债券。

$$i_k = \frac{\frac{C_{T+n}}{f}}{\text{TS}_{T+n}} \quad (6-3)$$

C_{T+n}：$T+n$ 日对应的票面利率。
f：债券的付息频率。
TS_{T+n}：$T+n$ 日对应的付息周期自然日天数。

② 按实际天数付息的付息债券。

$$i_k = \frac{C_{T+n}}{\text{TY}_{T+n}} \quad (6-4)$$

C_{T+n}：$T+n$ 日对应的票面利率。
TY_{T+n}：$T+n$ 日对应的付息周期所在计息年度的自然日天数。
其他计息基准按照对应的计息基准进行调整。

设定从计算实际利率之日起至未来付息计划日的自然日天数分别为 $k_1, k_2, k_3, \cdots, k_t$，至最后一期债券到期日的天数为 n。由于债券每日摊销的折溢价为 $[(M+Z) \times y] - (M \times i)$，直至到期日最终摊销价值为 0，债券回归面值。则有：

$$z_1 = z_0 + (M+z_0)y - Mi_0 = z_0(1+y) + M(y-i_0)$$
$$z_2 = z_1(1+y) + M(y-i_0) = z_0(1+y)^2 + M(y-i_0)[(1+y)+1]$$
$$z_3 = z_2(1+y) + M(y-i_0) = z_0(1+y)^3 + M(y-i_0)[(1+y)^2+(1+y)+1]$$
$$\cdots\cdots$$
$$z_{k_1} = z_0(1+y)^{k_1} + M(y-i_0)\sum_{j=0}^{k_1-1}(1+y)^j = z_0(1+y)^{k_1} + M(y-i_0)\frac{(1+y)^{k_1}-1}{y}$$
$$\cdots\cdots$$
$$z_{k_2} = z_0(1+y)^{k_2} + M(y-i_0)\sum_{j=k_2-k_1}^{k_2-1}(1+y)^j + M(y-i_1)\sum_{j=0}^{k_2-k_1-1}(1+y)^j$$
$$\cdots\cdots$$
$$z_n = z_0(1+y)^n + M(y-i_0)\sum_{j=n-k_1}^{n-1}(1+y)^j +$$
$$M(y-i_1)\sum_{j=n-k_2}^{n-k_1-1}(1+y)^j + \cdots + M(y-i_t)\sum_{j=0}^{n-k_t-1}(1+y)^j$$
$$= z_0(1+y)^n + M(y-i_0)\frac{(1+y)^n-(1+y)^{n-k_1}}{y} +$$
$$M(y-i_1)\frac{(1+y)^{n-k_1}-(1+y)^{n-k_2}}{y} + \cdots + M(y-i_t)\frac{(1+y)^{n-k_t}-1}{y} = 0 \quad (6-5)$$

【注】针对 z 的下标，我们分为 $1 \sim k_1$、$k_1 \sim k_2$、$k_2 \sim k_3$ 等阶段。

z_0：持有每张债券时的初始折溢价余额。

M：每张债券面值。

y：实际日利率。

z_i：每张债券折溢价余额。

【注】实际日利率 y 建议保留 12 位小数（尽量减少误差）。

【**实例 6-2**】债券基本信息同实例 6-1，假定购买的券面总额为 1 000 000 元，将摊销方式改为按日摊销，计算实际利率与每日摊销金额情况。

【**分析解答**】购买日为 2022-5-25（T+0），购买的百元单位成本为 $P_t = 98.643\ 7$ 元，面值 $M = 100$ 元。依据债券条件，付息频率为每年 1 次，每年 10 月 17 日支付利息。19 附息国债 13 债券的票面日利率如表 6-6 所示。

表 6-6　19 附息国债 13 债券的票面日利率

现金流发生日	距离购买日天数	付息期间间隔天数	票面日利率
2022-10-17	$k_1=145$	365	$i_0=2.94\%/1/365$
2023-10-17	$k_2=510$	365	$i_1=2.94\%/1/365$
2024-10-17	$k_3=n=876$	366	$i_2=2.94\%/1/366$

令 y 为实际日利率，初次购买由公式（6-2）和公式（6-5）有：

$$z_0 = P_t - M = 98.643\ 7 - 100 = -1.356\ 3$$

$$z_0(1+y)^{876} + 100(y-i_0)\frac{(1+y)^{876} - (1+y)^{876-145}}{y}$$

$$+100(y-i_1)\frac{(1+y)^{876-145} - (1+y)^{876-510}}{y}$$

$$+100(y-i_2)\frac{(1+y)^{876-510} - 1}{y} = 0$$

求解以上方程，可以得到 $y = 0.009\ 660\ 625\ 365\%$。

将日利率转换为年化实际利率则 $r = 0.009\ 660\ 625\ 365\% \times 365 = 3.526\ 1\%$，与实例 6-1 的 3.423 4% 相比还是有一定差别的。以上是按照百元面值计算的，下面按券面总额 1 000 000 元汇总计算可以得到按日摊销的摊余成本，如表 6-7 所示。

表 6-7　19 附息国债 13 债券按日摊销的摊余成本（2022-5-25 起）

日期	期初总摊余成本（元）	期初百元摊余成本（元）	实际日利率（%）	实际百元日利息（元）	票面百元日利息（元）	期末百元摊余成本（元）	期末总摊余成本（元）
2022-5-25	986 437.00	98.643 700 00	0.009 660 63	0.009 529 60	0.008 054 79	98.645 174 80	986 451.75
2022-5-26	986 451.75	98.645 174 80	0.009 660 63	0.009 529 74	0.008 054 79	98.646 649 75	986 466.50
2022-5-27	986 466.50	98.646 649 75	0.009 660 63	0.009 529 88	0.008 054 79	98.648 124 84	986 481.25
……							

续表

日期	期初总摊余成本（元）	期初百元摊余成本（元）	实际日利率（%）	实际百元日利息（元）	票面百元日利息（元）	期末百元摊余成本（元）	期末总摊余成本（元）
2024-10-15	999 967.45	99.996 744 79	0.009 660 63	0.009 660 31	0.008 032 79	99.998 372 32	999 983.72
2024-10-16	999 983.72	99.998 372 32	0.009 660 63	0.009 660 47	0.008 032 79	100.000 000 00	1 000 000.00
2024-10-17	1 000 000.00	100.000 000 00	0.000 000 00	0.000 000 00	0.000 000 00	100.000 000 00	1 000 000.00

【注】摊销日期如果遇到节假日（如周末），也可以设定将周六、周日提前摊销累计至周五。

下面采用 Python 来编写计算固定利率债券的实际日利率与每日摊销结构表的函数（Fixed_bond_day_Amotized）。

```python
#加载需要使用的库
from coupon_schedule import *
import scipy.optimize as so
import numpy as np
import pandas as pd
#债券的摊余成本法求解实际日利率的函数
def Fixed_bond_day_Amotized(cal_date,start_date,yearlenth,fre,coupon,m, Pt):
    '''
    :param cal_date: 计算日期;
    :param start_date: 债券的起息日;
    :param yearlenth: 债券的发行年限;
    :param fre: 债券的付息频率;
    :param coupon: 债券的百元票面利息;
    :param m: 未到期债券的百元剩余本金;
    :param Pt: 债券的购买净价;
    :return: y:债券的实际日利率; frame:债券的摊销结构。
    '''
    schedule = coupon_schedule(start_date=start_date, yearlenth=yearlenth, fre=fre)
    i = []
    k = [0]
    for s in range(1, len(schedule)):
        if schedule[s] >= cal_date:
            k.append((schedule[s]-cal_date).days)
            i.append(coupon/100/fre/(schedule[s] - schedule[s-1]).days)
    z0=Pt-m
    #求解实际日利率的函数
    def f(y):
        med = []
        for j in np.arange(0, len(k) - 1):
            med.append(100 * (y - i[j]) * ((1 + y) ** (k[len(k) - 1] - k[j]) -
                (1 + y) ** (k[len(k) - 1] - k[j + 1])) / y)
        return np.sum(med) + z0 * (1 + y) ** k[len(k) - 1]
    y = so.fsolve(f, 0.0001)[0]
    #生成从计算日至持有到期的摊销结构
    interestincome = []
    for x in range(len(i)):
        interestincome.extend([i[x]*(k[x+1]-k[x])])
    interestincome = [q * 100 for q in interestincome]
    interestincome.append(0)   #最后一天不计利息，计头不计尾
    date = pd.date_range(start=cal_date, end=schedule[-1])
```

```
            beginAmortized=np.zeros(len(date))
            beginAmortized[0] = Pt
            endAmortized = np.zeros(len(date))
            accruedinterest = np.zeros(len(date))
            for z in np.arange(0, len(date) - 1):
                accruedinterest[z] = beginAmortized[z] * y
                endAmortized[z] = beginAmortized[z] + accruedinterest[z] - interestincome[z]
                beginAmortized[z + 1] = endAmortized[z]
            pd.options.display.precision=8   # 设置数据框保留8位有效数字
            frame = pd.DataFrame({'date': date, 'beginAmortized': beginAmortized,
                                 'accruedinterest': accruedinterest, 'interestincome': interestincome,
                                 'endAmortized': endAmortized})  # 转换为数据框拼接
            return y,frame
```

调用 Fixed_bond_day_Amotized 函数并输入相关参数。

```
bond_amo_test=Fixed_bond_day_Amotized(cal_date=date(2022,5,25),start_date=date(2019,10,17),
                           yearlenth=5,fre=1,coupon=2.94,m=100, Pt=98.6437)
print('计算得到的日实际利率(%): ',round(bond_amo_test[0]*100,12))
print('摊销结构表:\n',bond_amo_test[1])
```

输出结果：

```
计算得到的日实际利率(%):  0.009660625365
摊销结构表:
          date  beginAmortized  accruedinterest  interestincome  endAmortized
0   2022-05-25     98.64370000       0.00952960      0.00805479   98.64517480
1   2022-05-26     98.64517480       0.00952974      0.00805479   98.64664975
2   2022-05-27     98.64664975       0.00952988      0.00805479   98.64812484
3   2022-05-28     98.64812484       0.00953003      0.00805479   98.64960007
4   2022-05-29     98.64960007       0.00953017      0.00805479   98.65107544
..         ...            ...              ...             ...           ...
872 2024-10-13     99.99349022       0.00966000      0.00803279   99.99511743
873 2024-10-14     99.99511743       0.00966015      0.00803279   99.99674479
874 2024-10-15     99.99674479       0.00966031      0.00803279   99.99837232
875 2024-10-16     99.99837232       0.00966047      0.00803279  100.00000000
876 2024-10-17    100.00000000       0.00000000      0.00000000    0.00000000

[877 rows x 5 columns]
```

【拓展】对于零息债券、浮动利率债券以及其他计息基准的债券，可以在 Fixed_bond_day_Amotized 函数的基础上改写 Python 代码。

【实例 6-3】考虑后续进行了买入或卖出的情况，在实例 6-2 的基础上，假定在 2022-5-26 继续卖出 500 000 元券面总额（$T+1$），净价 P_{t_1} = 98.843 2元的 19 附息国债 13；在 2022-5-27 买入 2 000 000 元券面总额（$T+0$），净价 P_{t_2} = 98.365 3元的 19 附息国债 13。计算该债券在 2022-5-27 的摊余成本计划。

【分析解答】在 2020-5-27 期初的剩余折溢价余额为 986 466.50 − 1 000 000 = −13 533.5（元）。

先考虑卖出情况，虽然交易日是 2022-5-26，但是实际交割日（$T+1$）为 2022-5-27，所以具体开始计算摊销日应该是 2022-5-27。

卖出头寸剩余折溢价余额 = 500 000 × 98.646 649 75/100 − 500 000 = −6 766.75（元）。

再考虑买入情况，交割日为 2022-5-27，开始计算摊销日也是 2022-5-27。

买入头寸剩余折溢价余额 = 2 000 000 × 98.365 3/100 − 2 000 000 = −32 694（元），根据公式（6-2）和公式（6-5），有：

$$z_0 = \frac{-13\,533.5 - (-6\,766.75) + (-32\,694)}{1\,000\,000 - 500\,000 + 2\,000\,000} \times 100 = -1.578\,43$$

后续计算方法同实例 6-2。

可以计算得到日利率 $y = 0.009\,931\,397\,843\%$。

则 19 附息国债 13 债券按日摊销的摊余成本（2022-5-27 起）如表 6-8 所示。

表 6-8　19 附息国债 13 债券按日摊销的摊余成本（2022-5-27 起）

日期	期初总摊余成本（元）	期初百元摊余成本（元）	实际日利率（%）	实际百元日利息（元）	票面百元日利息（元）	期末百元摊余成本（元）	期末总摊余成本（元）
2022-5-27	984 215.70	98.421 570 00	0.009 931 40	0.009 774 64	0.008 054 79	98.423 289 84	984 232.90
2022-5-28	984 232.90	98.423 289 84	0.009 931 40	0.009 774 81	0.008 054 79	98.425 009 86	984 250.10
2022-5-29	984 250.10	98.425 009 86	0.009 931 40	0.009 774 98	0.008 054 79	98.426 730 04	984 267.30
……							
2024-10-15	999 962.03	99.996 203 34	0.009 931 40	0.009 931 02	0.008 032 79	99.998 101 58	999 981.02
2024-10-16	999 981.02	99.998 101 58	0.009 931 40	0.009 931 21	0.008 032 79	100.000 000 00	1 000 000.00
2024-10-17	1 000 000.00	100.000 000 00	0.000 000 00	0.000 000 00	0.000 000 00	100.000 000 00	1 000 000.00

接下来使用 Python 调用写好的 Fixed_bond_day_Amotized 函数并输入相关参数。

```
bond_amo_test2=Fixed_bond_day_Amotized(cal_date=date(2022,5,27),start_date=date(2019,10,17),
                      yearlenth=5,fre=1,coupon=2.94,m=100,Pt=100-1.57843)
print('计算得到的日实际利率(%): ',round(bond_amo_test2[0]*100,12)
print('摊销结构表:\n',bond_amo_test2[1])
```

输出结果：

```
计算得到的日实际利率(%):  0.009931397843
摊销结构表:
          date  beginAmortized  accruedinterest  interestincome  endAmortized
0   2022-05-27      98.42157000         0.00977464      0.00805479    98.42328984
1   2022-05-28      98.42328984         0.00977481      0.00805479    98.42500986
2   2022-05-29      98.42500986         0.00977498      0.00805479    98.42673004
3   2022-05-30      98.42673004         0.00977515      0.00805479    98.42845040
4   2022-05-31      98.42845040         0.00977532      0.00805479    98.43017092
..         ...           ...             ...             ...           ...
870 2024-10-13      99.99240744         0.00993064      0.00803279    99.99430530
871 2024-10-14      99.99430530         0.00993083      0.00803279    99.99620334
872 2024-10-15      99.99620334         0.00993102      0.00803279    99.99810158
873 2024-10-16      99.99810158         0.00993121      0.00803279   100.00000000
874 2024-10-17     100.00000000         0.00000000      0.00000000     0.00000000

[875 rows x 5 columns]
```

6.3　债券的会计损益分析

6.2 节介绍了新会计准则中金融资产的会计三分类，接下来对金融资产会计三分类进行相关的会计损益分析。

（1）以摊余成本计量的金融资产。

在该分类下的债券通常持有至到期，与市场的波动基本无关（除非债券违约），直接使用摊余成本法入账。

【实例 6-4】 债券基本信息同实例 6-1，假设购买的券面总额为 1 000 000 元，金融机构 A 购买后将其分类为以摊余成本计量的金融资产，准备持有至到期。请计算并分析从购买日 2022-5-25 至 2022-5-29 日终的损益情况。

【分析解答】 2022-5-25 购买债券单位面值成本为 98.643 7 元。

2022-5-25 购买债券总成本：98.643 7 × 1 000 000/100 = 986 437.00（元）。

2022-5-29 日终摊余成本：98.651 075 44 × 1 000 000/100 = 986 510.75（元）（从实例 6-2 的 Python 输出结果中可获取）。

总已摊销金额 = 986 510.75 − 986 437.00 = 73.75（元）。

总应计利息收入 = 0.008 054 79 × 5 × 1 000 000/100 = 402.74（元）。

因而持有债券的总收益 = 应计利息收入+摊销收益（回归面值）= 402.74 + 73.75 = 476.49。

19 附息国债 13 债券在 2022-5-25—2022-5-29 的损益如表 6-9 所示。

表 6-9　19 附息国债 13 债券的损益（2022-5-25—2022-5-29）

总收益（元）	应计利息收入（元）	摊销收益（元）
476.49	402.74	73.75

【注】如果溢价（单位面值超过 100 元）买入，则摊销收益为负数。

（2）以公允价值计量且其变动计入其他综合收益的金融资产。

在该分类下的债券可以持有至到期，也可以随时出售，比较灵活。对于净价折溢价的部分，也是采用摊余成本法；对于高于摊余成本的部分，计入其他综合收益而不是投资收益，因此不影响当期的利润。但是，如果卖出该分类下的债券，会将其他综合收益调整至投资收益进而影响当期利润。

【实例 6-5】 债券基本信息同实例 6-1，假设购买的券面总额为 1 000 000 元，金融机构 A 购买后将其分类为以公允价值计量且其变动计入其他综合收益的金融资产。假定在 2022-5-30 卖出 500 000 元券面总额（T+0），百元面值净价为 98.846 8 元的该债券。2022-5-29 与 2022-5-30 日终该债券百元面值净价的公允价值分别为 98.774 3 元、98.795 4 元。请计算并分析从购买日 2022-5-25 至 2022-5-30 日终的损益情况。

【分析解答】 首先依据条件，编制摊余成本计划，如表 6-10 所示。

表 6-10　19 附息国债 13 债券按日摊销摊余成本计划（2022-5-25—2022-5-30）

日期	期初总摊余成本（元）	期初百元摊余成本（元）	实际日利率（%）	实际百元日利息（元）	票面百元日利息（元）	期末百元摊余成本（元）	期末总摊余成本（元）
2022-5-25	986 437.00	98.643 700 00	0.009 660 63	0.009 529 60	0.008 054 79	98.645 174 80	986 451.75
2022-5-26	986 451.75	98.645 174 80	0.009 660 63	0.009 529 74	0.008 054 79	98.646 649 75	986 466.50
2022-5-27	986 466.50	98.646 649 75	0.009 660 63	0.009 529 88	0.008 054 79	98.648 124 84	986 481.25
2022-5-28	986 481.25	98.648 124 84	0.009 660 63	0.009 530 03	0.008 054 79	98.649 600 07	986 496.00
2022-5-29	986 496.00	98.649 600 07	0.009 660 63	0.009 530 17	0.008 054 79	98.651 075 44	986 510.75
2022-5-30	493 255.38	98.651 075 44	0.009 660 63	0.009 530 31	0.008 054 79	98.652 550 96	493 262.75

从持有到卖出前一天 2022-5-29 的摊销损益分析如表 6-11 所示。

表 6-11 截至 2022-5-29 19 附息国债 13 债券的损益分析

	合计已摊销金额（元）	合计待摊销金额（元）	合计其他综合收益（元）	合计利息收入（元）
1 000 000 元券面总额	986 510.75 − 986 437.00 = 73.75	1 000 000 − 986 510.75 = 13 489.25	(98.774 3 − 98.651 075 44)× 1 000 000/100 = 1 232.25	0.008 054 79 × 5 × 1 000 000/100 = 402.74

2022-5-30 的损益分析如表 6-12 所示。

表 6-12 2022-5-30 19 附息国债 13 债券的损益分析

	合计已摊销金额（元）	合计待摊销金额（元）	合计其他综合收益（元）	合计利息收入（元）	价差收益（元）
卖出 500 000 元券面总额	73.75/2=36.875	0	1 232.25/2=616.125，结转至投资收益	402.74/2=201.37	(98.846 8 − 98.774 3)× 500 000/100= 362.5

结合以公允价值计量且其变动计入其他综合收益的角度分析，则有：

卖出 500 000 元券面总额总收益 = 摊销金额 + 其他综合收益 + 利息收入 + 价差收益

$$= 36.875 + 616.125 + 201.37 + 362.50 = 1\,216.87（元）。$$

（3）以公允价值计量且其变动计入当期损益的金融资产。

在该分类下的债券可以随时出售，主要用于投机。

【实例 6-6】债券的基本信息同实例 6-1，金融机构 A 购买后将其分类为以公允价值计量且其变动计入当期损益的金融资产，其他条件同实例 6-5。

【分析解答】由于其分类是以公允价值计量且其变动计入当期损益的金融资产，所以无须进行摊销，只需每日盯市记录公允价值变动损益与利息。

从买入和卖出的角度分析：

卖出 500 000 元券面总额总收益 = 卖出净价全额 − 买入净价全额 + 利息收入

$$= 98.846\,8 × 500\,000/100 − 986\,437.00/2 + 201.37$$
$$= 1\,216.87（元）。$$

可以发现，以上总收益计算结果和实例 6-5 相同。这是由于这两种分类计量方式均是基于市场公允价值计量的，不同于实例 6-4 的按摊余成本计量。

6.4 债券投资的损益分解

债券的买卖价差交易分析是通过各种细分要素将债券的价差收益进行分解。在计算债券的买卖价差时，最常见的假设是远期收益率实现（随着时间推移，未来期间的远期收益率保持不变）。当未来时间到达时，该期的即期收益率等于之前预计的远期收益率。现在来解释如何将固定收益中债券投资的损益（Profit and Loss，PL）分解成四个部分。

① 持有利率滑动变化（Carry Roll-Down）：债券的持有利率滑动变化是为了在利率环境没有变化的情况下估计所获得的回报。在计算债券的持有利率滑动变化时，最常见的假设是远期收益率实现。当未来时间到达时，该期的即期收益率等于之前预计的远期收益率。

② 利率变化（Rate Changes）：这是实际的利率与持有利率滑动变化中假设的利率不相等

③ 价差变化（Spread Changes）：这是债券相对于基准债券的价差发生变化时实现的回报。

④ 票息持有（Cash Carry）：持有债券所获得的票息收入。

【实例 6-7】假定交易员在 2021-5-18 以 107.903 9 元的全价购买了 10 广东高速债（T+0）（日终市场价格为 108.14 元），2022-5-18 以 109.072 2 元的全价卖出了该债券，计算该债券的损益（以上均按百元面值计算）。债券的相关基本信息同实例 5-1。

【分析解答】首先依据市场价格计算出 2021-5-18 该债券的即期利差，其原始期限结构分析如表 6-13 所示。

表 6-13　10 广东高速债原始期限结构分析

日期	距离 2021-5-18 期限（年）	即期收益率（%）	远期收益率（%）	现金流（元）
2021-7-2	$\frac{45}{365}$	2.467 1	2.467 1	4.68
2022-7-2	$\frac{45}{365}+1$	2.914 6	2.970 0	4.68
2023-7-2	$\frac{45}{365}+2$	3.173 6	3.465 2	4.68
2024-7-2	$\frac{45}{365}+3$	3.421 1	3.948 7	4.68
2025-7-2	$\frac{45}{365}+4$	3.554 1	3.970 6	104.68

依据债券现值公式反推计算 spread：

$$PV = \frac{4.68}{(1+2.467\,1\% + \text{spread})^{\frac{45}{365}}} + \frac{4.68}{(1+2.914\,6\% + \text{spread})^{\left(\frac{45}{365}+1\right)}} + \cdots \\ + \frac{104.68}{(1+3.554\,1\% + \text{spread})^{\left(\frac{45}{365}+4\right)}} = 108.14 \text{（元）}$$

可以计算得到 spread = 0.075 15%。

后续整个收益率曲线会发生变动，接下来分析曲线的收益率以及 spread 变动情况。该债券收益率曲线变化如图 6-2 所示。

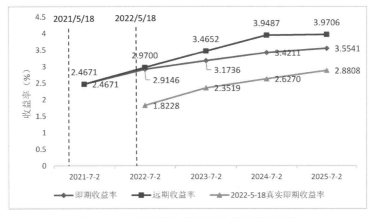

图 6-2　10 广东高速债对应收益率曲线变化

① 经过 1 年后，在 2022-5-18，我们假定 spread 不变，如果按照以上的远期收益率实现情况，则：

$$PV = \frac{4.68}{(1 + 2.970\,0\% + \text{spread})^{\frac{45}{365}}} + \frac{4.68}{(1 + 3.465\,2\% + \text{spread})^{\left(\frac{45}{365}+1\right)}} + \cdots$$

$$+ \frac{104.68}{(1 + 3.970\,6\% + \text{spread})^{\left(\frac{45}{365}+3\right)}} = 105.951\,4\,（元）$$

Carry Roll-Down = 105.951 4 − 107.903 9 = −1.952 5

② 在 2022-5-18，查询到的实际即期收益率（之前推算的远期收益率并未实现）如表 6-14 所示。

表 6-14　10 广东高速债的真实期限结构分析

日期	距离 2022-5-18 期限（年）	即期收益率（%）	现金流（元）
2022-7-2	0.123 3	1.822 8	4.68
2023-7-2	1.123 3	2.351 9	4.68
2024-7-2	2.123 3	2.627 0	4.68
2025-7-2	3.123 3	2.880 8	104.68

继续假定 spread 不变，则：

$$PV = \frac{4.68}{(1 + 1.822\,8\% + \text{spread})^{\frac{45}{365}}} + \frac{4.68}{(1 + 2.351\,9\% + \text{spread})^{\left(\frac{45}{365}+1\right)}} + \cdots$$

$$+ \frac{104.68}{(1 + 2.880\,8\% + \text{spread})^{\left(\frac{45}{365}+3\right)}} = 109.223\,453\,（元）$$

Rate Changes = 109.223 453 − 105.951 4 = 3.272 053

③ 在 2022-5-18，收益率按照查询到的实际的即期收益率计算，实际 spread 变更为 spread′ = 0.124 848%。

$$PV = \frac{4.68}{(1 + 1.822\,8\% + \text{spread}')^{\frac{45}{365}}} + \frac{4.68}{(1 + 2.351\,9\% + \text{spread}')^{\left(\frac{45}{365}+1\right)}} + \cdots$$

$$+ \frac{104.68}{(1 + 2.880\,8\% + \text{spread}')^{\left(\frac{45}{365}+3\right)}} = 109.072\,2\,（元）$$

Spread Changes = 109.072 2 − 109.223 453 = −0.151 253

在 2021-7-2 获得票息收入 4.68 元。该债券损益分解明细如表 6-15 所示。

表 6-15　10 广东高速债的损益分解明细

持有利率滑动变化（Carry Roll-Down）	−1.952 5 元
利率变化（Rate Changes）	3.272 053 元
价差变化（Spread Changes）	−0.151 253 元
票息持有（Cash Carry）	4.68 元
总收益（以上分解要素相加）	−1.952 5+3.272 053−0.151 253+4.68=5.848 3（元）

实际上，总的持有损益还可以按最终卖出价格减去初始买入价格再加上持有期间的利息来计算。

109.072 2（卖出）−107.903 9（买入）+4.68（利息）=5.848 3（元）

可以发现，最终计算结果和损益明细分解的汇总结果（表 6-15）的总收益是相同的。

6.5 Campisi 绩效归因

6.5.1 Campisi 三因素归因

债券的归因研究远远滞后于股票的归因研究。由于债券与股票本质属性存在差异，所以债券投资组合的业绩归因无法套用股票投资组合的业绩归因模型。股票更多受到公司经营管理情况、财务状况及行业环境等影响，而债券不仅受到债券发行人自身因素的影响，还要受到市场收益率的影响。因此，债券组合和股票组合的业绩归因项不能一概而论，有必要寻找一种专门研究债券的业绩归因方法。

斯蒂芬·坎皮西（Stephen Campisi）在 20 世纪末提出了 Campisi 模型，该模型考虑到了债券品种本身的特征和价格收入来源因素。按照 Campisi 模型，所有投资收益为持有期间的收入部分和持有期间价格变动部分之和，即总收益等于持有收入与价格收入之和。对债券来说，持有收入即持有期间获得的静态持有收益，价格变动即持有期内债券价格变动带来的收益。

$$R = y \times \Delta t + (-\text{MD}) \times \Delta y \tag{6-6}$$

R：债券的投资收益率。

y：债券的到期收益率。

Δt：计息区间时长。

MD：债券的修正久期。

Δy：区间内收益率变动情况。

债券价格与收益率变化成反比，债券收益率包含国债收益率和风险溢价两部分：

① 国债是由国家发行的债券，国债收益率被认为是无风险收益率；

② 风险溢价是对债券发行人不能按时支付本金或利息的风险补偿，通常被称作"利差"。

因而，债券价格变动主要受国债收益率变动和风险溢价变动的影响。

将以上 Δy 进行分解有：

$$\Delta y = \Delta y_1 + \Delta y_2 \tag{6-7}$$

Δy_1：无风险收益率的波动。

Δy_2：该债券独有的风险溢价（如流动性、信用、特殊条款等）的利差波动。

从而债券的投资收益率分解为：

$$R = \text{Rev}_{\text{eff}} + \text{Gov}_{\text{eff}} + \text{Sp}_{\text{eff}} = y \times \Delta t + (-\text{MD}) \times \Delta y_1 + (-\text{MD}) \times \Delta y_2 \tag{6-8}$$

R：债券的投资收益率。

Rev_{eff}：收入效应。

Gov$_{eff}$：国债效应。

Sp$_{eff}$：利差效应。

即公式（6-8）满足债券的投资收益率=收入效应＋国债效应＋利差效应。债券收益率分解如图6-3所示。

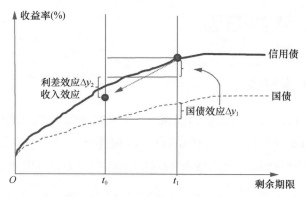

图6-3 债券收益率分解

假定持有债券一段时间（如从t_1到t_0），见图6-3，这期间的收益率（Δy）可以分为国债效应（Δy_1）和利差效应（Δy_2）。国债效应即随国债的收益率变化产生的收益，而利差效应是由信用利差与流动性利差引起的收益。最终，对债券归因得到收益率的三个部分：收入效应、国债效应和利差效应。如果存在上述三个效应都无法解释的收益，全部归入残余收益。实际操作中，利差效应较难确定，且归因模型要保证各部分的收益率之和等于总收益率，因此本节计算Campisi模型中的利差效应（包含了残余收益）是"倒挤"算出的。

$$\text{Sp}_{eff} = R - \text{Rev}_{eff} - \text{Gov}_{eff} \quad (6-9)$$

$$R = \frac{\text{PV}_2 - \text{PV}_1 + nC}{\text{PV}_1} \quad (6-10)$$

PV$_2$：债券的卖出全价。

PV$_1$：债券的买入全价。

nC：中途的n次付息汇总。

【实例6-8】债券的基本要素同实例6-7，计算在2021-5-18—2022-5-18该笔债券的Campisi三因素归因，相关的其他要素如表6-16和表6-17所示。

表6-16 10广东高速债的估值要素

日期	全价（元）	到期收益率（%）	修正久期
2021-5-18	107.903 9	3.667 5	3.58
2022-5-18	109.072 2	2.987 4	2.79

表6-17 中债国债到期收益率

关键期限（年）	收益率（%）（2021-5-18）	收益率（%）（2022-5-18）
0	1.697 7	1.226 8
0.08	1.717 2	1.450 3
0.17	1.872 4	1.648 1

续表

关键期限（年）	收益率（%）（2021-5-18）	收益率（%）（2022-5-18）
0.25	1.884 5	1.660 1
0.5	2.117 7	1.790 5
0.75	2.216 0	1.844 3
1	2.353 2	1.927 5
2	2.633 3	2.243 9
3	2.772 2	2.335 6
4	2.869 3	2.440 2
5	2.951 5	2.542 4
6	3.022 5	2.706 7
7	3.080 8	2.789 9
8	3.115 7	2.787 0
9	3.125 8	2.782 4
10	3.145 7	2.780 1

数据来源：中国债券信息网——中债收益率

【分析解答】首先插值各个久期对应时间的国债到期收益率。

2021-5-18 该债券期初久期对应国债收益率曲线到期收益率：

$$\text{YTM}_{2021\text{-}5\text{-}18} = 2.772\,2\% + \frac{3.58 - 3}{4 - 3} \times (2.869\,3\% - 2.772\,2\%) = 2.828\,5\%$$

2022-5-18 该债券期初久期对应国债收益率曲线到期收益率：

$$\text{YTM}_{2022\text{-}5\text{-}18} = 2.243\,9\% + \frac{2.79 - 2}{3 - 2} \times (2.335\,6\% - 2.243\,9\%) = 2.316\,3\%$$

根据本节介绍的公式计算得到表 6-18 的结果。

表 6-18 10 广东高速债的 Campisi 三因素计算明细

名称	计算公式	计算明细
收入效应	$y \times \Delta t$	$3.667\,5\% \times 1 = 3.667\,5\%$
国债效应	$(-MD) \times \Delta y_1$	$-3.58 \times (2.316\,3\% - 2.828\,5\%) = 1.833\,7\%$
利差效应	倒挤计算	$5.419\,9\% - 3.667\,5\% - 1.833\,7\% = -0.081\,3\%$
债券的投资收益率	$\dfrac{PV_2 - PV_1 + nC}{PV_1}$	$\dfrac{109.072\,2 - 107.903\,9 + 4.68}{107.903\,9} \times 100\% = 5.419\,9\%$

需要注意的是，如果是持仓多券的情况，可将全价更改为市值，采用按比例加权的方式计算。

6.5.2 Campisi 六因素归因

三因素归因分析是没有引入基准（benchmark）的，换句话说，这个债券组合自身就是基准。

如果能够找到或者构建出一个较好的资产组合基准,那么归因模型能够帮助我们做出更进一步的分析。这里参考布林森(Brinson)算术法分解方式,除了收入效应、国债效应、利差效应,我们还可以分解出更细维度的效应。将上述三效应继续分解如下。

(1)收入效应=息票效应+收敛效应。

① 息票效应:债券应计利息的收益(即票面利息收入)。

$$C_{\text{eff}} = \frac{C \times \frac{m}{100} \times \frac{d}{D}}{\text{PV}_1} \tag{6-11}$$

C_{eff}:息票效应。

C:票息。

m:百元面值当前剩余本金。

d:持有自然日天数。

D:年计算天数。

PV_1:债券的买入全价。

② 收敛效应(倒挤法计算):时间流逝,债券价格逐渐回归面值所带来的收益。

$$\text{Converg}_{\text{eff}} = \text{Rev}_{\text{eff}} - C_{\text{eff}} \tag{6-12}$$

$\text{Converg}_{\text{eff}}$:收敛效应。

Rev_{eff}:收入效应。

C_{eff}:息票效应。

(2)国债效应=国债平移效应+国债变形效应。

① 国债平移效应:基准组合曲线随时间变化平移所产生的收益率曲线超额收益部分。

$$\text{Govtran}_{\text{eff}} = (-\text{MD}) \times \Delta y_{11} \tag{6-13}$$

Δy_{11}表示基准组合曲线随时间变动的理论变化。

② 国债变形效应(倒挤法计算):实际组合和基准组合曲线不同的期限结构配置所产生的收益率曲线超额收益部分。

$$\text{Covdistor}_{\text{eff}} = \text{Gov}_{\text{eff}} - \text{Govtran}_{\text{eff}} \tag{6-14}$$

(3)利差效应=行业利差效应+券种配置效应。

① 行业利差效应:行业利差变动所产生的超额收益。

$$\text{Indsp}_{\text{eff}} = (-\text{MD}) \times \Delta sp \tag{6-15}$$

Δsp表示行业利差的变化。

② 券种配置效应(倒挤法计算):实际组合与基准组合利差相同时,券种配置不同产生的超额收益。

$$\text{Sec}_{\text{eff}} = \text{Sp}_{\text{eff}} - \text{Indsp}_{\text{eff}} \tag{6-16}$$

将以上所有分解总结如图6-4所示。

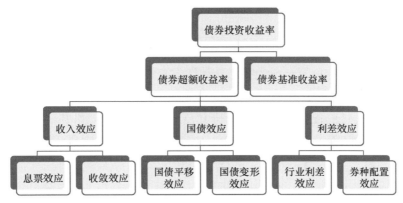

图 6-4 Campisi 六因素归因分解

【实例 6-9】接实例 6-8 中的相关信息，假定基础设施行业信用利差在两个计算日（2021-5-18 与 2022-5-18）分别为 −19.97BP 与 −17.51BP，计算在 2021-5-18—2022-5-18 该笔债券的 Campisi 六因素归因。

【分析解答】三因素归因的计算方式同实例 6-8。其中国债平移效应的计算需要使用 2022-5-18 国债的插值 2.79 久期（假定曲线形态不变，久期变动到 2.79）的到期收益率：

$$\text{YTM} = 2.633\,3\% + \frac{2.79 - 2}{3 - 2} \times (2.772\,2\% - 2.633\,3\%) = 2.743\,0\%$$

其他具体计算明细如表 6-19 所示。

表 6-19 10 广东高速债 Campisi 六因素计算明细

名称	计算公式	计算明细
收入效应	$y \times \Delta t$	$3.667\,5\% \times 1 = 3.667\,5\%$
息票效应	$\dfrac{C \times \dfrac{m}{100} \times \dfrac{d}{D}}{\text{PV}_1}$	$\dfrac{4.68 \times \dfrac{100}{100} \times \dfrac{365}{365}}{107.903\,9} = 4.337\,2\%$
收敛效应	$\text{Rev}_{\text{eff}} - C_{\text{eff}}$	$3.667\,5\% - 4.337\,2\% = -0.669\,7\%$
国债效应	$(-\text{MD}) \times \Delta y_1$	$-3.58 \times (2.316\,3\% - 2.828\,5\%) = 1.833\,7\%$
国债平移效应	$(-\text{MD}) \times \Delta y_{11}$	$-3.58 \times (2.743\,0\% - 2.828\,5\%) = 0.306\,1\%$
国债变形效应	$\text{Gov}_{\text{eff}} - \text{Govtran}_{\text{eff}}$	$1.833\,7\% - 0.306\,1\% = 1.527\,6\%$
利差效应	倒挤计算	$5.419\,9\% - 3.667\,5\% - 1.833\,7\% = -0.081\,3\%$
行业利差效应	$(-\text{MD}) \times \Delta sp$	$(-3.58) \times \dfrac{-17.51 - (-19.97)}{10\,000} \times 100\% = -0.088\,1\%$
券种配置效应	$\text{Sp}_{\text{eff}} - \text{Indsp}_{\text{eff}}$	$-0.081\,3\% - (-0.088\,1\%) = 0.006\,8\%$
债券的投资收益率	$\dfrac{\text{PV}_2 - \text{PV}_1 + nC}{\text{PV}_1}$	$\dfrac{109.072\,2 - 107.903\,9 + 4.68}{107.903\,9} \times 100\% = 5.419\,9\%$

需要注意的是，如果是持仓多券的情况，可将全价更改为市值，采用按比例加权的方式计算。

6.6 本章小结

《国际财务报告准则第 9 号——金融工具》的发布使固定收益类的产品分类更为明确。本章首先介绍了新会计准则下的债券 SPPI 分析、摊余成本法的计算原理（每日摊销的计算模型）。在此基础上，先采用会计的视角来分析债券持有及买卖价差的损益分析，接着从债券投资的角度分解损益，最后详细介绍了业界广泛采用的 Campisi 绩效归因方法。

第 7 章 债券现券交易方式

在了解完债券的基本概念、计算与计量模型后，债券的现券交易在真实市场上是如何进行的呢？这也是大家非常感兴趣、想深入了解的话题。

债券的现券（或即期）交易，是指交易双方以协商好的价格在当日（T+0）或下一营业日（T+1）转让债券所有权、办理券款交割的交易行为。在国内，债券的现券交易主要在银行间或交易所两大市场中进行，交易的方式也丰富多样。实际上，很多固定收益衍生品的交易方式与债券的交易方式非常类似，可以触类旁通。本章主要介绍银行间、交易所中现券的主要交易方式。

7.1 银行间现券交易方式

债券的报价相比于股票的报价更为复杂，本节主要介绍银行间债券交易中协商驱动、报价驱动和订单驱动三大模式中常见的报价形式，如图 7-1 所示。

图 7-1 银行间债券交易报价模式

协商驱动是以协商的方式驱动交易的，指交易双方就债券的成交数量和成交价格等合约要素进行谈判，接着通过交易市场与平台签订合约并进行交割的交易方式，其中包括意向报价和对话报价。

报价驱动是以报价的方式驱动交易的，指主要以做市机构（或做市商）为中介的交易方式。做市商可以根据自身状况与市场的量价行情实行报价，并在其所报价位上满足买方和卖方的交易要求,以其自有资金或债券同买卖双方进行交易。报价驱动包括请求报价、做市报价和指示性报价。

订单驱动是以订单的方式驱动交易的,指市场参与者提出债券的买卖委托指令或订单,交易系统根据对应量价关系、时间先后关系等进行自动匹配撮合的交易方式,成交价由各方订单之间的竞争关系确定。在国内银行间债券市场中,订单驱动通常通过匿名点击交易,其中包括连续报价与集中报价。

7.1.1 意向报价

交易员有一定的交易意向时,可以匿名或公开姓名向(有交易资格的)市场成员进行公开报价,通过本币系统的信息交换后,可以转 iDeal(外汇交易中心面向银行间债券市场推出的首款专业即时通信平台)进行协商,生成对话报价,或直接向对手方发送对话报价。意向报价具体的流程如图 7-2 所示。

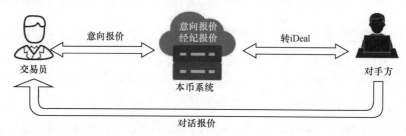

图 7-2 意向报价流程

【实例 7-1】交易员 A 向市场发送一笔现券买入意向报价,债券代码为 220304,债券名称为 22 进出 04,清算速度为 T+1,到期收益率为 3.321 3%,券面总额为 1 500 万元。

【分析解答】意向报价界面如图 7-3 所示。

图 7-3 意向报价实例

后续转 iDeal 协商后可转入对话报价或直接发送对话报价。

7.1.2 对话报价

对话报价是询价交易方式下特有的"讨价还价"过程，是指交易的发起方向市场特定成员所做的报价。对话报价是一对一的报价，而不是面向市场上所有交易成员的报价。对话报价时必须填写所有交易要素，即买卖双方一对一谈判到成交。

通常报价的流程为两个或三个交易环节，即对话报价—（询价或报价交谈）—确认成交。对话报价默认为当日收盘结束前有效。对话报价具体的流程如图 7-4 所示。

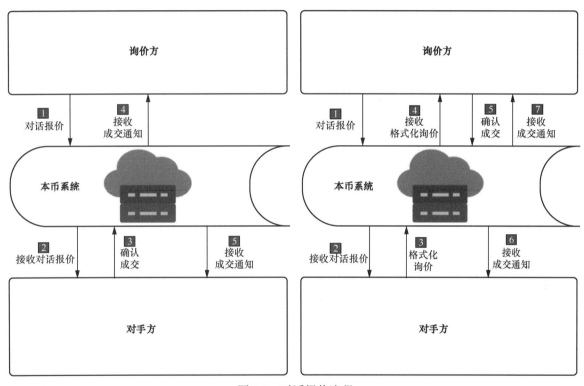

图 7-4　对话报价流程

【实例 7-2】交易员 A（询价方）向交易员 B（对手方）发送一笔现券买入对话报价，债券名称为 22 附息国债 03（代码为 220003），清算速度为 T+0，结算日为 2022-6-28，净价为 98.952 6 元，到期收益率为 2.875 0%，券面总额为 3 000 万元。其中结算方式为券款对付（债券和资金同步进行相对交收），清算类型为全额清算（逐笔清算并不进行轧差）。

【分析解答】对话报价界面如图 7-5 所示。

发出报价后，等待对手方回复（可以修改报价要素）。对手方回复后，询价方变为待成交状态后即可点击"成交"达成一笔对话报价交易（也可拒绝）。

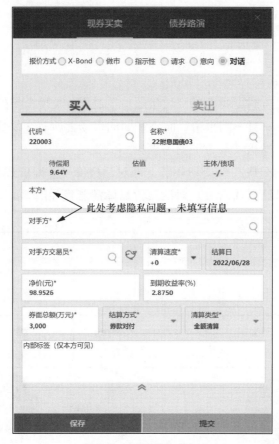

图 7-5 对话报价实例

7.1.3 请求报价

请求报价是指市场参与者向做市机构发起只含量、不含价的报价邀请，做市机构据以报出可成交价格，市场参与者选择做市机构报价确认成交的交易方式。简单来说，请求报价中，出去买/卖商品只报买/卖的量，不报价，后续很多商家回复买/卖的价格和数量。本币系统按照价格优先、时间优先的原则自动排序做市机构回复报价，市场参与者可同时选择多个对手方报价确认成交。请求报价具体的流程如图 7-6 所示。

【实例 7-3】交易员 X（询价方）向市场做市机构 A 和 B 发送一笔现券卖出请求报价，债券名称为 22 附息国债 03（代码为 220003），清算速度为 $T+1$，结算日为 2022-6-29，券面总额为 2 000 万元。

【分析解答】请求报价界面如图 7-7 所示。

交易员 X 发起请求报价后，对应做市机构接收请求报价后可以给予请求回复，交易员 X 可以选择是否对该请求回复确认成交。

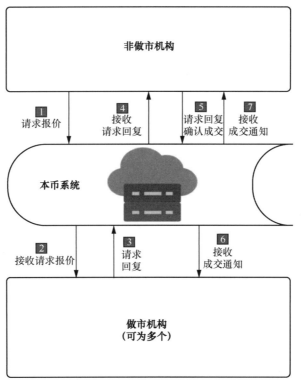

图 7-6 请求报价流程

图 7-7 请求报价实例

7.1.4 做市报价

做市报价是双向报价,即同时在买卖两个方向指定价格和最大可成交量的报价。做市机构通过双向报价达成的交易视为做市机构的做市成交。做市报价具体的流程如图 7-8 所示。

【注】FAK 订单(Fill and kill orders)指如果订单的成交数量不能达到委托的数量,则该订单会被立即撤单;而如果订单的成交数量可以达到委托的数量,则该订单会被立即成交。

【实例 7-4】做市机构 A 发起银行间现券双边做市报价,债券名称为 22 附息国债 03(债券代码为 220003),清算速度为 T+1,结算日为 2022-6-29。其中,报买净价为 98.935 9 元,收益率为 2.887 0%,券面总额为 30 000 万元;报卖净价为 98.994 2 元,收益率为 2.870 0%,券面总额为 30 000 万元。

【分析解答】做市报价界面如图 7-9 所示。

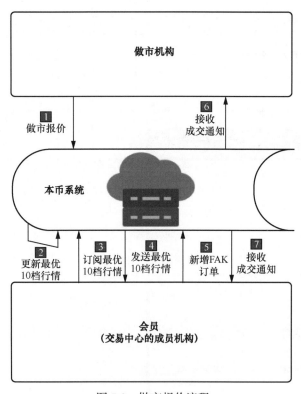

图 7-8 做市报价流程

图 7-9 做市报价实例

受价方看到做市机构的报价后,直接点击"成交报价"即可成交,通常只能单边确认成交。

7.1.5 指示性报价

指示性报价是做市机构可发送只含价格、不含量的双边指示性报价,该报价不可直接确认成交。指示性报价的具体流程如图 7-10 所示。

【**实例 7-5**】做市机构 A 发起银行间现券指示性报价，债券名称为 22 农发清发 01（债券代码为 092218001），清算速度为 $T+1$，结算日为 2022-6-30。其中，报买净价为 99.682 8 元，收益率为 2.465 0%；报卖净价为 99.834 1 元，收益率为 2.370 1%。

【**分析解答**】买卖价差=买入到期收益率-卖出到期收益率=2.465 0%-2.370 1%=9.49%。

指示性报价界面如图 7-11 所示。

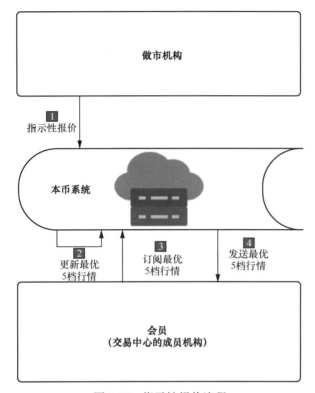

图 7-10　指示性报价流程

图 7-11　指示性报价实例

指示性报价发送后，可以冻结、撤销和修改该笔报价，但是后续通常不可直接被成交，只可以转换成请求报价，而转换成请求报价时可发给一家做市机构，也可添加其他做市机构。

7.1.6　匿名点击

匿名点击是指交易双方提交匿名的订单，本币系统根据授信按照价格优先、时间优先原则自动匹配成交的交易方式。未匹配成交的订单可供参与机构点击成交。匿名点击交易流程分授信、交易、行情三部分。其中行情为参与机构向本币系统订阅相关行情，本币系统给予反馈是否推送。授信、交易流程如图 7-12 所示。

在本币系统中，债券交易的匿名点击报价方式，也称为 X-Bond。该方式又可分为连续报价与集中报价。连续报价，在交易时段内可发送报价进行匹配撮合，也可直接点击成交。而集中报价是在集中报价时间段内进行报价，报价结束后进行集中撮合。这里主要对连续报价做简要介绍。

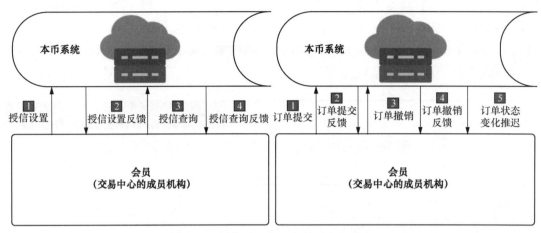

图 7-12　授信（左）、交易（右）流程

在连续报价中，提交订单后，本币系统会根据参与者授信按照价格优先、时间优先原则匹配。在匹配成交时，以先进入订单簿的价格成交，而未匹配成交的有效订单，根据参与者的双边授信约束匿名显示参与者可成交的市场最优 5 档价格（做市机构 10 档）供点击成交。订单类型包含以下 4 种。

① 限价订单：包括价格与券面总额的订单，先和订单簿中优于或等于该价格的反方向订单匹配成交，未撮合成功的进入订单簿。

② 弹性订单：除了价格与券面总额，还增加了价格弹性的订单，可与优于或等于底价价格的反方向订单匹配成交。

③ 市转限订单：只含券面总额的订单，按市场最优价开始匹配，如果发送的量大于市场上所有的反方向订单量，则剩余的量按成交的最次价格进入订单簿。

④ 市转撤订单：只含券面总额的订单，按市场最优价开始匹配，如果发送的量大于市场上所有的反方向订单量，则剩余的量全部撤销。

【实例 7-6】机构 A（本方）发起银行间现券 X-Bond 限价连续报价，债券名称为 22 附息国债 03（债券代码为 220003），清算速度为 $T+1$，结算日为 2022-6-29。其中，报买净价为 98.952 6 元，收益率为 2.875 0%，券面总额为 5 手（5 000 万元）。

【分析解答】X-Bond 界面如图 7-13 所示。

图 7-13　X-Bond 实例

由于是限价连续报价，所以后续匹配流程会按照价格优先、时间优先的原则自动匹配，未撮合成功的进入订单簿。

7.2 交易所现券交易方式

交易所债券交易与银行间债券交易存在一定差别。2019 年起，在证监会的指导下，交易所不断推动构建独立的债券交易规则体系，完善二级市场基础制度建设。2022 年，上海证券交易所（上交所）公布了《上海证券交易所债券交易规则》。该规则是上交所债券交易的基础业务规则，对债券交易的各个环节做出了全面、整体和基础性规定，自 2022 年 5 月 16 日起实施。该债券交易规则及配套指引相比于之前建立了相对独立的也更加符合我国债券市场规则的债券交易规则体系，是提升债券二级市场流动性的重要举措。本节主要介绍交易所债券交易的 5 种交易方式。

7.2.1 匹配成交

债券的匹配成交类似于股票撮合交易。当市场各方申报买入、卖出的价格和数量后，交易系统会依据价格优先、时间优先的原则进行自动匹配成交。同时，交易所会自动进行多边净额轧差结算。其中，价格优先的原则为：买入申报时，较高的买入价格优先于较低的买入价格；卖出申报时，较低的卖出价格优先于较高的卖出价格。时间优先的原则为：在价格与买卖方向均相同时，越早申报的订单越早进行匹配成交。

交易所中，债券的匹配成交方式分为集合匹配（早上 9 点 15 分至 9 点 25 分）和连续匹配（集合匹配之后）。集合匹配是指在规定的一段时间内将所有的交易申报价格进行一次性集中匹配。连续匹配是指对申报的逐笔交易采用一定的规则连续进行匹配。如果在集合匹配中存在未成交的申报，会自动结转至连续匹配中继续匹配。集合匹配与连续匹配的成交价格确认规则见表 7-1。

表 7-1　不同匹配方式的成交价格确认规则

集合匹配成交价格	连续匹配成交价格
① 可实现最大成交量的价格 ② 高于该价格的买入申报与低于该价格的卖出申报全部成交的价格 ③ 与该价格相同的买方或者卖方至少有一方全部成交的价格 两个以上申报价格符合上述条件的，使未成交量最小的申报价格为成交价格；仍有两个以上使未成交量最小的申报价格符合上述条件的，其中间价为成交价格。集合匹配阶段的所有交易以同一价格成交	① 最高买入申报价格与最低卖出申报价格相同，该价格为成交价格 ② 买入申报价格高于即时揭示的最低卖出申报价格，以即时揭示的最低卖出申报价格为成交价格 ③ 卖出申报价格低于即时揭示的最高买入申报价格，以即时揭示的最高买入申报价格为成交价格 连续匹配的申报可以部分成交

规则来源：《上海证券交易所债券交易业务指南第 1 号——交易业务（2023 年修订）》

【实例 7-7】当前市场有表 7-2 所示的债券交易连续报价（已调整时间优先因素），根据价格（单位：元）进行匹配确定成交价格。

表 7-2 连续报价下成交价格

情况一	情况二	情况三
最高申报买入价：98 元	买入申报价：98 元	即时揭示的最高买入申报价：98 元
最低申报卖出价：98 元	即时揭示的最低卖出申报价：97 元	卖出申报价格：98 元

【分析解答】情况一的成交价为 98 元，情况二的成交价为 97 元（对买方而言买便宜了），情况三的成交价为 98 元（对卖方而言卖贵了）。

7.2.2 点击成交

交易员有时希望以确定的价格在市场上买入或卖出一定数量的债券，并且能在市场上迅速找到可以交易的对手，这时就可以采用点击成交的方式。点击成交的双方通常称为"报价方"与"点击方"。报价方在市场上发出自己的报价，点击方看到符合自己心理预期的价位，就可以点击，由交易系统确认成交。其中，报价方可以发送单边报价或双边报价，可以向指定的债券交易参与者发送报价。单边报价是列明了单方向的债券价格和数量等要素的报价，双边报价是列明了买卖两个方向的债券价格和数量等要素的报价。双边报价是开展债券做市（促进市场流动性）的核心交易报价方式之一。报价方发布报价后，点击方对报价进行点击成交，若是双边报价，则可选择一个方向进行点击成交。

【实例 7-8】交易员 A 在 2022-6-28 向市场发送了债券代码为 018019（国开 2102）的单边报价，买入数量为 20 000（未启用全额成交），净价为 101.694 5 元，到期收益率为 2.952 5%，清算速度为 $T+0$。交易员 B 看到了该单向买入报价，并有意卖出数量 10 000，点击该笔报价进行成交。最终，双方成交了 10 000 数量的债券。

7.2.3 询价成交

市场上有些债券交易并不是很活跃，也比较难确定这些债券的市场定价与成交状况，需要向做市机构或市场其他成员问价获取这些债券的市场定价信息，寻找交易方。这时就可以采用询价成交的方式。询价成交是指向不超过一定数量的做市机构或者其他交易对手发送询价请求，并选择1个或者多个询价回复确认成交的交易方式。询价方也可以向该债券的潜在交易者询价。在收到询价回复前，潜在交易者将维持匿名。交易员可以向全市场或者部分债券投资者发送意向申报。意向申报只表明意向，不可以直接确认成交。其他交易员可以通过询价成交或协商成交等方式与意向申报方成交。询价成交的主要流程为：询价方发送询价请求（品种、方向、数量、发送范围、结算方式等）—被询价方对询价进行回复（价格、数量）—询价方对询价回复进行确认（数量）。

【实例 7-9】交易员 A 在 2022-6-28 向市场发送了证券代码为 184088（21 山能 04）的债券

询价请求报价，请求买入数量为 50 000，任意选择了 2 家交易商，结算速度为 T+0。

【分析解答】询价请求界面如图 7-14 所示。

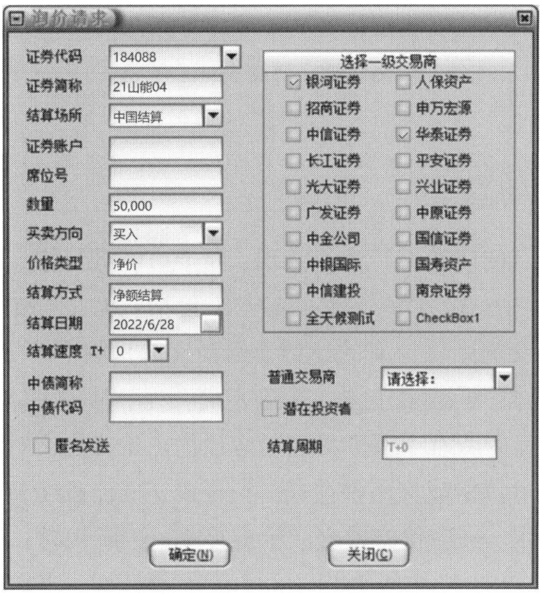

图 7-14 询价请求实例

后续被询价方会对询价进行回复（价格、数量），交易员 A 会针对该回复进行确认。

7.2.4 协商成交

交易员有时希望通过中间方或其他方式自行在市场上寻找交易对手，债券价格、数量等要素协商一致即可达成一对一的成交。这时就可以采用协商成交的方式。协商成交是指交易员通过协商（如一对一讨价还价）等方式达成债券交易意向并向交易系统申报，经交易系统确认的成交方式。此外，协商成交方式下还有一种全新申报方式——合并申报。合并申报是指当交易员与不同对手方针对同一交易品种达成两笔数量相同但交易方向相反的交易意向时，可以将两笔交易合并向交易系统申报。合并申报由中间方发起，并由买卖双方分别确认后成交。如果是净额结算，中间方担保交收账户轧差结算；如果是全额结算，根据两笔交易的轧差结果进行逐笔全额结算交收。在此过程中，两笔交易要么同时成功，要么同时失败，中间方不会发生实际证券交收。

【实例 7-10】交易员 A（买方 A）在 2022-6-28 以 100.3 元的价格（对应百元面值）买入 20 万元面额国开 2102，支出 200 600 元，支出经手费 0.2 元，共支出 200 600.2 元；交易员 B（卖方 B）以 100.1 元价格卖出 20 万元面额国开 2102，收入 200 200 元，支出经手费 0.2 元，共收入 200 199.8 元，流程如图 7-15 所示。请判断中间方的收入情况。

【分析解答】中间方以 100.1 元的价格买入 20 万元面额国开 2102，支出 200 200 元，支出经手费 0.2 元，并以 100.3 元的价格卖出 20 万元面额国开 2102，收入 200 600 元，支出经手费 0.2

元，经过轧差后，收入 399.6 元。

图 7-15　协商成交流程

7.2.5　竞买成交

交易员有时希望对持有的债券进行快速变现，向全市场进行拍卖获得当前最优价格。这时就可以采用竞买成交的交易方式。竞买成交的参与人包括"卖方"和"应价方"。卖方在限定的时间内根据交易所竞买成交规则将持有的债券卖给最优出价的应价方（可以是单个或多个）。竞买成交可以采用单一主体中标或多主体中标等方式。对于单一主体中标方式，中标方（最优出价的应价方）以该笔交易的所有申报数量和对应最优出价成交。对于多主体中标方式，有单一价格中标或各自报价应价价格成交两种模式。竞买成交的流程主要为：卖方发起竞买预约——竞买预约转竞买发起申报——应价方提交应价申报——达成交易。

【实例 7-11】在 2022-6-28，机构 A 卖出 100 万元面额债券，当前竞买成交方式为单一主体中标。其中，应价方 X 出价百元面值净价 98 元，应价方 Y 出价百元面值净价 98.5 元，应价方 Z 出价百元面值净价 97 元。在规定的时间内，应价方 X 又出价百元面值净价 99 元。则在应价申报时间结束时，应价方 X 给出了最高价，成交价为百元面值净价 99 元，净价总额为 99 万元，对应 100 万元面额。

7.3　本章小结

目前国内比较大的债券交易市场为银行间市场和交易所市场。本章分别对银行间和交易所的债券交易方式进行了介绍。当前银行间债券和交易所债券的交易方式不同。银行间债券交易市场主要采用的是双边报价方式，实行一对一询价谈判方式进行交易居多，近年来也增加了匿名点击等创新方式；交易所债券交易市场交易方式主要与股票市场较为类似，使用集合竞价或连续竞价撮合交易的方式居多。当然，《上海证券交易所债券交易规则》增加了很多交易方式，也符合统一大市场的发展规律。

第 8 章 回购与债券借贷

本章主要介绍与债券结合的交易方式——回购和借贷。回购与借贷在交易方式上与债券类似,如常见的对话、请求报价方式等;在计量分析方法上,主要是计算对应策略需要付出的成本——利息金额。由于计算比较简单,本章未给出 Python 计算相关的代码,读者可根据具体的公式自行编写完善。

8.1 质押式回购

当债券持有人持有一些不急于卖出变现的债券,又需要短期资金时,就可以将这些债券以一定的折扣质押一段时间,并支付一定的利息费用,从而获取资金支持。从专业方面看,质押式回购指资金融入方(正回购方)在将债券出质给资金融出方(逆回购方)融入资金的同时,双方约定在未来某一天由正回购方向逆回购方返还约定的利息和资金本金,并解除债券质押的行为。

8.1.1 银行间质押式回购

银行间质押式回购主要分为两大类:全市场质押式回购(R 系列,如常见的 R001、R007 等)与存款性机构质押式回购(DR 系列,如常见的 DR001、DR007 等)。其中,"001"代表期限为 1 天(隔夜),"007"代表期限为 2~7 天。在我国比较有代表性的存款性机构就是银行(主要参与 DR 系列质押式回购)。银行是债券市场上最大的资金供给方,可信赖度相比其他普通机构更高,所以 DR 系列的质押式回购利率在市场上是最低的。相比之下,全市场质押式回购中,一些非银机构也可参与,其信用没有银行那么高,因而 R 系列的质押式回购利率会比 DR 系列的高一些。

图 8-1 展示了 2015—2022 年 R007 与 DR007 的利率详情,图 8-2 展示了 2015—2022 年银行间质押式回购的成交金额。

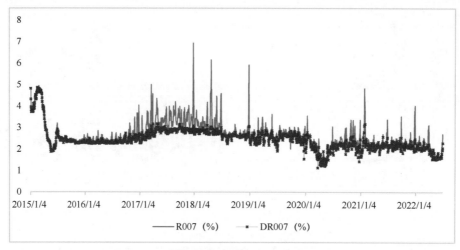

图 8-1　2015—2022 年 R007 与 DR007 利率
（数据来源：Wind 资讯）

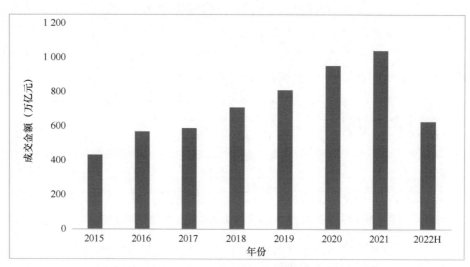

图 8-2　2015—2022 年银行间质押式回购成交金额
（数据来源：2015—2022 年银行间本币市场运行报告）

可以发现，银行间质押式回购的成交金额稳定增长。作为金融机构的一种融资方式，质押式回购是不错的选择。接下来介绍质押式回购的交易流程与基本计算。图 8-3 展示了银行间质押式回购的基本流程。

在当期，逆回购方获取质押债券（债券所有权依然归正回购方），并将对应资金出借给正回购方；在未来，逆回购方收取之前出借的资金和约定的利息，并将质押债券归还正回购方。

对于质押式回购，有以下公式计算回购利息与到期结算金额：

$$\text{PleRepo\_acc} = \text{Fir\_set\_amount} \times \frac{n}{D} \times r \tag{8-1}$$

$$\text{End\_set\_amount} = \text{Fir\_set\_amount} + \text{PleRepo\_acc}$$

$$= \text{Fir\_set\_amount} \times \left(1 + \frac{n}{D} \times r\right) \quad (8-2)$$

PleRepo_acc：回购利息。

Fir_set_amount：回购首期结算金额。

End_set_amount：回购到期结算金额。

n：回购的实际占款天数。

D：年化计算天数，依据实际的计息基准进行调整。

r：回购利率。

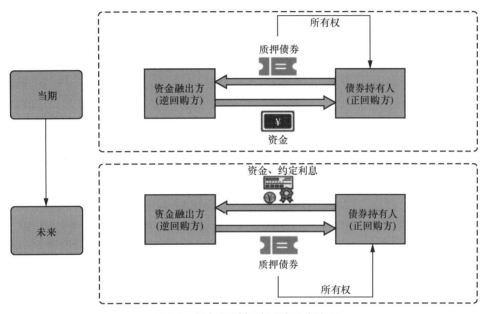

图 8-3　银行间质押式回购基本流程

【实例 8-1】交易员 A（本方）在 2019-12-9 做了一笔质押式回购对话报价（见图 8-4）——正回购交易（$T+0$），券面总额为 100 万元，质押券的折算比例为 70%，回购期限为 23 天，回购利率为 5%，计息基准为实际/实际（ISDA），计算回购利息与到期结算金额。

【分析解答】本例的计息基准为实际/实际（ISDA），需要调整上述公式中的 $\frac{n}{D}$。

$$\text{yearfactor} = \frac{n_1}{B_1} + \frac{n_2}{B_2} + (YY_2 - YY_1 - 1) = \frac{23}{365} + \frac{1}{366} + 0 = 0.065\ 745\ 94$$

$$\text{回购利息} = 700\ 000.00 \times 5\% \times 0.065\ 745\ 94 = 2\ 301.11\ （元）$$

$$\text{到期结算金额} = 700\ 000.00 + 2\ 301.11 = 702\ 301.11\ （元）$$

【注】回购期限≠实际占款天数。回购期限为 23 天，理论上到期结算日为 2019-12-9 加上 23 天，即 2020-1-1。由于元旦节放假，所以往后推迟到了营业日，实际占款天数为 24 天，到期结算日为 2020-1-2。

图 8-4　银行间质押式回购对话报价实例

8.1.2　交易所质押式回购

交易所的债券质押式回购规则与银行间市场有明显不同。交易所的债券回购有三大类型：
① 债券通用质押式回购，有中央交易对手的竞价撮合型回购；
② 债券协议回购，类似银行间的质押式回购，实行点对点交易；
③ 三方回购，也是点对点交易，但是由中证登提供第三方质押品担保及估值服务。

这里主要介绍第①种回购。根据交易所的定义，债券通用质押式回购交易是指资金融入方将符合要求的债券申报质押，以相应折算率计算出的质押券价值为融资额度进行质押融资，交易双方约定在回购期满后返还资金，同时解除债券质押的交易。出质债券并融入资金的交易方为正回购方，融出资金的交易方为逆回购方。

在通用质押式回购中，融资额度是由不同债券品种按相应折算率折算出的，用以确定可通过质押式回购交易进行融资的额度。交易所公布的回购期限包含 1 天、2 天、3 天、4 天、7 天、14 天、28 天、91 天和 182 天 9 个。目前交易按照价格优先、时间优先原则撮合成交；结算方式为轧差净额结算，可以滚动续接持续融资，清算速度为 $T+0$，交收速度为 $T+1$。

对于交易所通用质押式回购，有以下公式计算购回价：

$$\text{Repo\_price} = 100 + r \times \frac{n}{365} \tag{8-3}$$

Repo_price：每百元资金购回价。

r：每百元资金到期年收益。

n：当次通用回购交易的首次资金交收日（含）至到期资金交收日（不含）的实际占款天数。

对于回购占款天数，需要注意节假日调整的情况，详情见表 8-1。

表 8-1 通用质押式回购实际占款天数计算

回购交易	首期清算日	到期清算日	首次资金交收日	到期资金交收日	实际占款天数
周四 1 天期	周四	周五	周五	下周一	3 天
周四 3 天期	周四	下周一	周五	下周二	4 天
周五 1 天期	周五	下周一	下周一	下周二	1 天
周五 2 天期	周五	下周一	下周一	下周二	1 天
周五 3 天期	周五	下周一	下周一	下周二	1 天
周五 4 天期	周五	下周一	下周一	下周三	2 天

【注 1】由于采用 T+1 交收制度，所以交收日为清算日的下一个交易日。

【注 2】到期清算日为首次清算日加上回购天数（按自然日），若到期清算日为非交易日，则延至下一交易日清算。

【实例 8-2】A 机构在 2020-12-28 做了一笔 3 天期的逆回购，本金 100 万元，利率 3.3%，手续费 0.003%，计算回购价、预期收益以及手续费。

【分析解答】2020-12-28 为周一，到期交收日为 2021-1-1（元旦节假日），需要调整至 2021-1-4，所以实际占款天数为 6 天。

$$\text{Repo\_price} = 100 + 100 \times 3.3\% \times \frac{6}{365} = 100.054\,247 \text{（万元）}$$

$$\text{Profit} = 1\,000\,000 \times 3.3\% \times \frac{6}{365} = 542.47 \text{（元）}$$

$$\text{fee} = 1\,000\,000 \times 0.003\% = 30.00 \text{（元）}$$

8.1.3 质押式回购的功能

（1）促进资金融通。

质押式回购并不用转移质押券的所有权，操作相对简单，有助于缓解市场资金结构性紧张，促进市场有效融资，方便现金流管理。

（2）增加债券市场流通性。

质押式回购能促进我国债券市场的发展，活跃债券交易，发挥债券的再融资功能，为社会提供一种新的融资方式。

8.2 买断式回购

8.2.1 买断式回购的基本原理

短期资金融通的方式除了 8.1 节介绍的质押式回购外，还有一种比较流行的方式是买断式回购。买断式回购指债券持有人（正回购方）将债券出售给债券购买方（逆回购方）的同时，双方约定在未来某一天，正回购方再以约定价格从逆回购方买回相等数量同种债券的交易行为。

买断式回购的期限为 1 天到 365 天，外汇交易中心将其按 1 天（OR001）、7 天（OR007）、14 天（OR014）、21 天（OR21）、1 个月（OR1M）、2 个月（OR2M）、3 个月（OR3M）、4 个月（OR4M）、6 个月（OR6M）、9 个月（OR9M）、1 年（OR1Y）分类，统计公布买断式回购的相关信息。图 8-5 展示了银行间买断式回购 2015—2022 年的成交金额。

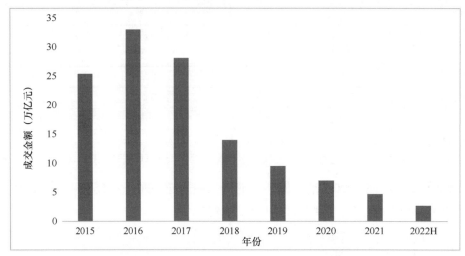

图 8-5　银行间买断式回购 2015—2022 年成交金额
（数据来源：《2015—2022 年银行间本币市场运行报告》）

可以发现，银行间买断式回购的成交金额从 2017 年起逐步减少。对金融机构而言，银行间买断式回购的历年成交金额远小于银行间质押式回购，这表明金融机构更偏重选择银行间质押式回购。接下来介绍买断式回购的交易流程与基本计算。图 8-6 展示了银行间买断式回购的基本流程。

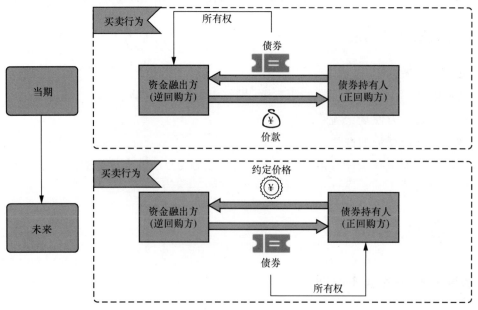

图 8-6　银行间买断式回购基本流程

在当期，逆回购方购买一定数量的债券（所有权归逆回购方）并支付金额给正回购方；在未来，逆回购方按照之前约定的时间和价格将之前买入的债券卖给正回购方（所有权归正回购方）。

对于单券的买断式回购，有以下公式计算到期结算金额：

$$\text{End\_set\_amount} = \left(\text{Fir\_set\_amount} \times \frac{n}{D} - C \times \frac{k}{D}\right) \times r - C + \text{Fir\_set\_amount} \quad (8-4)$$

Fir_set_amount：首期结算金额。

End_set_amount：到期结算金额。

n：实际占款天数。

D：年化计算天数，依据实际的计息基准进行调整。

C：回购期间发生的付息金额。

k：债券利息支付日至到期结算日的自然日天数。

r：回购利率。

【注】依据首期结算金额、到期结算金额、实际占款天数等也可调整以上公式反算回购利率。

【实例 8-3】交易员 A（本方）在 2022-4-6 做了一笔买断式回购（见图 8-7）——正回购交易（$T+0$），标的券为 08 国债 02（该债券的信息同实例 2-1），券面总额为 10 万元，首次结算金额为 80 000.00 元（折算比例为 80%），回购利率为 3%，实际占款天数为 160 天，默认计息基准为实际/365，计算到期结算金额。

图 8-7　银行间单券买断式回购对话报价实例

【分析解答】08 国债 02 在回购期间发生了付息，利息支付日为 2022-8-28。

$$债券利息额 = \frac{4.16}{2} \times \frac{100\,000.00}{100} = 2\,080.00（元）$$

$$到期结算金额 = \left(80\,000.00 \times \frac{160}{365} - 2\,080.00 \times \frac{16}{365}\right) \times 3\% - 2\,080.00 + 80\,000.00$$
$$= 78\,969.32（元）$$

对于多券的买断式回购,有以下公式计算到期结算金额(无须考虑中途付息的情况,简易计算):

$$\text{End\_set\_amount} = \sum_{i=1}^{n} \left[\text{Fir\_set\_amount}_i \times \left(1 + \frac{n}{D} \times r\right)\right] \qquad (8-5)$$

Fir_set_amount_i:第 i 只债券首期结算金额。

End_set_amount:到期结算总金额。

n:实际占款天数。

D:年化计算天数,依据实际的计息基准进行调整。

r:回购利率。

【**实例 8-4**】交易员在 2022-4-6 做了一笔买断式回购(见图 8-8)——正回购交易(T+0):标的券 1 为 08 国债 02(该债券的信息同实例 2-1),券面总额为 10 万元,首次结算金额为 80 000.00 元(折算比例为 80%);标的券 2 为 07 特别国债 07,券面总额为 10 万元,首次结算金额为 100 000.00 元。回购利率为 3%,实际占款天数为 160 天,默认计息基准为实际/365,计算到期结算金额。

图 8-8 银行间多券买断式回购对话报价实例

【**分析解答**】

$$到期结算总金额 = 80\,000.00 \times \left(1 + \frac{160}{365} \times 3\%\right) + 100\,000.00 \times \left(1 + \frac{160}{365} \times 3\%\right)$$
$$= 182\,367.12（元）$$

8.2.2 买断式回购的功能

买断式回购在操作过程中,质押券发生了所有权转移,从债券持有人转移到了资金融出方。资金融出方拿到抵押债券的所有权后,可对该债券自行处理(卖出或借出等),只要能够保证在回购到期日有充足的质押券归还给原始债券持有人即可。通常买断式回购有以下功能。

(1)临时性融资,即筹得短期资金。

(2)融入债券,短期内获得该债券。一种机构常用的方式就是配合现券买卖实现做空。例如,预期收益率上行,可以先逆回购债券,然后将其高价卖出(当前收益率低,价格高),经过一段时间后,将该债券低价买回(收益率高,价格低),完成回购套利。

(3)规避自营账户部分质押式回购的余额限制(无法使用质押式回购则使用买断式回购替代)。

8.3 债券借贷

8.3.1 债券借贷的基本原理

回购是以"债券"(资金)换"资金"(债券),而债券借贷是以"债券"换"债券"。当然,这里换"债券"也不是白换,债券融入方(需求方)需要支付一定的利息。依据《银行间债券市场债券借贷业务管理办法》(中国人民银行公告〔2022〕第 1 号)的定义,债券借贷是指债券融入方提供一定数量的履约保障品,从债券融出方借入标的债券,同时约定在未来某一日期归还所借入标的债券,并由债券融出方返还履约保障品的债券融通行为。

债券借贷的期限为 1 天到 365 天(具体期限可由借贷双方自行协商),中国外汇交易中心将其按 1 天(L001)、7 天(L007)、14 天(L014)、21 天(L021)、1 个月(L1M)、2 个月(L2M)、3 个月(L3M)、4 个月(L4M)、6 个月(L6M)、9 个月(L9M)、1 年(L1Y)分类,统计公布债券借贷的成交信息。图 8-9 展示了银行间债券借贷 2015—2022 年成交金额。

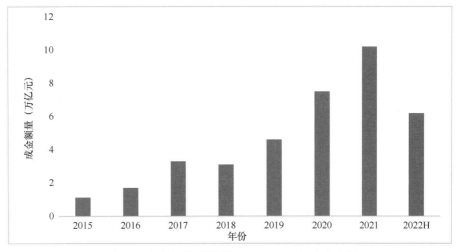

图 8-9 银行间债券借贷 2015—2022 年成交金额
(数据来源:《2015—2022 年银行间本币市场运行报告》)

可以发现，银行间债券借贷的成交金额稳定增长。对金融机构来说，如果急需某些债券，采用债券借贷是一种不错的选择。

接下来介绍债券借贷的交易流程与基本计算。图 8-10 展示了银行间债券借贷的基本流程。

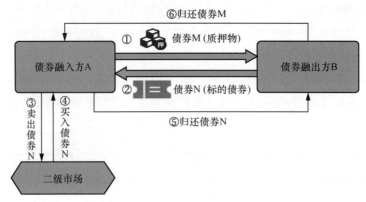

图 8-10　银行间债券借贷基本流程

债券融入方 A 将债券 M（质押物）质押给债券融出方 B，获取需要做空的债券 N。接着，债券融入方 A 将融入的债券 N 卖出至二级市场，在一定时间后（借贷期限内），将债券 N 买回归还至债券融出方 B。在借贷期限内，无论是否卖出债券 N，债券 N 的票息由 A 支付给 B。

对于债券借贷，有以下公式计算质押率与借贷费用：

$$\text{mort\_ratio} = \frac{\text{mort\_amount}}{\text{und\_amount}} \times 100\% \qquad (8-6)$$

$$\text{Fee} = \text{und\_amount} \times \text{Fee\_ratio} \times \frac{n}{D} \qquad (8-7)$$

mort_ratio：质押率。
mort_amount：质押券的券面总额。
und_amount：标的债券的券面总额。
Fee：借贷费用。
Fee_ratio：借贷费率。
n：实际借贷天数。
D：年化计算天数，依据实际的计息基准进行调整。

【**实例 8-5**】交易员 A（本方）在 2020-10-29 做了一笔融入债券借贷对话报价（见图 8-11），融入 20 贴现国债 39（$T+0$），标的券面总额为 5 000 万元，借贷费率为 0.56%，借贷期限为 5 天。质押券为 20 兴银 5B 和 20 招银和萃 2C，质押券的券面总额分别为 5 000 万元和 4 000 万元。默认计息基准为实际/365，计算质押率与借贷费用。

【分析解答】

$$\text{质押率} = \frac{5\,000 + 4\,000}{5\,000} \times 100\% = 180\%$$

$$\text{借贷费用} = 50\,000\,000 \times 0.56\% \times \frac{5}{365} = 3\,835.62\,（元）$$

图 8-11 银行间债券借贷对话报价实例

8.3.2 债券借贷的功能

（1）当其他交易缺券时借券交割。可以借入债券用于其他业务的交割（现券买卖、质押式回购、国债期货卖方实物交割）。

（2）联合其他交易降低融资成本。将信用债作为质押，通过债券借贷买入利率债，从市场上获得融资。当然，也可以直接使用利率债作为质押券融资。

（3）使用债券借贷做空（类比买断式回购）。债券借入方可以借入市场活跃的债券，然后在市场上以较高的价格卖出。只要在借贷期限到期前，从市场上以低价买入之前卖出的债券，并用于债券借贷的到期交割即可，相当于从市场上获取价差收益。

（4）联合一级半市场套利。将一级半市场已经中标的债券（距离上市还有一个或几个营业日）提前卖出，锁定价格；事先借入同样一只债券，在二级市场上卖出，待一级半市场的债券上市后，将中标的债券还回去。请注意，这里的一级半市场的债券必须是续发的债券，否则无法操作。

【实例 8-6】信用债置换利率债。交易员 A 需要净融入资金，目前持仓 40 亿元的信用债可供质押。通过债券借贷，交易员 A 可将其中的 20 亿元信用债质押，借入 15 亿元的利率债（质押率为133%），借贷费率为0.5%。

8.4 本章小结

本章在现券交易的基础上，介绍了三种与债券结合的其他交易方式。质押式回购是以债券为权利质押的短期资金融通业务，但并不转移债券的所有权。买断式回购和债券借贷均转移债券的所有权，均可以实现债券的卖空操作，二者有一定的相似性，也有所不同：债券借贷（"债券"换"债券"）业务相对灵活一些，债券借贷质押债券由双方协商决定，可以与标的债券不同，选择范围较广；而买断式回购在买入债券时必须支付足额资金，限制较严。

第 9 章 国债期货与标准债券远期

本章介绍以债券为标的的衍生产品——国债期货与标准债券远期。二者较为类似，均是以债券为标的的衍生产品，不过国债期货为交易所产品而标准债券远期为银行间产品。

9.1 国债期货

9.1.1 中金所国债期货简介

按照中金所（中国金融期货交易所）的定义，国债期货作为利率期货的一个主要品种，是指买卖双方通过有组织的交易场所，约定在未来特定时间，按预先确定的价格和数量进行券款交收的国债交易方式。图 9-1 简要总结了中金所国债期货的历史发展沿革。

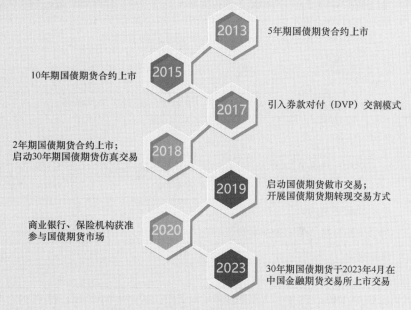

图 9-1 中金所国债期货的历史发展沿革

2013 年国债期货上市以来，其成交量、成交额除 2018 年与 2019 年外（经济下行等因素），均呈现稳步上升的态势，如图 9-2 所示。

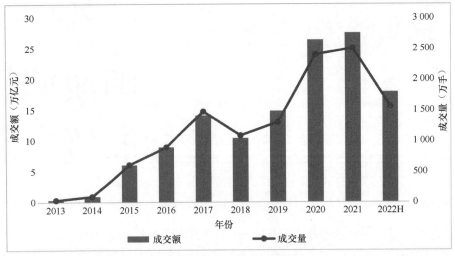

图 9-2　国债期货 2013—2022 年成交量与成交额
（数据来源：中金所官网）

目前，中金所有 2 年期、5 年期和 10 年期和 30 年期国债期货。表 9-1 总结了前 3 种国债期货的合约条款。

表 9-1　中金所国债期货合约条款

产品	2 年期国债期货	5 年期国债期货	10 年期国债期货
合约标的	面值为 200 万元人民币、票面利率为 3% 的名义中短期国债	面值为 100 万元人民币、票面利率为 3% 的名义中期国债	面值为 100 万元人民币、票面利率为 3% 的名义长期国债
可交割国债	发行期限不高于 5 年、合约到期月份首日剩余期限为 1.5～2.25 年的记账式附息国债	发行期限不高于 7 年、合约到期月份首日剩余期限为 4～5.25 年的记账式附息国债	发行期限不高于 10 年、合约到期月份首日剩余期限不低于 6.5 年的记账式附息国债
报价方式	百元净价报价		
最小变动价位	0.005 元		
合约月份	最近的 3 个季月（3 月、6 月、9 月、12 月中的最近 3 个月循环）		
最后交易日交易时间	9:30—11:30		
涨跌停板幅度	上一交易日结算价±0.5%	上一交易日结算价±1.2%	上一交易日结算价±2%
保证金标准	合约价值的 0.5%	合约价值的 1%	合约价值的 2%
最后交易日	合约到期月份的第二个星期五		
最后交割日	最后交易日后的第三个交易日		
交割方式	实物交割		
交易代码	TS	TF	T

【注】对于交易代码，如 TS2003，TS 表示 2 年期国债期货合约，20 表示 2020 年，03 表示 3 月份合约。
数据来源：中金所官网

当买入或卖出一份国债期货，后续的交割方式是怎样的呢？2015年7月，中金所将原来的买卖双方举手交割改为实行卖方举手交割模式。进入交割月份后，最后交易日之前，卖方会员（非期货公司）应当向交易所申报交割意向（如果是卖方客户应当通过会员向交易所申报交割意向）。交割意向在当天下午3点15分前申报至交易所，并由交易所按照"申报意向优先，持仓日最久优先，相同持仓日按比例分配"的原则确定进入交割。当日未进行交割申报但被交易所确定进入交割的买方持仓，交易所根据卖方交券的国债托管账户，按照同国债托管机构优先原则在该买方客户事先申报的国债托管账户中指定收券账户。

此外，针对国债期货，最终确定交割的国债是哪只国债呢？这里就引出了最廉价交割债券（Cheapest To Deliver，CTD）的概念，即卖方在可选择的国债范围内选择一只最廉价的国债给买方。对于如何确定最廉价交割债券，将在后面进行介绍。

9.1.2 国债期货的功能

（1）套期保值。

① 买入套期保值。买入国债期货，以防止未来买入的现券因利率下降、价格上升造成损失。通常来说，买入套期保值用于提前锁定购入现券的利润，相较于直接购买现券，国债期货的保证金交易制度减少了投资者的资金占用，提高了投资效率。

② 卖出套期保值。投资者在持有现券的同时，卖出国债期货，以对冲利率上升时债券现券价格下跌的风险。

③ 交叉套期保值。有时购买现货市场上的债券（如企业债、公司债等）在期货市场上不一定有完全对应的债券。这时可以选择具有类似相关性的国债期货对其进行交叉套期保值。利用交叉套期保值，将国债期货套期保值的对象由国债推广至其他债券品种，如政策性金融债、企业债、公司债，乃至利率敏感型股票等。

（2）投机或套利交易。

① 投机交易。投资者根据预判的价格趋势进行投机交易赚取利润。

② 基差套利。投资者察觉到现券和国债期货出现预期价差后，卖出（或买入）国债期货并买入（或卖出）对应份额现券从而赚取价差利润。

③ 跨期套利。投资者锁定同一品种的国债期货，观察近/远期的价差变化（扩大或缩小），买卖近/远期月份的国债期货来进行套利。

（3）优化资产配置。

国债期货有利于投资者做资产分配、调控资产久期。

（4）经济调控。

国债期货增加了价格与利率的相关信息，为经济调控提供预期信号。

9.1.3 国债期货常见指标的计算

（1）转换因子。

国债期货参考虚拟的票面利率为3%的名义国债，实际到期交割的是真实的具体国债。实际可交割的国债，票面利率不同，剩余期限也不同。因此，需要将其转换为名义的标准国债，使得到期交割在可交割国债之间尽量公平。将实际的国债转换成名义标准国债的系数，就称为转换因子（Conversion Factor，CF）。

中金所公布的国债期货可交割国债的转换因子的计算公式如下。

$$\text{CF} = \frac{1}{\left(1+\frac{r}{f}\right)^{\frac{xf}{12}}} \times \left[\frac{c}{f} + \frac{c}{r} + \left(1-\frac{c}{r}\right) \times \frac{1}{\left(1+\frac{r}{f}\right)^{n-1}}\right] - \frac{c}{f} \times \left(1 - \frac{xf}{12}\right) \quad (9-1)$$

r：对应 n 年期国债合约的票面利率，3%。

x：交割月到下一付息月的月份数。

n：剩余付息次数。

c：可交割国债的票面利率。

f：可交割国债每年的付息次数。

【注】计算结果四舍五入至小数点后 4 位。

【**实例 9-1**】表 9-2 为 22 附息国债 07（220007）的基本信息。假定该债券在 2022-7-25 为可交割国债。计算 TF2209（9 月到期）、TF2212（12 月到期）以及 TF2303（下一年 3 月到期）的转换因子。

表 9-2 22 附息国债 07 债券的基本信息

债券简称	22 附息国债 07	债券代码	220007
债券类型	国债	发行人	财政部
债券起息日	2022-4-15	债券到期日	2027-4-15
付息频率	1 年	发行期限	5 年
息票类型	附息式固定利率	面值	100 元
计息基准	实际/实际	票面利率（%）	2.48

数据来源：中国货币网

【**分析解答**】以 TF2209 为例，将以上信息代入公式（9-1）有：

$$r = 3\%, x = \text{months}(2023\text{-}4 - 2022\text{-}9) = 7, n = 5, c = 2.48\%, f = 1$$

$$\text{CF} = \frac{1}{\left(1+\frac{3\%}{1}\right)^{\frac{7 \times 1}{12}}} \times \left[\frac{2.48\%}{1} + \frac{2.48\%}{3\%} + \left(1-\frac{2.48\%}{3\%}\right) \times \frac{1}{\left(1+\frac{3\%}{1}\right)^{5-1}}\right] - \frac{2.48\%}{1} \times \left(1 - \frac{7 \times 1}{12}\right)$$

$$= 0.9779$$

其他合约的计算方法与之类似。

下面采用 Python 编写 Bondfuture_CF 函数计算国债期货可交割国债的转换因子。

```
#加载需要使用的库
import datetime as dt
```

```
from dateutil import rrule
#计算国债期货可交割国债的转换因子的函数
def Bondfuture_CF(r,x,n,c,f):
    '''
    :param r: 国债期货的基础资产（合约标的）的票面利率；
    :param x: 国债期货交割月至可交割债券下一付息月的月份数；
    :param n: 国债期货到期后可交割债券的剩余付息次数；
    :param c: 可交割债券的票面利率；
    :param f: 可交割债券每年的付息次数；
    :return: 返回计算国债期货可交割国债的转换因子'''
    CF=1/pow(1+r/f,x*f/12)*(c/f+c/r+(1-c/r)/pow(1+r/f,n-1))-c*(1-x*f/12)/f
    return CF
```

针对不同月份到期的国债期货，将对应参数代入 Bondfuture_CF 函数计算转换因子。

```
#测试案例
Bond_CF1=Bondfuture_CF(r=3/100,x=rrule.rrule(rrule.MONTHLY, dt.date(2022,9,9),
                    until=dt.datetime(2023,4,15)).count()-1,n=int((dt.date(2027,4,15)-
                    dt.date(2022,9,9)).days/365)+1,c=2.48/100,f=1)
print('07 国债期货（TF2209）可交割债券为 22 附息国债 07 的转换因子:',round(Bond_CF1,4))
Bond_CF2=Bondfuture_CF(r=3/100,x=rrule.rrule(rrule.MONTHLY, dt.date(2022,12,9),
                    until=dt.datetime(2023,4,15)).count()-1,n=int((dt.date(2027,4,15)
                    -dt.date(2022,9,9)).days/365)+1,c=2.48/100,f=1)
print('07 国债期货（TF2209）可交割债券为 22 附息国债 07 的转换因子:',round(Bond_CF2,4))
Bond_CF3=Bondfuture_CF(r=3/100,x=rrule.rrule(rrule.MONTHLY, dt.date(2023,3,10),
                    until=dt.datetime(2023,4,15)).count()-1,n=int((dt.date(2027,4,15)-
                    dt.date(2022,9,9)).days/365)+1,c=2.48/100,f=1)
print('07 国债期货（TF2209）可交割债券为 22 附息国债 07 的转换因子:',round(Bond_CF3,4))
```

输出结果：

```
07国债期货（TF2209）可交割债券为22附息国债07的转换因子: 0.9779
07国债期货（TF2209）可交割债券为22附息国债07的转换因子: 0.9791
07国债期货（TF2209）可交割债券为22附息国债07的转换因子: 0.9803
```

（2）结算价格。

$$P_d = F \times \mathrm{CF} + \mathrm{AI} \tag{9-2}$$

P_d：可交割债券的结算价格（全价），也称为发票价格。

F：国债期货的结算价格。

CF：可交割债券对应的转换因子。

AI：可交割债券在第二交割日（配对缴款日）当天的应计利息。

【实例 9-2】交易员 A 在 2022-7-25 卖出 10 手（1 000 万元面值）5 年期国债期货 TF2212，成交价为 101.23 元，期货结算日为 2022-12-9，集中交券日为 2022-12-12，配对缴款日为 2022-12-13。当前 TF2212 对应的可交割债券有 3 只，分别为：22 附息国债 07（220007）（债券信息同实例 9-1）——转换因子 0.979 1；22 附息国债 02（220002）（基本信息见表 9-3）——转换因子 0.976 1；20 附息国债 08（200008）（基本信息见表 9-4）——转换因子 0.993 7。分别计算这三只债券的结算价格（发票价格）。

表 9-3　22 附息国债 02 债券的基本信息

债券简称	22 附息国债 02	债券代码	220002
债券类型	国债	发行人	财政部
债券起息日	2022-1-20	债券到期日	2027-1-20
付息频率	1 年	发行期限	5 年
息票类型	附息式固定利率	面值	100 元
计息基准	实际/实际	票面利率（%）	2.37

数据来源：中国货币网

表 9-4　20 附息国债 08 债券的基本信息

债券简称	20 附息国债 08	债券代码	200008
债券类型	国债	发行人	财政部
债券起息日	2020-6-4	债券到期日	2027-6-4
付息频率	1 年	发行期限	7 年
息票类型	附息式固定利率	面值	100 元
计息基准	实际/实际	票面利率（%）	2.85

数据来源：中国货币网

【分析解答】依据公式（9-2），3 只债券的结算价格分别为：

$$P_{220007} = 101.23 \times 0.979\,1 + 1.644\,28 = 100.758\,57\,（元）$$

$$P_{220002} = 101.23 \times 0.976\,1 + 2.123\,26 = 100.933\,86\,（元）$$

$$P_{200008} = 101.23 \times 0.993\,7 + 1.499\,18 = 102.091\,43\,（元）$$

（3）隐含回购利率（IRR）。

隐含回购利率是指当前购买国债现货，卖出对应的期货，然后把国债现货用于期货交割，这样获得的理论收益率。换句话说，隐含回购利率就是国债期货的卖出方持有可交割债券到期交割获得的理论年化收益率。计算可交割债券中每只债券的隐含回购利率，其中最大隐含回购利率的可交割债券即最廉价交割债券。

$$\text{IRR} = \frac{I + P_d - P_s}{P_s} \times \frac{365}{n} \times 100\% \tag{9-3}$$

IRR：隐含回购利率。

I：持有可交割债券期间获得的利息。

P_d：发票价格。

P_s：可交割债券的全价。

n：持有可交割现券日至国债期货结算日之间的自然日天数。

【注】未考虑期货保证金及手续费成本，也未对持有期间可能存在的利息进行贴现，计算结果会略高于实际收益率。

【实例 9-3】在实例 9-2 的基础上，交易员 A 想从这 3 只债券中购买 1 只作为现货对冲。当前 22 附息国债 07（220007）的百元面值全价为 100.482 1 元，22 附息国债 02（220002）的百元面值全价为 100.508 3 元，20 附息国债 08（200008）的百元面值全价为 101.680 8 元。分别计算在 2022-7-25，各只可交割债券的隐含回购利率，挑选最廉价交割债券。

【分析解答】依据公式（9-3）分别计算这 3 只可交割债券的隐含回购利率：

$$IRR_{220007} = \frac{0 + 100.758\,57 - 100.482\,1}{100.482\,1} \times \frac{365}{141} \times 100\% = 0.712\,3\%$$

$$IRR_{220002} = \frac{0 + 100.933\,86 - 100.508\,3}{100.508\,3} \times \frac{365}{141} \times 100\% = 1.096\,1\%$$

$$IRR_{200008} = \frac{0 + 102.091\,43 - 101.680\,8}{101.680\,8} \times \frac{365}{141} \times 100\% = 1.045\,4\%$$

由以上计算结果可以得知，22 附息国债 02 的隐含回购利率最大，因而在当前日期来看，其可作为最廉价交割债券。

下面使用 Python 编写 Bondfuture_IRR 函数计算隐含回购利率。

```python
#加载需要使用的库
from coupon_schedule import *
#计算国债期货隐含回购利率的函数
def Bondfuture_IRR(cal_date,Pd,Ps, future_end_date,start_date,yearlenth,fre,coupon,m):
    '''
    :param cal_date:计算日期;
    :param Pd:发票价格;
    :param Ps:可交割债券的全价;
    :param future_end_date:期货结算配对缴款日;
    :param start_date:可交割债券起息日;
    :param yearlenth:可交割债券的发行年限;
    :param fre:可交割债券的付息频率;
    :param coupon:可交割债券的年化利息;
    :param m:可交割债券的剩余本金;
    :return:返回计算可交割债券的隐含回购利率。
    '''
    schedule = coupon_schedule(start_date=start_date, yearlenth=yearlenth, fre=fre)
    for i in range(1, len(schedule)):
        if schedule[i] >= cal_date: break
    I=0
    if schedule[i]<future_end_date:  #通常国债付息频率不会大于2
        I=coupon/fre * m / 100        #假定中间最多付息1次
    n=(future_end_date-cal_date).days
    IRR=(I+Pd-Ps)/Ps*365/n
    return IRR
```

将以上可交割债券及对应参数输入 Bondfuture_IRR 函数进行计算。

```python
#测试案例
IRR_220007=Bondfuture_IRR(cal_date=date(2022,7,25),
                          Pd=100.75857,Ps=100.4821,future_end_date=date(2022,12,13),
                          start_date=date(2022,4,15),yearlenth=5,fre=1,coupon=2.48,m=100)
IRR_220002=Bondfuture_IRR(cal_date=date(2022,7,25),
                          Pd=100.93386,Ps=100.5083,future_end_date=date(2022,12,13),
                          start_date=date(2022,1,20),yearlenth=5,fre=1,coupon=2.37,m=100)
```

```
IRR_200008=Bondfuture_IRR(cal_date=date(2022,7,25),
                         Pd=102.09143,Ps=101.6808,future_end_date=date(2022,12,13),
                         start_date=date(2020,6,4),yearlenth=7,fre=1,coupon=2.87,m=100)
print('22 附息国债 07 的隐含回购利率(%): ',round(IRR_220007*100,4))
print('22 附息国债 02 的隐含回购利率(%): ',round(IRR_220002*100,4))
print('20 附息国债 08 的隐含回购利率(%): ',round(IRR_200008*100,4))
```

输出结果：

```
22附息国债07的隐含回购利率(%):  0.7123
22附息国债02的隐含回购利率(%):  1.0961
20附息国债08的隐含回购利率(%):  1.0454
```

（4）远期的到期收益率。

远期的到期收益率为以发票价格作为可交割债券的全价，以缴款日作为现券结算日计算的到期收益率。

【**实例 9-4**】接实例 9-2 和实例 9-3，以计算的可交割国债 22 附息国债 02 的发票价格 100.933 86 元为基准，缴款日为 2022-12-13，计算该可交割债券远期的到期收益率。

【**分析解答**】将计算日调整为 2022-12-13，根据公式（3-4），有：

$$PV = \frac{2.37\% \times 1 \times 100 + 0}{(1+y/1)^{\frac{38}{365}}} + \frac{2.37\% \times 1 \times 100 + 0}{(1+y/1)^{\frac{38}{365}+1}} + \cdots + \frac{2.37\% \times 1 \times 100 + 100}{(1+y/1)^{\frac{38}{365}+5-1}}$$

$$= 100.933\,86\,(元)$$

可以计算出远期的到期收益率=2.679 129%。

下面采用 Python 直接调用前面编写的 YTM_coupon_bond 函数，输入对应参数计算远期的到期收益率。

```
from YTM_coupon_bond import *
import numpy as np
bond_YTM_forward=YTM_coupon_bond(cal_date=date(2022,12,13),start_date=date(2022,1,20),
                        yearlenth=5,fre=1,R=2.37,m=100,PV=100.93386,
                        coupon_type="fixed",ACC_type="ACT_ACT_AVE",r=0)
print('计算得到债券的远期的到期收益率(%): ',np.round(bond_YTM_forward*100,6))
```

输出结果：

```
计算得到债券的远期的到期收益率(%):  2.679129
```

（5）基差与隐含远期价格。

基差，即现货价格与远期价格之间的差额。隐含远期价格可理解为国债期货中所隐含的可交割债券在实际交割时的远期价格。对于一个国债期货品种的某一只可交割债券，隐含远期价格与基差计算公式如下。

$$F_t = F \times CF \tag{9-4}$$

$$Basis = P - F_t \tag{9-5}$$

F_t：国债期货中可交割债券的隐含远期价格。

F：国债期货的成交价格。

CF：可交割债券的转换因子。

Basis：基差。

P：可交割债券的净价。

【**实例 9-5**】在实例 9-3 的基础上，假定购买的 22 附息国债 02 在 2022-7-25 百元面值全价为 100.508 3 元，百元面值净价为 99.300 5 元，卖出 5 年期国债期货 TF2212，成交价为 101.23 元，计算该可交割债券的隐含远期价格与国债期货的基差。

【**分析解答**】将条件代入公式（9-4）和公式（9-5）得到：

$$F_t = 101.23 \times 0.976\ 1 = 98.810\ 603$$

$$\text{Basis} = 99.300\ 5 - 98.810\ 603 = 0.489\ 897$$

（6）持有收益。

对于国债期货卖方，在国债现货持有期间，能够获得持有期的利息收入，而持有债券所占用的资金，需要付出一定的资金成本。

$$\text{Rev} = I - Cost \tag{9-6}$$

$$I = c \times 100 \times \frac{n}{365} \tag{9-7}$$

$$\text{Cost} = P_s \times R_c \times \frac{n}{365} \tag{9-8}$$

Rev：持有收益。

I：持有期的利息收入。

Cost：占用资金成本。

c：可交割债券票面利率。

n：占用资金天数。

P_s：购买可交割债券的全价。

R_c：占用资金成本的年化利率。

【**实例 9-6**】在实例 9-5 的基础上，从购买日 2022-7-25 至配对缴款日 2022-12-13 使用的融资利率为 2.272 0%，计算持有收益。

【**分析解答**】

$$I = 2.37\% \times 100 \times \frac{\text{days}(2022\text{-}12\text{-}13 - 2022\text{-}7\text{-}25)}{365} = 0.915\ 53（元）$$

$$\text{Cost} = 100.508\ 3 \times 2.272\ 0\% \times \frac{\text{days}(2022\text{-}12\text{-}13 - 2022\text{-}7\text{-}25)}{365} = 0.882\ 14$$

$$\text{Rev} = 0.915\ 53 - 0.882\ 14 = 0.033\ 39（元）$$

（7）国债期货期权价值与净基差。

按照无套利理论，国债期货的当前价格应该等于理论的远期价格。但实际上，国债期货价格往往要低于理论的远期价格。差额的部分，其实就国债期货卖方所拥有的转换期权的期权价值，即国债期货卖方有权选择哪只可交割债券交割的权利价值。

$$\text{BN} = F_{\text{theory}} - F_t = (P - \text{Rev}) - F \times \text{CF}$$

$$= (P - F \times CF) - \text{Rev} = \text{Basis} - \text{Rev} \quad (9-9)$$

BN：转换期权的价值，也称为净基差。
F_{theory}：持有可交割债券理论远期价格。
F_t：国债期货中可交割债券的隐含远期价格。
P：可交割债券的净价。
Rev：持有可交割债券收益。
F：国债期货的成交价格。
CF：可交割债券的转换因子。
Basis：基差。

【实例 9-7】接实例 9-6，计算净基差与期权价值。

【分析解答】在扣除持有收益后的理论远期价格应该为：

$$F_{\text{theory}} = I - \text{Cost} = 99.300\ 5 - 0.033\ 39 = 99.267\ 11 \text{（元）}$$

在实例 9-5 中计算了 22 附息国债 02 的隐含远期价格：

$$F_t = 98.810\ 603 \text{（元）}$$

依据无套利理论，理论远期价格应当等于隐含远期价格，然而二者的差值为：

$$\Delta F = 99.267\ 11 - 98.810\ 603 = 0.456\ 507 \text{（元）}$$

这个差额就是国债期货卖方的选择权价值，也称为净基差。同样，用基差减去持有可交割债券的收益也可得到相同结果：

$$\Delta F = \text{Basis} - \text{Rev} = 0.489\ 897 - 0.033\ 39 = 0.456\ 507 \text{（元）}$$

（8）国债期货的久期与基点价值。

根据国债期货与最廉价交割债券（CTD）之间的关系，国债期货的久期和基点价值计算方法如下。

① 国债期货的基点价值约等于最廉价交割债券的基点价值除以其转换因子。这是由于到期日时期货价格收敛于最廉价交割债券的转换价格，在到期日有：

$$F = \frac{P_d - \text{AI}}{\text{CF}} \quad (9-10)$$

F：期货价格。
CF：可交割债券对应的转换因子。
P_d：可交割债券的结算价格（全价），也称为发票价格。
AI：可交割债券在第二交割日（配对缴款日）当天的应计利息。

则国债期货的基点价值为：

$$F_{\text{DV01}} = \frac{\text{CTD}_{\text{DV01}}}{\text{CF}} \quad (9-11)$$

F_{DV01}：国债期货的基点价值。
CTD_{DV01}：最廉价交割债券的基点价值。

CF：最廉价交割债券的转换因子。

② 国债期货的久期约等于最廉价交割债券的久期。

$$F_{\text{dur}} \approx \text{CTD}_{\text{dur}} \qquad (9-12)$$

F_{dur}：国债期货的久期。

CTD_{dur}：最廉价交割债券的久期。

【**实例 9-8**】在实例 9-3 的基础上，已经得知在 2022-7-25 最廉价交割债券为 22 附息国债 02，求当日国债期货的久期与基点价值。

【**分析解答**】调用 5.1.3 小节中已经写好的 Fixed_Bond_Dur_Con 函数输入对应参数直接计算。

```python
#加载需要使用的库
from Fixed_Bond_Dur_Con import *
#输入对应参数
maturity=np.array([0,0.08,0.25,0.5,0.75,1,
                   2,3,4,5,6,7,8,9,10])
spot_rate=np.array([2.5350]*len(maturity))/100
bond_220002=Fixed_Bond_Dur_Con(cal_date=date(2022,7,25),start_date=date(2022,1,20),
                    yearlenth=5,fre=1,R=2.37,m=100,ACC_type="ACT_ACT_AVE",
                    spread=0,curve_time=maturity,curve_list=spot_rate)
print('计算得到22附息国债02的修正久期: ',np.round(bond_220002[2],4))
print("计算得到22附息国债02的基点价值: ",np.round(bond_220002[2]*bond_220002[0]/10000,4))
print("国债期货TF2212的久期: ",np.round(bond_220002[2],4))
print("国债期货TF2212的基点价值: ",np.round(bond_220002[2]*bond_220002[0]/10000/0.9761,4))
```

输出结果：

```
计算得到22附息国债02的修正久期:  4.1578
计算得到22附息国债02的基点价值:  0.0418
国债期货TF2212的久期:  4.1578
国债期货TF2212的基点价值:  0.0428
```

9.2 标准债券远期

9.2.1 标准债券远期简介

国债期货与国债的相关性较高，国债期货对国开债、农发债等政策性金融债以及信用债的对冲效果有限。因此，有必要进一步扩展其他类型债券的对冲策略。而标准券远期正好能够弥补这一空缺，可以为政策性金融债提供有效的风险对冲。

2015 年 4 月，在中国人民银行指导下，中国外汇交易中心和上清所推出了标准化、在 X-Swap 系统交易并采用集中清算的银行间利率衍生品——标准债券远期。根据其基本定义，标准债券远期是指在银行间市场交易的，标的债券、交割日等产品要素标准化的债券远期合约。债券远期合约是以约定的价格、数量和时间在未来买卖标的债券的合约，即典型的场外非标准化合约。标准债券远期将特定标的债券的债券远期合约进行标准化，进一步促进了交易的流通性与市场的标准化发展。图 9-3 展示了标准债券远期的发展沿革。

图 9-3 标准债券远期发展沿革

从 2018—2022 年成交金额来看，标准债券远期的成交金额在 2019 年和 2020 年达到高峰，如图 9-4 所示。

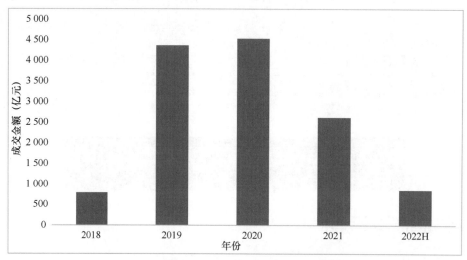

图 9-4 标准债券远期 2018—2022 年成交金额
（数据来源：《2018—2022 年银行间本币市场运行报告》）

标准债券远期现金交割与实物交割有一定区别，表 9-5 总结了不同标准债券远期合约的交割要素。

表 9-5 标准债券远期合约交割要素

产品	现金交割合约	实物交割合约
合约标的	票面利率为 3%，定期付息的 3 年期/5 年期/10 年期虚拟的国开债、5 年期/10 年期的虚拟的农发债	国开债/农发债标准债券远期实物交割合约
合约代码	CDB3/CDB5/CDB10/ADBC5/ADBC10，如 3 年期 2021 年 12 月交割的 CDB3_2112	国开债：CDB，以 P 结尾，如 CDB2_2203P 农发债：ADBC，以 P 结尾，如 ADBC2_2203P

单位报价量	1 000 万/手	
报价方式	百元净价（元）	
最小价格变动	0.005 元	
合约月份	最近的 2 个季月	
合约到期交割日	合约月份的第三个星期三（节假日调整至下一营业日）	
最后交易日	合约到期交割日的前一营业日	
新合约上市日	业务上线日、旧合约交割日	
清算方式	集中清算	
可交割债券	按待偿期范围选取合约上市前21个营业日中流动性最好的两只国开债/农发债作为可交割债券，若存在并列，则优先处理发行较晚的那只。可交割债券在上市之初就已确认，且合约存续期内不变	按待偿期范围选取银行间市场托管的、固定利息、不含权的一篮子国开债/农发债
交割货款	买卖双方按交割结算价计算	付券方交付可交割债券，付款方交割货款

9.2.2 标准债券远期的功能

（1）套期保值。

标准债券远期为政策性金融债提供了利率风险套期保值工具，套期方式与国债期货类似，只不过品种主要针对政策性金融债。

（2）投机或套利交易。

标准债券远期的投机或套利方式与国债期货类似。

（3）助力市场多元化发展。

标准债券远期作为利率类期货的新增品种，助力完善银行间市场的多样性。

9.2.3 标准债券远期常见指标的计算

（1）标准债券远期交割价。

合约到期交割可分为现金交割与实物交割两类。

① 现金交割。

$$P_d = \sum_{i=1}^{t} \frac{3}{(1+\bar{r})^i} + \frac{100}{(1+\bar{r})^t} \qquad (9-13)$$

P_d：到期交割价格。

$\bar{r}$：虚拟债券的到期收益率（最后交易日当天的一篮子可交割债券的中债平均收益率）。

t：虚拟债券的到期时间。

【实例 9-9】以 10 年期农发 ADBC10_2212 为例，最后交易日为 2022-12-20。假定两只可交割债券 21 农发 05（210405）和 21 农发 10（210410）在最后交易日的中债收益率分别为 3.013% 和 2.984%。计算 10 年期 3%票面利率的虚拟债券的价格（到期交割价格）。

【分析解答】

$$\bar{r} = \frac{3.013\% + 2.984\%}{2} = 2.9985\%$$

$$P_d = \sum_{i=1}^{10} \frac{3}{(1+2.9985\%)^i} + \frac{100}{(1+2.9985\%)^{10}} = 100.01279628 \text{（元）}$$

下面采用 Python 直接调用前面编写的 Fixed_Bond_Valuation 函数，输入对应参数计算标准债券远期的到期交割价格。

```
#加载需要使用的库
from Fixed_Bond_Valuation import *
#输入对应参数
maturity=np.array([0,0.08,0.25,0.5,0.75,1,
                   2,3,4,5,6,7,8,9,10,15,20,30])
spot_rates=np.array([2.9985,2.9985,2.9985,2.9985,2.9985,2.9985,2.9985,
                     2.9985,2.9985,2.9985,2.9985,2.9985,2.9985,
                     2.9985,2.9985,2.9985,2.9985])/100  #水平恒定的收益率曲线
bond_ADBC10_2212=Fixed_Bond_Valuation(cal_date=date(2022,12,20),
                     start_date=date(2022,12,20),yearlenth=10,fre=1,
                     R=3,m=100,ACC_type="ACT_ACT_AVE",spread=0,
                     curve_time=maturity,curve_list=spot_rates)
print('计算得到标准债券远期的到期交割价格：',round(bond_ADBC10_2212,8))
```

输出结果：

计算得到标准债券远期的到期交割价格： 100.01279628

② 实物交割。

最后交易日若标准债券远期成交不少于 5 笔，交割结算价为该标准债券远期当天全部交易的成交价格和成交量的加权平均价；若当日标准债券远期成交少于 5 笔，交割结算价的计算公式为：

$$P_d = P_{(t-1)\text{day}} + P_{\text{bt}} - P_{(\text{bt}-1)\text{day}} \quad (9-14)$$

P_d：交割结算价。

$P_{(t-1)\text{day}}$：该标准债券远期上一交易日结算价。

P_{bt}：基准合约当日结算价。

$P_{(\text{bt}-1)\text{day}}$：基准标准债券远期上一交易日结算价。

【注】基准合约为当日离交割月份最近的标准债券远期。

（2）标准债券远期的定价。

首先，依据无套利原理为标准债券远期定价，假定在交易日 t 达成了一笔交割日为 T 日的债券远期交易，在 t 日达成的债券远期全价为：

$$P_T = P \times \left(1 + R \times \frac{n}{365}\right) \quad (9-15)$$

$$P_T = \left[P \times \left(1 + R \times \frac{n_1}{365}\right) - c\right] \times \left(1 + R \times \frac{n_2}{365}\right) \qquad (9-16)$$

P_T：t 日达成的债券远期交易全价 [中途无付息参照公式（9-15），否则参照公式（9-16）]。

c：t 日与 T 日之间发生的利息（如有）。

n：交易日到交割日的天数。

n_1：交易日到下一付息日的天数。

n_2：下一付息日到交割日的天数。

R：交易日到交割日之间的平均资金成本。

P：债券的即期全价。

其次，通过可交割债券的远期全价推算出两只可交割债券的远期收益率 f_1 与 f_2。

再次，求取平均远期收益率得到标准债券远期的理论收益率。

$$\bar{f} = \frac{f_1 + f_2}{2} \qquad (9-17)$$

$\bar{f}$：标准债券远期的理论收益率。

f_1：可交割债券 1 的远期收益率。

f_2：可交割债券 2 的远期收益率。

最后，根据虚拟债券的收益率推算出虚拟债券的理论价格。

【实例 9-10】以 10 年期农发 ADBC10_2212 为例，最后交易日为 2022-12-20。假定两只可交割债券 21 农发 05（210405）（基本信息见表 9-6）和 21 农发 10（210410）（基本信息见表 9-7）在 2022-7-29 的当前全价分别为 104.205 4 元、104.355 9 元，当前平均资金成本为 2.572 0%。在 2022-7-29 计算该标准债券远期虚拟债券的理论价格。

表 9-6　21 农发 05 债券的基本信息

债券简称	21 农发 05	债券代码	210405
债券类型	政策性银行债	发行人	中国农业发展银行
债券起息日	2021-5-24	债券到期日	2031-5-24
付息频率	1 年 1 次	发行期限	10 年
息票类型	附息式固定利率	面值	100 元
计息基准	实际/实际	票面利率（%）	3.52

数据来源：中国货币网

表 9-7　21 农发 10 债券的基本信息

债券简称	21 农发 10	债券代码	210410
债券类型	政策性银行债	发行人	中国农业发展银行
债券起息日	2021-11-5	债券到期日	2031-11-5
付息频率	1 年 1 次	发行期限	10 年
息票类型	附息式固定利率	面值	100 元
计息基准	实际/实际	票面利率（%）	3.3

数据来源：中国货币网

【分析解答】首先求解两只可交割债券的远期理论全价。

21 农发 05 中途不存在付息，即：

$$n = \text{days}(2022\text{-}12\text{-}20 - 2022\text{-}7\text{-}29) = 144$$

$$P_{210405} = 104.205\,4 \times \left(1 + 2.572\,0\% \times \frac{144}{365}\right) = 105.262\,779\,33\,（元）$$

21 农发 10 中途存在付息，则：

$$n_1 = \text{days}(2022\text{-}11\text{-}5 - 2022\text{-}7\text{-}29) = 99$$

$$n_2 = \text{days}(2022\text{-}12\text{-}20 - 2022\text{-}11\text{-}5) = 45$$

$$P_{210410} = \left[104.355\,9 \times \left(1 + 2.572\,0\% \times \frac{99}{365}\right) - 3.3\right] \times \left(1 + 2.572\,0\% \times \frac{45}{365}\right)$$
$$= 102.106\,650\,75\,（元）$$

接着求解两只可交割债券的远期理论收益率：

$$P_{210405} = \frac{3.52\% \times 1 \times 100 + 0}{(1 + f_1/1)^{\frac{155}{365}}} + \frac{3.52\% \times 1 \times 100 + 0}{(1 + f_1/1)^{\frac{155}{365}+1}} + \cdots + \frac{3.52\% \times 1 \times 100 + 100}{(1 + f_1/1)^{\frac{155}{365}+9-1}}$$
$$= 105.262\,779\,33\,（元）$$

$$P_{210410} = \frac{3.3\% \times 1 \times 100 + 0}{(1 + f_2/1)^{\frac{320}{365}}} + \frac{3.3\% \times 1 \times 100 + 0}{(1 + f_2/1)^{\frac{320}{365}+1}} + \cdots + \frac{3.3\% \times 1 \times 100 + 100}{(1 + f_2/1)^{\frac{320}{365}+9-1}}$$
$$= 102.106\,650\,75\,（元）$$

可以求得 $f_1 = 3.076\,129\,326\%$，$f_2 = 3.077\,548\,128\%$。

则虚拟债券的远期理论收益率为：

$$\bar{f} = \frac{3.076\,129\,326\% + 3.077\,548\,128\%}{2} = 3.076\,838\,727\%$$

则虚拟债券的价格为：

$$P_d = \sum_{i=1}^{10} \frac{3}{(1 + 3.076\,838\,727\%)^i} + \frac{100}{(1 + 3.076\,838\,727\%)^{10}} = 99.347\,112\,87\,（元）$$

下面使用 Python 编写 SBF_prcing 函数计算标准债券远期的定价。

```
#加载需要使用的库
from coupon_schedule import *
from YTM_coupon_bond import *
from Fixed_Bond_Valuation import *
import numpy as np
#标准债券远期的定价函数
def BondSBF_prcing (cal_date,start_date_1,yearlenth_1,fre_1,R_1,m_1,ACC_type_1,P_1,
                   start_date_2,yearlenth_2,fre_2,R_2,m_2,ACC_type_2,P_2,SBF_end_date,R_cost):
    '''
    :param cal_date:计算日期;
    :param start_date_1: 可交割债券1的起息日;
    :param yearlenth_1: 可交割债券1的年限;
```

```
:param fre_1:可交割债券1的付息频率;
:param R_1:可交割债券1的票面年化利息;
:param m_1:可交割债券1的剩余百元本金;
:param ACC_type_1:可交割债券1的计息基准;
:param P_1:可交割债券1的即期价格;
:param start_date_2:可交割债券2的起息日;
:param yearlenth_2:可交割债券2的年限;
:param fre_2:可交割债券2的付息频率;
:param R_2:可交割债券2的票面年化利息;
:param m_2:可交割债券2的剩余百元本金;
:param ACC_type_2:可交割债券2的计息基准;
:param P_2:可交割债券2的即期价格;
:param SBF_end_date:标准债券远期交割日期;
:param R_cost:资金成本;
:return:返回计算标准债券远期的定价。
'''
#求解可交割债券1的远期价格
schedule_1 = coupon_schedule(start_date=start_date_1, yearlenth=yearlenth_1, fre=fre_1)
for i in range(1, len(schedule_1)):
    if schedule_1[i] >= cal_date: break
n = (SBF_end_date - cal_date).days
PT_1=P_1*(1+R_cost/100*n/365)
if schedule_1[i] < SBF_end_date:  # 通常国债付息频率不会大于2
    I_1 = R_1 / fre_1 * m_1 / 100   # 假定中间最多付息1次
    n_1=(schedule_1[i]-cal_date).days
    n_2=(SBF_end_date-schedule_1[i]).days
    PT_1 = (P_1 * (1 + R_cost/100 * n_1 / 365)-I_1)*(1+R_cost/100 * n_2 / 365)
#求解可交割债券2的远期价格
schedule_2 = coupon_schedule(start_date=start_date_2, yearlenth=yearlenth_2, fre=fre_2)
for j in range(1, len(schedule_2)):
    if schedule_2[j] >= cal_date: break
PT_2=P_2*(1+R_cost/100*n/365)
if schedule_2[j] < SBF_end_date:  # 通常国债付息频率不会大于2
    I_2 = R_2 / fre_2 * m_2 / 100   # 假定中间最多付息1次
    n_1=(schedule_2[j]-cal_date).days
    n_2=(SBF_end_date-schedule_2[j]).days
    PT_2 = (P_2 * (1 + R_cost/100 * n_1 / 365)-I_2)*(1+R_cost/100 * n_2 / 365)
print('可交割债券1的远期全价: ',round(PT_1,8))
print('可交割债券2的远期全价: ',round(PT_2,8))
#计算两只可交割债券的远期理论收益率
f_1=YTM_coupon_bond(start_date=start_date_1,yearlenth=yearlenth_1,fre=fre_1,
                cal_date=SBF_end_date,R=R_1,m=m_1,PV=PT_1,
                coupon_type="fixed",ACC_type=ACC_type_1,r=0)
f_2=YTM_coupon_bond(start_date=start_date_2,yearlenth=yearlenth_2,fre=fre_2,
                cal_date=SBF_end_date,R=R_2,m=m_2,PV=PT_2,
                coupon_type="fixed",ACC_type=ACC_type_2,r=0)
print('可交割债券1的远期理论收益率(%): ',np.round(float(f_1)*100,9))
print('可交割债券2的远期理论收益率(%): ',np.round(float(f_2)*100,9))
#计算虚拟债券的远期收益率
f=(f_1+f_2)/2
```

```
        print('虚拟债券的远期理论收益率(%): ', np.round(float(f)*100,9))
        #计算虚拟债券的价格
        Pd=Fixed_Bond_Valuation(start_date=SBF_end_date, yearlenth=10, fre=1,
                        cal_date=SBF_end_date, R=3, m=100,
                        ACC_type="ACT_ACT_AVE",spread=0,
                        curve_time=np.array([0,30]), curve_list=np.array([f,f]))
        return Pd
```

将对应参数输入 SBF_prcing 函数进行计算。

```
#测试案例
SBF_prcing_test=BondSBF_prcing (cal_date=date(2022,7,29),
                    start_date_1=date(2021,5,24),yearlenth_1=10,fre_1=1,R_1=3.52,m_1=100,
                    ACC_type_1="ACT_ACT_AVE",P_1=104.2054,
                    start_date_2=date(2021,11,5),yearlenth_2=10,fre_2=1,R_2=3.3,m_2=100,
                    ACC_type_2="ACT_ACT_AVE",P_2=104.3559,
                    SBF_end_date=date(2022,12,20),R_cost=2.5720)
print('计算得到该标准债券远期的定价: ',round(SBF_prcing_test,8))
```

输出结果：

```
可交割债券1的远期全价：   105.26277933
可交割债券2的远期全价：   102.10665075
可交割债券1的远期理论收益率(%):  3.076129326
可交割债券2的远期理论收益率(%):  3.077548128
虚拟债券的远期理论收益率(%):    3.076838727
计算得到该标准债券远期的定价:  99.34711287
```

（3）标准债券远期的转换因子与隐含回购利率。

标准债券远期的转换因子与隐含回购利率与国债期货的计算方式相同，见 9.1.3 小节，这里不重复介绍。

（4）标准债券远期的风险指标计算。

标准债券远期的基本风险指标的计算方式与国债期货类似。值得注意的指标是 DV01，这里认为标准债券远期的 DV01 与虚拟债券的 DV01 大小相等。如以 10 年期的标准债券远期为例，标的物是票面利率为 3%的 10 年期的虚拟债券，因而 DV01 就是票面利率为 3%的 10 年期的虚拟债券依据当前的到期收益率计算得出的。虚拟债券的久期接近 10，如果用可交割债券去计算就会略有差异，因而推荐用虚拟债券到期收益率计算 DV01。如果要计算不同期限点上的 DV01，则计算公式如下。

$$d_{\text{key}} = \frac{d_f}{2} \times \left(\frac{d_{\text{key1}}}{d_{f1}} + \frac{d_{\text{key2}}}{d_{f2}} \right) \tag{9-18}$$

d_{key}：标准债券远期在某个期限点上的 DV01。

d_f：在交割日当天，虚拟债券的远期 DV01。

d_{f1}、d_{f2}：在交割日当天，两只可交割债券的远期 DV01。

d_{key1}、d_{key2}：在某个期限点上，两只可交割债券的 DV01。

【实例 9-11】假定在 2022-12-20 交割日虚拟债券的远期 DV01 为 0.08，两只可交割债券的远期 DV01 分别为 0.078、0.080 7；在 3M 期限点上两只可交割债券的 DV01 为 0.012、0.015，计算该标准债券远期在 3M 期限点上的 DV01。

【分析解答】将条件代入公式（9-18）有：

$$d_{\text{key}} = \frac{0.08}{2} \times \left(\frac{0.012}{0.078} + \frac{0.015}{0.080\,7}\right) = 0.013\,589$$

9.3　本章小结

本章重点介绍了利率类的两大衍生品——国债期货与标准债券远期。国债期货是以国债为标的的期货合约，在中金所交易；标准债券远期是以国开债、农发债为标的的利率衍生品合约，在银行间交易。从成交量上来看，国债期货与标准债券远期相比，量级更大也更为成熟。目前，标准债券远期也在不断优化完善，从现金交割扩充到实物交割。二者在本质、原理上相同，常见指标的计算也比较相似，功能上均可用于套利与风险对冲。

第 10 章

利率互换

10.1 利率互换介绍

利率互换是全球交易量最大的场外金融衍生品之一,也是在固定收益中与国债期货及标准债券远期同等重要的衍生品。虽然以上均是利率类的风险对冲衍生品,但是挂钩的标的有一定区别,利率互换挂钩银行间市场交易品种的利率较多(如 Shibor3M、FR007、LPR 等)。"互换"也可以初步理解为固定利率与参考(或浮动)利率之间的互换。

10.1.1 利率互换简介

利率互换(Interest Rate Swap,IRS),是指交易双方约定在未来一定期限内,根据约定的本金和利率计算利息并进行利息交换的金融合约(通常是双方以相同的名义本金互换固定和浮动利息)。利率互换不涉及债务本金的交换,不需要在期初和期末互换本金。利率互换还可被视为一系列远期收益率协议的合成,远期收益率协议则可被看作只含有单期的利率互换。图 10-1 总结了我国利率互换的历史发展沿革。

利率互换是银行间债券市场最活跃的利率衍生品和利率风险对冲工具之一,日均成交量逾 800 亿元。在 2022 年上半年,人民币利率互换活跃程度有一定降低。从统计数据上来看,2022 年上半年利率互换共成交 10.5 万笔,同比减少 25.2%,名义本金总额 8.4 万亿元,同比减少 23.6%;日均成交 692 亿元,同比减少约 24%。图 10-2 展示了银行间利率互换 2010—2022 年成交金额。

图 10-1 我国利率互换的历史发展沿革

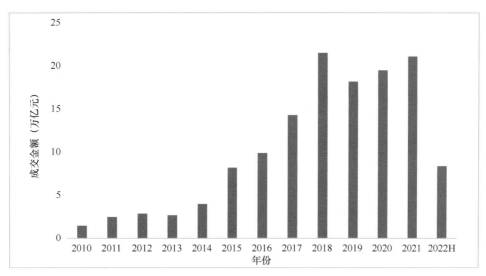

图 10-2 银行间利率互换 2010—2022 年成交金额
（数据来源：《2010—2022 年银行间本币市场运行报告》）

10.1.2 利率互换的功能

（1）减少融资成本。

不同主体在市场上的信用评级有高低差异，因而对应的融资利率也有差异。主体之间交换利息，可以达到互利共赢。

（2）规避利率风险。

在预期利率下降时，融资者可以采用利率互换将固定利率切换为浮动利率；反之，如果预期利率上升，则可以将浮动利率切换为固定利率。

（3）投机或套利。

经验丰富的投资者可根据宏观经济与利率变化走势应用利率互换进行资产管理与策略投

资，获取投资理财的收益。

（4）丰富债券市场品种。

尽管目前国内债券市场的衍生品种类相对有限，但是积极推广利率互换等衍生产品对于推动利率市场化的进程有重要意义。通过这些衍生品，市场参与者能更好地管理利率风险，进而促进资金的有效配置和市场的健康发展。

10.1.3 利率互换的交易要素

从产品类型看，我国利率互换包括 FR007、Shibor 3M、Shibor O/N、LPR1Y、LPR5Y 等品种。利率互换的主要交易要素如表 10-1 所示。

表 10-1 利率互换的主要交易要素

要素名称	要素含义
交易方向	买方：支付固定利率，收取参考（或浮动）利率 卖方：支付参考（或浮动）利率，收取固定利率
产品名称	根据产品名称可以区分出是标准的利率互换品种还是个性化品种
名义本金	买卖双方计算利息的本金总额
固定利率	愿意支付/收取的固定利率值，年化利率（%）
参考利率	用于确定浮动利率的利率
参考利率确定日	确定参考利率的日期
重置频率	确定新的参考利率的频率（或周期）（包括日、周、季、半年、年等）
起息日	利率互换开始计息的日期 通常默认起息日=成交日+1 个营业日（可根据实际情况调整）
到期日	利率互换的到期日，到期日=起息日+合约期限
支付周期	付息频率（包括日、周、季、半年、年等）
支付日	利率互换进行利息支付的日期 首次支付日=起息日+支付频率
支付日调整	若某一交易相关日期并非营业日，根据营业日准则调整，包括"下一营业日""经调整的下一营业日""上一营业日"准则
计息基准	日计数基准（计算利息使用），一般包括实际/360、实际/365、30/360 等
计息方式	单利或复利计息
计息天数调整	支付日根据营业日准则调整时，计息天数是否按照实际天数进行调整

【注1】① "下一营业日"：顺延至下一营业日。
② "经调整的下一营业日"：顺延至下一营业日，但如果下一营业日跨至下一月，则提前至上一营业日。
③ "上一营业日"：提前至上一营业日。

【注2】负利率：浮动利率支付方的应付金额为零，固定利率支付方应付金额应加上应付浮动金额的绝对值。

【实例 10-1】交易员 A 做了一笔起息日为 2021-7-30，固定利率为 2.68%，期限为 3 年，支付周期为季的 Shibor3M 利率互换，收/付息日规则为经调整的下一营业日，请生成收/付息日期计划。

【分析解答】由于该笔利率互换的起息日为 2021-7-30，收/付息日规则为经调整的下一营业日，收/付息频率为每季一次，因而日期计划为按季的频率增加，所以应当为 2021-7-30，2021-10-29，2022-1-31，…，2024-4-30，2024-7-30。

正常在不进行营业日准则调整的情况下，收/付息日计划应该是按季计算的月末 30 号。这里设置的是经调整的下一营业日准则，做了相应的调整。例如 2021-10-30 为周六，增加 1 个营业日后是 2021-11-1，发生了跨月，将其提前至上一营业日 2021-10-29；再如 2022-1-30 为周日，增加 1 个营业日后是 2022-1-31。

下面采用 Python 来编写收/付息日规则为经调整的下一营业日的计划日期函数（coupon_schedule_adjust）。

```python
#加载需要使用的库
import datetime
from datetime import date
from dateutil import relativedelta
#起息日至到期日的收/付息日日期计划生成函数(经调整的下一营业日)
def coupon_schedule_adjust(start_date,yearlenth,fre):
    '''
    :param start_date: 起息日；
    :param yearlenth: 金融产品的年限；
    :param fre: 付息频率；
    :return: 返回计算付息间隔计划。
    '''
    schedule=[start_date]
    if fre == 0:
        schedule.append(start_date+relativedelta.relativedelta(months=12*yearlenth))
    elif fre == 4:
        for i in range(3,int(yearlenth*3*4+1), 3):
            schedule.append(start_date+relativedelta.relativedelta(months=i))
    elif fre == 2:
        for i in range(6,int(yearlenth*6*2+1), 6):
            schedule.append(start_date+relativedelta.relativedelta(months=i))
    else:
        for i in range(12,int(yearlenth*12*1+1), 12):
            schedule.append(start_date+relativedelta.relativedelta(months=i))
    #如果收/付息日是周末，顺延到下一营业日，如果下一营业日跨至下一个月，则提前到上一营业日
    for s in range(0,len(schedule)):
        if schedule[s].weekday()==5 or schedule[s].weekday()==6:
            if (schedule[s] + datetime.timedelta(days=
                                        7-schedule[s].weekday())).month-schedule[s].month!=0:
                schedule[s]=schedule[s] - datetime.timedelta(days= schedule[s].weekday()-4)
            else:
                schedule[s]=schedule[s] + datetime.timedelta(days= 7-schedule[s].weekday())
    return schedule
```

输入实例 10-1 中的对应参数。

```python
schedule_test_adjust=coupon_schedule_adjust(start_date=date(2021,7,30),yearlenth=3,fre=4)
print("收/付息间隔计划: \n ",schedule_test_adjust)
```

输出结果：

```
收/付息间隔计划：
[datetime.date(2021, 7, 30), datetime.date(2021, 10, 29), datetime.date(2022, 1, 31),
 datetime.date(2022, 4, 29), datetime.date(2022, 7, 29), datetime.date(2022, 10, 31),
 datetime.date(2023, 1, 30), datetime.date(2023, 4, 28), datetime.date(2023, 7, 31),
 datetime.date(2023, 10, 30), datetime.date(2024, 1, 30), datetime.date(2024, 4, 30),
 datetime.date(2024, 7, 30)]
```

需要注意的是，这里维护的只是周六、周日的节假日调整，实际操作中应当维护整个国家或地区的日历，一般维护已知未来 1~2 年公布的假日情况，未公布的暂时仅维护周六、周日节假日。

10.1.4 利率互换的交易曲线体系

对于不同品种的利率互换，所挂钩的基准利率、计息基准、重置周期与支付周期是不同的。表 10-2 总结了我国利率互换的浮动端参数体系。

表 10-2 我国利率互换的浮动端参数体系

基准利率分类	基准利率名称	基准利率期限	浮动端计息基准	重置周期	支付周期
Shibor	Shibor3M	3M	实际/360	季	季
	ShiborO/N	ON	实际/360	隔夜	到期/年
回购定盘利率	FR007	7D	实际/365	7 天	季
	FDR007	7D	实际/365	7 天	季
贷款市场报价利率（Loan Prime Rate，LPR）	LPR1Y（季付）	1Y	实际/360	季	季
	LPR5Y（季付）	5Y	实际/360	季	季
存贷款基准利率	1 年定存（季付）	1Y	实际/360	季	季
	1 年定存（年付）	1Y	实际/360	年	年
	贷款利率 1 年	1Y	实际/360	年	年
	贷款利率 3 年	3Y	实际/360	年	年
	贷款利率 5 年	5Y	实际/360	年	年
	贷款利率 5 年以上	5Y	实际/360	年	年
债券收益率	GB10	到期	实际/实际	季	季
	CDB10	到期	实际/实际	季	季
	D10/G10	到期	实际/实际	季	季
	AAA3/D3	到期	实际/实际	季	季

【注】GB10 为 10 年期中债国债到期收益率。
CDB10 为 10 年期中债国开债到期收益率。
D10/G10 为 10 年期中债国开债到期收益率与 10 年期中债国债到期收益率之差。
AAA3/D3 为 3 年期中债中短期票据收益率与 3 年期中债国开债到期收益率之差。

经过多年的实践，各类参考（或定盘）利率（如 Shibor 与 FR007）已成为货币市场上高度市场化的基准利率，并被广泛用作利率互换和货币互换等衍生品的参考利率。2022 年上半年，我国有大约 88%的利率互换交易使用 FR007 作为参考利率。图 10-3 展示了 2022 年上半年我国利率互换品种成交额比例。

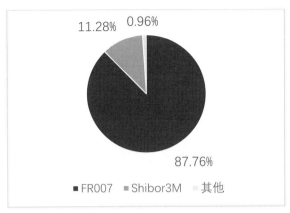

图 10-3　2022 年上半年我国利率互换品种成交额比例
（数据来源：Wind 资讯）

在我国，流动性最好的利率互换是以 FR007 和 Shibor3M 为基准利率的。因此，本章主要介绍这两个品种。

10.1.5　利率互换的交易与利息计算

在利率互换的交易中，在每个付息周期会发生固定利息或浮动利息的收付，利息的计算方法在固定端和浮动端也有一定差异，下面介绍两端的具体利息计算方式。

（1）固定端利息计算公式。

$$C_{\text{fix},i} = Q \times r_{\text{fix}} \times \frac{N_i}{D} \tag{10-1}$$

$C_{\text{fix},i}$：固定端（固定利率）第 i 个计息期支付或收取的现金流。

Q：单笔利率互换交易的名义本金。

r_{fix}：单笔利率互换交易的固定利率。

D：计息基准对应的年度天数。

N_i：计息期的自然日天数。

（2）浮动端利息计算公式。

① 浮动端单利利息计算公式。

$$C_{\text{float},i} = \sum_{j=1}^{n} Q \times (r_{\text{ref},j} + \text{bps}) \times \frac{d_j}{D} \tag{10-2}$$

$C_{\text{float},i}$：浮动端（浮动利率）第 i 个计息期支付或收取的现金流。

Q：单笔利率互换交易的名义本金。

$r_{\text{ref},j}$：第 i 个计息期中第 j 个重置日对应的浮动利率。

bps：利差。

d_j：第 i 个计息期中第 j 个重置期对应的自然日天数（算头不算尾）。

D：浮动利率计息基准对应的年度天数。

② 浮动端复利利息计算公式。

$$C_{\text{float},i} = Q \times \left\{ \prod_{j=1}^{d_0} \left[1 + \frac{(r_{\text{ref},j} + \text{bps}) \times d_j}{D} \right] - 1 \right\} \quad (10-3)$$

$C_{\text{float},i}$：浮动端（浮动利率）第 i 个计息期支付或收取的现金流。

Q：单笔利率互换交易的名义本金。

$r_{\text{ref},j}$：第 i 个计息期中第 j 个重置日对应的浮动利率。

bps：利差。

d_0：第 i 个计息期中包含的重置期个数。

d_j：浮动利率为每日定盘（如 ShiborO/N 或 FR001）时，如果当日（营业日）的下一自然日为营业日，则当日的 d_j=1；如果为节假日，则 d_j 等于当日（含）至下一营业日（不含）的自然日天数（如在周五一般有 d_j=3）。浮动利率为其他周期定盘（如周、季等）时，d_j 为第 i 个计息期中第 j 个重置期对应的自然日天数（算头不算尾）。

D：浮动利率计息基准对应的年度计息天数。

【实例 10-2】交易员 A（本方）在 2022-2-15 做了一笔 1 年期支付固定利率收取浮动利率的 Shibor3M 利率互换对话报价，名义本金为 1 000 万元，固定端利率为 2.25%，浮动端参考利率为 Shibor3M，利差为 3BP，支付周期为季，具体的交易要素如图 10-4 所示。

图 10-4　Shibor3M 利率互换对话报价

【注】利率互换浮动端的参考利率的确定日通常在起息日的前一营业日。

【分析解答】图 10-5 所示为一笔 1 年期支付固定利率收取浮动利率（Shibor3M+3BP）的重置计划。重置频率为季，重置日为 2022-2-15、2022-5-13、2022-8-15、2022-11-15。

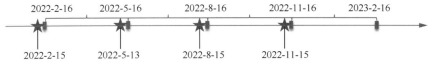

图 10-5　Shibor3M 利率互换重置计划

2022-2-15 确定付息期间为 2022-2-16—2022-5-16 的利率。

2022-5-13 确定付息期间为 2022-5-16—2022-8-16 的利率。

【注】2022-5-15 为周日，依据重置日适用上一营业日准则，则实际参考利率日期采用 2022-5-13。

假定计算日（当前日期）为 2022-5-23，查询中国货币网 Shibor3M 参考（定盘）利率并进行整理，汇总整个重置计划如表 10-3 所示。

表 10-3　Shibor3M 利率互换重置计划（假定当前日期为 2022-5-23）

利率确定日	2022-2-15	2022-5-13	2022-8-15	2022-11-15
参考（定盘）利率（%）	2.415	2.25	2.05	2.05
利差（%）	0.03	0.03	0.03	0.03
计息区间	2022-2-16—2022-5-16	2022-5-16—2022-8-16	2022-8-16—2022-11-16	2022-11-16—2023-2-16
计息天数（天）	89	92	92	92

【注】这里第 3 期和第 4 期浮动端还未定盘，所以计算日当前并不知道未来的现金流，通常需要预估未来的现金流，具体方法见 10.3.2 小节。这里暂时采用计算日前一营业日（2022-5-20）的基准利率 2.05%作为参考（定盘）利率。

Shibor3M 固定端利息金额以单利方式计息，计息基准为实际/365。

$$C_{\text{fix},1} = 10\,000\,000 \times 2.25\% \times \frac{89}{365} = 54\,863.01\,（元）$$

$$C_{\text{fix},2} = 10\,000\,000 \times 2.25\% \times \frac{92}{365} = 56\,712.33\,（元）$$

$$C_{\text{fix},3} = 10\,000\,000 \times 2.25\% \times \frac{92}{365} = 56\,712.33\,（元）$$

$$C_{\text{fix},4} = 10\,000\,000 \times 2.25\% \times \frac{92}{365} = 56\,712.33\,（元）$$

本例浮动端的利差为 0.03%，Shibor3M 浮动端利息金额以单利方式计算，计息基准为实际/360，则浮动端利息计算：

$$C_{\text{float},1} = 10\,000\,000 \times (2.415\% + 0.03\%) \times \frac{89}{360} = 60\,445.83\,（元）$$

$$C_{\text{float},2} = 10\,000\,000 \times (2.25\% + 0.03\%) \times \frac{92}{360} = 58\,266.67\,（元）$$

$$C_{\text{float},3} = 10\,000\,000 \times (2.05\% + 0.03\%) \times \frac{92}{360} = 53\,155.56\,（元）$$

$$C_{\text{float},4} = 10\,000\,000 \times (2.05\% + 0.03\%) \times \frac{92}{360} = 53\,155.56 \text{（元）}$$

本例为支付固定利率，收取浮动利率。

单笔利率互换结息金额=浮动端利息金额-固定端利息金额。

$$\text{netting}_1 = C_{\text{float},1} - C_{\text{fix},1} = 60\,445.83 - 54\,863.01 = 5\,582.82 \text{（元）}$$

$$\text{netting}_2 = C_{\text{float},2} - C_{\text{fix},2} = 58\,266.67 - 56\,712.33 = 1\,554.34 \text{（元）}$$

$$\text{netting}_3 = C_{\text{float},3} - C_{\text{fix},3} = 53\,155.56 - 56\,712.33 = -3\,556.77 \text{（元）}$$

$$\text{netting}_4 = C_{\text{float},4} - C_{\text{fix},4} = 53\,155.56 - 56\,712.33 = -3\,556.77 \text{（元）}$$

接下来，用Python编写计算Shibor3M利率互换的每期利息以及轧差利息的函数（Swap_Shibor3M_coupon）。

```python
#加载需要使用的库
import numpy as np
import datetime
from coupon_schedule_adjust import *
# 求解Shibor3M利率互换的每期利息以及轧差利息的函数
def Swap_Shibor3M_coupon(Q, rfix, rref, start_date,yearlenth,fre,paytype):
    '''
    :param Q:本金；
    :param rfix: 每期固定端利率（矩阵输入）；
    :param rref: 每期浮动端利率（矩阵输入）；
    :param start_date: 利率互换的利息起息日；
    :param yearlenth: 利率互换的期限；
    :param fre: 利率互换的付息频率；
    :param paytype: 'fix'代表固定利率，'float'代表浮动利率；
    :return: 返回固定利息金额、浮动利息金额、轧差金额。
    '''
    schedule_Shibor3M = coupon_schedule_adjust(start_date=start_date, yearlenth=yearlenth,fre=fre)
    paymentfix_yearfraction=[]
    paymentfloat_yearfraction=[]
    for i in range(1,len(schedule_Shibor3M)):
        paymentfix_yearfraction.append((schedule_Shibor3M[i]-
                    schedule_Shibor3M[i-1])/datetime.timedelta(days=365))
        paymentfloat_yearfraction.append((schedule_Shibor3M[i]-
                    schedule_Shibor3M[i-1])/datetime.timedelta(days=360))
    #转换为矩阵加速计算
    paymentfix_yearfraction=np.array(paymentfix_yearfraction)
    paymentfloat_yearfraction=np.array(paymentfloat_yearfraction)
    Cfix = Q * rfix * paymentfix_yearfraction
    Cfloat = Q * rref * paymentfloat_yearfraction
    if paytype=='fix':
        netting=Cfloat - Cfix
    else:
        netting=Cfix - Cfloat
    return C_fix, C_float, C_float - C_fix
```

调用Swap_Shibor3M_coupon函数并输入对应参数计算利息及其轧差损益。

```python
#测试案例
fix_rate = np.array([2.25, 2.25, 2.25, 2.25]) / 100
float_rate = np.array([2.415+0.03, 2.25+0.03, 2.05+0.03, 2.05+0.03]) / 100
Swap_Shibor3M_coupon_test = Swap_Shibor3M_coupon(Q=10000000, rfix=fix_rate, rref=float_rate, start_date=date(2022,2,16), yearlenth=1,fre=4,paytype='fix')
```

```
print('每期固定利息', np.round(np.array(Swap_Shibor3M_coupon_test[0]), 2))
print('每期浮动利息', np.round(np.array(Swap_Shibor3M_coupon_test[1]), 2))
print('每期轧差损益', np.round(np.array(Swap_Shibor3M_coupon_test[2]), 2))
```

输出结果：

```
每期固定利息 [54863.01 56712.33 56712.33 56712.33]
每期浮动利息 [60445.83 58266.67 53155.56 53155.56]
每期轧差损益 [ 5582.82  1554.34 -3556.77 -3556.77]
```

【**实例 10-3**】交易员 A（本方）在 2021-12-31 做了一笔 1 年期支付固定利率收取浮动利率的 FR007 利率互换对话报价，名义本金为 1 000 万元，固定端利率为 2.41%，浮动端参考利率为 FR007，利差为 3BP，支付周期为季，具体的交易要素如图 10-6 所示。

图 10-6　FR007 利率互换对话报价

【**分析解答**】这是一笔 1 年期支付固定利率收取浮动利率（FR007+3BP）的对话报价交易。支付周期为季，由于支付日的调整规则为经调整的下一营业日，首期定期支付日由 2022-4-4 调整为 2022-4-6，即第一个支付周期的总计息天数为 92 天。此外，重置频率为周，所以第一个付息周期的计划重置日为 2021-12-31，2022-1-10，…，2022-4-2，如图 10-7 所示。

图 10-7　起息日与重置日

假定计算日（当前日期）为 2022-2-23，查询中国货币网 FR007 参考（定盘）利率并进行整理，可以得到第一个付息周期的明细表（季付，重置周期不完整），如表 10-4 所示。

表 10-4　FR007 利率互换的第一个付息周期重置利率

利率确定日	2021-12-31	2022-1-10	…	2022-3-28	2022-4-2
参考（定盘）利率（%）	2.4	2.11	…	2.4	2.4
利差（%）	0.03	0.03	…	0.03	0.03
计息区间	2022-1-4—2022-1-11	2022-1-11—2022-1-18	…	2022-3-29—2022-4-5	2022-4-5—2022-4-6
计息天数（天）	7	7	…	7	1

【注】依据计算日，2022-2-28 之后的付息计划暂未定盘，这里暂时按照计算日前一营业日（T-1）的定盘利率 2.4% 替代。如果想要采用精确的参考利率，具体方法见 10.3.3 小节。

同理，第 2、3、4 期付息周期的计算方法与之相似。由于均不知未来的定盘利率，这里暂时均按照计算日前一营业日（T-1）的定盘利率 2.4% 替代。

FR007 固定端利息金额以单利方式计算，计息基准为实际/365。

$$C_{\text{fix},1} = 10\,000\,000 \times 2.41\% \times \frac{92}{365} = 60\,745.21\,（元）$$

$$C_{\text{fix},2} = 10\,000\,000 \times 2.41\% \times \frac{89}{365} = 58\,764.38\,（元）$$

……

本例浮动端的利差为 0.03%，FR007 浮动端利息金额以复利方式计算，计息基准为实际/365。

$$C_{\text{float},1} = 10\,000\,000 \times \left\{ \prod_{j=1}^{13}\left[1 + \frac{(r_{\text{ref},j} + 0.03\%) \times 7}{365}\right] \times \left[1 + \frac{(r_{\text{ref},14} + 0.03\%) \times 1}{365}\right] - 1 \right\}$$

$$= 10\,000\,000 \times \left\{ \left[1 + \frac{(2.4\% + 0.03\%) \times 7}{365}\right]\left[1 + \frac{(2.11\% + 0.03\%) \times 7}{365}\right] \cdots \right.$$

$$\left. \left[1 + \frac{(2.4\% + 0.03\%) \times 1}{365}\right] - 1 \right\} = 58\,009.76\,（元）$$

$$C_{\text{float},2} = 10\,000\,000 \times \left[\prod_{j=1}^{12}\left(1 + \frac{r_{\text{ref},j} \times 7}{365}\right) \times \left(1 + \frac{r_{\text{ref},13} \times 5}{365}\right) - 1 \right]$$

$$= 10\,000\,000 \times \left\{ \left[1 + \frac{(2.4\% + 0.03\%) \times 7}{365}\right]\left[1 + \frac{(2.4\% + 0.03\%) \times 7}{365}\right] \cdots \right.$$

$$\left. \left[1 + \frac{(2.4\% + 0.03\%) \times 5}{365}\right] - 1 \right\} = 59\,414.28\,（元）$$

……

本例为支付固定利率，收取浮动利率。

单笔利率互换结息金额=浮动端利息金额−固定端利息金额。

$$\text{netting}_1 = C_{\text{float},1} - C_{\text{fix},1} = 58\,009.76 - 60\,745.21 = -2\,735.45\,（元）$$

$$\text{netting}_2 = C_{\text{float},2} - C_{\text{fix},2} = 59\,414.28 - 58\,764.38 = 649.9\,（元）$$

……

接下来，用 Python 编写计算 FR007 利率互换的每期利息以及轧差利息的函数（Swap_FR007_coupon）。

```python
#加载需要使用的库
import numpy as np
import datetime
from coupon_schedule_adjust import *
#求解 FR007 利率互换的利息与净额结算
def Swap_FR007_coupon(Q,rfix,rref,start_date,yearlenth,fre,paytype):
    '''
    :param Q:本金;
    :param rfix:每期固定端利率（矩阵输入）;
    :param rref: 每期浮动端利率（矩阵输入）;
    :param start_date:利率互换的起息日;
    :param yearlenth:利率互换的年限;
    :param fre:利率互换的付息频率;
    :param paytype:'fix'代表固定利率,'float'代表浮动利率;
    :return:返回计算固定端利息、浮动端利息、轧差金额。
    '''
    schedule_FR007 = coupon_schedule_adjust(start_date=start_date, yearlenth=yearlenth, fre=fre)
    schedule_FR007[1]=date(2022,4,6) #中国特定清明节假期，手工调整付息日，其他情况请注释掉
    schedule_FR007[3]=date(2022,10,11) #中国特定国庆节假期，手工调整付息日，其他情况请注释掉
    paymentfix_yearfraction=[]
    paymentfloat_days=[]
    for i in range(1,len(schedule_FR007)):
        paymentfix_yearfraction.append((schedule_FR007[i]-
                    schedule_FR007[i-1])/datetime.timedelta(days=365))
        paymentfloat_days.append((schedule_FR007[i]-
                    schedule_FR007[i-1])/datetime.timedelta(days=1))
    #转换为矩阵加速计算
    paymentfix_yearfraction=np.array(paymentfix_yearfraction)
    paymentfloat_days=np.array(paymentfloat_days)
    #计算固定端利息
    Cfix=Q * rfix * paymentfix_yearfraction
    #判断浮动端每期是否不存在残端
    stump=paymentfloat_days % 7
    for s in range(0,len(stump)):
        if stump[s]==0:
            stump[s]=7
    #计算浮动端每期利息
    C=np.ones(len(rfix))
    Cfloat=np.ones(len(rref))
    for i in range(len(rref)):
        for j in range(len(rref[i])-1):
            C[i]=(1+rref[i][j]*7/365)*C[i]
            j=j+1
        C[i]=(1+rref[i][len(rref[i])-1]*stump[i]/365)*C[i]
        Cfloat[i]=Q*(C[i]-1)
        i=i+1
```

```
        if paytype=='fix':
              netting=Cfloat - Cfix
        else:
              netting=Cfix - Cfloat
        return Cfix,Cfloat,Cfloat-Cfix
```

调用 Swap_FR007_coupon 函数并输入对应参数计算每期利息与轧差金额。

```
#测试案例
ref=[np.array([2.4,2.11,2.22,2.08,2.27,2.18,2.02,2.15,2.4,2.4,2.4,2.4,2.4,2.4])/100+0.03/100,
     np.array([2.4]*13)/100+0.03/100,
     np.array([2.4]*15)/100+0.03/100,
     np.array([2.4]*13)/100+0.03/100]
fix_rate=np.array([2.41]*4)/100
Swap_FR007_coupon_test=Swap_FR007_coupon(Q=10000000,rfix=fix_rate,rref=ref,start_date=date(2022,1,4),yearlenth=1,fre=4,paytype='fix')
print('每期固定利息',np.round(np.array(Swap_FR007_coupon_test[0]),2))
print('每期浮动利息',np.round(np.array(Swap_FR007_coupon_test[1]),2))
print('每期轧差损益',np.round(np.array(Swap_FR007_coupon_test[2]),2))
```

输出结果：

```
每期固定利息 [60745.21 58764.38 65367.12 56123.29]
每期浮动利息 [58009.76 59414.28 66111.95 56736.34]
每期轧差损益 [-2735.45   649.9    744.83   613.05]
```

10.2 利率互换即期与远期收益率曲线的构建

10.2.1 利率互换即期收益率曲线的构建

4.3 节已经介绍了债券的即期收益率曲线的构建，这里利率互换的即期收益率曲线的构建原理与其类似。基本假设条件为：即期收益率曲线分段线性，每个标准期限即期收益率线性相连。下面以利率互换曲线标准期限（付息周期为 3M）为基准，以期初固定端现金流现值为面值，采用拔靴法构建利率互换即期收益率曲线。具体以 Shibor3M 为例，计算方法如下。

（1）首先求出未来每个付息日，以及每个付息日（含付息日以下关键期限）距离估值日（T+1）的实际天数：

$$\text{Day}_{1D}, \text{Day}_{1W}, \text{Day}_{2W}, \text{Day}_{1M}, \text{Day}_{3M}, \cdots, \text{Day}_{10Y}$$

（2）对于 3M 期限及以下期限（如 1D、1W、2W、1M、3M），贴现因子为：

$$DF_i = \frac{1}{1 + \text{Shibor}_i \times \dfrac{\text{Day}_i}{360}}, \quad i = 1D, 1W, 2W, 1M, 3M \tag{10-4}$$

Shibor_i：计算日（T）的 Shibor。

（3）对于 6M、9M 和 1Y 期限，可通过下面的拔靴法公式递推求解贴现因子：

$$\text{DF}_k = \frac{1 - R_k \times \sum_{i=3M}^{k-3M} \dfrac{(\text{Day}_i - \text{Day}_{i-3M}) \times \text{DF}_i}{365}}{1 + R_k \times \dfrac{\text{Day}_k - \text{Day}_{k-3M}}{365}}, \quad k = 6M, 9M, 1Y \tag{10-5}$$

【注】i 按付息频率 3M 递增。

R_k：固定端利率，通常为Shibor3M的定盘（或收盘）报价利率。

DF_k：付息日为 k 的贴现因子。

（4）求出每个付息日的即期收益率，应满足：

$$SC_t = -\ln\left(\frac{DF_t}{\frac{Day_t}{365}}\right) \times 100\% \tag{10-6}$$

DF_t：付息日为 t 的贴现因子。

SC_t：付息日为 t 的即期收益率。

（5）由于利率互换原始数据中没有15M、18M、21M等期限的收盘报价（均值）固定利率，所以不能直接按照上述方法求出DF_{15M}、DF_{18M}、DF_{21M}、DF_{2Y}。假设SC_{2Y}为未知数，基于1Y～2Y即期收益率曲线的线性假设：

$$SC_k = SC_{1Y} + \frac{Day_k - Day_{1Y}}{Day_{2Y} - Day_{1Y}} \times (SC_{2Y} - SC_{1Y}) \times 100\% \tag{10-7}$$

$$DF_k = e^{-SC_k \times \frac{Day_k}{365}}, \quad k = 15M, 18M, 21M, 2Y \tag{10-8}$$

将数据代入公式（10-5）类比计算，未知数只有SC_{2Y}，可求出15M、18M、21M、2Y期限的贴现因子和即期收益率。

同理，可求出27M，30M，33M，3Y，…，10Y期限的贴现因子和即期收益率。

【注】如果是其他计息基准或付息频率，可根据实际情况调整公式。

【实例 10-4】已知2022-5-23的日终利率数据：3M以下（含3M）是同业拆借中心公布的Shibor利率，3M以上是Shibor3M利率互换收盘报价（均值），具体信息如表10-5所示。请依据该数据构建Shibor3M贴现因子和即期收益率曲线。

表 10-5　Shibor3M 利率互换 2022-5-23 收盘报价（均值）

开始日期	结束日期	期限点	利率（%）	指标
2022-5-23	2022-5-24	1D	1.323 0	Shibor
2022-5-24	2022-5-31	1W	1.693 0	Shibor
2022-5-24	2022-6-7	2W	1.704 0	Shibor
2022-5-24	2022-6-24	1M	1.900 0	Shibor
2022-5-24	2022-8-24	3M	2.021 0	Shibor
2022-5-24	2022-11-24	6M	2.152 3	Shibor3M
2022-5-24	2023-2-24	9M	2.234 9	Shibor3M
2022-5-24	2023-5-24	1Y	2.303 8	Shibor3M
2022-5-24	2024-5-24	2Y	2.476 3	Shibor3M
2022-5-24	2025-5-26	3Y	2.615 0	Shibor3M
2022-5-24	2026-5-25	4Y	2.760 8	Shibor3M
2022-5-24	2027-5-24	5Y	2.884 0	Shibor3M
2022-5-24	2029-5-24	7Y	3.070 0	Shibor3M
2022-5-24	2032-5-24	10Y	3.248 9	Shibor3M

【注1】通常清算速度为 $T+1$，后续均从 $T+1$ 日开始计算，可以依据需求调整为 $T+N$。

【注2】结束日期调整规则为经调整的下一营业日。

【分析解答】对于 3M 及其以下的期限，根据公式（10-4）和公式（10-6），以 3M 期限为例计算贴现因子和即期收益率：

$$\text{Day}_{3M} = \text{days}(2022\text{-}8\text{-}24 - 2022\text{-}5\text{-}24) = 92$$

$$\text{DF}_{3M} = \frac{1}{1 + 2.021\ 0\% \times \frac{92}{360}} = 0.994\ 861\ 76$$

$$\text{SC}_{3M} = \frac{-\ln(\text{DF}_{3M})}{92/365}100\% = \frac{-\ln(0.994\ 861\ 76)}{92/365}100\% = 2.043\ 8\%$$

【注】这里计算的即期收益率为调整为连续复利后的即期收益率，当然也可以根据实际情况采用一般复利。

对于 6M、9M 和 1Y 期限，根据公式（10-5）和公式（10-6），以 6M、9M 期限为例计算贴现因子和即期收益率：

$$\text{DF}_{6M} = \frac{1 - R_{6M} \times \frac{(\text{Day}_{3M} - \text{Day}_{1D}) \times \text{DF}_{3M}}{365}}{1 + R_{6M} \times \frac{\text{Day}_{6M} - \text{Day}_{3M}}{365}} = \frac{1 - 2.152\ 3\% \times \frac{92 \times 0.994\ 861\ 76}{365}}{1 + 2.152\ 3\% \times \frac{92}{365}}$$

$$= 0.989\ 236\ 32$$

$$\text{DF}_{9M} = \frac{1 - R_{9M} \times \left[\frac{(\text{Day}_{3M} - \text{Day}_{1D}) \times \text{DF}_{3M}}{365} + \frac{(\text{Day}_{6M} - \text{Day}_{3M}) \times \text{DF}_{6M}}{365}\right]}{1 + R_{9M} \times \frac{\text{Day}_{9M} - \text{Day}_{6M}}{365}}$$

$$= \frac{1 - 2.234\ 9\% \times \left[\frac{92 \times 0.994\ 861\ 76}{365} + \frac{92 \times 0.989\ 236\ 32}{365}\right]}{1 + 2.234\ 9\% \times \frac{92}{365}} = 0.983\ 284\ 22$$

$$\text{SC}_{6M} = \frac{-\ln(\text{DF}_{6M})}{\text{Day}_{6M}/365}100\% = \frac{-\ln(0.989\ 236\ 32)}{184/365}100\% = 2.146\ 8\%$$

$$\text{SC}_{9M} = \frac{-\ln(\text{DF}_{9M})}{\text{Day}_{9M}/365}100\% = \frac{-\ln(0.983\ 284\ 22)}{276/365}100\% = 2.229\ 3\%$$

1Y 期限的计算方法同样进行递归，计算得出 $\text{SC}_{1Y} = 2.298\ 3\%$。

对于 1Y~2Y 期限，根据公式（10-7）和公式（10-8），假定即期收益率线性相连，则有：

$$\text{SC}_{15M} = \text{SC}_{1Y} + \frac{\text{Day}_{15M} - \text{Day}_{1Y}}{\text{Day}_{2Y} - \text{Day}_{1Y}} \times (\text{SC}_{2Y} - \text{SC}_{1Y}) \times 100\%$$

$$\text{SC}_{18M} = \text{SC}_{1Y} + \frac{\text{Day}_{18M} - \text{Day}_{1Y}}{\text{Day}_{2Y} - \text{Day}_{1Y}} \times (\text{SC}_{2Y} - \text{SC}_{1Y}) \times 100\%$$

$$\text{SC}_{21M} = \text{SC}_{1Y} + \frac{\text{Day}_{21M} - \text{Day}_{1Y}}{\text{Day}_{2Y} - \text{Day}_{1Y}} \times (\text{SC}_{2Y} - \text{SC}_{1Y}) \times 100\%$$

$$\text{DF}_{15M} = e^{-\text{SC}_{15M} \times 15M/365}$$

$$\text{DF}_{18M} = e^{-\text{SC}_{18M} \times 18M/365}$$

$$\text{DF}_{21M} = e^{-\text{SC}_{21M} \times 21M/365}$$

$$DF_{2Y} = e^{-SC_{2Y} \times 2Y/365}$$

$$100 \times R_{2Y} \times \sum_{i=3M}^{2Y} \frac{(Day_i - Day_{i-3M}) \times DF_i}{365} + DF_{2Y} \times 100 = 100$$

【注】i 按付息频率 3M 递增。

由以上计算式可以看到未知数只有SC_{2Y}，代入数据后进行单变量求解，可以计算得到：

$$SC_{2Y} = 2.471\ 7\%;\ SC_{21M} = 2.430\ 0\%$$
$$SC_{18M} = 2.385\ 5\%;\ SC_{15M} = 2.341\ 9\%$$

后续同理，可求出 27M，30M，33M，3Y，…，10Y 期限的贴现因子和即期利率。

由于手工计算较为烦琐，下面采用 Python 编写 Swap_Zerocurve 函数来求解 Shibor3M 的贴现因子和即期收益率曲线。

```python
#加载需要使用的库
import pandas as pd
import numpy as np
from datetime import date
import datetime
from dateutil import relativedelta
from coupon_schedule_adjust import coupon_schedule_adjust
#求解Shibor3M的贴现因子和即期收益率曲线的函数
def Swap_Zerocurve(start_date,cleanspeed,yearlenth,fre,term,ave_price,D_fix,D_float):
    '''
    :param start_date: 起息日;
    :param cleanspeed: T+1,T+0; T+1 代表起息日为交易日的下一个营业日;
    :param yearlenth: 年限;
    :param fre: 付息频率;
    :param term: 市场数据标准期限点，参见测试案例;
    :param ave_price: 市场数据报价，参见测试案例;
    :param D_fix: 固定端年度计算天数，360 或 365;
    :param D_float: 浮动端年度计算天数，360 或 365;
    :return: 返回贴现因子和即期收益率。
    '''
    #将原始数据处理成标准的数据格式
    schedule = coupon_schedule_adjust(start_date=start_date, yearlenth=yearlenth, fre=fre)
    yield_data=pd.DataFrame({'term':term,'ave_price':ave_price*100})
    #构建长端利率
    begin_date=([schedule[0]]*(len(schedule)-1))
    long_yield=pd.DataFrame({'begin_date':begin_date,'end_date':schedule[1:],
                             'term':list(np.linspace(0.25,term[-1],int(term[-1]/0.25)))})
    long_yield=long_yield.join(yield_data.set_index('term'),on='term')
    #构建短端利率
    short_yield=yield_data[yield_data['term']<0.25]
    if cleanspeed=='T+1':
        short_yield_start_date=[schedule[0]-datetime.timedelta(days=1)]
    else:short_yield_start_date=[schedule[0]]
    short_yield_start_date.extend([schedule[0]]*(len(short_yield)-1))
    short_yield.insert(loc=0, column='begin_date',value=short_yield_start_date)
```

```python
short_yield_end_date=[]
for i in range(0,len(short_yield)):
    if short_yield['term'][i]*D_fix<30:
        dummy=short_yield_start_date[i]+datetime.timedelta(days=short_yield['term'][i]*D_fix)
    elif short_yield['term'][i]*D_fix==30:
        dummy=short_yield_start_date[i]+relativedelta.relativedelta(months=1)
        if dummy.isoweekday() in set((6, 7)):
            dummy += datetime.timedelta(days=8-dummy.isoweekday())
    else:
        dummy=short_yield_start_date[i]+relativedelta.relativedelta(months=2)
        if dummy.isoweekday() in set((6, 7)):
            dummy += datetime.timedelta(days=8-dummy.isoweekday())
    short_yield_end_date.append(dummy)
short_yield.insert(loc=1, column='end_date', value=short_yield_end_date)
#完整利率市场数据
all_yield_data=pd.concat([short_yield,long_yield],ignore_index=True)
#利率互换即期（或零息）收益率曲线与贴现因子的构建
t=np.array((all_yield_data.end_date-all_yield_data.begin_date).dt.days/D_fix)
DF=np.array(1/(1+all_yield_data.ave_price/100*(all_yield_data.end_date-
        all_yield_data.begin_date).dt.days/D_float))    #3M 及以下的贴现因子
Zerorate=-np.log(DF)/t   #3M 及以下的即期收益率
add=np.zeros(len(t))
M_3=all_yield_data[all_yield_data.term==0.25].index.tolist()  #查询期限为3M或0.25年的行序号
add[M_3]=t[M_3]*DF[M_3]     #从第 3 个月起后续需要进行拔靴处理，增加辅助列
i=M_3[0]+1
Y_1=all_yield_data[all_yield_data.term==1].index.tolist()   #查询期限为1Y 的行序号
while(i<Y_1[0]+1):    #大于3M，小于或等于1Y 的贴现因子的计算
    DF[i]=(1-all_yield_data.ave_price[i]/100*add[i-1])/\
        (1+all_yield_data.ave_price[i]/100*(all_yield_data.end_date[i]-
        all_yield_data.end_date[i-1]).days/D_fix)
    add[i]=(all_yield_data.end_date[i]-all_yield_data.end_date[i-1]).days/D_fix*DF[i]+add[i-1]
    i=i+1
Zerorate=-np.log(DF)/t   #计算小于或等于1Y 的即期收益率
#寻找 ave_price 列的缺失值索引
for columname in all_yield_data.columns:
    if all_yield_data[columname].count() != len(all_yield_data):
        loc = all_yield_data[columname][all_yield_data[columname].isnull().values==
            True].index.tolist()
c = []  #生成一个空列表，用来放新列表
for i in range(len(loc)-1):
    if (loc[i+1] - loc[i]) != 1 :   #后者减前者
        c.append(loc[i+1])              #添加元素到新列表
c.append(len(all_yield_data.index.tolist()))   #得到需要插值的即期收益率索引
#假定即期收益率之间服从线性关系，可利用拔靴法推导1年以上期限的即期收益率
def Zero_rate_slove(start,end):
    import scipy.optimize as so
    def f(y):
        i=start+1
        while(i<=end):
            Zerorate[i]=Zerorate[start]+(all_yield_data.end_date[i]-all_yield_data.
```

```
end_date[start])/
                    (all_yield_data.end_date[end]-all_yield_data.end_date[start])*(y-
Zerorate[start])
                    add[i]=(all_yield_data.end_date[i]-all_yield_data.end_date[i-1]).days/
                    D_fix*DF[i]+add[i-1]
                    i=i+1
                DF[start+1:end]=np.exp(-t[start+1:end]*Zerorate[start+1:end])
                DF[end]=np.exp(-t[end]*y)
                return 100*all_yield_data.ave_price[end]/100*add[end]+100*DF[end]-100
            return so.fsolve(f,0.01)
        #调用即期收益率函数汇总计算
        Zerorate[c[0]-1]=Zero_rate_slove(loc[0]-1,c[0]-1)
        i=1
        while(i<len(c)):
            Zerorate[c[i]-1]=Zero_rate_slove(c[i-1]-1,c[i]-1)
            i=i+1
        Zerorate=np.array(Zerorate)*100
        all_yield_data.insert(loc=4,column='DF',value=DF)
        all_yield_data.insert(loc=5,column='Zero_rate',value=np.round(Zerorate,4))
        return all_yield_data
```

调用 Swap_Zerocurve 函数并输入对应参数构建 Shibor3M 的即期收益率曲线。

```
#测试案例
term=np.array([1/365,7/365,14/365,30/365,0.25,0.5,0.75,1,2,3,4,5,7,10])
ave_price=np.array([1.3230,1.6930,1.7040,1.9000,2.0210,2.1523,2.2349,2.3038,2.4763,2.6150,
2.7608,2.8840,3.0700,3.2489])/100
Swap_Shibor3M_Zerocurve_test=Swap_Zerocurve(start_date=date(2022,5,24),
cleanspeed='T+1',yearlenth=10,fre=4,term=term,ave_price=ave_price,D_fix=365,D_float=360)
print(Swap_Shibor3M_Zerocurve_test)
```

输出结果（部分）：

	begin_date	end_date	term	ave_price	DF	Zero_rate
0	2022-05-23	2022-05-24	0.002740	1.3230	0.999963	1.3414
1	2022-05-24	2022-05-31	0.019178	1.6930	0.999671	1.7162
2	2022-05-24	2022-06-07	0.038356	1.7040	0.999338	1.7271
3	2022-05-24	2022-06-24	0.082192	1.9000	0.998367	1.9248
4	2022-05-24	2022-08-24	0.250000	2.0210	0.994862	2.0438
5	2022-05-24	2022-11-24	0.500000	2.1523	0.989236	2.1468
6	2022-05-24	2023-02-24	0.750000	2.2349	0.983284	2.2293
7	2022-05-24	2023-05-24	1.000000	2.3038	0.977279	2.2983
8	2022-05-24	2023-08-24	1.250000	NaN	0.971104	2.3419
9	2022-05-24	2023-11-24	1.500000	NaN	0.964756	2.3855
10	2022-05-24	2024-02-26	1.750000	NaN	0.958095	2.4300
11	2022-05-24	2024-05-24	2.000000	2.4763	0.951703	2.4717
12	2022-05-24	2024-08-26	2.250000	NaN	0.944894	2.5078
13	2022-05-24	2024-11-25	2.500000	NaN	0.938182	2.5427
14	2022-05-24	2025-02-24	2.750000	NaN	0.931356	2.5776
15	2022-05-24	2025-05-26	3.000000	2.6150	0.924419	2.6125

10.2.2 利率互换远期收益率曲线的构建

利率互换远期收益率是基于利率互换即期收益率曲线推算的未来日期的远期收益率。以标的利率是Shibor3M的远期收益率为例，Shibor3M利率互换收盘曲线的最长期限是10Y，对应的日期记为Day_{10Y}，同时考虑远期收益率期限因素，假定标准的付息频率为季，未来每个付息日依次是Day_{3M}，Day_{6M}，Day_{9M}，$\cdots$，Day_{10Y-3M}，Day_{10Y}。未来某个付息日的远期Shibor3M预测值基于Shibor3M利率互换收盘曲线即期收益率所隐含的远期收益率（或贴现因子）曲线计算而得。

$$\text{Shibor3M}_{T+i-3M,T+i} = \left(\frac{DF_{Day_{T+i-3M}}}{DF_{Day_{T+i}}} - 1\right) \times \frac{360}{Day_{T+i} - Day_{T+i-3M}} \times 100\%$$
$$i = 3M, 6M, 9M, \cdots, 10Y \tag{10-9}$$

$\text{Shibor3M}_{T+i-3M,T+i}$：$T+i-3M$至$T+i$之间Shibor3M的远期收益率。

DF_{T+i}：期限为$T+i$的贴现因子。

【注1】如果是其他计息基准或付息频率，可根据实际情况调整公式。

【注2】其他标的利率的远期收益率算法同理可得。

【实例10-5】依据实例10-4求出的Shibor3M即期收益率和贴现因子，求解估值日（$T+1$）（2022-5-24）的Shibor3M远期收益率曲线。

$$\text{Shibor3M}_{0,3M} = \left(\frac{1}{DF_{3M}} - 1\right) \times \frac{360}{Day_{3M} - Day_1} = \left(\frac{1}{0.99486176} - 1\right) \times \frac{360}{92} \times 100\%$$
$$= 2.0210\%$$

$$\text{Shibor3M}_{3M,6M} = \left(\frac{DF_{3M}}{DF_{6M}} - 1\right) \times \frac{360}{Day_{6M} - Day_{3M}} = \left(\frac{0.99486176}{0.98923632} - 1\right) \times \frac{360}{92} \times 100\%$$
$$= 2.2252\%$$

$$\cdots\cdots$$

$$\text{Shibor3M}_{10Y-3M,10Y} = \left(\frac{DF_{10Y-3M}}{DF_{10Y}} - 1\right) \times \frac{360}{Day_{10Y} - Day_{10Y-3M}} \times 100\%$$
$$= \left(\frac{0.72710952}{0.72013340} - 1\right) \times \frac{360}{90} \times 100\% = 3.8749\%$$

下面采用Python编写Swap_Forwardcurve函数来构建Shibor3M的远期收益率曲线。

```python
#加载需要使用的库
import pandas as pd
import numpy as np
from datetime import date
from Swap_Zerocurve import Swap_Zerocurve
#求解Shibor3M的远期收益率曲线的函数
def Swap_Forwardcurve(Zerocurve):
    '''
    :param Zerocurve: 输入已构建好的即期收益率曲线;
    :return: 返回远期收益率曲线。
    '''
    k=0
    quarterone=(Zerocurve['term'][Zerocurve['term']==0.25].index).tolist()
    first=(1/Zerocurve['DF'][quarterone[0]]-1)*360/ \
    ((Zerocurve['end_date'][quarterone[0]]-Zerocurve['end_date'][0]).days)
    forwardrate=[first*100]
```

```
            for i in Zerocurve['term']:
                if i > 0.25:
                    yearfractor=Zerocurve['end_date'][k]-Zerocurve['end_date'][k-1]
                    forwardrate.append((Zerocurve['DF'][k-1]/Zerocurve['DF'][k]-1)*360/
(yearfractor.days)*100)
                k=k+1
        term=Zerocurve['term'][quarterone[0]:].tolist()
        forwardcurve=pd.DataFrame({'term':term,'Forward_rate':np.round(forwardrate,4)})
        Allcurve=Zerocurve.join(forwardcurve.set_index('term'),on='term')
        return Allcurve
```

调用 Swap_Forwardcurve 函数并输入对应参数构建 Shibor3M 的远期收益率曲线。

```
#测试案例
term=np.array([1/365,7/365,14/365,30/365,0.25,0.5,0.75,1,2,3,4,5,7,10])
ave_price=np.array([1.3230,1.6930,1.7040,1.9000,2.0210,2.1523,2.2349,2.3038,2.4763,
                    2.6150,2.7608,2.8840,3.0700,3.2489])/100
Swap_Shibor3M_Zerocurve_test=Swap_Zerocurve(start_date=date(2022,5,24),
    cleanspeed='T+1',yearlenth=10,fre=4,term=term,ave_price=ave_price,D_fix=365,D_float=365)
Swap_Shibor3M_Forwardcurve_test=Swap_Forwardcurve(Zerocurve=Swap_Shibor3M_Zerocurve_test)
print(Swap_Shibor3M_Forwardcurve_test)
```

输出结果（部分）：

	begin_date	end_date	term	...	DF	Zero_rate	Forward_rate
0	2022-05-23	2022-05-24	0.002740	...	0.999963	1.3414	NaN
1	2022-05-24	2022-05-31	0.019178	...	0.999671	1.7162	NaN
2	2022-05-24	2022-06-07	0.038356	...	0.999338	1.7271	NaN
3	2022-05-24	2022-06-24	0.082192	...	0.998367	1.9248	NaN
4	2022-05-24	2022-08-24	0.250000	...	0.994862	2.0438	2.0210
5	2022-05-24	2022-11-24	0.500000	...	0.989236	2.1468	2.2252
6	2022-05-24	2023-02-24	0.750000	...	0.983284	2.2293	2.3687
7	2022-05-24	2023-05-24	1.000000	...	0.977279	2.2983	2.4855
8	2022-05-24	2023-08-24	1.250000	...	0.971104	2.3419	2.4883
9	2022-05-24	2023-11-24	1.500000	...	0.964756	2.3855	2.5748
10	2022-05-24	2024-02-26	1.750000	...	0.958095	2.4300	2.6625
11	2022-05-24	2024-05-24	2.000000	...	0.951703	2.4717	2.7476
12	2022-05-24	2024-08-26	2.250000	...	0.944894	2.5078	2.7599
13	2022-05-24	2024-11-25	2.500000	...	0.938182	2.5427	2.8301
14	2022-05-24	2025-02-24	2.750000	...	0.931356	2.5776	2.8994
15	2022-05-24	2025-05-26	3.000000	...	0.924419	2.6125	2.9688

下面绘制利率互换收益率曲线，并对比市场报价、即期收益率与远期收益率。

```
#加载需要使用的库
import matplotlib.pyplot as plt
from pylab import mpl
mpl.rcParams['font.sans-serif']=['SimHei']
mpl.rcParams['axes.unicode_minus']=False
#按照计息周期绘制收益率曲线
plt.figure(figsize=(10,6))
ax=plt.gca()
ax.yaxis.set_ticks_position('left')
ax.spines['left'].set_position(('data',0))
plt.plot(term,ave_price*100,label=u'市场报价(均值)',lw=2.5)
plt.plot(Swap_Shibor3M_Forwardcurve_test['term'],Swap_Shibor3M_Forwardcurve_test['Zero_rate'],label=u'即期收益率',linestyle='-.',lw=2.5)
plt.plot(Swap_Shibor3M_Forwardcurve_test['term'][4:],Swap_Shibor3M_Forwardcurve_test['Forward_rate'][4:],label=u'远期收益率',linestyle='--',lw=2.5)
```

```
plt.xlabel(u'期限(年)',fontsize=16)
plt.ylabel(u'收益率(%)',fontsize=16)
plt.title(u'收益率曲线',fontsize=20)
plt.xticks(fontproperties = 'Times New Roman', size = 16)
plt.yticks(fontproperties = 'Times New Roman', size = 16)
plt.legend(loc=4,fontsize=16)
plt.show()
```

输出结果如图 10-8 所示。

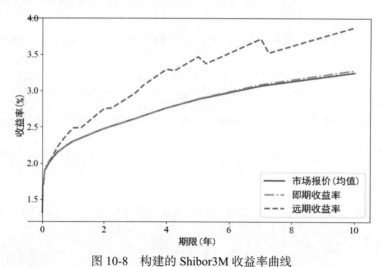

图 10-8　构建的 Shibor3M 收益率曲线

由图 10-8 可以看出，构建的利率互换零息即期收益率曲线与市场报价（均值）曲线较为接近，远期收益率曲线并未出现较大的抖动与明显的锯齿状。

10.3　利率互换的估值与风险计量

10.3.1　估值原理与步骤

对一笔利率互换，设未来有 n 期现金支付，求出未来现金流支付日固定端与浮动端的现金流，分别将其贴现并轧差即得到利率互换的价值。利率互换的估值流程如图 10-9 所示。

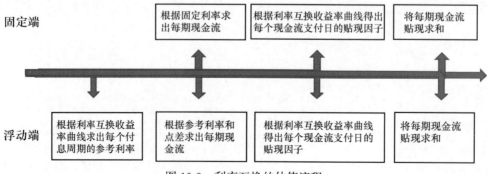

图 10-9　利率互换的估值流程

固定利率支付方利率互换价值=浮动端现金流现值-固定端现金流现值。
固定利率收取方利率互换价值=固定端现金流现值-浮动端现金流现值。

10.3.2 Shibor3M 利率互换的估值

（1）Shibor3M 利率互换固定端现值的计算。

对于一笔 Shibor3M 利率互换，设该笔利率互换固定端利率为 R，面值为 P。未来现金流支付日距估值日（$T+1$）的天数分别为 $\text{Day}_1, \text{Day}_2, \cdots, \text{Day}_n$。假设即期收益率曲线分段线性，可利用线性插值求出对应即期收益率 $\text{SC}_{\text{Day}_1}, \text{SC}_{\text{Day}_2}, \cdots, \text{SC}_{\text{Day}_n}$。求出即期收益率后根据以下公式反求贴现因子。

$$\text{DF}_{\text{Day}_k} = e^{-\text{SC}_{\text{Day}_k} \times \frac{\text{Day}_k}{365}} \qquad (10-10)$$

则固定端的现值计算公式为：

$$\text{fixlegPV} = P \times R \times \left(\begin{array}{c} \dfrac{\text{Day}_1}{365} \times \text{DF}_{\text{Day}_1} + \dfrac{\text{Day}_2 - \text{Day}_1}{365} \times \text{DF}_{\text{Day}_2} + \cdots \\ + \dfrac{\text{Day}_n - \text{Day}_{n-1}}{365} \times \text{DF}_{\text{Day}_n} \end{array} \right) \qquad (10-11)$$

P：利率互换交易的名义本金。

R：固定端利率。

DF_{Day_k}：对应期限的贴现因子。

（2）Shibor3M 利率互换浮动端现值的计算。

已知 Shibor3M 利率互换当前付息周期浮动端参考利率（f_1），设第 k 次利息支付参考利率为 f_k，利用下面的公式可求出 f_k。

$$\left(1 + f_k \times \dfrac{\text{Day}_k - \text{Day}_{k-1}}{360}\right) = \dfrac{\text{DF}_{\text{Day}_{k-1}}}{\text{DF}_{\text{Day}_k}}, \quad k = 2, 3, \cdots, n \qquad (10-12)$$

$$\text{floatlegPV} = P \times \left[\begin{array}{c} f_1' \times \dfrac{\text{Day}_1}{360} \times \text{DF}_{\text{Day}_1} + f_2' \times \dfrac{\text{Day}_2 - \text{Day}_1}{360} \times \text{DF}_{\text{Day}_2} + \cdots \\ + f_n' \times \dfrac{\text{Day}_n - \text{Day}_{n-1}}{360} \times \text{DF}_{\text{Day}_n} \end{array} \right] \qquad (10-13)$$

【注】f_i' 是加上利差后计算的浮动端的实际利率。

（3）Shibor3M 利率互换估值日（$T+1$）价值的计算。

$$\text{payfix}_{\text{value}} = \text{floatlegPV} - \text{fixlegPV} \qquad (10-14)$$

$$\text{receivefix}_{\text{value}} = \text{fixlegPV} - \text{floatlegPV} \qquad (10-15)$$

【实例 10-6】结合实例 10-2 中的交易要素和实例 10-4 中已构建好的 Shibor3M 即期收益率和贴现因子曲线，计算该笔交易的参考利率（远期收益率），并对该笔交易进行估值。

【分析解答】由于计算日为 2022-5-23，估值日（$T+1$）为 2022-5-24，所以前两个付息周期的参考利率已知，主要是求解后两个付息周期的参考利率，这就需要采用即期收益率曲线来推算未来的参考利率。具体的计算过程参见表 10-6。

表 10-6　Shibor3M 利率互换估值计算

定盘日期	参考利率（%）	点差（%）	浮动端利率（%）	计息开始日期	计息结束日期	计息天数	即期收益率（%）	贴现因子
2022-2-15	2.415 0	0.03	2.445 0	2022-2-16	2022-5-16	89		
2022-5-13	2.500 0	0.03	**2.530 0**	2022-5-16	2022-8-16	92	2.028 2	0.995 343 24
2022-8-15	**2.213 5**	0.03	**2.243 5**	2022-8-16	2022-11-16	92	2.137 8	0.989 744 45
2022-11-15	**2.357 8**	0.03	**2.387 8**	2022-11-16	2023-2-16	92	2.222 1	0.983 816 5

【注】加粗部分数值见下面的详细计算。

① 采用实例 10-4 构建好的收益率曲线，针对大于估值日的计息结束日期，分别对其进行插值，求得即期收益率。

$$SC_{2022\text{-}8\text{-}16} = 1.924\ 8\% + \frac{\text{days}(2022\text{-}8\text{-}16 - 2022\text{-}6\text{-}24)}{\text{days}(2022\text{-}8\text{-}24 - 2022\text{-}6\text{-}24)} \times (2.043\ 8\% - 1.924\ 8\%)$$
$$= 2.028\ 2\%$$

其他两个日期类比求解。

② 根据即期收益率，用公式（10-10）反推贴现因子。

$$DF_{2022\text{-}8\text{-}16} = e^{-2.028\ 2\% \times \text{days}(2022\text{-}8\text{-}16 - 2022\text{-}5\text{-}24)/365} = 0.995\ 343\ 24$$

其他两个日期类比求解。

③ 根据贴现因子，用公式（10-12）求得未来的参考利率。

由于当前付息周期已定盘，所以知道当期付息周期的参考利率。

$$f_1 = 2.5\%$$

$$\left(1 + f_2 \times \frac{92}{360}\right) = \frac{0.995\ 343\ 24}{0.989\ 744\ 45}$$

$$\left(1 + f_3 \times \frac{92}{360}\right) = \frac{0.989\ 744\ 45}{0.983\ 816\ 5}$$

可以得到：

$$f_2 = 2.213\ 5\%,\ f_3 = 2.357\ 8\%$$

加上利差即得到浮动端的利率。

$$f_1' = 2.53\%,\ f_2' = 2.243\ 5\%,\ f_3' = 2.387\ 8\%$$

【注】在当前估值日期，利率互换的第一笔现金流已经支付（无须考虑历史成本），f_1 从当前付息周期（本例中为第二笔现金流）开始计算。

④ 根据公式（10-11）和公式（10-13）计算固定端与浮动端的现值。

$$\text{fixlegPV} = 10\ 000\ 000 \times 2.25\% \times \left(\frac{92}{365} \times 0.995\ 343\ 24 + \cdots + \frac{92}{365} \times 0.983\ 816\ 5\right) = 168\ 373.47$$

$$\text{floatlegPV} = 10\,000\,000 \times \left(2.53\% \times \frac{92}{360} \times 0.995\,343\,24 + \cdots \right.$$
$$\left. + 2.387\,8\% \times \frac{92}{360} \times 0.983\,816\,5\right) = 181\,135.08$$

⑤ 根据公式（10-14）计算该笔利率互换的价值。

$$\text{payfix}_{\text{value}} = 181\,135.08 - 168\,373.47 = 12\,761.61$$

下面采用 Python 编写 Swap_Valuation 函数来对 Shibor3M 利率互换进行估值。

```
#加载需要使用的库
import numpy as np
from datetime import date
import scipy.interpolate as si
from coupon_schedule_adjust import coupon_schedule_adjust
from Swap_Zerocurve import Swap_Zerocurve
#利率互换的估值函数
def Swap_Valuation(cal_date,Zerocurve,start_date,yearlenth,fre,R,fk,spread,P,paytype,D_fix,D_float):
    '''
    :param cal_date: 计算日期；
    :param Zerocurve: 利率互换或即期收益率曲线；
    :param start_date: 利率互换起息日；
    :param yearlenth: 利率互换年限；
    :param fre: 利率互换的付息频率；
    :param R: 利率互换固定端利率；
    :param fk: 利率互换当期付息周期浮动端参考利率；
    :param spread: 利率互换浮动端的利差；
    :param P: 利率互换的名义本金；
    :param paytype: 利率互换的类型，fix 代表固定利率，float 代表浮动利率；
    :param D_fix: 固定端年度计算天数，360 或 365；
    :param D_float: 浮动端年度计算天数，360 或 365；
    :return:返回利率互换的估值结果。
    '''
    coupon_schedule_adjust_test=coupon_schedule_adjust(start_date=start_date,
                                        yearlenth=yearlenth,fre=fre)
    paymentday_yearfraction=[]
    payint_days=[]
    for i in range(0,len(coupon_schedule_adjust_test)):
        if coupon_schedule_adjust_test[i]>cal_date:
            paymentday_yearfraction.append((coupon_schedule_adjust_test[i]-cal_date).days/D_fix) #支付日距离估值日年化时间
            payint_days.append((coupon_schedule_adjust_test[i]-
                                coupon_schedule_adjust_test[i-1]).days)
    Curve_yearfraction=(Zerocurve['end_date']-Zerocurve['begin_date']).dt.days/D_fix
    func=si.interp1d(Curve_yearfraction,Zerocurve['Zero_rate'],kind="slinear") #载入原始 x、y 轴数据，采用线性插值
    paymentday_Zerorate=func(paymentday_yearfraction)    #插值各期支付日的即期收益率
    DF=np.exp(-paymentday_Zerorate/100*np.array(paymentday_yearfraction).T)  #求解各期支付日贴现因子
    yearfactor_fix=np.array(payint_days)/D_fix
```

```
            yearfactor_float=np.array(payint_days)/D_float
            #计算浮动端参考利率
            f=np.zeros(len(DF))
            f[0]=fk
            i=1
            while i<len(DF):        #计算未来的参考利率
                    f[i]=(DF[i-1]/DF[i]-1)/yearfactor_float[i]
                    i=i+1
            f=f+spread
            PVfloat=P*sum(f*yearfactor_float*DF)  #计算浮动端现金流现值
            PVfix=P*R*sum(DF*yearfactor_fix)  #计算固定端现金流现值
            #根据利率互换的方向计算利率互换的价值
            if paytype=='float':
                    Valuation=PVfix-PVfloat      #轧差计算估值
            else: Valuation=PVfloat-PVfix
            return Valuation
```

调用 Swap_Valuation 函数并输入参数计算 Shibor3M 利率互换的估值。

```
#测试案例
valueday=date(2022,5,24)   #计算日
#构建估值曲线
term=np.array([1/365,7/365,14/365,30/365,0.25,0.5,0.75,1,2,3,4,5,7,10])
ave_price=np.array([1.3230,1.6930,1.7040,1.9000,2.0210,2.1523,2.2349,2.3038,2.4763,2.6150,
2.7608,2.8840,3.0700,3.2489])/100
Zerocurve=Swap_Zerocurve(start_date=date(2022,5,24), cleanspeed='T+1',yearlenth=10,fre=4,
                term=term,ave_price=ave_price,D_fix=365,D_float=360)
#输入利率互换参数对其进行估值
Swap_Shibor3M_Valuation_test=Swap_Valuation(cal_date=valueday,Zerocurve=Zerocurve,
            start_date=date(2022,2,16),yearlenth=1,fre=4,R=2.45/100,
            fk=2.5/100,spread=0.03/100,P=10000000,paytype='fix',D_fix=365,D_float=360)
print('该笔利率互换的估值为: ',round(Swap_Shibor3M_Valuation_test,2))
```

输出结果：

```
该笔利率互换的估值为: 12761.61
```

10.3.3 FR007 利率互换的估值

FR007 利率互换固定端现金流计算与 Shibor3M 利率互换固定端现金流计算相同，这里不复述，主要介绍浮动端的现金流计算方法。

（1）FR007 当前付息周期浮动端现金流的计算。

对于一笔 FR007 利率互换，在当前付息周期已知 m 个利率重置周期，参考利率分别为 $fr_1, fr_2, \cdots, fr_m$。第 $m+1$ 个利率重置周期起始日 Day_0 到第一次现金支付日 Day_1 期间远期收益率设为 f_1，则有：

$$\left(1 + f_1 \times \frac{Day_1 - Day_0}{365}\right) = \frac{DF(Day_0)}{DF(Day_1)} \tag{10-16}$$

则当前付息周期的现金流计算公式如下。

$$C_1 = P \times \left[\left(1 + f_1' \times \frac{\text{Day}_1 - \text{Day}_0}{365}\right) \times \left(1 + \text{fr}_m' \times \frac{t_m}{365} \times \prod_{i=1}^{m}(1 + \text{fr}_i' \times \frac{7}{365}\right) - 1\right] \quad (10-17)$$

【注】f_i'是加上利差后计算的浮动端的实际利率。

（2）FR007浮动端现金流现值的计算。

设第k次利息支付参考利率为f_k，利用下面的公式可求出未来的参考利率f_k。

$$\left(1 + f_k \times \frac{\text{Day}_k - \text{Day}_{k-1}}{365}\right) = \frac{\text{DF}(\text{Day}_{k-1})}{\text{DF}(\text{Day}_k)} \quad (10-18)$$

$$\text{floatlegPV} = C_1 \times \text{DF}_{\text{Day}_1} + P \times \begin{bmatrix} f_2' \times \dfrac{\text{Day}_2 - \text{Day}_1}{365} \times \text{DF}_{\text{Day}_2} + \cdots \\ + f_n' \times \dfrac{\text{Day}_n - \text{Day}_{n-1}}{365} \times \text{DF}_{\text{Day}_n} \end{bmatrix} \quad (10-19)$$

【注】f_i'是加上利差后计算的浮动端的实际利率。

（3）FR007利率互换估值日（T+1）价值的计算。

$$\text{payfix}_{\text{value}} = \text{floatlegPV} - \text{fixlegPV} \quad (10-20)$$

$$\text{receivefix}_{\text{value}} = \text{fixlegPV} - \text{floatlegPV} \quad (10-21)$$

【实例10-7】结合实例10-3中的交易要素和表10-7中已经构建好的FR007收益率曲线，在2022-2-23求当前付息周期的浮动端现金流。

表10-7 FR007利率互换2022-2-23日终即期收益率曲线

计息开始日期	计息结束日期	期限点	利率（%）	指标	DF	即期收益率（%）
2022-2-23	2022-2-24	1D	2.060 0	FR001	0.999 943 56	2.059 9%
2022-2-24	2022-3-3	1W	2.450 0	FR007	0.999 530 36	2.449 4%
2022-2-24	2022-3-10	2W	2.320 0	FR014	0.999 110 93	2.319 0%
2022-2-24	2022-3-24	1M	2.191 3	FR007	0.998 321 82	2.189 5%
2022-2-24	2022-5-24	3M	2.182 5	FR007	0.994 706 46	2.176 7%
2022-2-24	2022-8-24	6M	2.181 0	FR007	0.989 271 76	2.175 1%
2022-2-24	2022-11-24	9M	2.185 3	FR007	0.983 831 51	2.179 4%
2022-2-24	2023-2-24	1Y	2.201 1	FR007	0.978 287 10	2.195 2%
2022-2-24	2023-5-24	15M		FR007	0.972 842 48	2.213 6%
2022-2-24	2023-8-24	18M		FR007	0.967 155 19	2.232 5%
2022-2-24	2023-11-24	21M		FR007	0.961 409 19	2.251 5%
2022-2-24	2024-2-26	2Y	2.276 3	FR007	0.955 479 14	2.270 9%
2022-2-24	2024-5-24	27M		FR007	0.949 718 20	2.296 4%
2022-2-24	2024-8-26	30M		FR007	0.943 474 74	2.323 6%
2022-2-24	2024-11-25	33M		FR007	0.937 344 41	2.350 0%
2022-2-24	2025-2-24	3Y	2.380 0	FR007	0.931 131 55	2.376 3%

【分析解答】由于计算日为2022-2-23，估值日（T+1）为2022-2-24，所以当前付息周期已

知的最新的参考利率为 2022-2-21 的 2.15%。已知的参考利率可以采用复利进行计算，而未知的参考利率采用远期收益率进行预测。具体的计算过程如表 10-8 所示。

表 10-8 FR007 利率互换估值计算

定盘日期	参考利率（%）	开始日期	到期日期	即期收益率（%）	贴现因子
2021-12-31	2.400 0	2022-1-4	2022-1-11		
2022-1-10	2.110 0	2022-1-11	2022-1-18		
2022-1-17	2.220 0	2022-1-18	2022-1-25		
2022-1-24	2.080 0	2022-1-25	2022-2-1		
2022-1-30	2.270 0	2022-2-1	2022-2-8		
2022-2-7	2.180 0	2022-2-8	2022-2-15		
2022-2-14	2.020 0	2022-2-15	2022-2-22		
2022-2-21	2.150 0	2022-2-22	2022-3-1	2.338 1	0.999 679 76
2022-2-28	**2.168 0**	2022-3-1	2022-3-8		
		2022-3-8	2022-3-15		
		2022-3-15	2022-3-22		
		2022-3-22	2022-3-29		
		2022-3-29	2022-4-5		
		2022-4-5	2022-4-6	2.186 7	0.997 546 72

【注】加粗数值的未来参考利率计算见下文。

在当前付息周期已知 m 个利率重置周期，参考利率分别为：

$$\text{fr}_1 = 2.4\%, \text{fr}_2 = 2.11\%, \cdots, \text{fr}_8 = 2.15\%$$

当前付息周期已知的参考利率的天数 = days（2022-3-1—2022-1-4）= 56

当前付息周期未定盘参考利率的天数 = days（2022-4-6—2022-3-1）= 36

① 依据表 10-7 给出的 FR007 收益率曲线，分别求取 2022-3-1 与 2022-4-6 的即期收益率与贴现因子。

$$\text{SC}_{2022\text{-}3\text{-}1} = 2.059\ 9\% + \frac{\text{days}(2022\text{-}3\text{-}1 - 2022\text{-}2\text{-}24)}{\text{days}(2022\text{-}3\text{-}3 - 2022\text{-}2\text{-}24)} \times (2.449\ 4\% - 2.059\ 9\%) = 2.338\ 1\%$$

$$\text{DF}_{2022\text{-}3\text{-}1} = e^{-2.338\ 1\% \times \text{days}(2022\text{-}3\text{-}1 - 2022\text{-}2\text{-}24)/365} = 0.999\ 679\ 76$$

2022-4-6 即期收益率与贴现因子类比求解。

② 根据公式（10-16）求取当前付息周期未定盘的参考利率。

$$\left(1 + f_1 \times \frac{36}{365}\right) = \frac{0.999\ 679\ 76}{0.997\ 546\ 72}$$

$$f_1 = 2.168\ 0\%$$

③ 加上利差（案例中为 3BP）可以得到实际浮动端计算的每个子利率。

$$f_1' = f_1 + 3\text{BP} = 2.198\ 0\%$$

$$\text{fr}_1' = 2.43\%, \text{fr}_2' = 2.14\%, \cdots, \text{fr}_8' = 2.18\%$$

④ 根据公式（10-17）计算当前付息周期的现金流。

$$C_1 = 100\,000\,000 \times \left[\left(1 + 2.198\,0\% \times \frac{36}{365}\right) \times \left(1 + 2.18\% \times \frac{7}{365} \times \prod_{i=1}^{7}\left(1 + \text{fr}_i' \times \frac{7}{365}\right) - 1\right)\right]$$
$$= 55\,690.41\,(元)$$

值得注意的是，FR007 利率互换的当前付息周期现金流的计算采用复利计算较为精确，为计算简便，后续未定盘的参考利率可以采用类似 Shibor3M 利率互换的单利计算方式 [公式（10-18）]。这里不重复写 Python 代码，感兴趣的读者可以在实例 10-6 Python 代码的基础上编写 FR007 利率互换的估值代码。

10.3.4 利率互换的 DV 01 与利率互换关键期限的 DV 01

（1）利率互换的 DV01。

利率互换的 DV01 的含义是相对于初始利率互换的估值，即如果市场要求收益率上、下波动 5 个基点时，利率互换估值的变动值。计算某笔利率互换的 DV01，假设曲线各期限收益率均上涨 5 个基点，求出该笔利率互换的价格 $\text{Swap}_V(+5\text{bps})$；假设曲线各期限收益率均下降 5 个基点，求出该笔利率互换的价格 $\text{Swap}_V(-5\text{bps})$。DV01 的具体计算公式如下。

$$\text{DV01} = \frac{\text{Swap}_V(+5\text{bps}) - \text{Swap}_V(-5\text{bps})}{10} \tag{10-22}$$

【**实例 10-8**】在实例 10-6 中已经对该笔 Shibor3M 利率互换进行了估值，假定其他所有条件一致，计算该笔利率互换的 DV01。

【**分析解答**】由于采用公式（10-22）的冲击法进行重估值（某个参数发生细微变化，重新计算估值）计算比较烦琐，下面直接采用 Python 编写 Swap_DV01 函数来计算 Shibor3M 利率互换的 DV01。

```
#加载需要使用的库
import numpy as np
import pandas as pd
from datetime import date
from Swap_Zerocurve import Swap_Zerocurve
from Swap_Valuation import Swap_Valuation
#计算利率互换的DV01的函数
def Swap_DV01(cal_date,term,ave_price,cleanspeed,
              start_date,yearlenth,fre,R,fk,spread,P,paytype,D_fix,D_float):
    '''
    :param cal_date: 计算日期；
    :param term: 市场报价曲线的年化期限点；
    :param ave_price: 收盘报价（均值）；
    :param cleanspeed: 清算速度，T+1 或 T+0；
    :param start_date: 利率互换的起息日；
    :param yearlenth: 利率互换的年化时间；
    :param fre: 利率互换的付息频率；
```

```
:param R: 利率互换固定端利率;
:param fk: 利率互换当前付息周期定盘利率;
:param spread: 利率互换浮动端的利差;
:param P: 利率互换的名义本金;
:param paytype: 利率互换的类型, fix 代表固定利率, float 代表浮动利率;
:param D_fix: 固定端年度计算天数, 360 或 365;
:param D_float: 浮动端年度计算天数, 360 或 365;
:return: 返回计算利率互换的DV01。
'''
Zerocurve_up=Swap_Zerocurve(start_date=cal_date,cleanspeed=cleanspeed,
                    yearlenth=term[-1],fre=fre,term=term,
                    ave_price=np.array(ave_price*1)+0.05/100,
                    D_fix=D_fix,D_float=D_float)
valuation_Swap_up=Swap_Valuation(cal_date=cal_date,Zerocurve=Zerocurve_up,
                    start_date=start_date,yearlenth=yearlenth,fre=fre,R=R,
                    fk=fk,spread=spread,P=P,paytype=paytype,
                    D_fix=D_fix,D_float=D_float)
Zerocurve_down=Swap_Zerocurve(start_date=cal_date,cleanspeed=cleanspeed,
                    yearlenth=term[-1],fre=fre,term=term,
                    ave_price=np.array(ave_price*1)-0.05/100,
                    D_fix=D_fix,D_float=D_float)
valuation_Swap_down=Swap_Valuation(cal_date=cal_date,Zerocurve=Zerocurve_down,
                    start_date=start_date,yearlenth=yearlenth,fre=fre,R=R,
                    fk=fk,spread=spread,P=P,paytype=paytype,
                    D_fix=D_fix,D_float=D_float)
DV01=(valuation_Swap_up-valuation_Swap_down)/10
return DV01
```

调用 Swap_DV01 函数并输入对应参数计算利率互换的 DV01。

```
#测试案例
valueday=date(2022,5,24)    #估值日
#构建估值曲线
term=np.array([1/365,7/365,14/365,30/365,0.25,0.5,0.75,1,2,3,4,5,7,10])
ave_price=np.array([1.3230,1.6930,1.7040,1.9000,2.0210,2.1523,2.2349,2.3038,2.4763,2.6150,2.7608,
2.8840,3.0700,3.2489])/100
#调用 Swap_DV01 函数计算利率互换的 DV01
Swap_Shibor3M_DV01=Swap_DV01(cal_date=valueday,term=term,ave_price=ave_price,
                    cleanspeed='T+1',start_date=date(2022,2,16),
                    yearlenth=1,fre=4,R=2.45/100,fk=2.5/100,spread=0.03/100,
                    P=10000000,paytype='fix',D_fix=365,D_float=360)
print('该笔利率互换的 DV01: ',round(Swap_Shibor3M_DV01,2))
```

输出结果:

该笔利率互换的DV01: 494.95

（2）利率互换关键期限的 DV01。

利率互换关键期限的 DV01 和债券的关键利率久期类似。关键期限是人为主观定义的，例如定义关键期限为 1D、7D、1M、3M 等。计算利率互换某个关键期限的 DV01，可以假设该期限利率上涨和下跌 5BP，其他期限利率保持不变，重新计算出利率互换的估值，算法与公式（10-22）相似。

【实例 10-9】在实例 10-8 中已经计算了该笔利率互换的 DV01，请求解该笔利率互换关键期限的 DV01。

【分析解答】由于该笔利率互换的存续期小于 1 年，为计算简捷，尽量减少代码篇幅，这里关键期限定义为 1D、7D、14D、1M、3M、6M、9M、1Y。当然，感兴趣的读者可以进行扩充，重复的代码这里不复述。下面直接采用 Python 编写 Swap_KEYDV01 函数来计算 Shibor3M 利率互换关键期限的 DV01。

```
#加载需要使用的库
import numpy as np
import pandas as pd
import datetime
from datetime import date
import scipy.interpolate as si
from coupon_schedule_adjust import coupon_schedule_adjust
from Swap_Zerocurve import Swap_Zerocurve
from Swap_Valuation import Swap_Valuation
#计算利率互换关键期限的DV01的函数
def Swap_KEYDV01(cal_date,term,ave_price,cleanspeed,start_date,yearlenth,fre,R,fk,spread,
P,paytype,D_fix,D_float):
    '''
    :param cal_date: 计算日期；
    :param term: 市场报价曲线的年化期限点；
    :param ave_price: 收盘报价（均值）；
    :param cleanspeed: 清算速度，T+1 或 T+0；
    :param start_date: 利率互换的起息日；
    :param yearlenth: 利率互换的年化时间；
    :param fre: 利率互换的付息频率；
    :param R: 利率互换固定端利率；
    :param fk: 利率互换当前付息周期参考利率；
    :param spread: 利率互换浮动端的利差；
    :param P: 利率互换的名义本金；
    :param paytype: 利率互换的类型，fix 代表固定利率，float 代表浮动利率；
    :param D_fix: 固定端年度计算天数，360 或 365；
    :param D_float: 浮动端年度计算天数，360 或 365；
    :return: 返回计算利率互换关键期限的DV01。
    '''
    #关键期限1D
    ave_price_1D_up=np.array(ave_price)
    ave_price_1D_up[0]=ave_price_1D_up[0]+0.05/100    #关键期限点1D上升5BP
    Zerocurve_1D_up=Swap_Zerocurve(start_date=cal_date,cleanspeed=cleanspeed,
                yearlenth=term[-1],fre=fre,term=term,ave_price=ave_price_1D_up,
                D_fix=D_fix,D_float=D_float)
    valuation_Swap_1D_up=Swap_Valuation(cal_date=cal_date,Zerocurve=Zerocurve_1D_up,
                start_date=start_date,yearlenth=yearlenth,fre=fre,R=R,
                fk=fk,spread=spread,P=P,paytype=paytype,
                D_fix=D_fix,D_float=D_float)
    ave_price_1D_down=np.array(ave_price)
    ave_price_1D_down[0]=ave_price_1D_down[0]-0.05/100 #关键期限点1D下降5BP
```

```python
                Zerocurve_1D_down=Swap_Zerocurve(start_date=cal_date,cleanspeed=cleanspeed,
                            yearlenth=term[-1],fre=fre,term=term,ave_price=ave_price_1D_down,
                            D_fix=D_fix,D_float=D_float)
                valuation_Swap_1D_down=Swap_Valuation(cal_date=cal_date,Zerocurve=Zerocurve_1D_down,
                            start_date=start_date,yearlenth=yearlenth,fre=fre,R=R,
                            fk=fk,spread=spread,P=P,paytype=paytype,
                            D_fix=D_fix,D_float=D_float)
                KEYDV01_1D=(valuation_Swap_1D_up-valuation_Swap_1D_down)/10
                #关键期限 7D
                ave_price_7D_up=np.array(ave_price)
                ave_price_7D_up[1]=ave_price_7D_up[1]+0.05/100    #关键期限点 7D 上升 5BP
                Zerocurve_7D_up=Swap_Zerocurve(start_date=cal_date,cleanspeed=cleanspeed,
                            yearlenth=term[-1],fre=fre,term=term,ave_price=ave_price_7D_up,
                            D_fix=D_fix,D_float=D_float)
                valuation_Swap_7D_up=Swap_Valuation(cal_date=cal_date,Zerocurve=Zerocurve_7D_up,
                            start_date=start_date,yearlenth=yearlenth,fre=fre,R=R,
                            fk=fk,spread=spread,P=P,paytype=paytype,
                            D_fix=D_fix,D_float=D_float)
                ave_price_7D_down=np.array(ave_price)
                ave_price_7D_down[1]=ave_price_7D_down[1]-0.05/100    #关键期限点 7D 下降 5BP
                Zerocurve_7D_down=Swap_Zerocurve(start_date=cal_date,cleanspeed=cleanspeed,
                            yearlenth=term[-1],fre=fre,term=term,ave_price=ave_price_7D_down,
                            D_fix=D_fix,D_float=D_float)
                valuation_Swap_7D_down=Swap_Valuation(cal_date=cal_date,Zerocurve=Zerocurve_7D_down,
                            start_date=start_date,yearlenth=yearlenth,fre=fre,R=R,
                            fk=fk,spread=spread,P=P,paytype=paytype,
                            D_fix=D_fix,D_float=D_float)
                KEYDV01_7D=(valuation_Swap_7D_up-valuation_Swap_7D_down)/10
                #关键期限 14D
                ave_price_14D_up=np.array(ave_price)
                ave_price_14D_up[2]=ave_price_14D_up[2]+0.05/100    #关键期限点 14D 上升 5BP
                Zerocurve_14D_up=Swap_Zerocurve(start_date=cal_date,cleanspeed=cleanspeed,
                            yearlenth=term[-1],fre=fre,term=term,ave_price=ave_price_14D_up,
                            D_fix=D_fix,D_float=D_float)
                valuation_Swap_14D_up=Swap_Valuation(cal_date=cal_date,Zerocurve=Zerocurve_14D_up,
                            start_date=start_date,yearlenth=yearlenth,fre=fre,R=R,
                            fk=fk,spread=spread,P=P,paytype=paytype,
                            D_fix=D_fix,D_float=D_float)
                ave_price_14D_down=np.array(ave_price)
                ave_price_14D_down[2]=ave_price_14D_down[2]-0.05/100  #关键期限点 14D 下降 5BP
                Zerocurve_14D_down=Swap_Zerocurve(start_date=cal_date,cleanspeed=cleanspeed,
                            yearlenth=term[-1],fre=fre,term=term,ave_price=ave_price_14D_down,
                            D_fix=D_fix,D_float=D_float)
                valuation_Swap_14D_down=Swap_Valuation(cal_date=cal_date,Zerocurve=Zerocurve_14D_down,
                            start_date=start_date,yearlenth=yearlenth,fre=fre,R=R,
                            fk=fk,spread=spread,P=P,paytype=paytype,
                            D_fix=D_fix,D_float=D_float)
                KEYDV01_14D=(valuation_Swap_14D_up-valuation_Swap_14D_down)/10
                #关键期限 1M
                ave_price_1M_up=np.array(ave_price)
```

```
ave_price_1M_up[3]=ave_price_1M_up[3]+0.05/100   #关键期限点1M上升5BP
Zerocurve_1M_up=Swap_Zerocurve(start_date=cal_date,cleanspeed=cleanspeed,
             yearlenth=term[-1],fre=fre,term=term,ave_price=ave_price_1M_up,
             D_fix=D_fix,D_float=D_float)
valuation_Swap_1M_up=Swap_Valuation(cal_date=cal_date,Zerocurve=Zerocurve_1M_up,
             start_date=start_date,yearlenth=yearlenth,fre=fre,R=R,
             fk=fk,spread=spread,P=P,paytype=paytype,
             D_fix=D_fix,D_float=D_float)
ave_price_1M_down=np.array(ave_price)
ave_price_1M_down[3]=ave_price_1M_down[3]-0.05/100    #关键期限点1M下降5BP
Zerocurve_1M_down=Swap_Zerocurve(start_date=cal_date,cleanspeed=cleanspeed,
             yearlenth=term[-1],fre=fre,term=term,ave_price=ave_price_1M_down,
             D_fix=D_fix,D_float=D_float)
valuation_Swap_1M_down=Swap_Valuation(cal_date=cal_date,Zerocurve=Zerocurve_1M_down,
             start_date=start_date,yearlenth=yearlenth,fre=fre,R=R,
             fk=fk,spread=spread,P=P,paytype=paytype,
             D_fix=D_fix,D_float=D_float)
KEYDV01_1M=(valuation_Swap_1M_up-valuation_Swap_1M_down)/10
#关键期限3M
ave_price_3M_up=np.array(ave_price)
ave_price_3M_up[4]=ave_price_3M_up[4]+0.05/100   #关键期限点3M上升5BP
Zerocurve_3M_up=Swap_Zerocurve(start_date=cal_date,cleanspeed=cleanspeed,
             yearlenth=term[-1],fre=fre,term=term,ave_price=ave_price_3M_up,
             D_fix=D_fix,D_float=D_float)
valuation_Swap_3M_up=Swap_Valuation(cal_date=cal_date,Zerocurve=Zerocurve_3M_up,
             start_date=start_date,yearlenth=yearlenth,fre=fre,R=R,
             fk=fk,spread=spread,P=P,paytype=paytype,
             D_fix=D_fix,D_float=D_float)
ave_price_3M_down=np.array(ave_price)
ave_price_3M_down[4]=ave_price_3M_down[4]-0.05/100    #关键期限点3M下降5BP
Zerocurve_3M_down=Swap_Zerocurve(start_date=cal_date,cleanspeed=cleanspeed,
             yearlenth=term[-1],fre=fre,term=term,ave_price=ave_price_3M_down,
             D_fix=D_fix,D_float=D_float)
valuation_Swap_3M_down=Swap_Valuation(cal_date=cal_date,Zerocurve=Zerocurve_3M_down,
             start_date=start_date,yearlenth=yearlenth,fre=fre,R=R,
             fk=fk,spread=spread,P=P,paytype=paytype,
             D_fix=D_fix,D_float=D_float)
KEYDV01_3M=(valuation_Swap_3M_up-valuation_Swap_3M_down)/10
#关键期限6M
ave_price_6M_up=np.array(ave_price)
ave_price_6M_up[5]=ave_price_6M_up[5]+0.05/100   #关键期限点6M上升5BP
Zerocurve_6M_up=Swap_Zerocurve(start_date=cal_date,cleanspeed=cleanspeed,
             yearlenth=term[-1],fre=fre,term=term,ave_price=ave_price_6M_up,
             D_fix=D_fix,D_float=D_float)
valuation_Swap_6M_up=Swap_Valuation(cal_date=cal_date,Zerocurve=Zerocurve_6M_up,
             start_date=start_date,yearlenth=yearlenth,fre=fre,R=R,
             fk=fk,spread=spread,P=P,paytype=paytype,
             D_fix=D_fix,D_float=D_float)
ave_price_6M_down=np.array(ave_price)
ave_price_6M_down[5]=ave_price_6M_down[5]-0.05/100    #关键期限点6M下降5BP
```

```python
Zerocurve_6M_down=Swap_Zerocurve(start_date=cal_date,cleanspeed=cleanspeed,
            yearlenth=term[-1],fre=fre,term=term,ave_price=ave_price_6M_down,
            D_fix=D_fix,D_float=D_float)
valuation_Swap_6M_down=Swap_Valuation(cal_date=cal_date,Zerocurve=Zerocurve_6M_down,
            start_date=start_date,yearlenth=yearlenth,fre=fre,R=R,
            fk=fk,spread=spread,P=P,paytype=paytype,
            D_fix=D_fix,D_float=D_float)
KEYDV01_6M=(valuation_Swap_6M_up-valuation_Swap_6M_down)/10
#关键期限 9M
ave_price_9M_up=np.array(ave_price)
ave_price_9M_up[6]=ave_price_9M_up[6]+0.05/100    #关键期限点 9M 上升 5BP
Zerocurve_9M_up=Swap_Zerocurve(start_date=cal_date,cleanspeed=cleanspeed,
            yearlenth=term[-1],fre=fre,term=term,ave_price=ave_price_9M_up,
            D_fix=D_fix,D_float=D_float)
valuation_Swap_9M_up=Swap_Valuation(cal_date=cal_date,Zerocurve=Zerocurve_9M_up,
            start_date=start_date,yearlenth=yearlenth,fre=fre,R=R,
            fk=fk,spread=spread,P=P,paytype=paytype,
            D_fix=D_fix,D_float=D_float)
ave_price_9M_down=np.array(ave_price)
ave_price_9M_down[6]=ave_price_9M_down[6]-0.05/100    #关键期限点 9M 下降 5BP
Zerocurve_9M_down=Swap_Zerocurve(start_date=cal_date,cleanspeed=cleanspeed,
            yearlenth=term[-1],fre=fre,term=term,ave_price=ave_price_9M_down,
            D_fix=D_fix,D_float=D_float)
valuation_Swap_9M_down=Swap_Valuation(cal_date=cal_date,Zerocurve=Zerocurve_9M_down,
            start_date=start_date,yearlenth=yearlenth,fre=fre,R=R,
            fk=fk,spread=spread,P=P,paytype=paytype,
            D_fix=D_fix,D_float=D_float)
KEYDV01_9M=(valuation_Swap_9M_up-valuation_Swap_9M_down)/10
#关键期限 1Y
ave_price_1Y_up=np.array(ave_price)
ave_price_1Y_up[7]=ave_price_1Y_up[7]+0.05/100    #关键期限点 1Y 上升 5BP
Zerocurve_1Y_up=Swap_Zerocurve(start_date=cal_date,cleanspeed=cleanspeed,
            yearlenth=term[-1],fre=fre,term=term,ave_price=ave_price_1Y_up,
            D_fix=D_fix,D_float=D_float)
valuation_Swap_1Y_up=Swap_Valuation(cal_date=cal_date,Zerocurve=Zerocurve_1Y_up,
            start_date=start_date,yearlenth=yearlenth,fre=fre,R=R,
            fk=fk,spread=spread,P=P,paytype=paytype,
            D_fix=D_fix,D_float=D_float)
ave_price_1Y_down=np.array(ave_price)
ave_price_1Y_down[7]=ave_price_1Y_down[7]-0.05/100    #关键期限点 1Y 下降 5BP
Zerocurve_1Y_down=Swap_Zerocurve(start_date=cal_date,cleanspeed=cleanspeed,
            yearlenth=term[-1],fre=fre,term=term,ave_price=ave_price_1Y_down,
            D_fix=D_fix,D_float=D_float)
valuation_Swap_1Y_down=Swap_Valuation(cal_date=cal_date,Zerocurve=Zerocurve_1Y_down,
            start_date=start_date,yearlenth=yearlenth,fre=fre,R=R,
            fk=fk,spread=spread,P=P,paytype=paytype,
            D_fix=D_fix,D_float=D_float)
KEYDV01_1Y=(valuation_Swap_1Y_up-valuation_Swap_1Y_down)/10
#结果以数据框的形式展现
KEYDV01=pd.DataFrame({'KeyDV01':['1D','7D','14D','1M','3M','6M','9M','1Y','SUM'],
```

```
                    'Value':[KEYDV01_1D,KEYDV01_7D,KEYDV01_14D,KEYDV01_1M,KEYDV01_3M,
                    KEYDV01_6M,KEYDV01_9M,KEYDV01_1Y,
                    KEYDV01_1D+KEYDV01_7D+KEYDV01_14D+KEYDV01_1M+KEYDV01_3M+
                    KEYDV01_6M+KEYDV01_9M+KEYDV01_1Y]})
    return KEYDV01
```

调用 Swap _KEYDV01 函数并输入参数计算利率互换关键期限的 DV01。

```
#测试案例
valueday=date(2022,5,24)    #估值日
#构建估值曲线
term=np.array([1/365,7/365,14/365,30/365,0.25,0.5,0.75,1,2,3,4,5,7,10])
ave_price=np.array([1.3230,1.6930,1.7040,1.9000,2.0210,2.1523,2.2349,2.3038,2.4763,2.6150,2.7608,
2.8840,3.0700,3.2489])/100
#调用 Swap_KEYDV01 函数计算利率互换的关键期限 DV01
Swap_KEYDV01=Swap_KEYDV01(cal_date=valueday,term=term,ave_price=ave_price,
                cleanspeed='T+1',start_date=date(2022,2,16),
                yearlenth=1,fre=4,R=2.45/100,fk=2.5/100,spread=0.03/100,
                P=10000000,paytype='fix',D_fix=365,D_float=360)
print(Swap_KEYDV01)
```

输出结果:

```
   KeyDV01      Value
0       1D   0.000000
1       7D   0.000000
2      14D   0.000000
3       1M  -30.410670
4       3M -201.943950
5       6M   63.002965
6       9M  663.572035
7       1Y   0.000000
8      SUM  494.220380
```

可以发现，各个关键期限点的 DV01 求和后（494.22）与该笔利率互换的 DV01（494.95）基本相同，这是在预期内的，细小的偏差来自市场利率变动重新拔靴以及对各个关键期限点插值。当然可以采用比例缩放的方式归一化处理，使得各个关键期限点的 DV01 求和后和该笔利率互换的 DV01 完全相同。下面用图形展示各个关键期限点的 DV01。

```
#绘制利率互换关键期限的 DV01 图
import matplotlib.pyplot as plt
from pylab import mpl
mpl.rcParams['font.sans-serif']=['SimHei']
mpl.rcParams['axes.unicode_minus']=False
x=Swap_KEYDV01['KeyDV01'][:-1]
y=Swap_KEYDV01['Value'][:-1]
plt.figure(figsize=(10,6))
plt.plot(x,[0]*len(x),color = 'red') #绘制直线
plt.bar(x, y, width=0.6,color="#87CEFA") #绘制柱状图
plt.xlabel(u'关键期限',fontsize=16)
plt.ylabel(u'关键期限 DV01',fontsize=16)
plt.title(u'关键期限 DV01 分布图',fontsize=20)
plt.show()
```

输出结果如图 10-10 所示。

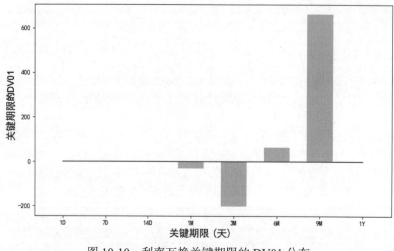

图 10-10 利率互换关键期限的 DV01 分布

需要指出的是,如果计算多笔利率互换关键期限的 DV01,可以采用类似债券关键利率久期的方法用市值加权进行汇总。

10.3.5 利率互换的风险价值与预期损失

在 5.5 节中已经详细介绍了采用历史模拟法计算债券的风险价值与预期损失,而利率互换的风险价值与预期损失的计算方法类似,这里稍做改进。目前来看,利率互换的历史收益率数据可以追溯的时间较长,可以使用 5 年的历史时间。具体的计算步骤如下。

(1)使用计算日的市场数据作为基本情景,计算出账户的估值V_0。

(2)使用近 5 年营业日的收益率数据l_t,每相隔 5 天相减(持有期为 5 天),得到 1 000 个以上的增量情景r_t:

$$\Delta r_t = l_t - l_{t-5}, \quad t = 1,2,\cdots,1\,000 \text{ 及以上} \tag{10-23}$$

以上表示两个情景中相同的标准关键期限(如间隔 5 天的 Shibor3M)相减,每 5 天相减保证了一定的平滑性和稳定性。

(3)使用指数加权移动平均(Exponentially Weighted Moving-Average,EWMA)法计算 1 000+个波动率:

$$\sigma_t = \sqrt{\lambda \sigma_{t-1}^2 + (1-\lambda)\Delta r_t^2}, \quad t = 1,2,\cdots,1\,000 \text{ 及以上} \tag{10-24}$$

以上也是对每个标准关键期限做计算,初始值$\sigma_0 = 1.1\%$,$\lambda = 0.992$。

(4)对增量情景进行适当调整修正:

$$\Delta S_t = \frac{\sigma_{1\,000+} + \sigma_t}{2\sigma_t} \Delta r_t, \quad t = 1,2,\cdots,1\,000 \text{ 及以上} \tag{10-25}$$

(5)将增量情景和计算日的情景叠加,得到 1 000 多个情景,计算出 1 000 多个 PV:

$$V_t = \text{PV}(l_t + \Delta S_t), \quad t = 1,2,\cdots,1\,000 \text{ 及以上} \tag{10-26}$$

(6)将以上计算出的 1 000 多个 PV 与计算日当天的 PV 相减,得到 1 000 多个损益:

$$\text{PL}_t = \text{PV}(l_t + \Delta S_t) - \text{PV}(l_t), t = 1, 2, \cdots, 1\,000 \text{ 及以上} \qquad (10-27)$$

（7）将损益从小到大排序：

$$\text{PL}_t^{\text{sort}}, \quad t = 1, 2, \cdots, 1\,000 \text{ 及以上} \qquad (10-28)$$

（8）5 天持有期置信水平 $(1-\alpha)$ 的 VaR 为第 α 分位数损益：

$$\text{VaR}_{1-\alpha}(5_D) = \text{PL}_\alpha^{\text{sort}} \qquad (10-29)$$

（9）筛选出小于等于 $\text{PL}_\alpha^{\text{sort}}$ 的损益，这些损益的平均值为 $\overline{\text{PL}_\alpha^{\text{sort}}}$，则利率互换在置信水平 $(1-\alpha)$ 下持有期为 5 天的 ES 为：

$$\text{ES}_{1-\alpha}(5_D) = \overline{\text{PL}_\alpha^{\text{sort}}} \qquad (10-30)$$

（10）依据平方根法则，可以将 5 天持有期变更为 1 天、10 天等：

$$\text{VaR}_{1-\alpha}(1_D) = \sqrt{\frac{1}{5}} \text{VaR}_{1-\alpha}(5D) \qquad (10-31)$$

$$\text{VaR}_{1-\alpha}(10_D) = \sqrt{\frac{10}{5}} \text{VaR}_{1-\alpha}(5D) \qquad (10-32)$$

$$\text{ES}_{1-\alpha}(1_D) = \sqrt{\frac{1}{5}} \text{ES}_{1-\alpha}(5D) \qquad (10-33)$$

$$\text{ES}_{1-\alpha}(10_D) = \sqrt{\frac{10}{5}} \text{ES}_{1-\alpha}(5D) \qquad (10-34)$$

【实例 10-10】结合实例 10-6 中的交易要素，收益率曲线取自"Shibor3M 的 VaR 与 ES.xlsx"中的"Shibor3M 报价曲线"工作表，计算 2022-5-23 该笔利率互换 95% 置信水平且持有期为 5 天的风险价值与预期损失。

【分析解答】由于历史 5 年的收益率曲线数据较多，计算流程也较为复杂，因此使用 Python 直接编写 Swap_VaR 函数进行计算。

```
#加载需要使用的库
from Swap_Zerocurve import Swap_Zerocurve
from Swap_Valuation import Swap_Valuation
from datetime import date
import numpy as np
import pandas as pd
#计算利率互换 VaR 的函数
def Swap_VaR(cal_date,his_data,lamuda, cleanspeed,
            start_date,yearlenth,fre,R,fk,spread,P,paytype,confidence,holdingdays):
    '''
    :param cal_date:计算日期;
    :param his_data:关键期限点,历史报价收益率数据;
    :param lamuda:采用 EWMA 法计算波动率的 λ 值;
    :param cleanspeed:清算速度;
    :param start_date:利率互换的起息日;
```

```
        :param yearlenth:利率互换的年限;
        :param fre:利率互换的付息频率;
        :param R:利率互换固定端利率;
        :param fk:利率互换浮动端当前付息周期参考利率;
        :param spread:利率互换浮动端的利差;
        :param P:利率互换的名义本金;
        :param paytype:利率互换的类型,'fix'代表固定利率,'float'代表浮动利率;
        :param confidence:计算利率互换VaR和ES的置信水平;
        :param holdingdays:计算利率互换VaR和ES的持有期天数;
        :return:返回计算利率互换VaR和ES的结果。
        '''
        rate_PL = (his_data.shift(5) - his_data).dropna(axis=0)
        rate_PL.reset_index(drop=True, inplace=True)
        #构建初始波动率
        vol = rate_PL * 1
        lamuda = lamuda
        vol.iloc[0] = (lamuda * 0.011 ** 2 + (1 - lamuda) * rate_PL.iloc[0] ** 2) ** (1 / 2)
        #采用EWMA法构建波动率矩阵
        for i in range(1, len(vol)):
            vol.iloc[i] = (lamuda * vol.iloc[i - 1] ** 2 + (1 - lamuda) * rate_PL.iloc[i]
 ** 2) ** (1 / 2)
        #对增量情景进行适当调整修正
        S_PL = vol * 1
        for j in range(0, len(S_PL)):
            S_PL.iloc[j] = np.multiply((S_PL.iloc[-1] + S_PL.iloc[j]) / (2 * S_PL.iloc[j]),
rate_PL.iloc[j])
        #将增量情景和计算日的情景叠加
        rate_fin = S_PL * 1
        for k in range(0, len(rate_fin)):
            rate_fin.iloc[k] = averate.iloc[0] + rate_fin.iloc[k]
        #计算计算日利率互换的估值
        Zerocurve = Swap_Zerocurve(start_date=cal_date, cleanspeed=cleanspeed,
                        yearlenth=his_data.columns.tolist()[-1], fre=4,
                        term=his_data.columns.tolist(), ave_price=np.array(his_data.iloc[0].
tolist())/100)
        Swap_Shibor3M_intial_value=Swap_Valuation(cal_date=cal_date,
                        Zerocurve=Zerocurve,start_date=start_date,
                        yearlenth=yearlenth,fre=fre,
                        R=R,fk=fk,spread=spread,P=P, paytype=paytype)
        #采用历史模拟法计算损益
        Swap_Shibor3M_value_PL=[]
        for indexs in rate_fin.index:
            ave_rates=(rate_fin.loc[indexs].values[0:])
            Zerocurve = Swap_Zerocurve(start_date=cal_date, cleanspeed=cleanspeed,
                        yearlenth=his_data.columns.tolist()[-1], fre=4,
                        term=his_data.columns.tolist(), ave_price=np.array(ave_rates)/100)
            Swap_Shibor3M_value_PL.append(Swap_Valuation(cal_date=cal_date,
                        Zerocurve=Zerocurve,start_date=start_date, yearlenth=yearlenth,
                        fre=fre, R=R,fk=fk, spread=spread, P=P,
                        paytype=paytype)-Swap_Shibor3M_intial_value)
        diff_PL=np.array(Swap_Shibor3M_value_PL)
```

```
        VaR = np.percentile(diff_PL, (1 - confidence) * 100)
        ES = diff_PL[diff_PL <= VaR].mean()
        VaR_nday=VaR*np.sqrt(holdingdays/5)
        ES_nday=ES*np.sqrt(holdingdays/5)
        return [VaR_nday,ES_nday]
```

加载历史 5 年的收益率报价数据。

```
#测试案例
averate=pd.read_excel('D:/Shibor3M的VaR与ES.xlsx','Shibor3M报价曲线',header=0,index_col=0)
print(averate)
```

输出结果：

```
             0.002740   0.019178   0.038356  ...   5.000000   7.000000  10.000000
2022-05-23     1.3230     1.6930     1.7040  ...     2.8840     3.0700     3.2489
2022-05-20     1.3220     1.6650     1.7010  ...     2.9054     3.0938     3.2725
2022-05-19     1.4140     1.6540     1.6690  ...     2.8950     3.0788     3.2588
2022-05-18     1.3260     1.6470     1.6450  ...     2.8858     3.0839     3.2563
2022-05-17     1.3250     1.5840     1.5940  ...     2.9238     3.1086     3.2775
...               ...        ...        ...  ...        ...        ...        ...
2017-06-01     2.6525     2.8660     3.4738  ...     4.5730     4.7766     4.9560
2017-05-26     2.6090     2.8530     3.4644  ...     4.6612     4.8219     5.0186
2017-05-25     2.6110     2.8430     3.4576  ...     4.6600     4.7895     4.9295
2017-05-24     2.6230     2.8426     3.4513  ...     4.6865     4.8405     5.0044
2017-05-23     2.6540     2.8571     3.4489  ...     4.6984     4.8522     5.0371

[1182 rows x 14 columns]
```

调用 Swap_VaR 函数并输入相关参数进行计算。

```
Swap_Shibor_3M_VaR_test=Swap_VaR(cal_date=date(2022,5,24),his_data=averate,lamuda=0.992,
                cleanspeed='T+1',start_date=date(2022,2,16),yearlenth=1,fre=4,R=2.45/100,
                fk=2.5/100,spread=0.03/100,P=10000000,paytype='fix',
                confidence=0.95,holdingdays=5)
print('置信水平为95%,持有5天的VaR:',round(Swap_Shibor_3M_VaR_test[0],2))
print('置信水平为95%,持有5天的ES:',round(Swap_Shibor_3M_VaR_test[1],2))
```

输出结果：

```
置信水平为95%,持有5天的VaR: -8930.31
置信水平为95%,持有5天的ES: -12269.55
```

10.4 本章小结

利率互换作为重要的固定收益利率类衍生品之一，在市场中发挥了举足轻重的作用。本章主要对我国的利率互换产品做了详细的介绍，包含基本的合约要素、利息计算方法、利率互换收益率曲线的构建方法以及根据相关曲线对利率互换进行估值与风险计量。如果想要精准对冲，还需要计算利率互换关键期限的 DV01，这与债券的关键利率久期的计算方法相似。在最后，为衡量利率互换的市场风险，介绍了实务中常用的利率互换的风险价值与预期损失的计算方法（历史模拟法）。

第 11 章 利率期权

规避利率风险的固定收益类衍生品,除了国债期货、标准债券远期和利率互换之外,还有一类相对复杂的产品——利率期权。利率期权包含利率买权、利率卖权、利率上下限期权、利率双限期权与利率互换期权。目前在中国外汇交易中心交易的利率期权有利率上下限期权与利率互换期权。本章主要介绍这两类利率期权。

11.1 利率上下限期权介绍

11.1.1 利率上限期权与利率下限期权

利率上限期权本质上是一系列利率看涨期权,借款人可以通过购买利率上限期权来防止利率上升。如果参考利率高于上限利率,借款人将获得高于上限利率的差额补偿;相反,如果参考利率下降,借款人可以以市场较低的利率融资,唯一的支出是购买利率上限期权所支付的期权费。购买利率下限期权可以防止利率下降。这与利率上限期权正好相反,因为当参考利率低于下限利率时,会获得低于下限利率的赔付额。利率下限期权可用于防止利率下降导致收入下降(例如拥有大量浮动利率资产)。

利率上限/下限期权可以分解为一系列看涨/看跌期权子利率期权,这些看涨/看跌期权存在于协议的每个时期。用数学术语来说,利率上限/下限期权每期子期权的损益是:

$$\mathrm{PL}_{\mathrm{caplet}_i} = P \times \mathrm{yearfractor}_i \times \mathrm{Max}(f'_i - H, 0) \quad (11-1)$$

$$\mathrm{PL}_{\mathrm{floorlet}_i} = P \times \mathrm{yearfractor}_i \times \mathrm{Max}(L - f'_i, 0) \quad (11-2)$$

$\mathrm{PL}_{\mathrm{caplet}_i}$:利率上限期权的每期子期权损益。

$\mathrm{PL}_{\mathrm{floorlet}_i}$:利率下限期权的每期子期权损益。

P:名义本金。

$\mathrm{yearfractor}_i$:每期年化时间。

f'_i:每期定盘的参考利率加上利差。

H：利率上限期权的执行利率。

L：利率下限期权的执行利率。

单笔来看，利率上下限期权拆分成子期权后，随标的价格变化的损益与股票期权相似，只不过对应的标的更换为了利率，行权价格更换为了上限/下限（执行）利率。具体的损益情况如图11-1所示。

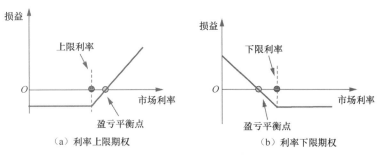

图11-1 利率上下限期权子期权损益

11.1.2 利率上下限期权的功能

（1）规避利率风险。

利率上限（或下限）期权通过设置利率上限（或下限），可以保证期权持有人实际承担的利率成本不超过利率上限（或不低于利率下限）。

（2）投机或套利。

经验丰富的投资者可根据宏观经济与利率变化走势应用利率上下限期权进行资产管理与策略投资，获得投资理财的收益。

（3）深化金融体制改革，加快利率市场化进程。

利率上下限期权（尤其挂钩LPR）的定价能提供常见基准利率的预期走势相关信息，进而加快利率市场化进程，完善价格发现功能。

11.1.3 利率上下限期权交易要素

2020年1月中国外汇交易中心发布的《关于试点利率期权业务有关准备事项的通知》指出，全国银行间同业拆借中心将于2020年2月24日起试运行利率期权交易及相关服务。当前，我国的交易品种包括LPR1Y、LPR5Y、FDR001、FDR007等利率上下限期权，它们都是欧式期权。中国外汇交易中心推出的利率上下限期权的主要交易要素如表11-1所示。

表11-1 中国外汇交易中心推出的利率上下限期权的主要交易要素

期权类型	利率上限期权、利率下限期权
期权期限	6M、9M、1Y等标准期限（可根据实际情况调整）
合约代码	标准格式为"Cap/Floor_参考利率_期权期限"，比如Cap_LPR1Y_6M的含义是标的为LPR1Y、期权期限为6M的利率上限期权
名义本金	100万元（1手）
期权价格	报价形式：基点（BP）

续表

隐含波动率	单位为年化百分比，可以自行指定，也可以由市场价格反推得到
期权费	期权费=期权价格×单位名义本金×手数
执行利率	① 标准合约的执行价格：6M、9M、1Y ② 相邻两档行权价格相差 10BP ③ 可调整执行利率
期权费支付日	默认期权费支付日=交易日+1 个营业日（可根据实际情况调整）
起始日	默认起始日=交易日+1 个营业日（可根据实际情况调整）
到期日	默认到期日=起始日 + 期权期限（可根据实际情况调整）
参考利率	LPR1Y、LPR5Y、FDR001、FDR007 等
利差	单位 BP
重置频率	付息频率（默认按季度支付）
清算/交割方式	双边清算/现金交割
支付周期	默认按季支付（可根据实际情况调整）
支付日调整	默认经调整的下一营业日（可根据实际情况调整）

【实例 11-1】交易员 A（本方）试图在 2021-3-8 成交一笔基于 LPR1Y 的利率上限期权，发起了对话报价，如图 11-2 所示。

图 11-2　利率上限期权对话报价

【注】对话报价是针对一个交易员发送的，必须完整填写所有交易要素。

该利率上限期权的期限为 1Y，合约代码为 Cap_LPR1Y_1Y，名义本金为 1 000 万元，期权价格为 80BP，期权费为 80 000 元，执行利率为 3.8%，期权费支付日为 2021-3-9，起始日为 2021-3-9，到期日为 2022-3-9，参考利率为 LPR1Y，利差为 0BP，重置频率为季（即每 3 个月重置一次参考利率），支付周期为季，计息方法为单利，计息基准为实际/360，支付日调整的规则为经调整的下一营业日。

假定当前日期为 2021-3-30，查询中国外汇交易中心官网的 LPR1Y 利率，目前只确定了第 1 期的参考利率 3.85%，其他暂时以最新的利率水平延伸处理，具体的损益计算如表 11-2 所示。

表 11-2　利率上限期权损益计算明细

利率确定日	计息区间	计算利率（%）	利率上限期权损益（万元）
2021-2-20	2021-3-9—2021-6-9	3.85	1 000×92/360×Max(3.85%−3.8%,0)=0.127 8
2021-5-20	2021-6-9—2021-9-9	3.85	1 000×92/360×Max(3.85%−3.8%,0)=0.127 8
2021-8-20	2021-9-9—2021-12-9	3.85	1 000×91/360×Max(3.85%−3.8%,0)=0.126 4
2021-11-20	2021-12-9—2022-3-9	3.85	1 000×90/360×Max(3.85%−3.8%,0)=0.125 0

【注】计算利率 = 参考利率 + 利差 = 3.85% + 0 = 3.85%。

11.1.4　利率上限期权与利率下限期权的平价关系

可以这样构建一个组合，购买一笔利率上限期权并卖出一笔利率下限期权（同一标的，如 LPR1Y），且二者的执行利率一样。利率上限期权在参考利率大于执行利率时，提供的收益为"参考利率 − 执行利率"；同样，卖出利率下限期权在参考利率低于执行利率时提供的收益为"参考利率 − 执行利率"。根据以上组合，在所有情况下的组合收益均为"参考利率 − 执行利率"，这刚好与一笔支付固定利率收取浮动利率的利率互换的收益一致。所以利率上限期权与利率下限期权存在平价关系，即：

$$\text{cap} - \text{floor} = \text{swap} \tag{11-3}$$

cap：利率上限期权。
floor：利率下限期权。
swap：支付固定利率的利率互换。

11.2　利率上下限期权波动率曲面的构建

11.2.1　波动率曲面介绍

波动率可以简单理解为金融产品价格的波动幅度。波动幅度越大，波动率就越大。影响市场波动的因素有很多，主要是市场参与者的增加以及其对近期市场的预期。对利率期权而言，波动率是一个非常有用的工具。利率期权交易的盈利能力很大程度上取决于波动率。只有当波动率较小时，期权卖方的境况才较好；但是，卖方也利用波动率对冲金融产品，以防标的价格大幅下跌。

通常市场上有时间维度的波动率，也有执行价维度的波动率。将各时间、执行价的波动率数据连接起来，可以得到一张三维的波动率曲面。波动率曲面可以全局反映整个市场的波动率情况，提供对应期权要素的波动率。波动率曲面除了可以帮助交易员确定期权的最佳组合，以使利润最大化，也可以帮助中台风险人员对交易进行监控，把握市场整体的风险状况。

11.2.2 波动率曲面的常用构建方法

通常波动率曲面市场的报价不连续或出现跳跃等情况，需要特殊处理，在执行价维度或时间维度采用模型拟合或插值进行处理。

在执行价维度常用的模型有赫斯顿随机波动率（Heston Stochastic Volatility）模型、参数随机波动率（Stochastic Alpha Beta Rho，SABR）模型、随机波动率启发（Stochastic Volatility Inspired，SVI）模型等，常用的插值法有线性插值、三次样条插值、埃尔米特插值等。在时间维度的处理常用的插值法有：在期限点内部基于方差线性插值，期限点外部采用最临近期限点的值水平延伸处理。

11.2.3 利率上下限期权波动率曲面的具体构建

由于我国利率期权市场目前品种相对较少，数据也比较平稳，因此这里暂不采用过于复杂的模型，主要介绍较为简单的构建方法——布莱克（Black）法，具体步骤如下。

（1）获取利率期权隐含波动率的样本报价数据（日终报价机构的报价）。对所有报价机构的报买、报卖波动率去掉最大值和最小值后分别取算术平均值，再计算报买、报卖均值，作为该标的类型、执行价、关键期限的波动率。

（2）由于部分执行价无相关数据，在执行价维度采用三次样条插值（具体方法见 4.2.2 小节），边缘数据采用外推法（与最邻近值一致）将数据补全。

（3）目前市场的报价一般采用综合波动率（Cap Vol 或 Flat Vol），对后续非标准期限的子期权的估值并不是很方便，需将综合波动率转为子期权波动率（Caplet Vol 或 Spot Vol），然后插值计算关键期限的子期权波动率。例如，已知一个利率上限期权的行权价格固定、支付周期为季、剩余 1 年到期，综合波动率和子期权波动率的关系如表 11-3 所示。

表 11-3 利率上限期权综合波动率与子期权波动率的关系

层级	综合波动率	子期权波动率	计算恒等式
第一层	σ_{6M}	σ_{6M}^{Fwd}	$f(\text{cap}(t_{6M})) = f(\text{caplet}(t_{6M}))$
第二层	σ_{9M}	σ_{9M}^{Fwd}	$f(\text{cap}(t_{9M})) = f(\text{caplet}(t_{6M})) + f(\text{caplet}(t_{9M}))$
第三层	σ_{1Y}	σ_{1Y}^{Fwd}	$f(\text{cap}(t_{1Y})) = f(\text{caplet}(t_{6M})) + f(\text{caplet}(t_{9M})) + f(\text{caplet}(t_{1Y}))$

其中 f 函数采用的是 Black 公式：

$$f(\text{cap}(t_n)) = \sum_{i=6M}^{n} \text{DF}(t_i) \times \frac{t_i - t_{i-1}}{D} \times [(F_i - K) \times N(d_i) + \sigma_n \sqrt{T_i} \times \varphi(d_i)], n = 6M, 9M, 1Y$$

$$f(\text{caplet}(t_k)) = \text{DF}(t_k) \times \frac{t_k - t_{k-1}}{D} \times [(F_k - K) \times N(d_k) + \sigma_k\sqrt{T_k} \times \varphi(d_k)], k = 6\text{M}, 9\text{M}, 1\text{Y}$$

$$d_i = \frac{F_i - K}{\sigma_i\sqrt{T_i}}, N(d) = \int_{-\infty}^{d} \varphi(\varepsilon)\mathrm{d}\varepsilon, \ \varphi(d) = \frac{1}{\sqrt{2\pi}}\mathrm{e}^{-\frac{d^2}{2}} \quad (11-4)$$

t_i：子期权距离到期的自然日天数。

$\text{DF}(t_i)$：贴现因子，根据参考利率和参考利率互换收盘曲线拔靴关键期限点即期利率，再插值计算得到贴现因子（方法同 10.2.1 小节）。

D：年化计算天数，根据实际计息基准确定。

F_i：子期权对应的远期收益率。

σ_i：子期权的波动率。

T_i：子期权利率确定日距估值日的年化时间。

K：执行利率。

第一层的综合波动率$\sigma_{6\text{M}}$和子期权波动率（均为$\sigma_{6\text{M}}^{\text{Fwd}}$）是相等的；第二层采用第一层的波动率计算出的中间结果，可以求出 9M 的子期权波动率$\sigma_{9\text{M}}^{\text{Fwd}}$；第三层采用前两层计算的中间结果，求出 1Y 的子期权波动率$\sigma_{1\text{Y}}^{\text{Fwd}}$。

（4）求出子期权波动率后，由于部分非关键期限无相关数据，在时间维度，关键期限点之间采用方差线性插值。例如，已知两个平均期权（At The Money，ATM）的波动率：关键期限为 6M 的 ATM 的波动率为$\sigma_{6\text{M}}$，剩余到期的自然日天数为$t_{6\text{M}}$；关键期限为 9M 的波动率为$\sigma_{9\text{M}}$，剩余到期的自然日天数为$t_{9\text{M}}$。基于方差线性插值得到 8M 的 ATM 期权波动率为：

$$\sigma_{8\text{M}} = \sqrt{\left[\sigma_{6\text{M}}^2 \times \frac{t_{6\text{M}}}{D} + \frac{t_{8\text{M}} - t_{6\text{M}}}{t_{9\text{M}} - t_{6\text{M}}}\left(\sigma_{9\text{M}}^2 \times \frac{t_{9\text{M}}}{D} - \sigma_{6\text{M}}^2 \times \frac{t_{6\text{M}}}{D}\right)\right] \times \frac{D}{t_{8\text{M}}}} \quad (11-5)$$

【注】对于不同的计息基准，D 依据实际情况进行调整。

此外，在关键期限点外维，假设该期限波动率与最临近的关键期限对应的波动率相等。由此，可以绘制出以 X 轴为执行价格，Y 轴为到期时间，Z 轴为波动率的整个波动率曲面。

【实例 11-2】表 11-4 与表 11-5 分别是 2021-3-30 日终的 LPR1Y 的利率上下限期权经数据处理后的波动率报价，LPR1Y 收盘收益率报价。根据以上信息，绘制子期权的波动率曲面。

表 11-4 LPR1Y 收盘报价（2021-3-30）

合约标的	期权期限	执行利率（%）	买入[隐含波动率（%）]	卖出[隐含波动率（%）]	均值[隐含波动率（%）]
LPR1Y	6M	3.700 0	0.301 4	0.627 1	0.464 3
LPR1Y	6M	3.800 0	0.283 6	0.595 3	0.439 5
LPR1Y	6M	3.900 0	0.289 9	0.586 3	0.438 1
LPR1Y	6M	4.000 0	0.307 9	0.615 0	0.461 4
LPR1Y	6M	4.100 0	0.319 2	0.633 5	0.476 3
LPR1Y	9M	3.700 0	0.294 9	0.611 9	0.453 4
LPR1Y	9M	3.800 0	0.297 6	0.602 8	0.450 2
LPR1Y	9M	3.900 0	0.308 9	0.641 9	0.475 4

续表

合约标的	期权期限	执行利率（%）	买入[隐含波动率（%）]	卖出[隐含波动率（%）]	均值[隐含波动率（%）]
LPR1Y	9M	4.000 0	0.306 6	0.635 0	0.470 8
LPR1Y	1Y	3.600 0	0.280 4	0.572 6	0.426 5
LPR1Y	1Y	3.700 0	0.281 4	0.574 6	0.428 0
LPR1Y	1Y	3.800 0	0.303 4	0.597 8	0.450 6
LPR1Y	1Y	3.900 0	0.296 9	0.615 2	0.456 1
LPR1Y	1Y	4.000 0	0.296 0	0.606 0	0.451 0
LPR1Y	1Y	4.100 0	0.258 9	0.574 6	0.416 7

数据来源：Wind 资讯

表 11-5　LPR1Y 收盘收益率报价（2021-3-30）

开始日期	结束日期	期限	指标	收盘报价（均值）利率（%）
2021-03-30	2021-3-31	1D	LPR1Y	3.850 0
2021-03-30	2021-6-30	3M	LPR1Y	3.850 0
2021-03-30	2021-9-30	6M	LPR1Y	3.925 0
2021-03-30	2021-12-30	9M	LPR1Y	3.943 8
2021-03-30	2022-3-30	1Y	LPR1Y	3.976 3
2021-03-30	2023-3-30	2Y	LPR1Y	4.046 3
2021-03-30	2024-3-29	3Y	LPR1Y	4.086 3
2021-03-30	2025-3-31	4Y	LPR1Y	4.110 0
2021-03-30	2026-3-30	5Y	LPR1Y	4.125 0
2021-03-30	2028-3-30	7Y	LPR1Y	4.095 0
2021-03-30	2031-3-31	10Y	LPR1Y	4.095 0

【注】1D 和 3M 期限采用最近 1 年期 LPR 参考利率延伸处理。
数据来源：中国货币网

【分析解答】这里构建波动率曲面的执行价格为 3.6%、3.7%、3.8%、3.9%、4.0%、4.1%，由于部分执行价格如 3.6%、4.1% 无相关波动率均值数据，这里先用外推法补充完整均值数据。补充完整后的数据为：

$$\text{LPR1Y}_{6M}(3.6\%) = 0.464\,3\%,$$

$$\text{LPR1Y}_{9M}(3.6\%) = 0.453\,4\%, \quad \text{LPR1Y}_{9M}(4.1\%) = 0.470\,8\%$$

接下来，从综合波动率剥离出各个子期权的波动率。依据公式（11-4），以执行价格为 3.7% 为例，由于第一层 $\text{cap}(t_{6M})$ 与 $\text{caplet}(t_{6M})$ 波动率相同，所以无须剥离。第二层 $\text{cap}(t_{9M})$ 的子期权波动率剥离如下。

$$f(\text{cap}(t_{9M})) = \text{DF}(t_{6M}) \times \frac{t_{6M} - t_{3M}}{360} \times [(F_{6M} - K) \times N(d_{6M}) + \sigma_{9M}\sqrt{T_{6M}} \times \varphi(d_{6M})] +$$

$$\text{DF}(t_{9M}) \times \frac{t_{9M} - t_{6M}}{360} \times [(F_{9M} - K) \times N(d_{9M}) + \sigma_{9M}\sqrt{T_{9M}} \times \varphi(d_{9M})]$$

$$f(\text{caplet}(t_{6M})) = \text{DF}(t_{6M}) \times \frac{t_{6M} - t_{3M}}{360} \times [(F_{6M} - K) \times N(d_{6M}) + \sigma_{6M}^{\text{Fwd}}\sqrt{T_{6M}} \times \varphi(d_{6M})]$$

$$f(\text{caplet}(t_{9M})) = \text{DF}(t_{9M}) \times \frac{t_{9M} - t_{6M}}{360} \times \left[(F_{9M} - K) \times N(d_{9M}) + \sigma_{9M}^{\text{Fwd}}\sqrt{T_{9M}} \times \varphi(d_{9M})\right]$$

$$f(\text{cap}(t_{9M})) = f(\text{caplet}(t_{6M})) + f(\text{caplet}(t_{9M}))$$

对于 F_{6M} 和 F_{9M}，可以采用 LPR1Y 收益率曲线中对应的即期收益率或贴现因子反推出远期收益率；其他参数，代入相关数值。由于只有 1 个未知数 σ_{9M}^{Fwd}，可以求出期限为 9M 的子期权的波动率为 0.444 333%。采用同样的方式，可以求出期限为 1Y 的子期权波动率为 0.380 831%。

对应其他执行价格，使用相同的子期权剥离方法将各个子期权的波动率剥离出来。求出各个行权价格子期权波动率后，可绘制整个波动率曲面。当然如果想要获取更为精细的期限的子期权波动率，可以采用方差线性插值如 7M、8M 等期限点。此外，在关键期限点外的波动率设置和最临近的关键期限的波动率相等。

下面使用 Python 编写 Capvol_Strip 函数计算利率上限子期权的波动率。

```python
#加载需要使用的库
import pandas as pd
import numpy as np
import math
import datetime
from datetime import date
from Swap_Zerocurve import Swap_Zerocurve
from Swap_Forwardcurve import Swap_Forwardcurve
import scipy.optimize as so
from scipy.stats import norm
#剥离子期权波动率的函数
def Capvol_Strip(Cap_vol_ave,Yield_curve):
    '''
    :param Cap_vol_ave:以数据框形式输入的综合波动率（见测试案例）;
    :param Yield_curve:以数据框形式输入的收益率曲线（见测试案例）;
    :return:返回计算利率上限期权的波动率。
    '''
    #对输入估值曲线添加年化计息天数列
    acc_yearfactor=np.diff(Yield_curve['end_date'])/datetime.timedelta(days=360)
    acc_yearfactor=np.append(None,acc_yearfactor)
    Yield_curve.insert(loc=3, column='acc_yearfactor', value=acc_yearfactor)
    #关联曲线和波动率的所有对应数据
    Cap_vol_data=Cap_vol_ave[Cap_vol_ave.term>=0.5]
    Cap_vol_all=Cap_vol_data.join(Yield_curve.set_index('term'), on='term')
    Cap_vol_all.reset_index(drop=True, inplace=True)    # 重置索引
    strike_price=Cap_vol_all['strike']
    strike_price=strike_price.drop_duplicates()
    standard_term=Cap_vol_all['term']
    standard_term=standard_term.drop_duplicates()
    standard_term.reset_index(drop=True,inplace=True)   #重置索引
    #采用综合波动率计算各种行权价格与到期时间下的价值
    f_cap_compre=[]
    for i in strike_price:
        a=Cap_vol_all[Cap_vol_all['strike'] == i]
        j=0
```

```python
            while j<len(standard_term):
                abc = 0
                for k in range(0,j+1):
                    b=a[a['term']==standard_term[k]]
                    comvol = a[a['term'] == standard_term[j]]
                    d=(b['Forward_rate']/100-b['strike']/100)/(comvol['ave_vol'].tolist()[0]/
                        100*np.sqrt((b['end_date']-b['begin_date']).dt.days/360))
                    N_d=norm.cdf(d)
                    fai_d=1/(np.sqrt(2*math.pi))*np.exp(-d*d/2)
                    abc=float(abc+b['DF'] * b['acc_yearfactor'] *
                        ((b['Forward_rate'] / 100 - b['strike'] / 100) * N_d + \
                        comvol['ave_vol'].tolist()[0]/100*np.sqrt((b['end_date']-
                        b['begin_date']).dt.days/360)*fai_d))
                f_cap_compre.append(abc)
                j=j+1
Cap_vol_all=Cap_vol_all.sort_values(['strike','term'], ascending=True)
Cap_vol_all.reset_index(drop=True, inplace=True)   # 重置索引
Cap_vol_all['f_cap_compre_value']=f_cap_compre
#剥离出子期权波动率
Cap_vol_all['f_cap_child_vol']=Cap_vol_all['ave_vol']
for i in strike_price:
    a=Cap_vol_all[Cap_vol_all['strike'] == i]
    j=1
    while j<len(standard_term):
        b = a[a['term'] == standard_term[j]]
        c = a[a['term'] == standard_term[j-1]]
        def f(y):
            abc = float(c['f_cap_compre_value'])
            d=(b['Forward_rate']/100-b['strike']/100)/
                (y/100*np.sqrt((b['end_date']-b['begin_date']).dt.days/360))
            N_d=norm.cdf(d)
            fai_d=1/(np.sqrt(2*math.pi))*np.exp(-d*d/2)
            abc=abc+float(b['DF'] * b['acc_yearfactor'] *
                ((b['Forward_rate'] / 100 - b['strike'] / 100) * N_d + \
                y/100*np.sqrt((b['end_date']-b['begin_date']).dt.days/360)*fai_d))
            return abc*10000-b['f_cap_compre_value']*10000
        vol = so.fsolve(f, 0.1)
        Cap_vol_all.loc[(Cap_vol_all['strike'] == i) &
            (Cap_vol_all['term'] == standard_term[j]),('f_cap_child_vol')]=vol
        j=j+1
#内外连接数据框使得数据完整，期限小于0.5Y的使用0.5Y的波动率
low_term=Cap_vol_ave[Cap_vol_ave.term<0.5]
low_term=pd.merge(low_term, Yield_curve, on=['term'], how='left')
low_term=low_term[['underlying','term','strike','begin_date','end_date','DF']]
Cap_vol_all=pd.concat([low_term, Cap_vol_all])
Cap_vol_all=Cap_vol_all[['underlying','term','strike','begin_date','end_date',
                    'DF','ave_vol','f_cap_child_vol']]
Cap_vol_all.reset_index(drop=True, inplace=True)   # 重置索引
Cap_vol_all=Cap_vol_all.sort_values(['strike','term'], ascending=True)
Cap_vol_all.fillna(method='bfill',inplace=True)
```

```
    Cap_vol_all.reset_index(drop=True, inplace=True)   # 重置索引
    return Cap_vol_all
```

首先,输入市场数据,对应参数期限、执行价格、波动率参数。

```
#测试案例
#配置输入综合波动率
Cap_vol_ave = pd.DataFrame({"underlying": ['LPR1Y']*24,  #依据实际长度填写
    "term": [1/365,1/365,1/365,1/365,1/365,1/365,
             0.5,0.5,0.5,0.5,0.5,0.5,
             0.75,0.75,0.75,0.75,0.75,0.75,
             1,1,1,1,1,1],
    "strike":[3.6,3.7,3.8,3.9,4,4.1,
              3.6,3.7,3.8,3.9,4,4.1,
              3.6,3.7,3.8,3.9,4,4.1,
              3.6,3.7,3.8,3.9,4,4.1],
#无值填写 None,保持数据的一致性
    "ave_vol":[None,0.4643,0.4395,0.4381,0.4614,0.4763,
               None,0.4643,0.4395,0.4381,0.4614,0.4763,
               None,0.4534,0.4502,0.4754,0.4708,None,
               0.4265,0.4280,0.4506,0.4561,0.4510,0.4167]})
#外推填充邻近值
Cap_vol_ave.fillna(method='pad', inplace=True)
Cap_vol_ave.fillna(method='bfill', inplace=True)
print(Cap_vol_ave)
```

输出结果:

	underlying	term	strike	ave_vol
0	LPR1Y	0.00274	3.6	0.4643
1	LPR1Y	0.00274	3.7	0.4643
2	LPR1Y	0.00274	3.8	0.4395
3	LPR1Y	0.00274	3.9	0.4381
4	LPR1Y	0.00274	4.0	0.4614
5	LPR1Y	0.00274	4.1	0.4763
6	LPR1Y	0.50000	3.6	0.4763
7	LPR1Y	0.50000	3.7	0.4643
8	LPR1Y	0.50000	3.8	0.4395
9	LPR1Y	0.50000	3.9	0.4381
10	LPR1Y	0.50000	4.0	0.4614
11	LPR1Y	0.50000	4.1	0.4763
12	LPR1Y	0.75000	3.6	0.4763
13	LPR1Y	0.75000	3.7	0.4534
14	LPR1Y	0.75000	3.8	0.4502
15	LPR1Y	0.75000	3.9	0.4754
16	LPR1Y	0.75000	4.0	0.4708
17	LPR1Y	0.75000	4.1	0.4708
18	LPR1Y	1.00000	3.6	0.4265
19	LPR1Y	1.00000	3.7	0.4280
20	LPR1Y	1.00000	3.8	0.4506
21	LPR1Y	1.00000	3.9	0.4561
22	LPR1Y	1.00000	4.0	0.4510
23	LPR1Y	1.00000	4.1	0.4167

输入市场的收益率报价,调用 Swap_Zerocurve 函数与 Swap_Forwardcurve 函数构建出 LPR1Y 的即期收益率曲线和远期收益率曲线。

```
#配置利率曲线
term=np.array([1/365,0.25,0.5,0.75,1,2,3,4,5,7,10])
```

```python
ave_price=np.array([3.85,3.85,3.925,3.9438,3.9763,4.0463,4.0863,4.11,4.125,4.095,4.095])/100
Swap_LPR1Y_Zerocurve_test=Swap_Zerocurve(start_date=date(2021,3,30),cleanspeed='T+0',
                yearlenth=10, fre=4,term=term,ave_price=ave_price,D_fix=365,D_float=360)
Swap_LPR1Y_Forwardcurve_test=Swap_Forwardcurve(Zerocurve=Swap_LPR1Y_Zerocurve_test)
print(Swap_LPR1Y_Forwardcurve_test)
```

输出结果：

```
    begin_date    end_date      term  ...        DF  Zero_rate  Forward_rate
0   2021-03-30  2021-03-31   0.00274  ...  0.999893     3.9033           NaN
1   2021-03-30  2021-06-30   0.25000  ...  0.990257     3.8844        3.8923
2   2021-03-30  2021-09-30   0.50000  ...  0.980503     3.9058        3.8927
3   2021-03-30  2021-12-30   0.75000  ...  0.970864     3.9247        3.9278
4   2021-03-30  2022-03-30   1.00000  ...  0.961199     3.9573        4.0217
..         ...         ...       ...  ...       ...        ...           ...
36  2021-03-30  2030-03-29   9.00000  ...  0.692972     4.0739        4.0382
37  2021-03-30  2030-06-28   9.25000  ...  0.685968     4.0739        4.0389
38  2021-03-30  2030-09-30   9.50000  ...  0.678808     4.0740        4.0396
39  2021-03-30  2030-12-30   9.75000  ...  0.671948     4.0740        4.0389
40  2021-03-30  2031-03-31  10.00000  ...  0.665157     4.0740        4.0389

[41 rows x 7 columns]
```

将波动率报价参数与收益率曲线参数输入 Capvol_Strip 函数中计算。

```python
#使用 Capvol_Strip 函数剥离出子期权波动率
Capvol_Strip_test=Capvol_Strip(Cap_vol_ave=Cap_vol_ave,Yield_curve=Swap_LPR1Y_Forwardcurve_test)
print(Capvol_Strip_test)
```

输出结果：

```
    underlying     term  strike  begin_date    end_date        DF  ave_vol  f_cap_child_vol
0        LPR1Y  0.00274     3.6  2021-03-30  2021-03-31  0.999893   0.4763         0.476300
1        LPR1Y  0.50000     3.6  2021-03-30  2021-09-30  0.980503   0.4763         0.476300
2        LPR1Y  0.75000     3.6  2021-03-30  2021-12-30  0.970864   0.4763         0.476300
3        LPR1Y  1.00000     3.6  2021-03-30  2022-03-30  0.961199   0.4265         0.321598
4        LPR1Y  0.00274     3.7  2021-03-30  2021-03-31  0.999893   0.4643         0.464300
..         ...      ...     ...         ...         ...       ...      ...              ...
19       LPR1Y  1.00000     4.0  2021-03-30  2022-03-30  0.961199   0.4510         0.419788
20       LPR1Y  0.00274     4.1  2021-03-30  2021-03-31  0.999893   0.4763         0.476300
21       LPR1Y  0.50000     4.1  2021-03-30  2021-09-30  0.980503   0.4763         0.476300
22       LPR1Y  0.75000     4.1  2021-03-30  2021-12-30  0.970864   0.4708         0.466640
23       LPR1Y  1.00000     4.1  2021-03-30  2022-03-30  0.961199   0.4167         0.339289
```

其中，f_cap_child_vol 为剥离出的子期权波动率，如果期限小于 0.5Y（6M），则统一采用期限为 0.5Y 的波动率。下面绘制波动率曲面。

```python
#绘制波动率曲面
strike = np.array(Capvol_Strip_test['strike'])
ttm = np.array(Capvol_Strip_test['term'])
iv = np.array(Capvol_Strip_test['f_cap_child_vol'])
#加载相关库
import matplotlib.pyplot as plt
from pylab import mpl
mpl.rcParams['font.sans-serif']=['SimHei']
mpl.rcParams['axes.unicode_minus']=False
#绘图
fig = plt.figure()
ax = fig.add_subplot(projection='3d')
```

```
surf=ax.plot_trisurf(ttm, strike, iv,cmap='viridis', edgecolor='none')
ax.set_xlim(1,0)
ax.set_xlabel('到期时间（年）')
ax.set_ylabel('执行利率(%)')
ax.set_zlabel('波动率(%)')
plt.title(u'波动率曲面图',fontsize=16)
fig.colorbar(surf,location='left')
plt.show()
```

输出结果如图 11-3 所示。

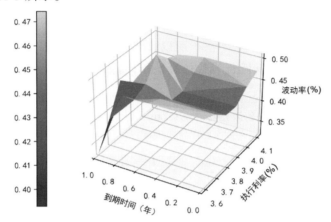

图 11-3　利率上限期权子期权波动率曲面

11.3　利率上下限期权的估值与风险指标

11.3.1　利率上下限期权现值的计算

为了支持标的利率为负值的情况，采用正态模型对利率上下限期权进行估值，即假设标的利率服从正态分布。

对于付息为n期、执行利率为K的利率上限期权现值（或估值）为：

$$\mathrm{PV(cap)} = P \sum_{i=1}^{n} \mathrm{DF}(t_i) \times \frac{t_i - t_{i-1}}{D} \times [(F_i - K) \times N(d_i) + \sigma_n \sqrt{T_i} \times \varphi(d_i)],$$

$$i = 1,2,3,\cdots,n \qquad (11-6)$$

对于付息为n期、执行利率为K的利率下限期权现值（或估值）为：

$$\mathrm{PV(floor)} = P \sum_{i=1}^{n} \mathrm{DF}(t_i) \times \frac{t_i - t_{i-1}}{D} \times [(K - F_i) \times N(-d_i) + \sigma_n \sqrt{T_i} \times \varphi(-d_i)],$$

$$i = 1,2,3,\cdots,n \qquad (11-7)$$

其中，

$$d_i = \frac{F_i - X}{\sigma_i \sqrt{T_i}}, \; N(d_i) = \int_{-\infty}^{d_i} \varphi(\varepsilon) \mathrm{d}\varepsilon, \; \varphi(d_i) = \frac{1}{\sqrt{2\pi}} \mathrm{e}^{-\frac{d_i^2}{2}}$$

t_i：剩余到期的自然日天数。

n：付息期。

P：名义本金。

$\mathrm{DF}(t_i)$：贴现因子，根据参考利率互换收盘曲线拔靴关键期限点即期收益率，再计算插值得到贴现因子（方法同 10.2.1 小节）。

D：年化计算天数，根据实际计息基准调整。

F_i：第 i 个子期权对应的远期收益率（如有利差，需要加上利差）。

σ_i：将期权隐含波动率曲线转为子期权隐含波动率后，根据利率上下限期权子期权要素分别插值得到的波动率，即利率上下限期权子期权波动率。

T_i：第 i 个子期权利率确定日距计算估值日的年化时间。

K：执行利率。

另外，需要注意的是，若估值当日该子期权的 F_i 已经确定且未到期，则该子期权的估值为利率上限子期权：

$$P \times \mathrm{Max}(F_i - K, 0) \times \frac{t_i - t_{i-1}}{D} \times \mathrm{DF}(t_i) \tag{11-8}$$

或为利率下限子期权：

$$P \times \mathrm{Max}(K - F_i, 0) \times \frac{t_i - t_{i-1}}{D} \times \mathrm{DF}(t_i) \tag{11-9}$$

【实例 11-3】假定当前日期为 2021-3-30，根据实例 11-1 中的交易要素以及实例 11-2 中构建的波动率曲面，对该笔利率上限期权进行估值。

【分析解答】由于在实例 11-2 中，已经构建出了剥离子期权的波动率曲面，这里只需插值对应波动率曲面的波动率，代入 Black 公式，将子期权的价值计算出来进行汇总，即得到该笔利率上限期权的总价值。利率上下限期权估值中间参数如表 11-6 所示。

表 11-6 利率上下限期权估值计算

开始日期	现金流发生日	即期收益率（%）	贴现因子	远期收益率（%）	波动率（%）
2021-3-30	2021-6-9	3.884 4	0.992 472	3.850 000	—
2021-3-30	2021-9-9	3.900 9	0.982 721	3.882 888	0.439 500
2021-3-30	2021-12-9	3.920 3	0.973 080	3.919 668	0.455 982
2021-3-30	2022-3-9	3.949 7	0.963 446	3.999 783	0.452 787

【注】为简化处理，表 11-6 中的波动率插值方式为时间维度和执行价维度方差线性插值。

上述后续 3 期浮动利率均未确定，因此采用远期收益率估计得出。最后汇总子期权价值有：

$\mathrm{PV}(\mathrm{cap}) = 10\,000\,000 \times$

$$\left\{\begin{array}{l} 0.982\,721 \times \dfrac{92}{360} \times [(3.882\,888\% - 3.8\%) \times 0.691\,839 + 0.439\,5\% \times \sqrt{0.141\,667} \times 0.351\,887] + \cdots + \\ 0.963\,446 \times \dfrac{90}{360} \times [(3.999\,783\% - 3.8\%) \times 0.707\,506 + 0.452\,787\% \times \sqrt{0.652\,778} \times 0.343\,675] \end{array}\right\}$$

$= 13\,867.62$

需要注意的是，通常利率上下限期权交易是不包括首期的现金流的，这是因为签订利率上下限期权时已知首期的现金流，无须重复计算。下面使用 Python 构建利率上限期权的估值函数（Cap_Valuation）。

```python
#加载需要使用的库
import pandas as pd
import numpy as np
from coupon_schedule_adjust import coupon_schedule_adjust
import scipy.interpolate as si
from Capvol_Strip import *
#利率上限期权的估值函数 Cap_Valuation
def Cap_Valuation(vol_surface,voluation_curve,start_date,yearlenth,fre,strike_price,cal_date,P,fk,D):
    '''
    :param vol_surface: 输入构建好的子期权波动率曲面（具体样例见测试案例）;
    :param voluation_curve: 输入对应的估值曲线（具体样例见测试案例）;
    :param start_date: 利率上限期权的起息日;
    :param yearlenth: 利率上限期权的年限;
    :param fre: 利率上限期权的付息频率;
    :param strike_price: 利率上限期权的执行利率;
    :param cal_date: 计算日期;
    :param P: 名义本金;
    :param fk: 当前付息周期的浮动端参考利率;
    :param D: 年计算天数，取360或365;
    :return: 返回利率上限期权的子期权的价值和其他中间数值。
    '''
    #对波动率数据进行标准化处理
    #到期时间一维矩阵
    vol_time=(vol_surface['end_date']-vol_surface['begin_date']).dt.days/D
    vol_time=np.array(vol_time.drop_duplicates())
    #行权价格一维矩阵
    vol_strike=vol_surface['strike']
    vol_strike=np.array(vol_strike.drop_duplicates())
    #波动率二维矩阵
    vol_array=np.array(vol_surface['f_cap_child_vol'])/100
    vol_array=vol_array.reshape(len(vol_strike),len(vol_time))
    #二维插值函数
    varianceMatrix=(vol_array**2)*vol_time   #方差插值（非波动率）
    #利率上限期权的付息计划
    cap_schdule_list = coupon_schedule_adjust(start_date=start_date,yearlenth=yearlenth,fre=fre)
    for j in range(1, len(cap_schdule_list)):
        if cap_schdule_list[j] >= cal_date: break
    maturity=(np.array(cap_schdule_list[j:])-cal_date)/datetime.timedelta(days=D)
    from dateutil.relativedelta import relativedelta
    rate_confirm_yearfactor=(np.array(cap_schdule_list[j:])+
            relativedelta(months=-4,days=11)-cal_date)/datetime.timedelta(days=D)
    datetime.timedelta(days=D)
    acc_year=np.diff(cap_schdule_list[j-1:])/datetime.timedelta(days=D)
    #插值波动率，贴现因子，远期收益率
    cal_vol=[]
    child_vol=[]
    cal_DF=[]
    for i in range(0,len(maturity)):
        interp = si.interp2d(vol_time, vol_strike, varianceMatrix, kind='linear')
```

```
                    cal_vol.append(np.sqrt(interp(maturity[i],strike_price*100)/maturity[i]))
                    child_vol.append(cal_vol[i][0])
                    interp_DF=si.interp1d((voluation_curve['end_date']-voluation_curve['begin_date']).dt.days/D,
                                np.log(voluation_curve['DF']),kind='linear')
                    cal_DF.append(np.exp(interp_DF(maturity[i])))
        cap_f=[fk/100]
        i = 1
        while i < len(cal_DF):   # 计算未来的远期收益率/参考利率
            cap_f.append((cal_DF[i - 1] / cal_DF[i] - 1) / voluation_curve['acc_yearfactor'][i+1])
            i = i + 1
        #求解利率上限价值
        Caplet_value=[0]
        if j > 1:
            Caplet_value[0]=P*max(fk-strike_price,0)*acc_year[0]*cal_DF[0]
        for k in range(1,len(cal_DF)):
            d = (cap_f[k] - strike_price) / (child_vol[k]* np.sqrt(rate_confirm_yearfactor[k]))
            N_d = norm.cdf(d)
            fai_d = 1 / (np.sqrt(2 * math.pi)) * np.exp(-d * d / 2)
            Caplet_value.append(np.array(cal_DF[k] * acc_year[k] * ((cap_f[k] - strike_price) *
N_d + \
                                child_vol[k] * np.sqrt(rate_confirm_yearfactor[k]) *
fai_d))*P)
        #将计算的中间明细参数转换为数据框，方便查询
        cap_valuation_data = pd.DataFrame({"Caplet_value": Caplet_value,   #依据实际长度填写
            "acc_year": acc_year,                                          #子期权计息年化时间
            "maturity":maturity,                                           #子期权剩余到期时间
            "cal_DF":cal_DF,                                               #支付日贴现因子
            "cap_f":np.array(cap_f)*100,                                   #计算子期权价值的远期收益率
            "child_vol":np.array(child_vol)*100})                          #子期权波动率
        return cap_valuation_data
```

输入相关参数到 Cap_Valuation 函数，其中 Capvol_Strip_test 为实例 11-2 中剥离好的子期权波动率曲面，Swap_LPR1Y_Forwardcurve_test 为实例 11-2 中构建好的 LPR1Y 即期收益率曲线和远期收益率曲线。

```
#测试案例
Cap_Valuation_test=Cap_Valuation(vol_surface=Capvol_Strip_test,voluation_curve=Swap_LPR1Y_
                                Forwardcurve_test, start_date=date(2021,3,9),
                                yearlenth=1,fre=4,strike_price=3.8/100,
                                cal_date=date(2021,3,30),P=10000000,fk=3.85/100,D=360)
print(Cap_Valuation_test)
```

输出结果：

```
   Caplet_value  acc_year  maturity    cal_DF     cap_f  child_vol
0      0.000000  0.255556  0.197222  0.992472  3.850000   0.439500
1   2902.000944  0.255556  0.452778  0.982721  3.882888   0.439500
2   4532.851098  0.252778  0.705556  0.973080  3.919668   0.455982
3   6432.772109      0.25  0.955556  0.963446  3.999783   0.452787
该笔利率上限期权的估值为: 13867.62
```

可以发现，在估值日当前付息周期的子期权的价值为 0，因为这是签订利率上下限期权的首期现金流，不计入利率上下限期权的估值；后面 3 期的子期权价值逐渐升高，这主要是因为远期收益率（cap_f）不断增大。

【实例 11-4】 将利率上下限期权的起息日改为 2020-12-18，重新计算该笔利率上限期权的价值。

```
#测试案例
Cap_Valuation_test_2=Cap_Valuation(vol_surface=Capvol_Strip_test,
                                   voluation_curve=Swap_LPR1Y_Forwardcurve_test,
                                   start_date=date(2020,12,18),
                                   yearlenth=1,fre=4,strike_price=3.8/100,
                                   cal_date=date(2021,3,30),P=10000000,fk=3.85/100,D=360)
print(Cap_Valuation_test_2)
print('该笔利率上限期权的估值为: ',np.round(sum(Cap_Valuation_test_2['Caplet_value']),2))
```

输出结果：

```
   Caplet_value  acc_year  maturity   cal_DF    cap_f  child_vol
0   1266.945200  0.255556  0.222222  0.991522  3.850000   0.439500
1   4844.721792  0.261111  0.483333  0.981559  3.972134   0.439500
2   4704.769813  0.252778  0.736111  0.971918  3.923942   0.457745
该笔利率上限期权的估值为:  10816.44
```

可以发现，在估值日当前付息周期的子期权的价值并不为 0，这是因为根据合约，当前已经是签订利率上下限期权后的第 2 期现金流，并非首期，需要对其进行估值计算。

11.3.2 利率上下限期权风险指标的计算

利率上下限期权常见的风险指标有 Delta、Gamma、Vega 和 Theta，根据常见的使用方式对其进行如下定义：

（1）Delta：标的资产（每段的远期收益率）价格变动 1 个基点后期权价值的变动幅度。

$$\text{Delta} = \frac{\text{PV}_{F+} - \text{PV}_{F-}}{2 \times 0.0001} \tag{11-10}$$

PV_{F+}：每段远期收益率上升 1 个基点时的利率上限/下限期权价格。

PV_{F-}：每段远期收益率下降 1 个基点时的利率上限/下限期权价格。

【注】 为保证 11.6 节计算风险价值方便，这里对分母系数进行了扩大（Gamma 与 Vega 的计算与之相似，也需要扩大分母系数）。

（2）Gamma：标的资产价格变动 1 个基点后 Delta 的变动幅度。

$$\text{Gamma} = \frac{\text{PV}_{F+} + \text{PV}_{F-} - 2\text{PV}}{0.0001^2} \tag{11-11}$$

PV：利率上限/下限期权的初始估值价格。

PV_{F+}：每段远期收益率上升 1 个基点时的利率上限/下限期权价格。

PV_{F-}：每段远期收益率下降 1 个基点时的利率上限/下限期权价格。

（3）Vega：波动率变动 1 个基点后期权价值的变动幅度。

$$\text{Vega} = \frac{\text{PV}_{v+} - \text{PV}_{v-}}{2 \times 0.0001} \tag{11-12}$$

PV_{v+}：每段波动率上升 1 个基点时的利率上限/下限期权价格。

PV_{v-}：每段波动率下降 1 个基点时的利率上限/下限期权价格。

(4) Theta：估值日后 1 天期权价值相对当日的变动价值。

$$\text{Theta} = PV_{+1\,day} - PV \tag{11-13}$$

$PV_{+1\,day}$：估值日后 1 天利率上限/下限期权的价值。

PV：利率上限/下限期权的初始估值。

【实例 11-5】假定当前日期为 2021-3-30，接实例 11-4 的相关要素与计算过程，计算该笔利率上限期权的风险指标。

【分析解答】由于采用公式（11-10）、公式（11-11）、公式（11-12）与公式（11-13）的冲击法进行了重估值（某个参数发生细微变化，重新计算 PV），每次重新计算 PV 较为烦琐，下面使用 Python 编写 Cap_greeks 函数计算风险指标。

```python
#加载需要使用的库
from Cap_Valuation import *
#计算利率上限期权的希腊字母的函数
def Cap_greeks(Cap_Valuation,strike_price,P,fk):
    '''
    :param Cap_Valuation: 根据Cap_Valuation模块中的估值计算子期权价值和其他参数;
    :param strike_price: 执行利率;
    :param P: 名义本金;
    :param fk: 当前付息周期的参考利率;
    :return: 返回计算利率上限期权的希腊字母。
    '''
    def Caplet_valuation(forward_rate,acc_year,maturity,cal_DF,child_vol):
        Caplet_value = [0]
        if Cap_Valuation['Caplet_value'][0]==0:
            Caplet_value[0] = P * max(fk-strike_price,0) * acc_year[0] * cal_DF[0]
        for k in range(1, len(forward_rate)):
            d = (forward_rate[k]/100-strike_price) / (child_vol[k]/100 * np.sqrt(maturity[k]))
            N_d = norm.cdf(d)
            fai_d = 1 / (np.sqrt(2 * math.pi)) * np.exp(-d * d / 2)
            Caplet_value.append(np.array(cal_DF[k] * acc_year[k] * ((forward_rate[k]/100 \
                        - strike_price) * N_d + \
                        child_vol[k]/100 * np.sqrt(maturity[k]) * fai_d)) * P)
        return sum(Caplet_value)
    #计算Delta
    f_up=np.append(Cap_Valuation['cap_f'][0]/100,Cap_Valuation['cap_f'][1:]/100+1/10000)*100
    f_down=np.append(Cap_Valuation['cap_f'][0]/100,Cap_Valuation['cap_f'][1:]/100-1/10000)*100
    PV_f_up=Caplet_valuation(forward_rate=f_up,acc_year=Cap_Valuation['acc_year'],
                        maturity=Cap_Valuation['maturity'],cal_DF=Cap_Valuation['cal_DF'],
                        child_vol=Cap_Valuation['child_vol'])
    PV_f_down=Caplet_valuation(forward_rate=f_down,acc_year=Cap_Valuation['acc_year'],
                        maturity=Cap_Valuation['maturity'],cal_DF=Cap_Valuation['cal_DF'],
                        child_vol=Cap_Valuation['child_vol'])
    Delta=(PV_f_up-PV_f_down)/(2*0.0001)
    #计算Gamma
    Gamma=(PV_f_up+PV_f_down-2*sum(Cap_Valuation['Caplet_value']))/(0.0001*0.0001)
    #计算Vega
    v_up=(Cap_Valuation['child_vol']/100+1/10000)*100
    v_down=(Cap_Valuation['child_vol']/100-1/10000)*100
```

```
                PV_v_up=Caplet_valuation(forward_rate=Cap_Valuation['cap_f'],acc_year=Cap_Valuation['acc_year'],
                                 maturity=Cap_Valuation['maturity'],cal_DF=Cap_Valuation['cal_DF'],
                                 child_vol=v_up)
                PV_v_down=Caplet_valuation(forward_rate=Cap_Valuation['cap_f'],
                                 acc_year=Cap_Valuation['acc_year'],
                                 maturity=Cap_Valuation['maturity'],cal_DF=Cap_Valuation['cal_DF'],
                                 child_vol=v_down)
                Vega=(PV_v_up-PV_v_down)/(2*0.0001)
                #计算Theta
                maturity=Cap_Valuation['maturity']-1/360
                cal_DF=-np.log(Cap_Valuation['cal_DF'])/Cap_Valuation['maturity']
                for i in range(0,len(cal_DF)):
                        cal_DF[i]=np.exp(-cal_DF[i]*maturity[i])
                        PV_oneday=Caplet_valuation(forward_rate=Cap_Valuation['cap_f'],
                                         acc_year=Cap_Valuation['acc_year'],
                                         maturity=maturity,cal_DF=cal_DF,
                                         child_vol=Cap_Valuation['child_vol'])
                Theta=PV_oneday-sum(Cap_Valuation['Caplet_value'])
                greeks = pd.DataFrame({"Delta":[np.round(Delta,2)], "Gamma": [np.round(Gamma,2)],
                                "Vega": [np.round(Vega,2)],"Theta": [np.round(Theta,2)]})
                return greeks
```

输出相关参数至 Cap_greeks 函数中计算风险指标。

```
#测试案例
Cap_greek_sensitiviy=Cap_greeks(Cap_Valuation=Cap_Valuation_test,strike_price=3.8/100,P=10000000,fk=3.85/100)
print(Cap_greek_sensitiviy)
```

输出结果：

```
         Delta         Gamma        Vega       Theta
0  4688043.63     8.042101e+11  2281452.26    3997.75
```

11.4 利率互换期权介绍

11.4.1 利率互换期权简介

利率互换期权（Swaption），也称为掉期期权，是指以利率互换或其他类型互换为交易对象的期权。利率互换期权有两种主要类型：支付固定利率的利率互换期权（Payer's Swaption）和收取固定利率的利率互换期权（Receiver's Swaption）。在支付固定利率的利率互换期权中，买方有权但无义务签订利率互换合同，成为固定利率付款人和浮动利率收款人。收取固定利率的利率互换期权中，买方有权但无义务签订利率互换合同，成为固定利率收款人和浮动利率付款人。

一般利率互换期权是场外交易合约，买卖双方需要就互换期权的价格、互换期权到期的时间、名义金额和固定/浮动利率达成一致。除这些条款外，买方和卖方还必须就利率互换期权的品种（百慕大、欧式或美式）达成一致。这些品种名称与地理无关，而是与执行利率互换期权的方式有关。

① 百慕大利率互换期权：买方在约定的特定有效期内行权，并在预定的日期进行利率互

换交易。

② 欧式利率互换期权：买方只能在利率互换期权到期日行使期权并进行利率互换交易。

③ 美式利率互换期权：买方可在利率互换期权发起日至到期日之间的任何一天行使期权并进行利率互换交易（发起后可能会有一段很短的锁定期）。

图 11-4 以欧式利率互换期权为例，展示该类期权随市场参考利率变化的损益。

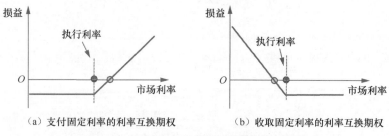

图 11-4　利率互换期权随市场利率变化损益

对于支付固定利率的利率互换期权，当市场利率较低时（低于执行利率），期权买方没有义务必须行权，可以放弃行权；当市场利率较高时（高于执行利率），期权买方可以选择行权，进入利率互换交易，支付较低的固定利率而收取较高的浮动利率。

对于收取固定利率的利率互换期权，当市场利率较低时（低于执行利率），期权买方可以行权，收取较高的固定利率而支付较低的浮动利率；当市场利率较高时（高于执行利率），期权的买方可以选择不行权。

需要注意的是，期权的买方通常会承担期权费的溢价成本。

11.4.2　利率互换期权的功能

（1）规避利率风险。

利率互换期权给投资者一个选择，如果预期未来利率符合自己的预期，可以行权进入利率互换交易。当然，如果这个选择期权有较大的不确定性，仍然有余地判断后续是否进入利率互换交易。其规避风险的方式相比利率互换增加了前端的选择性。

（2）投机或套利。

经验丰富的投资者可根据宏观经济与利率变化走势，应用利率互换期权进行资产管理与策略投资，获取投资理财的收益。

（3）加快利率市场化进程。

结合利率互换期权和利率互换，金融机构和企业可对冲利率变动的利率风险，提高资金利率与互换参考利率的联动程度，利于推动利率市场化。

11.4.3　利率互换期权的平价关系

11.1.4 小节介绍了利率上限期权与利率下限期权的平价关系，欧式支付固定利率互换期权和收取固定利率互换期权之间也存在类似的关系。

可以构建这样一个组合：购买支付固定利率互换期权，卖出收取固定利率互换期权，两者执行利率相同。

① 当市场利率大于等于执行利率时，行使支付固定利率互换期权权利，而对手方的收取固定利率互换期权则不会行权；组合的头寸为支付固定利率的利率互换。

② 当市场利率小于行权利率时，支付固定利率的利率互换期权没有价值，放弃行权；而收取固定利率的利率互换期权被行权；组合净头寸为卖出收取固定利率的利率互换。

因此，上面的组合与远期支付固定利率的利率互换等价。具体用以下公式表示：

$$\text{swaption}_{payer} - \text{swaption}_{receiver} = \text{swap}_{forward} \qquad (11-14)$$

swaption_{payer}：支付固定利率互换期权。
$\text{swaption}_{receiver}$：收取固定利率互换期权。
$\text{swap}_{forward}$：远期支付固定利率的利率互换。

11.4.4 利率互换期权的交易要素

利率互换期权是利率期权中重要的一类产品，经中国人民银行批复同意，2020年3月23日起利率期权交易及相关服务在全国银行间交易中心（中国外汇交易中心）试运行。利率期权的推出，是我国利率市场化改革的又一历史性事件，标志着利率风险对冲市场进一步成熟。目前中国外汇交易中心推出的利率互换期权的主要交易要素如表11-7所示。

表11-7 利率互换期权主要交易要素

期权类型	固定利率支付方利率互换期权（Call）、固定利率收取方利率互换期权（Put）
期权期限	1M、3M、6M、9M、1Y等标准期限（可依据实际情况调整）
合约代码	格式：SWPT_参考利率_期权期限×利率互换期限 C/P 例如，SWPT_LPR1Y_1Y5YC 为标的为LPR1Y，期权期限为1年的固定利率支付方利率互换期权，利率互换期限为5年
名义本金/手数	单位名义本金100万元（1手）
执行利率	利率互换期权的行权价格（利率）（可根据实际情况调整）
期权价格	基点报价（2位小数），如300表示为300BP。单位变动0.01BP
隐含波动率	单位为年化百分比，可以自行确定，也可以由市场价格反推得到
期权费	期权费=期权价格×名义本金
期权费支付日	交易日+1个营业日（可依据实际情况调整）
行权日	交易日+期权期限（可依据实际情况调整）
清算/交割方式	双边清算/实物交割
标的利率互换条款	当前中国外汇交易中心只有固定利率和浮动利率之间的互换（暂无浮动换浮动的情况），套用现有利率互换模板
产品名称	以LPR1Y/LPR5Y等为参考利率的利率互换（如LPR1Y_6M、LPR1Y_1Y、LPR1Y_2Y、LPR1Y_3Y、LPR5Y_1Y、LPR5Y_5Y）
起息日	行权日+1个营业日（可依据实际情况调整）

【**实例 11-6**】交易员 A 试图在 2021-2-24 买入一笔基于 LPR1Y 的利率互换期权，发起了对话报价，如图 11-5 所示。该利率互换期权的期权期限为 1Y，合约代码为 SWPT_LPR1Y_1Y2YC，名义本金为 2 000 万元，期权价格为 20BP，期权费为 40 000 元，执行利率为 4.1%，期权费支付日为 2021-2-25，期权起始日为 2021-2-24，期权行权日为 2022-2-24，参考利率为 LPR1Y；利率互换的起息日为 2022-2-25，到期日为 2024-2-25，参考利率为 LPR1Y，利差为 0BP，重置频率为季，即每 3 个月重置一次参考利率，支付周期为季度，计息方法为单利，计息基准为实际/365，支付日调整的规则为经调整的下一营业日。

图 11-5　利率互换期权对话报价

【**注**】对话报价是针对一个交易员发送的，必须完整填写所有交易要素。

利率互换期权交易流程如图 11-6 所示。

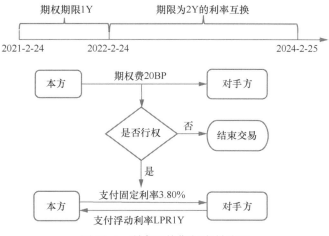

图 11-6 利率互换期权交易流程

交易员 A 在 1 年后（2022 年 2 月 24 日）会判断是否行权，如果行权，执行期限为 2 年的利率互换交易，否则终止并结束交易。

11.5 利率互换期权的估值与风险指标

11.5.1 利率互换期权波动率曲面的构建

对于利率互换期权的波动率曲面构建，无须像利率上下限期权那样从综合波动率中剥离出子期权波动率，构建相对较为轻松。为保证数据的连续性，在对基本数据进行清洗处理后可直接在执行价维度或时间维度进行插值处理。

【实例 11-7】表 11-8 是 2021-3-30 日终的 LPR1Y_1Y 的利率互换期权经数据清洗后的波动率报价，根据该报价，绘制当日日终利率互换期权的波动率曲面。

表 11-8 LPR1Y_1Y 日终波动率报价（2021-3-30）

合约标的	期权期限	执行利率（%）	买入[隐含波动率（%）]	卖出[隐含波动率（%）]	均值[隐含波动率（%）]
LPR1Y_1Y	1M	3.650 0	0.285 4	0.636 9	0.461 2
LPR1Y_1Y	1M	3.700 0	0.286 9	0.628 9	0.457 9
LPR1Y_1Y	1M	3.750 0	0.286 5	0.641 8	0.464 1
LPR1Y_1Y	1M	3.800 0	0.280 9	0.623 4	0.452 1
LPR1Y_1Y	1M	3.850 0	0.271 7	0.613 9	0.442 8
LPR1Y_1Y	1M	3.900 0	0.271 3	0.610 5	0.440 9
LPR1Y_1Y	1M	3.950 0	0.280 1	0.613 3	0.446 7
LPR1Y_1Y	1M	4.000 0	0.303 9	0.683 4	0.493 6
LPR1Y_1Y	1M	4.050 0	0.300 9	0.655 7	0.478 3

续表

合约标的	期权期限	执行利率（%）	买入 [隐含波动率（%）]	卖出 [隐含波动率（%）]	均值 [隐含波动率（%）]
LPR1Y_1Y	2M	3.650 0	0.275 8	0.640 4	0.458 1
LPR1Y_1Y	2M	3.700 0	0.295 4	0.651 5	0.473 5
LPR1Y_1Y	2M	3.750 0	0.276 1	0.642 0	0.459 0
LPR1Y_1Y	2M	3.800 0	0.273 0	0.623 3	0.448 1
LPR1Y_1Y	2M	3.850 0	0.280 0	0.626 2	0.453 1
LPR1Y_1Y	2M	3.900 0	0.267 0	0.611 4	0.439 2
LPR1Y_1Y	2M	3.950 0	0.267 5	0.601 7	0.434 6
LPR1Y_1Y	2M	4.000 0	0.281 1	0.619 2	0.450 2
LPR1Y_1Y	2M	4.050 0	0.299 8	0.657 0	0.478 4
LPR1Y_1Y	3M	3.650 0	0.296 6	0.639 6	0.468 1
LPR1Y_1Y	3M	3.700 0	0.293 5	0.634 3	0.463 9
LPR1Y_1Y	3M	3.750 0	0.294 6	0.641 2	0.467 9
LPR1Y_1Y	3M	3.800 0	0.288 9	0.630 6	0.459 8
LPR1Y_1Y	3M	3.850 0	0.281 8	0.617 9	0.449 8
LPR1Y_1Y	3M	3.900 0	0.282 1	0.618 8	0.450 5
LPR1Y_1Y	3M	3.950 0	0.286 9	0.620 5	0.453 7
LPR1Y_1Y	3M	4.000 0	0.271 9	0.624 0	0.448 0
LPR1Y_1Y	3M	4.050 0	0.291 8	0.657 2	0.474 5
LPR1Y_1Y	6M	3.600 0	0.295 9	0.656 4	0.476 1
LPR1Y_1Y	6M	3.700 0	0.289 0	0.636 9	0.463 0
LPR1Y_1Y	6M	3.800 0	0.293 6	0.634 9	0.464 2
LPR1Y_1Y	6M	3.900 0	0.281 1	0.608 5	0.444 8
LPR1Y_1Y	6M	4.000 0	0.284 9	0.614 4	0.449 7
LPR1Y_1Y	6M	4.100 0	0.276 7	0.635 1	0.455 9
LPR1Y_1Y	9M	3.600 0	0.303 9	0.667 9	0.485 9
LPR1Y_1Y	9M	3.700 0	0.297 1	0.651 5	0.474 3
LPR1Y_1Y	9M	3.800 0	0.303 8	0.647 1	0.475 4
LPR1Y_1Y	9M	3.900 0	0.290 5	0.620 4	0.455 5
LPR1Y_1Y	9M	4.000 0	0.294 8	0.627 5	0.461 1
LPR1Y_1Y	9M	4.100 0	0.281 1	0.644 6	0.462 8
LPR1Y_1Y	1Y	3.600 0	0.322 1	0.684 1	0.503 1
LPR1Y_1Y	1Y	3.700 0	0.325 1	0.680 7	0.502 9
LPR1Y_1Y	1Y	3.800 0	0.321 2	0.663 9	0.492 5
LPR1Y_1Y	1Y	3.900 0	0.310 1	0.644 1	0.477 1
LPR1Y_1Y	1Y	4.000 0	0.309 1	0.644 8	0.476 9
LPR1Y_1Y	1Y	4.100 0	0.290 5	0.657 4	0.473 9

数据来源：Wind 资讯

【分析解答】表 11-8 中部分执行利率的波动率无报价，关键期限执行利率外的波动率采用最临近值进行补全（下面具体实现还增加了 1/365 期限的临界点，否则外插会出现问题）。关键期限点内部的波动率采用方差线性插值或三次样条插值。下面采用 Python 编写 Swaption_volsurface

函数实现。

```python
#加载需要使用的库
import pandas as pd
import numpy as np
from scipy.interpolate import Rbf
from pylab import mpl
import matplotlib.pyplot as plt
mpl.rcParams['font.sans-serif']=['SimHei']
mpl.rcParams['axes.unicode_minus']=False
#构建利率互换期权波动率曲面的函数
def Swaption_volsurface(term,strike,vol):
    '''
    :param term:以数据框形式输入的到期期限（年）（见测试案例）；
    :param strike:以数据框形式输入的行权价格（见测试案例）；
    :param vol:以数据框形式输入的波动率（见测试案例）；
    :return:返回计算利率插值后的期限（年），行权价格与波动率。
    '''
    Variance=(vol*100)**2*term          #波动率调整为方差，采用方差插值
    func = Rbf(term,strike*100,Variance,function='Cubic') #三次样条插值
    new_term=np.linspace(min(term),max(term),12) #需要插值的期限点
    new_strike=np.linspace(min(strike*100),max(strike*100),12) #需要插值的行权价格
    ttm=new_term.tolist()*len(new_term)
    stk=sorted(new_strike.tolist()*len(new_strike))
    iv=[]
    for x,y in zip(ttm, stk):
        iv.append((func(x,y)/x)**(1/2))
    #绘图
    fig = plt.figure()
    ax = fig.add_subplot(projection='3d')
    surf=ax.plot_trisurf(ttm,stk,iv,cmap='viridis', edgecolor='none')
    ax.set_xlim(1,0)
    ax.set_xlabel('到期时间（年）')
    ax.set_ylabel('执行利率(%)')
    ax.set_zlabel('波动率(%)')
    plt.title(u'波动率曲面图',fontsize=16)
    fig.colorbar(surf,location='left')
    plt.show()
    #采用数据框归一化数据
    volsurface = pd.DataFrame({"term": ttm,"strike": stk,"vol":iv})
    return volsurface
```

将原始数据设置为数据框，输入至 Swaption_volsurface_test 函数。

```python
#测试案例
#配置输入报价平均波动率（term,strike,ave_vol）
Cap_vol_ave = pd.DataFrame({
    "term": [1/365,1/365,1/365,1/365,1/365,1/365,1/365,1/365,1/365,1/365,1/365,
             1/12,1/12,1/12,1/12,1/12,1/12,1/12,1/12,1/12,1/12,1/12,
             2/12,2/12,2/12,2/12,2/12,2/12,2/12,2/12,2/12,2/12,2/12,
             3/12,3/12,3/12,3/12,3/12,3/12,3/12,3/12,3/12,3/12,3/12,
             6/12,6/12,6/12,6/12,6/12,6/12,
```

```
                         9/12,9/12,9/12,9/12,9/12,9/12,
                         1,1,1,1,1,1],
              "strike":[3.6,3.65,3.7,3.75,3.8,3.85,3.9,3.95,4,4.05,4.1,
                        3.6,3.65,3.7,3.75,3.8,3.85,3.9,3.95,4,4.05,4.1,
                        3.6,3.65,3.7,3.75,3.8,3.85,3.9,3.95,4,4.05,4.1,
                        3.6,3.65,3.7,3.75,3.8,3.85,3.9,3.95,4,4.05,4.1,
                        3.6,3.7,3.8,3.9,4,4.1,
                        3.6,3.7,3.8,3.9,4,4.1,
                        3.6,3.7,3.8,3.9,4,4.1],
              "ave_vol":[0.4612,0.4612,0.4579,0.4641,0.4521,0.4428,0.4409,0.4467,0.4936,0.4783,0.4783,
                         0.4612,0.4612,0.4579,0.4641,0.4521,0.4428,0.4409,0.4467,0.4936,0.4783,0.4783,
                         0.4581,0.4581,0.4735,0.4590,0.4481,0.4531,0.4392,0.4346,0.4502,0.4784,0.4784,
                         0.4681,0.4681,0.4639,0.4679,0.4598,0.4498,0.4505,0.4537,0.4480,0.4745,0.4745,
                         0.4761,0.4630,0.4642,0.4448,0.4497,0.4559,
                         0.4859,0.4743,0.4754,0.4555,0.4611,0.4628,
                         0.5031,0.5029,0.4925,0.4771,0.4769,0.4739]})
Swaption_volsurface_test=Swaption_volsurface(term=Cap_vol_ave["term"],
                                             strike=Cap_vol_ave["strike"]/100,
                                             vol=Cap_vol_ave["ave_vol"]/100)
print(Swaption_volsurface_test)
```

输出插值后的结果和波动率曲面（见图 11-7）：

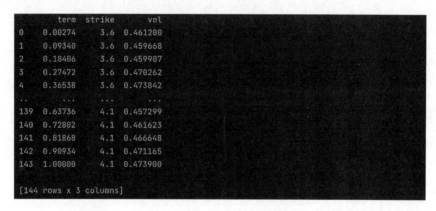

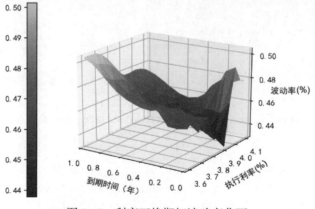

图 11-7 利率互换期权波动率曲面

需要注意的是，1/365 期限点以及部分临界执行利率下波动率是无报价数据的，这里为保证外推插值外推不出现问题,已将其赋值为最邻近的波动率数值。此外,这里对到期时间也做了简化处理,实际更精准的构建需要按计息基准与支付日调整规则计算精确的到期年化时间再进行插值。

11.5.2 利率互换期权现值的计算

考虑到利率互换期权可能出现负利率的情况,使用正态模型对利率互换期权进行估值。

① 利率互换看涨期权(固定利率支付方)现值(或估值)为:

$$\text{PV(Call)} = P\sum_{i=1}^{n}\text{DF}(t_i)\times\frac{(t_i-t_{i-1})}{D}\times[(F-K)\times N(d)+\sigma\sqrt{T}\times\varphi(d)] \quad (11-15)$$

② 利率互换看跌期权(固定利率收取方)现值(或估值)为:

$$\text{PV(Put)} = P\sum_{i=1}^{n}\text{DF}(t_i)\times\frac{(t_i-t_{i-1})}{D}\times[(K-F)\times N(-d)+\sigma\sqrt{T}\times\varphi(-d)] \quad (11-16)$$

其中,

$$d=\frac{F-K}{\sigma\sqrt{T}},N(d)=\int_{-\infty}^{d}\varphi(\varepsilon)\mathrm{d}\varepsilon,\varphi(d)=\frac{1}{\sqrt{2\pi}}\mathrm{e}^{-\frac{d^2}{2}}$$

P:名义本金;

n:利率互换的期数;

$\text{DF}(t_i)$:贴现因子,根据参考利率互换收盘曲线拔靴关键期限点即期收益率,再计算插值得到贴现因子(方法同 10.2.1 小节)。

D:年化计算天数,根据实际计息基准进行调整。

σ:将日终期权隐含波动率曲线插值得到的估值波动率。

T:期权剩余年化到期时间。

K:执行利率。

F:远期互换利率。

远期互换利率的计算方法如下。

假如一笔利率互换从 T_0 开始交易,利息支付发生在 $T_1,T_2,\cdots,T_n$。定义 $T=T_0$,本金是 1,则在 t 时刻($t<T$)的远期互换利率是 F。对于利率互换交易,如果在最后一笔支付中加入本金,则在交易初始日浮动端的估值等于本金。如果让固定端等于浮动端,则有:

$$F\sum_{i=0}^{n-1}(T_{i+1}-T_i)\times\text{DF}(t,T_{i+1})=\text{DF}(t,T_0)-\text{DF}(t,T_n) \quad (11-17)$$

那么在 t 时刻,远期互换利率为:

$$F=\frac{\text{DF}(t,T_0)-\text{DF}(t,T_n)}{\sum_{i=0}^{n-1}(T_{i+1}-T_i)\times\text{DF}(t,T_{i+1})}\times 100\% \quad (11-18)$$

其中,$\text{DF}(t,T_i)$ 为从 T_i 时刻贴现到 t 时刻的贴现因子。

【实例 11-8】假定当前日期为 2021-3-30，根据实例 11-6 中的交易要素以及实例 11-7 中构建的波动率曲面，对该笔利率互换期权进行估值。该笔利率互换期权收盘收益率如表 11-9 所示。

表 11-9　LPR1Y 收盘收益率（2021-3-30）

开始日期	结束日期	期限	指标	收盘报价（均值）利率（%）
2021-3-30	2021-3-31	1D	LPR1Y	3.850 0
2021-3-30	2021-6-30	3M	LPR1Y	3.850 0
2021-3-30	2021-9-30	6M	LPR1Y	3.925 0
2021-3-30	2021-12-30	9M	LPR1Y	3.943 8
2021-3-30	2022-3-30	1Y	LPR1Y	3.976 3
2021-3-30	2023-3-30	2Y	LPR1Y	4.046 3
2021-3-30	2024-3-29	3Y	LPR1Y	4.086 3
2021-3-30	2025-3-31	4Y	LPR1Y	4.110 0
2021-3-30	2026-3-30	5Y	LPR1Y	4.125 0
2021-3-30	2028-3-30	7Y	LPR1Y	4.095 0
2021-3-30	2031-3-31	10Y	LPR1Y	4.095 0

【注】1D 和 3M 期限采用最近 1 年期 LPR 参考利率延伸处理。

数据来源：中国货币网

【分析解答】先依据交易要素和 LPR1Y 收益率报价计算远期互换利率 F。表 11-10 是中间计算结果。

表 11-10　利率期权远期互换利率计算

	日期	即期收益率（%）	$DF(t, T_n)$	$T_{i+1} - T_i$
估值日	2021-3-30			
期权到期日	2022-2-24			
互换起息日	2022-2-25	3.945 0	0.964 720	
现金流支付日	2022-5-25	3.968 0	0.955 252	0.243 836
	2022-8-25	3.985 8	0.945 508	0.252 055
	2022-11-25	4.003 6	0.935 780	0.252 055
	2023-2-27	4.021 8	0.925 860	0.257 534
	2023-5-25	4.034 1	0.916 788	0.238 356
	2023-8-25	4.044 4	0.907 289	0.252 055
	2023-11-27	4.054 6	0.897 637	0.257 534
	2024-2-26	4.065 0	0.888 346	0.249 315

根据公式（11-18）可以计算得到远期互换利率 F 为：

$$F = \frac{0.964\,720 - 0.888\,346}{0.955\,252 \times 0.243\,836 + 0.945\,508 \times 0.252\,055 + \cdots + 0.888\,346 \times 0.249\,315} \times 100\%$$

$$= 4.138\,6\%$$

计算利率互换期权的价值需要获取对应 2022-2-24 为期权行权日，执行利率为 4.1% 的波动率。这里采用三次样条函数对方差进行插值后开方，计算得到波动率为：

$$\sigma = 0.471\,055\%$$

接下来计算看涨利率互换期权的价值。

$$\text{PV(Call)} = 20\,000\,000 \times (0.955\,252 \times 0.243\,836 + 0.945\,508 \times 0.252\,055 + \cdots +$$

$$0.888\,346 \times 0.249\,315) \times \left[(4.138\,6\% - 4.1\%) \times N\left(\frac{4.138\,6\% - 4.1\%}{0.471\,055\% \times \sqrt{0.906\,849}} \right) + \right.$$

$$\left. 0.471\,055\% \times \sqrt{0.906\,849} \times \varphi\left(\frac{4.138\,6\% - 4.1\%}{0.471\,055\% \times \sqrt{0.906\,849}} \right) \right] = 73\,417.74$$

下面使用 Python 编写 Swaption_swap_rate_vol 函数，先计算远期互换利率与估值波动率。

```
#加载需要使用的库
import pandas as pd
import numpy as np
import datetime
from datetime import date
from coupon_schedule_adjust import coupon_schedule_adjust
from Swap_Zerocurve import Swap_Zerocurve
from Swaption_volsurface import *
from scipy.interpolate import Rbf
import scipy.interpolate as si
#计算利率互换期权远期互换利率与估值波动率的函数
def Swaption_swap_rate_vol(valuation_curve,vol_curve,cal_date,
                           opt_enddate,stk,start_date,yearlenth,fre,D):
    '''
    :param valuation_curve:以数据框形式输入的估值曲线（见测试案例）；
    :param vol_curve:以数据框形式输入的波动率曲面（见测试案例）；
    :param cal_date:计算日期；
    :param opt_enddate:利率互换期权结束日期；
    :param stk:执行利率；
    :param start_date:利率互换期权的利率互换起息日；
    :param yearlenth:利率互换期权的利率互换的年限；
    :param fre:利率互换期权的利率互换的付息频率；
    :param D:年度计算天数；
    :return:返回远期互换利率，估值波动率，计息年化时间，利率互换支付日贴现因子，每个付息日距离估值日的年化时间。
    '''
    Swaption_schedule_test_adjust=coupon_schedule_adjust(start_date=start_date,
                                                        yearlenth=yearlenth,fre=fre)
    yearfactor_forward=np.diff(Swaption_schedule_test_adjust)/datetime.timedelta(days=D)
#远期每个付息的年化天数
    maturity_forward=(np.array(Swaption_schedule_test_adjust)-cal_date)/datetime.timedelta(days=D)  #每个付息日距离估值日的年化时间
    Curve_yearfraction=(valuation_curve['end_date']-valuation_curve['begin_date']).dt.days/D
    func=si.interp1d(Curve_yearfraction,np.log(valuation_curve['DF']),kind="slinear")  #采用对数线性插值贴现因子
    paymentday_DF=np.exp(func(maturity_forward.tolist()))
    F=(paymentday_DF[0]-paymentday_DF[-1])/(sum(np.multiply(paymentday_DF[1:],
        yearfactor_forward)))  #计算得到远期互换利率
#插值波动率
```

```
                Variance=(vol_curve['vol']**2)*vol_curve['term']        #波动率调整为方差，采用方差插值
                func = Rbf(vol_curve['term'],vol_curve['strike'],Variance,function='Cubic')  #三次样条插值
                t=(opt_enddate-cal_date)/datetime.timedelta(days=D)
                swap_vol=(func(t,stk/100)/t)**(1/2)
                return F*100,swap_vol,yearfactor_forward,paymentday_DF,maturity_forward
                    '''返回计算的参数解释: F*100:远期互换利率；
                        swap_vol：利率互换期权插值波动率；
                        yearfactor_forward：利率互换的计息年化时间；
                        paymentday_DF：利率互换支付日贴现因子；
                        maturity_forward：每个付息日距离估值日的年化时间。
                    '''
```

调用 Swaption_swap_rate_vol 函数，输入相关参数计算。

```
#测试案例
term=np.array([1/365,0.25,0.5,0.75,1,2,3,4,5,7,10])
ave_price=np.array([3.85,3.85,3.925,3.9483,3.9763,4.0463,4.0863,4.11,4.125,4.095,4.095])/100
Swaption_LPR1Y_Zerocurve_test=Swap_Zerocurve(start_date=date(2021,3,30),
     cleanspeed='T+0',yearlenth=10,fre=4,term=term,ave_price=ave_price,D_fix=365,D_float=360)
Swaption_swap_rate_vol_test=Swaption_swap_rate_vol(valuation_curve=Swaption_LPR1Y_Zerocurve_
test,vol_curve=Swaption_volsurface_test,cal_date=date(2021,3,30),
     opt_enddate=date(2022,2,24),stk=4.1/100,start_date=date(2022,2,25),yearlenth=2,fre=4,D=365)
print('远期互换利率(%)：',round(Swaption_swap_rate_vol_test[0],4))
print('该利率互换期权的估值波动率(%)：',round(Swaption_swap_rate_vol_test[1],6))
```

输出结果：

```
远期互换利率(%)：  4.1386
该利率互换期权的估值波动率(%)：  0.471055
```

接下来编写 Swaption_Valuation 函数计算该笔利率互换期权在 2021-3-30 的估值。

```
#加载需要使用的库
from Swaption_swap_rate_vol import *
from scipy.stats import norm
import math
#利率互换期权估值的函数
def Swaption_Valuation(F,vol,yearfactor,DF,P,stk,cal_date,start_date,opt_type,D):
    '''
    :param F:远期互换利率；
    :param vol:估值的波动率；
    :param yearfactor:远期互换付息年化时间；
    :param DF:远期互换付息日贴现因子；
    :param P:利率互换期权的名义本金；
    :param stk:执行利率；
    :param cal_date:计算日期；
    :param start_date:利率互换期权的利率互换起息日；
    :param opt_type:利率互换期权类型，call 或 put；
    :param D:年度计算天数。
    :return:返回计算该利率互换期权的估值。
    '''
    d = (F/100-stk) / (vol/100*np.sqrt((start_date-cal_date).days/D))
    N_d = norm.cdf(d)
    N_neg_d=norm.cdf(-d)
    fai_d = 1 / (np.sqrt(2 * math.pi)) * np.exp(-d * d / 2)
```

```
            fai_d = 1 / (np.sqrt(2 * math.pi)) * np.exp(-d * d / 2)
            fai_neg_d=1 / (np.sqrt(2 * math.pi)) * np.exp(d * (-d) / 2)
            if opt_type=='call':
                PV=P*sum(yearfactor*DF[1:])*((F/100-stk)*N_d+vol/100*
                    (np.sqrt((start_date-cal_date).days/D))*fai_d)
            else:
                PV=P*sum(yearfactor*DF[1:])*((stk-F/100)*N_neg_d+vol/100*
                    (np.sqrt((start_date-cal_date).days/D))*fai_neg_d)
            return PV
```

调用 Swaption_Valuation 函数，输入相关参数（远期互换利率 F、波动率 vol、远期互换付息年化时间 yearfactor、远期互换付息日贴现因子 DF）进行估值。

```
#测试案例
Swaption_Valuation_test=Swaption_Valuation(F=Swaption_swap_rate_vol_test[0],
                                        vol=Swaption_swap_rate_vol_test[1],
                                        yearfactor=Swaption_swap_rate_vol_test[2],
                                        DF=Swaption_swap_rate_vol_test[3],
P=20000000,stk=4.1/100,cal_date=date(2021,3,30),start_date=date(2022,2,24),opt_type='call',D=365)
print('该笔利率互换期权的估值为: ',round(Swaption_Valuation_test,2))
```

输出结果：

该笔利率互换期权的估值为: 73417.74

11.5.3 利率互换期权风险指标的计算

利率互换期权常见的风险指标有 Delta、Gamma、Vega 和 Theta，其定义如下。

（1）Delta：标的资产（远期互换利率）价格变动 1 个基点后期权价值的变动幅度。

$$\text{Delta} = \frac{\text{PV}_{F+} - \text{PV}_{F-}}{2 \times 0.0001} \quad (11-19)$$

PV_{F+}：远期互换利率上升 1 个基点时的利率互换期权价格。

PV_{F-}：远期互换利率下降 1 个基点时的利率互换期权价格。

【注】为保证 11.6 节计算风险价值方便，这里对分母系数进行了扩大（Gamma 与 Vega 的计算与之相似，也需要扩大分母系数）。

（2）Gamma：标的资产价格变动 1 个基点后 Delta 的变动幅动。

$$\text{Gamma} = \frac{\text{PV}_{F+} + \text{PV}_{F-} - 2\text{PV}}{0.0001^2} \quad (11-20)$$

PV：利率互换期权的初始估值价格。

PV_{F+}：远期互换利率上升 1 个基点时的利率互换期权价格。

PV_{F-}：远期互换利率下降 1 个基点时的利率互换期权价格。

（3）Vega：波动率变动 1 个基点后期权价值的变动幅动。

$$\text{Vega} = \frac{\text{PV}_{v+} - \text{PV}_{v-}}{2 \times 0.0001} \quad (11-21)$$

PV_{v+}：波动率上升 1 个基点时的利率互换期权价格。

PV_{v-}：波动率下降 1 个基点时的利率互换期权价格。

（4）Theta：估值日后 1 天期权价值相对当日的变动价值。

$$\text{Theta} = PV_{+1\,\text{day}} - PV \tag{11-22}$$

$PV_{+1\,\text{day}}$：估值日后 1 天利率互换期权的价值。

PV：利率互换期权的初始估值。

【实例 11-9】假定当前日期为 2021-3-30，接实例 11-8，计算该笔利率互换期权的风险指标。

【分析解答】采用公式（11-19）、公式（11-20）、公式（11-21）与公式（11-22）的冲击法进行了重估值（某个参数发生细微变化，重新计算 PV），计算比较烦琐，下面使用 Python 编写 Swaption_greeks 函数对利率互换期权风险指标进行计算。

```
#加载需要使用的库
from Swaption_swap_rate_vol import *
from scipy.stats import norm
from Swaption_Valuation import Swaption_Valuation
import math
#计算利率互换期权希腊字母的函数
def Swaption_greeks(F,vol,yearfactor,DF,maturity_fac,P,stk,cal_date,start_date,opt_type,D):
    '''
    :param F:远期互换利率;
    :param vol:估值的波动率;
    :param yearfactor:远期互换付息年化时间;
    :param DF:远期互换付息日贴现因子;
    :param maturity_fac:每个付息日距离估值日的年化时间;
    :param P:利率互换期权的名义本金;
    :param stk:执行利率;
    :param cal_date:计算日期;
    :param start_date:利率互换期权的利率互换起息日;
    :param opt_type:利率互换期权类型,call 或 put;
    :param D:年度计算天数;
    :return:返回计算该利率互换期权的风险指标。
    '''
    PV_origin=Swaption_Valuation(F=F,vol=vol,yearfactor=yearfactor,DF=DF,
                        P=P,stk=stk,cal_date=cal_date,
                        start_date=start_date,opt_type=opt_type,D=D)
    #计算 Delta
    F_up=(F/100+0.0001)*100
    F_down=(F/100-0.0001)*100
    PV_F_up=Swaption_Valuation(F=F_up,vol=vol,yearfactor=yearfactor,DF=DF,
                        P=P,stk=stk,cal_date=cal_date,
                        start_date=start_date,opt_type=opt_type,D=D)
    PV_F_down=Swaption_Valuation(F=F_down,vol=vol,yearfactor=yearfactor,DF=DF,
                        P=P,stk=stk,cal_date=cal_date,
                        start_date=start_date,opt_type=opt_type,D=D)
    Delta=(PV_F_up-PV_F_down)/(2*0.0001)
    #计算 Gamma
    Gamma=(PV_F_up+PV_F_down-2*PV_origin)/(0.0001*0.0001)
    #计算 Vega
    v_up=(vol/100+1/10000)*100
    v_down=(vol/100-1/10000)*100
```

```
                PV_v_up=Swaption_Valuation(F=F,vol=v_up,yearfactor=yearfactor,DF=DF,
                                P=P,stk=stk,cal_date=cal_date,
                                start_date=start_date,opt_type=opt_type,D=D)
                PV_v_down=Swaption_Valuation(F=F,vol=v_down,yearfactor=yearfactor,DF=DF,
                                P=P,stk=stk,cal_date=cal_date,
                                start_date=start_date,opt_type=opt_type,D=D)
                Vega=(PV_v_up-PV_v_down)/(2*0.0001)
                #计算Theta
                maturity=maturity_fac-1/D
                cal_DF=-np.log(DF)/maturity_fac
                for i in range(0,len(cal_DF)):
                        cal_DF[i]=np.exp(-cal_DF[i]*maturity[i])
                PV_oneday=Swaption_Valuation(F=F,vol=vol,yearfactor=yearfactor,DF=cal_DF,
                P=P,stk=stk,cal_date=cal_date+datetime.timedelta(days=1),
                                start_date=start_date,opt_type=opt_type,D=D)
                Theta=PV_oneday-PV_origin
                greeks = pd.DataFrame({"Delta":[np.round(Delta,2)], "Gamma": [np.round(Gamma,2)],
                                "Vega": [np.round(Vega,2)],"Theta": [np.round(Theta,2)]})
                return greeks
```

调用 Swaption_greeks 函数，输入对应参数进行计算。

```
Swaption_greeks_test=Swaption_greeks(F=Swaption_swap_rate_vol_test[0],
                                vol=Swaption_swap_rate_vol_test[1],
                                yearfactor=Swaption_swap_rate_vol_test[2],
                                DF=Swaption_swap_rate_vol_test[3],
                                maturity_fac=Swaption_swap_rate_vol_test[4],
                                P=20000000,stk=4.1/100,cal_date=date(2021,3,30),
                                start_date=date(2022,2,24),opt_type='call',D=365)
print(Swaption_greeks_test)
```

输出结果：

```
         Delta          Gamma           Vega       Theta
0  19719481.66   3.270155e+09   13969866.58       -91.4
```

11.6 利率期权风险价值的简易计算

对于复杂产品风险价值的计算，可以采用泰勒展开式将产品的损益变动分解出来，采用敏感度一阶模型或二阶模型进行简易估计。

11.6.1 敏感度一阶模型计算风险价值

假设交易组合由单个期权组成，标的资产的当前价格为 S，期权价格变动的潜在损失为：

$$\Delta P = \frac{\partial P}{\partial S} \Delta S \qquad (11-23)$$

ΔP：交易组合在 1 天内的价值变化。

ΔS：1 天内标的资产价格的变化。

假定价格变动服从正态分布，则交易组合的风险价值可以表示为：

$$\text{VaR}_{1-\alpha}(1_D) = \text{Delta} \times (l_\alpha \times \sigma \times S) \tag{11-24}$$

$\text{VaR}_{1-\alpha}(1_D)$：持有 1 天，置信水平为 $1-\alpha$ 的 VaR。

α：显著性水平，则置信水平为 $1-\alpha$。

Delta：因风险因子（利率期权为标的利率）变动引起的期权价值潜在损失的一阶导估计。

l_α：显著性水平的分位数对应的值，如 $\alpha = 5\%$ 对应 1.645。

σ：标的资产的波动率。

S：标的资产的价格。

【注】对于组合持仓期权，则需要计算不同持仓之间的相关矩阵，进行汇总处理。

【实例 11-10】某持仓的利率互换期权的 Delta 为 20 000 000，根据历史数据计算的标的利率日波动率为 1%，当前标的价格为 3.87%，请采用敏感度一阶模型计算置信水平为 95% 持有 1 天的风险价值。

【分析解答】

$$\text{VaR}_{95\%}(1D) = 20\,000\,000 \times (1.645 \times 1\% \times 3.87\%) = 12\,732.30$$

11.6.2　敏感度二阶模型计算风险价值

考虑期权价格变动依赖于标的资产的价格和时间的函数，下面给出了期权价值在短时间内的变化的函数表达式：

$$\Delta P = \frac{\partial P}{\partial S}\Delta S + \frac{\partial P}{\partial t}\Delta t + \frac{1}{2}\frac{\partial^2 P}{\partial S^2}(\Delta S)^2 + \frac{1}{2}\frac{\partial^2 P}{\partial t^2}(\Delta t)^2 + \frac{\partial P}{\partial S \partial t}\Delta S \Delta t \cdots \tag{11-25}$$

如果变量 ΔS 是正态分布的，忽略极短的时间项并只取到二次项，上式可以改写为：

$$\Delta P = \text{Delta} \times \Delta S + \frac{1}{2}\text{Gamma} \times (\Delta S)^2 + \cdots \tag{11-26}$$

两边取方差，并做适当调整，于是上式可以简化为：

$$\sigma^2(\Delta P) = \text{Delta}^2 \times \sigma^2(\Delta S) + \frac{1}{2}[\text{Gamma} \times \sigma^2(\Delta S)]^2 \tag{11-27}$$

假定变量 ΔS 与 $(\Delta S)^2$ 服从联合正态分布，则 ΔP 也服从正态分布，其 VaR 可以表示为：

$$\text{VaR}_{1-\alpha}(1_D) = l_\alpha \sqrt{(\text{Delta} \times S \times \sigma)^2 + \frac{1}{2}(\text{Gamma} \times S^2 \times \sigma^2)^2} \tag{11-28}$$

$\text{VaR}_{1-\alpha}(1_D)$：持有 1 天，置信水平为 $1-\alpha$ 的 VaR。

α：显著性水平，则置信水平为 $1-\alpha$。

l_α：显著性水平的分位数对应的值，如 $\alpha = 5\%$ 对应 1.645。

Delta：因风险因子（利率期权为标的利率）变动引起的期权价值潜在损失的一阶导估计。

Gamma：因风险因子（利率期权为标的利率）变动引起的期权价值潜在损失的二阶导估计。

S：标的资产的价格。

σ：标的资产的波动率。

一般来说，上述二次型近似法并不适用于大型投资组合的风险加总。因为当投资组合的资产并不只依赖单一标的时，若要全面实现这一方法，需要考虑相关性得到所有的 Gamma 和交叉 Gamma，即对于其他风险因子的二阶导数。如果不考虑相关性因素，计算的最终结果会与实际情况有较大偏差。

【实例 11-11】 某持仓的利率互换期权的 Delta 为 20 000 000，Gamma 为 3 000 000 000，根据历史数据计算的标的利率日波动率为 1%，当前标的价格为 3.87%，试采用敏感度二阶模型计算置信水平为 95% 持有 1 天的风险价值。

$$\text{VaR}_{95\%}(1_D) = 1.645 \times \sqrt{(20\,000\,000 \times 3.87\% \times 1\%)^2 + \frac{1}{2}(3\,000\,000\,000 \times 3.87\%^2 \times 1\%^2)^2}$$
$$= 12\,743.02$$

由以上计算结果可知，采用二阶模型计算风险价值的精度要比一阶高，这是由于多出了 Gamma 项。如果计算大量的投资组合期权的风险价值不建议采用以上方法，主要是交叉项使得矩阵计算极其复杂。这里，笔者建议依旧使用历史模拟法中类似利率互换中计算风险价值的方法，叠加历史的收益率以及波动率情景，按照市值加权进行计算。

11.7 本章小结

利率期权是对现有利率衍生品序列的重要补充，我国银行间市场陆续推出的挂钩 LPR、FDR 的利率期权业务有助于金融机构有效管理利率风险，更好地服务实体企业。本章主要介绍了利率上下限期权与利率互换期权，分别从基础业务要素、波动率曲面以及估值方法进行了详细的分析与实例展示。在最后，由于衍生品相对比较复杂，介绍了一种计算风险价值的简易计算方法，即采用现值、一阶敏感性、二阶敏感性来计算。当然，该方法不适合计算大量的不同投资组合的风险价值，这是因为该方法需要标的价格服从正态分布，并且大量的交叉矩阵使得计算效率很低。

第 12 章 信用衍生品

12.1 信用衍生品简介

固定收益产品中还有一类与信用挂钩的信用衍生品。该类产品的主要功能是在不转移标的资产所有权的前提下,将信用风险分离出来,转移到交易对手方。本章主要对固定收益领域的信用衍生品——信用风险缓释工具(Credit Risk Mitigation, CRM)进行介绍。

12.1.1 国内外信用衍生品的发展

在国际市场上,信用衍生品是一种场外衍生品,用来分离和转移信用风险。图 12-1 总结了国外信用衍生品的发展历程。

在国内,信用衍生品泛称信用风险缓释工具(CRM),类似于一种保险。依据 2010 年 10 月中国银行间市场交易商协会发布的《银行间市场信用风险缓释工具试点业务指引》以及 2019 年 1 月上海证券交易所发布的《上海证券交易所 中国证券登记结算有限责任公司信用保护工具业务管理试点办法》、深圳证券交易所发布的《深圳证券交易所 中国证券登记结算有限责任公司信用保护工具业务管理试点办法》中的规定,CRM 是指信用保护买方向信用保护卖方支付信用保护费或从创设机构手中购买相关凭证/合约,由信用保护卖方或创设机构就约定的参考债务向信用保护买方提供信用风险保护的金融工具。

CRM 中的信用风险缓释凭证(Credit Risk Mitigation Warrant,CRMW)推出时间较早,参考债务为单一标的债券,是标准化产品,可以在市场流通。截至 2022 年 6 月底,我国 CRM 的创设交易以 CRMW 为主。图 12-2 展示了从 2018 年开始 CRMW 的实际发行数量与金额。

可以发现从 2018 年起,随着违约企业增多,CRMW 呈现逐步增长的态势。目前,我国银行间和交易所债券市场共有 6 种信用风险缓释/保护工具。具体来看,在银行间市场,CRM 包括信用风险缓释合约(Credit Risk Mitigation Agreement,CRMA)、信用风险缓释凭证（CRMW）、信用违约互换（Credit Default Swap，CDS）、信用联结票据（Credit Linked Notes，CLN）4种。在交易所市场，信用保护工具包括信用保护合约与信用保护凭证2种。表12-1总结了银行间和交易所的相关信用衍生品。

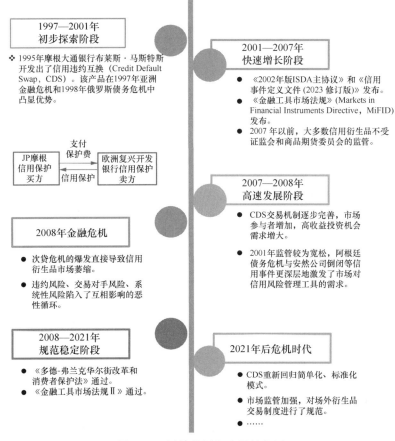

图12-1 国外信用衍生品的发展

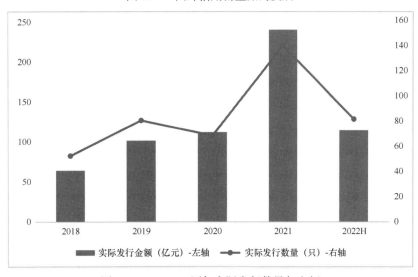

图12-2 CRMW历年实际发行数量与金额
（数据来源：Wind资讯）

表 12-1　银行间和交易所信用类产品对比

工具类型	银行间				交易所	
	CRMA	CRMW	CDS	CLN	信用保护合约	信用保护凭证
类别	合约类	凭证类	合约类	凭证类	合约类	凭证类
主协议	银行间金融衍生品交易主协议	银行间金融衍生品交易主协议（凭证特别版）	银行间金融衍生品交易主协议	银行间金融衍生品交易主协议（凭证特别版）	证券期货市场衍生品交易主协议（信用保护合约专用版）	—
能否流通	否	能	否	能	否	能
交易场所	本币交易系统/线下签署交易确认书	一级线下申购/二级本币交易系统/线下签署交易确认书	本币交易系统/线下签署交易确认书	一级线下申购/二级本币交易系统/线下签署交易确认书	上交所固收平台/深交所综合协议平台/线下签署交易确认书	一级线下申购/二级上交所固收平台/线下签署交易确认书
清算场所/登记场所	上清所逐笔清算/双边清算	登记在上清所	上清所逐笔清算/集中清算/双边清算	登记在上清所	通过中国结算代收代付/双边清算	登记在中国结算
参考标的	单项债务	单项债务	主体/债务	主体/债务	主体/债务	主体/债务
投资者	核心交易商可与所有参与者交易，一般交易商只能与核心交易商交易				核心交易商可与所有参与者交易，一般交易商只能与核心交易商交易，同时规定投资者不能超过 200 人	
信用事件	破产、支付违约、债务（潜在）加速到期、破产重组等				破产、支付违约和债务重组等。合约或者凭证创设说明书中，应当约定其使用的具体信用事件类型	
信用事件后的结算方式	实物或现金结算					

【注】中国证券登记结算有限责任公司简称"中国结算"或"CSDC"。

12.1.2　信用风险缓释凭证（CRMW）

信用风险缓释凭证（CRMW）指由合格的信用风险缓释凭证创设机构创设的、为凭证持有人就标的债务提供信用风险保护的、可交易流通的有价凭证，属于凭证类信用风险缓释工具。

图 12-3 展示了 CRMW 的基本交易结构。创设机构根据标的债务创设出 CRMW 产品，属于信用保护卖方；投资者购买 CRMW 产品（中途也可以转让给其他投资者），属于信用保护买

方，支付一定的保护费给创设机构。如果投资者持有的标的债务发生了信用事件（如违约），则创设机构需要按照 CRMW 的约定赔付；反之，如果未发生信用事件，则创设机构无须赔付。

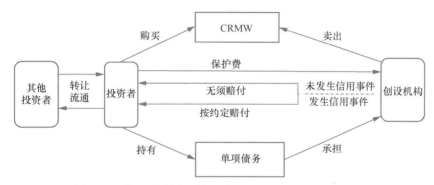

图 12-3　信用风险缓释凭证（CRMW）的基本交易结构

表 12-2 总结了信用风险缓释凭证的主要交易要素。

表 12-2　信用风险缓释凭证主要交易要素

要素名称	要素含义
交易方向	买入或卖出
对手方	交易对手方成员简称
对手方交易员	交易对手方交易员姓名
凭证代码	交易信用风险缓释凭证的合约代码
凭证简称	交易信用风险缓释凭证的名称
价格	交易信用风险缓释凭证的价格（百元名义本金价格）
名义本金	信用保护的标的券面额
清算速度	成交日与清算日之间的营业日天数，通常有 $T+0$（成交当天进行清算）和 $T+1$（成交日下一营业日进行清算）两种
结算方式	应采用券款对付（Delivery Versus Payment，DVP）方式
结算金额	按价格算出的成交金额，（价格×名义本金）/100
结算日	信用风险缓释凭证交易的结算日期
清算账户	本方用于清算的资金账户
托管账户	本方用于清算的凭证托管账户，信用风险缓释凭证托管于清算所

【实例 12-1】金融机构 A（本方）希望在 2022-6-27 买入信用风险缓释凭证——22 交行 CRMW009（22 云建投 SCP008），发起了对话报价，其中凭证代码为 022200084，价格为 20 元，名义本金总额为 2 000 万元，结算金额为 20 × 20 000 000 ÷ 100=4 000 000（元），清算速度为 $T+0$。信用风险缓释凭证对话报价如图 12-4 所示。后续对话报价交易流程与债券类似。

图 12-4　信用风险缓释凭证对话报价

12.1.3　CDS/CRMA/信用保护合约

信用违约互换（CDS）的参考实体除了债务之外还可为债务发行主体。CRMW/CRMA 的参考标的一般为单项债务，而 CDS 的参考标的为参考实体或多项债务。信用保护合约交易结构与 CRMW 类似，但其为合约类产品，标准化程度低，不能在二级市场上流通。

图 12-5 展示了 CDS 的基本交易结构。信用保护卖方卖出 CDS，投资者（信用保护买方）购买 CDS，支付一定的保护费给信用保护卖方。如果投资者持有的标的债务或主体发生了信用事件（如违约），则信用保护卖方需要按照 CDS 的约定赔付；反之，如果未发生信用事件，则信用保护卖方无须赔付。

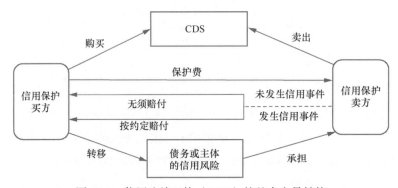

图 12-5　信用违约互换（CDS）的基本交易结构

对于发生信用事件与结算方式主要涉及以下三方面。

① CDS 到期且未发生信用事件：信用保护买方一次性/定期支付费用给信用保护卖方。

② 发生信用事件并采用现金结算：信用保护买方支付应计未付保护费给信用保护卖方；信用保护卖方支付名义本金×（1-回收率）给信用保护买方。

③ 发生信用事件并采用实物结算：信用保护买方支付应计未付保护费+可交付债券给信用保护卖方；信用保护卖方支付名义本金+债券应计利息给信用保护买方。

表 12-3 总结了我国 CDS 的主要交易要素。

表 12-3 我国 CDS 的主要交易要素

要素名称	要素含义
参考实体	信用保护的单个或多个实体，可以为公司、信托机构，也可以是主权国家或国际多边机构等
参考债务名称/代码	对应参考债务的名称或代码
名义本金	双方约定用于计算保护费及信用违约赔付金额的本金总额
前端费率	前端一次性支付的信用保护费
费率	存续期间按期支付的每期信用保护费/名义本金×100%
信用事件	认定信用违约互换所涵盖的信用保护范围，包括破产、支付违约、债务加速到期、债务潜在加速到期、债务重组等
债务种类/债务特征	确定信用事件认定时所涉债务范围
可交付债务种类/可交付债务特征	可用于实物结算的交付债务范围
结算方式	可选现金结算或实物结算
报价方法/报价时间/估值方法	现金结算中最终比例的确定方法

【实例 12-2】 金融机构 A（本方）打算在 2021-11-20 买入信用违约互换，发起了一笔对话报价，如图 12-6 所示。

其中，参考实体为宁波银行股份有限公司，参考债券名称为 19 宁波银行 19 富邦 PPN002，参考债务代码为 021900085，起始日为 2021-11-20，期限为 1Y，约定到期日为 2022-11-20，名义本金为 2 000 万元，前端费率为 3%，前端费为 20 000 000 × 3%=600 000（元），前端费支付日为 2021-11-20，费率为 20BP，支付频率为季，计息基准为实际/365，营业日准则为经调整的下一营业日，计息天数调整为按实际天数调整，首期支付日为 2022-2-20。

由此，可以计算出首期支付金额为 20 000 000×20BP×92/365=10 082.19（元）。当前债务种类选择付款义务，债务特征为一般债务，信用事件为支付违约，起点金额为 100 万元，宽限期为 3 天，结算方式选择实物结算。后续对话报价交易流程和债券类似。

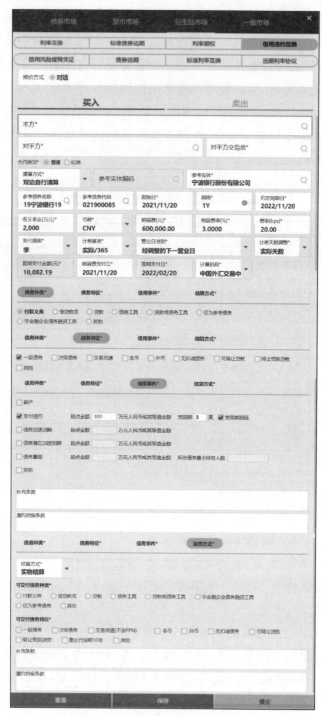

图 12-6 信用违约互换对话报价

12.1.4 CDS 指数

CDS 指数是指 CDS 指数编制管理机构根据一篮子参考实体相关信息编制的单名信用违约

互换等产品的集合，属于信用风险缓释工具。CDS 指数将单一的参考实体推广成一篮子参考实体，有利于多参考实体的风险对冲，也有利于发挥金融支持实体经济的作用。

当前，中国外汇交易中心公布以下指数的价差（BP）：CFETS-SHCH-GTJA 高等级 CDS 指数、CFETS-SHCH 民企 CDS 指数、CFETS-SHCH-CBR 长三角区域 CDS 指数。这里以 CFETS-SHCH 民企 CDS 指数为例进行介绍（见表 12-4 和表 12-5）。

表 12-4 CFETS-SHCH 民企 CDS 指数要素

指数名称	CFETS-SHCH民企CDS指数	指数管理人	中国外汇交易中心上海清算所
一般要素			
币种	人民币	期限	非标准合约：可选 标准合约：季月 20 日标准到期日
起始日	交易日的下一个自然日	支付频率	非标准合约：可选 标准合约：季
计息基准	实际/365	费率（标准票息）	50BP
贴现曲线	FR007 收盘即期收益率曲线	营业日准则	经调整的下一营业日
计息天数调整	实际天数		
信用事件要素			
债务种类	债务工具	债务特征	一般债务；本币；交易流通
信用事件	破产、支付违约（起点金额 100 万元人民币或其等值金额；宽限期为 3 个营业日；适用宽限期顺延）			
结算要素			
结算方式	现金结算		
约定最终比例	0.25	通过估值确定	报价方法：买入价 报价时间：一个营业日的北京时间 16：00 估值方法：市场价格
流通规则			
指数滚动	☐指数滚动后，新指数上市交易，原指数不再交易 ☑指数滚动后，新指数上市交易，原指数继续交易 ☑其他：新指数上市起一年后，若无存续合约则该指数序列自动下架			
信用事件	☑信用事件发生后，发生信用事件的实体除名，原指数更名后继续交易 ☐信用事件发生后，发生信用事件的实体除名，原指数继续交易，不更名 ☐信用事件发生后，发生信用事件的实体除名，原指数补足新实体，更名后继续交易 ☐其他：			

数据来源：中国货币网

CFETS-SHCH 民企 CDS 指数 S2V1 实体列表于 2021 年 9 月 22 日（指数滚动日）正式生效。指数实体具体如表 12-5 所示。

表 12-5 CFETS-SHCH 民企 CDS 指数 S2V1 部分参考实体

序号	参考实体	原权重（%）	新权重（%）
1	三一集团有限公司	4.00	4.00
2	江苏沙钢集团有限公司	4.00	4.00
3	华为投资控股有限公司	4.00	4.00
……			

数据来源：中国货币网

【实例 12-3】金融机构 A（本方）为了促进 CDS 市场交易的流动性，发起了一笔双向报价（做市业务），如图 12-7 所示。参考实体为民企 CDS 指数 S2V1，期限为 3M，买入利差的报价为 35BP，卖出利差的报价为 38BP。

图 12-7 信用违约互换双向报价

12.1.5 CRM 业务的功能

（1）减少信用风险。

信用保护买方（CRM 买方）支付信用保护费降低信用风险敞口，即信用保护买方持有参考实体的债务的同时，可以通过买入 CRM（支付信用保护费）对冲所持有债务的信用风险。CRM 减少信用风险模式如图 12-8 所示。

（2）提高融资效率。

有资质的机构可以提高自身承销业务的竞争能力并取得 CRM 信用保护费收入。如果在承销债券的同时，发行对应该债券参考实体的 CRM，有利于加强投资者信心，间接降低信息不对称带来的影响，在一定程度上提高债券发行效率，降低企业融资成本。CRM 提高融资效率模式如图 12-9 所示。

（3）开展做市业务。

有做市资质的机构可以依靠 CRM 获得做市价差收入。有资质的机构提供做市服务，通过一买一卖两笔相反的 CRM 交易，控制 CRM 组合的基点价值。CRM 开展做市业务模式如图 12-10 所示。

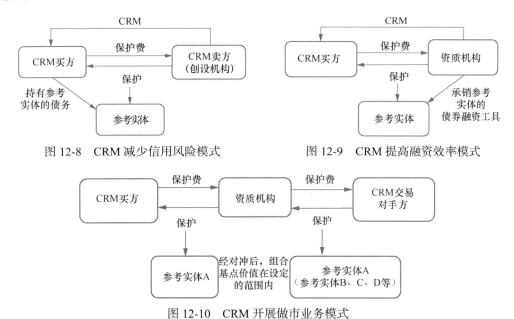

图 12-8　CRM 减少信用风险模式　　　图 12-9　CRM 提高融资效率模式

图 12-10　CRM 开展做市业务模式

（4）分散信用风险。

金融机构持有参考实体 B 的大量债券，存在一定的集中度风险，即较为集中的信用风险敞口。这时，金融机构可以卖出部分参考实体 A 的 CRM，买入部分参考实体 B 的 CRM，将部分参考实体 B 的信用风险敞口置换为参考实体 A 的信用风险敞口，以达到分散信用风险敞口的目的。CRM 分散信用风险模式如图 12-11 所示。

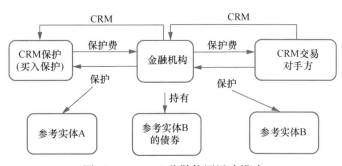

图 12-11　CRM 分散信用风险模式

12.2　CRM 的估值与风险指标

12.2.1　生存曲线的构建

生存曲线，即生存到某个时间节点的概率曲线。下面主要介绍国际市场上该曲线的通用构建方法。在国际市场上，一个公允的 CDS 报价需要满足预支保护费的现值与预计赔付金额的现值相等这一条件。设有一个在未来日期t_0开始的，支付信用保护费买入信用保护的CDS交易，本金为单位1，保护费率为S，保护费支付日为$t_1, t_2, \cdots, t_n$。设T为信用事件发生的时间，参考实体生存到时间t的概率为$P(T > t)$，记$P(T > t_i) = p_i$。可以知道，第i个区间(t_{i-1}, t_i)支付的费用为$S\Delta t_i$，并且这笔费用只有在参考实体生存到时间t_{i-1}之后才会支付。下面分解为两种情况来讨论。

第一种情况，参考实体生存到t_i之后（见图12-12），事件发生的概率为$P(T > t_i)$，费用$S\Delta t_i$要全额支付，期望值是$S\Delta t_i p_i$。

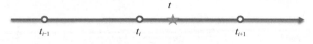

图12-12　参考实体存活大于t_i

第二种情况，参考实体生存到t_{i-1}和t_i之间的某个时间t，并在t和$t+\mathrm{d}t$之间发生违约，如图12-13所示。

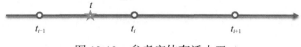

图12-13　参考实体存活小于t_i

这个事件发生的概率为：

$$P(T > t) - P(T > t + \mathrm{d}t) = -\mathrm{d}P(T > t) \tag{12-1}$$

支付费用为：

$$-\int_{t_{i-1}}^{t_i} S(t - t_{i-1}) \mathrm{d}P(T > t) \tag{12-2}$$

对被积函数中的t取区间的平均值，$t = (t_{i-1} + t_i)/2$，可以得到积分为：

$$\frac{1}{2} S\Delta t_i (p_{i-1} - p_i) \tag{12-3}$$

将以上两种情况求和得到信用保护费的期望值为：

$$S\Delta t_i p_i + \frac{1}{2} S\Delta t_i (p_{i-1} - p_i) \tag{12-4}$$

将保护费的期望值分解到费用支付期的各个区间，并进行贴现求和，得到：

$$\text{PrePV} = \sum_{i=1}^{n} S\Delta t_i \left[p_i + \frac{1}{2}(p_{i-1} - p_i) \right] \text{DF}(t_i) \tag{12-5}$$

下面考虑预计赔付金额的现值的计算。设信用事件发生后，债务的回收率为R，则收取金额可以表示为：

$$-\int_{t_0}^{t_n} (1 - R) \mathrm{d}P(T > t) \tag{12-6}$$

将预计赔付金额的现值分解到费用支付的各个区间，并进行贴现求和，得到：

$$\text{CompenPV} = \sum_{i=1}^{n}(1-R)(p_i - p_{i-1})\text{DF}(t_i) \tag{12-7}$$

为了使得预支保护费的现值与预计赔付金额的现值相等，则有：

$$\sum_{i=1}^{n}(1-R)(p_i - p_{i-1})\text{DF}(t_i) = \sum_{i=1}^{n}S\Delta t_i\left[p_i + \frac{1}{2}(p_{i-1} - p_i)\right]\text{DF}(t_i) \tag{12-8}$$

对于一个市场工具，S 为实际的市场保护费率报价（BP）。

此外，由于部分期限点的生存概况需要进行插值，这里引进一个违约强度 λ。假定在曲线的两个期限点（例如 t_a 与 t_b）之间，违约强度 λ 是一个常数。

$$\lambda = \frac{1}{b-a}\ln\frac{p(t_a)}{p(t_b)} \tag{12-9}$$

若 $t_a \leq t \leq t_b$，则：

$$p(t) = p(t_a)e^{-\lambda(t-t_a)} \tag{12-10}$$

【实例 12-4】表 12-6 为 2022-6-8 某个参考主体的 CDS 报价（中间价），当日的收益率曲线选择 FR007 收益率曲线，计算出每个关键期限点的生存概率。

表 12-6 CDS 市场数据（2022-6-8）

开始日期	结束日期	期限	FR007 即期收益率（%）	信用利差（BP）	回收率（%）
2022-6-8	2022-6-9	1D	1.449 9	76.91	25
2022-6-8	2022-9-8	3M	1.888 0	76.91	25
2022-6-8	2022-12-8	6M	1.992 8	84.17	25
2022-6-8	2023-3-8	9M	2.061 5	88.99	25
2022-6-8	2023-6-8	1Y	2.103 5	97.54	25
2022-6-8	2024-6-10	2Y	2.222 0	109.05	25
2022-6-8	2025-6-9	3Y	2.341 2	115.90	25

数据来源：中国货币网

【分析解答】根据常规交易，设定付息频率为季，即每三个月进行一次保护费支付。

对于 1D 期限，使用简化算法计算初始的生存概率：

$$p_0 = 1 - \frac{S_{1D}t_0}{1-R_{1D}}$$

对于 3M 期限，依据公式（12-8）有：

$$(1-R_{3M})(p_1-p_0)\text{DF}(t_1) = S_{3M}\Delta t_1[p_1 + \frac{1}{2}(p_0-p_1)]\text{DF}(t_1)$$

可以计算出 $p_1 = 0.997\ 419$

对于 6M 期限，依据公式（12-8）有：

$$\sum_{i=1}^{2}(1-R_{6M})(p_i-p_{i-1})\text{DF}(t_i) = \sum_{i=1}^{2}S_{6M}\Delta t_i[p_i + \frac{1}{2}(p_{i-1}-p_i)]\text{DF}(t_i)$$

可以计算出 $p_2 = 0.994\,632$。

1Y 及以下期限的计算方式类比计算即可。

需要注意的是 1Y 与 2Y 之间的期限，如 15M、18M、21M 无相关报价，需要采用生存概率曲线的插值公式，即公式（12-9）和公式（12-10）计算。接下来，根据公式（12-8），在累计期上，若预支保护费的现值与预计赔付的现值相等，则有：

$$\sum_{i=1}^{8}(1-R_{6M})(p_i-p_{i-1})\text{DF}(t_i) = \sum_{i=1}^{8}S_{6M}\Delta t_i[p_i+\frac{1}{2}(p_{i-1}-p_i)]\text{DF}(t_i)$$

由于前面已经将 $p_1 \sim p_4$ 求出，p_8 为迭代变量，初始值设定为 0.95，$p_5 \sim p_7$ 通过插值公式得到。使用牛顿法或二分法不断调整 p_8，使得上式成立，最终可以确定 $p_5 \sim p_8$ 的值。

后续，2Y 以上期限的计算方式与上述情况类似。最终计算结果如表 12-7 所示。

表 12-7 生存概率

开始日期	结束日期	期限	生存概率
2022-6-8	2022-6-9	1D	0.999 972
2022-6-8	2022-9-8	3M	0.997 419
2022-6-8	2022-12-8	6M	0.994 632
2022-6-8	2023-3-8	9M	0.991 726
2022-6-8	2023-6-8	1Y	0.988 480
2022-6-8	2023-9-8	15M	0.984 864
2022-6-8	2023-12-8	18M	0.981 301
2022-6-8	2024-3-8	21M	0.977 750
2022-6-8	2024-6-10	2Y	0.974 095
2022-6-8	2024-9-9	27M	0.970 350
2022-6-8	2024-12-9	30M	0.966 618
2022-6-8	2025-3-10	33M	0.962 901
2022-6-8	2025-6-9	3Y	0.959 199

下面使用 Python 编写 CDS_Curve 函数进行计算。

```
#加载需要使用的库
import pandas as pd
import numpy as np
import scipy.interpolate as si
import scipy.optimize as so
from datetime import date
import datetime
from dateutil import relativedelta
from coupon_schedule_adjust import coupon_schedule_adjust
#构建CDS曲线的函数
def CDS_Curve(start_date, cleanspeed, yearlenth, fre, term, zero_rate, spread, recovery_rate, D):
    '''
    :param start_date: 起息日;
    :param cleanspeed: T+1,T+0; T+1 代表起息日为交易日的下一营业日;
    :param yearlenth: 年限;
    :param fre: 付息频率;
```

```python
    :param term:市场数据标准期限点；
    :param zero_rate: 标准期限点对应的即期收益率；
    :param spread: 信用利息（bps）；
    :param recovery_rate: 回收率；
    :param D: 年度计算天数，360 或 365；
    :return: 返回计算生存概率的数据框。
    '''
    # 将原始数据处理成标准的数据格式
    schedule = coupon_schedule_adjust(start_date=start_date, yearlenth=yearlenth, fre=fre)
    yield_data = pd.DataFrame({'term': term, 'zero_rate': zero_rate,
                               'spread': spread, 'recovery_rate': recovery_rate})
    # 构建长端曲线
    begin_date = ([schedule[0]] * (len(schedule) - 1))
    long_yield = pd.DataFrame({'begin_date': begin_date, 'end_date': schedule[1:],
                               'term': list(np.linspace(0.25, term[-1], int(term[-1] / 0.25)))})
    long_yield = long_yield.join(yield_data.set_index('term'), on='term')
    # 构建短端曲线
    short_yield = yield_data[yield_data['term'] < 0.25]
    if cleanspeed == 'T+1':
        short_yield_start_date = [schedule[0] - datetime.timedelta(days=1)]
    else:
        short_yield_start_date = [schedule[0]]
    short_yield_start_date.extend([schedule[0]] * (len(short_yield) - 1))
    short_yield.insert(loc=0, column='begin_date', value=short_yield_start_date)
    short_yield_end_date = []
    #判断节假日调整
    for i in range(0, len(short_yield)):
        if short_yield['term'][i] * D < 30:
            dummy = short_yield_start_date[i] + datetime.timedelta(days=
                    short_yield['term'][i] * D)
        elif short_yield['term'][i] * D == 30:
            dummy = short_yield_start_date[i] + relativedelta.relativedelta(months=1)
            if dummy.isoweekday() in set((6, 7)):
                dummy += datetime.timedelta(days=8 - dummy.isoweekday())
        else:
            dummy = short_yield_start_date[i] + relativedelta.relativedelta(months=2)
            if dummy.isoweekday() in set((6, 7)):
                dummy += datetime.timedelta(days=8 - dummy.isoweekday())
        short_yield_end_date.append(dummy)
    short_yield.insert(loc=1, column='end_date', value=short_yield_end_date)
    #完整利率市场数据
    all_yield_data = pd.concat([short_yield, long_yield], ignore_index=True)
    t_old = np.array((all_yield_data.dropna().end_date - all_yield_data.dropna().begin_date).dt.days / D)
    t = np.array((all_yield_data.end_date - all_yield_data.begin_date).dt.days / D)
    func = si.interp1d(t_old, zero_rate*100, kind="slinear")   # 线性插值
    func_recovery = si.interp1d(t_old, recovery_rate, kind="slinear")   # 线性插值
    zero_rate_new = func(t)
    recovery_rate_new=func_recovery(t)
```

```python
                all_yield_data['zero_rate']=zero_rate_new
                all_yield_data['recovery_rate']=recovery_rate_new
                all_yield_data.insert(loc=4,column='DF',value=np.exp(-zero_rate_new/100*t))
                all_yield_data.insert(loc=3, column='yearfactor', value=
                                (all_yield_data.end_date-all_yield_data.begin_date).dt.days/D)
        #构建生存曲线
        #构建1年及以下的生存曲线
        pi=1-all_yield_data['spread']/10000*all_yield_data['yearfactor']/
            (1-all_yield_data['recovery_rate']/100)
        prePV=np.zeros(len(all_yield_data.index))
        CompenPV=np.zeros(len(all_yield_data.index))
        M3=all_yield_data[all_yield_data.term == 0.25].index.tolist()[0]
        Y1 = all_yield_data[all_yield_data.term == 1].index.tolist()[0]
        i=M3
        while i <= Y1:
            def f(y):
                prePV[i]=(1-all_yield_data['recovery_rate'][i]/100)*(pi[i-1]-y)*
                        all_yield_data['DF'][i]+prePV[i-1]
                CompenPV[i]=all_yield_data['spread'][i]/10000*
                        (all_yield_data['yearfactor'][i]-all_yield_data['yearfactor'][i-1])*\
                        (y+1/2*(pi[i-1]-y))*all_yield_data['DF'][i]+CompenPV[i-1]
                return prePV[i]-CompenPV[i]
            pi[i]=so.fsolve(f, 0.01)
            i=i+1
        #寻找ave_price列的缺失值索引,构建大于1年的生存曲线
        for columnname in all_yield_data.columns:
            if all_yield_data[columnname].count() != len(all_yield_data):
                emptyindex = all_yield_data[columnname][all_yield_data[columnname].isnull().
values == True].index.tolist()    #需要填充空值的索引
        c = []    #生成一个空列表,用来放新列表
        for i in range(len(emptyindex) - 1):
            if (emptyindex[i + 1] - emptyindex[i]) != 1:    #后者减前者
                c.append(emptyindex[i + 1])    # 添加元素到新列表
        c.append(len(all_yield_data.index.tolist()))    #得到需要插值的索引
        # 若时间>1年,则通过拔靴法计算生存曲线
        def CDS_curve_slove(start, end):
            def f(y):
                i = start + 1
                while (i <= end):
                    pi[i]=pi[start]*np.exp(-1/(all_yield_data['yearfactor'][end]
                        -all_yield_data['yearfactor'][start])*np.log(pi[start]/y)*
                        (all_yield_data['yearfactor'][i]-all_yield_data['yearfactor'][start]))
                    prePV[i]=(1-all_yield_data['recovery_rate'][i]/100) *
                        (pi[i-1]-pi[i]) * all_yield_data['DF'][i] +prePV[i-1]
                    CompenPV[i] = all_yield_data['spread'][end] / 10000 * (
                        all_yield_data['yearfactor'][i]-all_yield_data['yearfactor'][i-1]) *
                            (pi[i]+1/2*(pi[i-1]-pi[i]))*all_yield_data['DF'][i]+
CompenPV[i-1]
                    i = i + 1
```

```
                    return prePV[end]-CompenPV[end]
            return so.fsolve(f, 0.01)
    # 调用即期利率函数汇总计算
    pi[c[0] - 1]=CDS_curve_slove(emptyindex[0] - 1, c[0] - 1)
    j = 1
    while (j < len(c)):
        pi[c[j] - 1] = CDS_curve_slove(c[j - 1] - 1, c[j] - 1)
        j = j + 1
    all_yield_data.insert(loc=8, column='pi', value=pi)
    return all_yield_data
```

在 CDS_Curve 函数中输入对应参数，构建生存曲线。

```
#测试案例
term=np.array([1/365,0.25,0.5,0.75,1,2,3])
zero_rate=np.array([1.4499,1.8880,1.9928,2.0615,2.1035,2.2220,2.3412])/100
spread=np.array([76.91,76.91,84.17,88.99,97.54,109.05,115.9])
recovery_rate=np.array([25,25,25,25,25,25,25])
CDS_Curve_test=CDS_Curve(start_date=date(2022,6,8),cleanspeed='T+0',yearlenth=3,fre=4,
    term=term,zero_rate=zero_rate,spread=spread,recovery_rate=recovery_rate,D=365)
print(CDS_Curve_test)
```

输出结果：

```
     begin_date    end_date      term  ...  spread  recovery_rate        pi
0    2022-06-08  2022-06-09   0.00274  ...   76.91           25.0  0.999972
1    2022-06-08  2022-09-08   0.25000  ...   76.91           25.0  0.997419
2    2022-06-08  2022-12-08   0.50000  ...   84.17           25.0  0.994632
3    2022-06-08  2023-03-08   0.75000  ...   88.99           25.0  0.991726
4    2022-06-08  2023-06-08   1.00000  ...   97.54           25.0  0.988480
5    2022-06-08  2023-09-08   1.25000  ...     NaN           25.0  0.984864
6    2022-06-08  2023-12-08   1.50000  ...     NaN           25.0  0.981301
7    2022-06-08  2024-03-08   1.75000  ...     NaN           25.0  0.977750
8    2022-06-08  2024-06-10   2.00000  ...  109.05           25.0  0.974095
9    2022-06-08  2024-09-09   2.25000  ...     NaN           25.0  0.970350
10   2022-06-08  2024-12-09   2.50000  ...     NaN           25.0  0.966618
11   2022-06-08  2025-03-10   2.75000  ...     NaN           25.0  0.962901
12   2022-06-08  2025-06-09   3.00000  ...  115.90           25.0  0.959199

[13 rows x 9 columns]
```

12.2.2 CRM 产品现值的计算

（1）生存曲线模型估值。

12.2.1 小节已经介绍了 CDS 生存曲线的构建方法，使得预支保护费的现值与预计赔付金额的现值相等。这里 CDS 的估值（或现值）也类似，对 CDS 买方而言，其估值为预计赔付金额的现值减去预支保护费的现值。

$$\mathrm{PV} = \mathrm{CompenPV} - \mathrm{PrePV} = P \left\{ \begin{array}{l} \sum_{i=1}^{n} F\Delta t_i \left[p_i + \frac{1}{2}(p_{i-1} - p_i) \right] \mathrm{DF}(t_i) - \\ \sum_{i=1}^{n} (1-R)(p_i - p_{i-1}) \mathrm{DF}(t_i) \end{array} \right. \quad (12-11)$$

对于 CDS 卖方，其估值与买方刚好互为相反数，即：

$$PV = PrePV - CompenPV = P\left\{\begin{array}{l} \sum_{i=1}^{n}(1-R)(p_i - p_{i-1})\mathrm{DF}(t_i) - \\ \sum_{i=1}^{n}F\Delta t_i\left[p_i + \frac{1}{2}(p_{i-1} - p_i)\right]\mathrm{DF}(t_i) \end{array}\right\} \tag{12-12}$$

P：名义本金。

F：CDS 签订时信用保护费率的报价。

其他参数与 12.2.1 小节相同。

【实例 12-5】机构 A 作为信用保护买方在 2022-2-16 成交了 1 笔 2 年期 CDS，标的为实例 12-4 中的某个参考实体的债券，保护的券面总额为 1 000 万元，回收率为 25%，成交保护费率的报价为 109.56BP，支付保护费率的频率为每季 1 次。计算 2022-6-8 该笔 CDS 的价值。

【分析解答】在 2022-6-8 该笔 CDS 还剩下 7 期保护，需要插值后续现金流支付日的生存概率与贴现因子来进行计算。而贴现因子与生存概率的插值均可以采用对数线性插值。后续只需代入公式（12-11）计算即可。

$$\begin{aligned}PV &= CompenPV - PrePV \\ &= 10\,000\,000 \times \left\{\sum_{i=1}^{7}\frac{109.56}{10\,000}\times \Delta t_i\left[p_i + \frac{1}{2}(p_{i-1}-p_i)\right]\mathrm{DF}(t_i) - \right. \\ &\left. \sum_{i=1}^{7}(1-0.25)(p_i - p_{i-1})\mathrm{DF}(t_i)\right\} = -29\,525.51\end{aligned}$$

需要注意的是，这里设定上期生存概率 $p_0 = 1$。

下面使用 Python 编写 CDS_Valuation 函数来对该笔 CDS 进行估值。

```python
#加载需要使用的库
import pandas as pd
import numpy as np
import scipy.interpolate as si
import datetime
from coupon_schedule_adjust import coupon_schedule_adjust
from CDS_Curve import *
#对CDS进行估值的函数
def CDS_Valuation(CDS_Curve_data,cal_date,start_date,yearlenth,fre,spread,recoveryrate,P,CDS_type,D):
    '''
    :param CDS_Curve_data: 加载 CDS 曲线计算结果，如实例 12-4 中的 CDS_Curve_test；
    :param cal_date: 计算日期；
    :param start_date: CDS 的起息日；
    :param yearlenth: CDS 的年限；
    :param fre: 保护费的付息频率；
    :param spread:签订的保护费率，以 BP 计价；
    :param recoveryrate:回收率；
    :param P:名义本金；
    :param CDS_type:CDS 的类型，buyer 为买方，seller 为卖方；
```

```python
:param D: 年度计算天数, 360 或 365;
:return: 返回计算该笔 CDS 的估值。
'''
#产生整个计划日期
schedule=coupon_schedule_adjust(start_date=start_date,yearlenth=yearlenth,fre=fre)
#判断当前保护费支付周期在第几期
for i in range(1, len(schedule)):
        if schedule[i] >= cal_date: break
#插值对应贴现因子与生存概率
interpo_time=(np.array(schedule[i:])-cal_date)/datetime.timedelta(days=D)
interp_DF=si.interp1d(CDS_Curve_data['yearfactor'],np.log(CDS_Curve_data['DF']),kind='linear')
cal_DF=np.exp(interp_DF(interpo_time.tolist()))
interp_pi=si.interp1d(CDS_Curve_data['yearfactor'],np.log(CDS_Curve_data['pi']),kind='linear')
cal_pi=np.exp(interp_pi(interpo_time.tolist()))
cal_pi=np.insert(cal_pi, 0, 1)    #设定前一周期的生存概率为1（已经生存到当期）
time_list=np.diff(schedule[i-1:])/datetime.timedelta(days=D)  #生成每个保护费周期的年化时间
#计算 CDS 的估值
prePV=np.zeros(len(cal_pi))
CompenPV=np.zeros(len(cal_pi))
for j in range(0,len(cal_pi)-1):
        prePV[j+1]=(1-recoveryrate/100)*(cal_pi[j]-cal_pi[j+1])*cal_DF[j]
        CompenPV[j+1]=spread/10000*(time_list[j])*\
                    (cal_pi[j+1]+1/2*(cal_pi[j]-cal_pi[j+1]))*cal_DF[j]
if CDS_type=='buyer':
    PV=(sum(prePV)-sum(CompenPV))*P
else: PV=(sum(CompenPV)-sum(prePV))*P
return round(PV,2)
```

将曲线信息与相关 CDS 参数输入 CDS_Valuation 函数进行估值。

```python
#案例测试
CDS_Valuation_test=CDS_Valuation(CDS_Curve_data=CDS_Curve_test,cal_date=date(2022,6,8),
                                 start_date=date(2022,2,16),yearlenth=2,fre=4,spread=109.56,
                                 recoveryrate=25,P=10000000,CDS_type='buyer',D=365)
print('该笔 CDS 的估值为: ',CDS_Valuation_test)
```

输出结果:

该笔CDS的估值为: -29525.51

【思考】历史 CDS 的信用保护费率为 109.56BP，如果目前市场上报价为 108.05BP，是赚钱还是亏钱了？

【分析解答】作为信用保护买方，目前市场报价变低了，而保护费率还是按照历史 CDS，因此是亏钱了。

（2）现金流贴现法。

我国市场的 CRM 的流动性相对较弱，在这种情况下，可以考虑另外一种简单的估值方法——现金流贴现法。

创设机构发行 CRM 相当于对标的债券的违约风险提供一个保险。持有标的债券的 CRM 买方，其承担的信用风险从标的债券的信用风险降低至"被保险后标的债券"的信用风险。因此，CRM 提供的保险估值可通过"被保险后标的债券"与"标的债券"之间的价格差异计算得到。在该方法下，CRM 的买方的估值可以视为购买债券违约赔付的金额现值减去支付的信用保护费的现值。其中，购买债券违约赔付的金额现值可以采用创设机构的对应收益曲线现金流贴现值减去标的债券对应其收益率曲线的现金流贴现值来计算。

$$V_{\mathrm{CRM}} = \sum_{i=1}^{n} \frac{C_i}{(1+r_i^s)^i} - \sum_{i=1}^{n} \frac{C_i}{(1+r_i^r)^i} - \mathrm{PV}_s \qquad (12-13)$$

V_{CRM}：CRM 的估值结果。

C_i：CRM 参考标的债券的第 i 期现金流。

r_i^s：CRM 创设机构的第 i 期贴现收益率（可采用自身或相似机构期限的中债收益率加上创设机构自身利差）。

r_i^r：CRM 参考标的债券第 i 期的贴现收益率（可采用对应中债曲线收益率加上对应标的债券利差）。

PV_s：支付信用保护费的现值。如果是期初前端一次性支付信用保护费，则在后续的计算中默认为 0（已是沉没成本）；如果是按设定的付息频率支付信用保护费，则需要将未来预计未支付的信用保护费进行贴现。

【实例 12-6】A 金融机构作为信用保护买方在 2021-11-22 购买了 1 000 万元面额的 21 杭州银行 CRMW027，单位成本为 1.07，标的债券为 21 南浔交投 MTN001，计算该 CRM 在 2022-5-10 的估值。相关标的详细信息见表 12-8 和表 12-9。

表 12-8　21 杭州银行 CRMW027 信息

证券代码	022100132
证券简称	21 杭州银行 CRMW027（21 南浔交投 MTN001）
凭证全称	杭州银行股份有限公司 2021 年第一期 21 南浔交投 MTN001 信用风险缓释凭证
创设机构	杭州银行股份有限公司
机构类型	城市商业银行
标的主体	湖州南浔交通水利投资建设集团有限公司
创设机构评级	AAA
债券简称	21 南浔交投 MTN001
信用保护费费率（%）	1.07
凭证期限	3 年
付费方式	前端一次性付费
结算方式	实物
信用事件	指参考实体发生如下事件中的一种或多种：①破产；②支付违约，宽限期为 3 个营业日，起点金额为人民币 100 万元
实际发行金额（万元）	8 000
计划发行金额（万元）	10 000
发行对象	—

是否担保	否
簿记建档日	2021-11-18
上市流通日	2021-11-23
凭证起始日	2021-11-22
凭证到期日	2024-11-22
登记机构	银行间市场清算所股份有限公司
托管机构	银行间市场清算所股份有限公司
交易市场	银行间市场

数据来源：Wind 资讯

表 12-9　21 南浔交投 MTN001 信息

债券名称	21 南浔交投 MTN001
债券代码	102103050
发行人	湖州南浔交通水利投资建设集团有限公司
债券期限	3 年
起息日	2021-11-22
到期日	2024-11-22
计息方式	固定利率
付息频率	每年
计息基准	实际/实际
票面利率	4.89%
债项评级	AA
债券类型	公司债

数据来源：Wind 资讯

【分析解答】对于创设端，剩余到期时间 $T=196/365+2$（年）。由于是商业银行，且最新评级为 AAA，查询 2022-5-10 中债商业银行普通债收益率曲线（AAA）（到期），插值剩余期限为 $\left(\frac{196}{365}+2\right)$ 年的到期收益率为 2.685 074 5%，结合创设机构的当前情况，认定利差为 0.623 008 7%，得到：

$$r_i^s = 2.685\ 074\ 5\% + 0.623\ 008\ 7\% = 3.308\ 083\ 2\%$$

对于标的债券端，剩余到期时间 $T=196/365+2$（年）。由于是普通公司，对应评级为 AA，查询 2022-5-10 中债企业债收益率曲线（AA）（到期），插值剩余期限为 $\left(\frac{196}{365}+2\right)$ 年的到期收益率为 3.187 470 1%，结合该同类型债券和流动性因素认定标的债券利差为 1.073 913 1%，得到：

$$r_i^r = 3.187\ 470\ 1\% + 1.073\ 913\ 1\% = 4.261\ 383\ 2\%$$

$$V_{\text{CRM}} = \left[\frac{4.89}{(1+3.308\ 083\ 2\%)^{\frac{196}{365}}} + \frac{4.89}{(1+3.308\ 083\ 2\%)^{\frac{196}{365}+1}} + \frac{104.89}{(1+3.308\ 083\ 2\%)^{\frac{196}{365}+2}} - \right.$$

$$\left(\frac{4.89}{(1+4.261\,383\,2\%)^{\frac{196}{365}}}+\frac{4.89}{(1+4.261\,383\,2\%)^{\frac{196}{365}+1}}+\frac{104.89}{(1+4.261\,383\,2\%)^{\frac{196}{365}+2}}\right)-0\right]\times$$

$$10\,000\,000\div100=231\,340.14$$

由于是前端一次性支付保护费(沉没成本),PV_s设置为0。以上创设端和标的债券端可以分别看成两只债券,由于前面已经写好的函数Fixed_Bond_Valuation是按照即期收益率曲线进行估值的,而这里采用的是到期收益率估值,所以需要对函数进行相应改动,这里将函数命名为CRM_Valuation。

```
#加载需要使用的库
from ACT_SUM import *
from datetime import date
import numpy as np
import scipy.interpolate as si
#CRM的估值函数
def CRM_Valuation(cal_date,start_date,yearlenth,fre, R,m,ACC_type,spread,P,curve_time,curve_list):
    '''
    :param cal_date: 计算日期;
    :param start_date: 债券的起息日;
    :param yearlenth: 债券的发行年限;
    :param fre: 债券的付息频率;
    :param R: 债券的百元票面利息;
    :param m: 未到期债券的百元剩余本金,无本金摊还计划填写数值,否则填写目前摊还计划;
    :param ACC_type:债券的计息基准,如'ACT_ACT_AVE','ACT_360','ACT_365',可自行根据需求添加;
    :param spread:到期利差;
    :param P:名义本金;
    :param curve_time:收益率曲线的关键期限点(年);
    :param curve_list:对应关键期限点的收益率;
    :return: 返回计算创设端或标的债券端的估值全价。
    '''
    #生成付息计划
    schedule = coupon_schedule(start_date=start_date, yearlenth=yearlenth, fre=fre)
    #判断计算日在哪两个付息计划之间
    for i in range(1, len(schedule)):
        if schedule[i] >= cal_date: break
    #设定本金计划,如填写本金摊还计划list不处理
    flag=1
    if isinstance(m,list):    #有还本计划
            flag=0
    else:         #无还本计划
            m = [m] * (len(schedule) - 1)
    #计算日不处于最后付息周期的计算逻辑
    if  cal_date<schedule[-2]:
        #生成债券的利息现金流计划
        j = i
        ACC = []
        for j in range(j, len(schedule)):
```

```
                    if ACC_type == 'ACT_ACT_AVE':
                        ACC.append(ACT_ACT_AVE(start_date=start_date, yearlenth=yearlenth,
                                    fre=fre, cal_date=schedule[j], coupon=R, m=m[j-1]))
                    elif ACC_type == 'ACT_360':
                        ACC.append(ACT_360(start_date=start_date, yearlenth=yearlenth,
                                    fre=fre, cal_date=schedule[j], coupon=R,m=m[j-1]))
                    elif ACC_type == 'ACT_365':
                        ACC.append(ACT_365(start_date=start_date, yearlenth=yearlenth,
                                    fre=fre, cal_date=schedule[j], coupon=R,m=m[j-1]))
            TS = schedule[i] - schedule[i - 1] #当前付息周期自然日天数
            d = schedule[i] - cal_date
            #对相关现金流发生日进行收益率的插值处理
            func = si.interp1d(curve_time, curve_list, kind="slinear")  # 线性插值
            ytm = func(d.days/365+(len(schedule[i:])-1)/fre)
            #求取现金流的贴现和
            ACC_list = []
            for n in range(0, len(ACC)):
                ACC_list.append((ACC[n]+m[i+n-2]-m[i+n-1])/ pow(1 + (ytm+spread) / fre, d /TS + n))
            ACC_list.append(m[-1]*flag / pow(1 + (ytm+spread) / fre, d / TS + n ))
            return sum(ACC_list)*P/100
    #计算日处于最后的计算逻辑
    else:
        Last_ACC=ACT_ACT_AVE(start_date=start_date,yearlenth=yearlenth,fre=fre,
                                cal_date=schedule[-1],coupon=R,m=m[-1])
        FV=m[-1]+Last_ACC
        # 计算D与TY
        TY_sch = coupon_schedule(start_date=start_date, yearlenth=1, fre=1)
        TY = TY_sch[-1] - TY_sch[-2]   # 当前计息年度的自然日天数，算头不算尾
        D = schedule[-1] - cal_date   # 债券结算日至到期兑付日的自然日天数；
        func = si.interp1d(curve_time, curve_list, kind="slinear")   # 线性插值
        ytm = func(D/TY)
        return FV/(1+(ytm+spread)*D/TY)*P/100
```

输入对应曲线与对应参数至 CRM_Valuation 函数进行估值。

```
#测试案例
maturity=np.array([0,0.08,0.25,0.5,0.75,1,
                2,3,4,5,6,7,8,9,10])
ytm_rate_1=np.array([1.531,1.5857,1.9987,2.1369,2.2965,2.3527,
                2.5918,2.7655,3.0049,3.1658,3.2868,3.4111,
                3.4135,3.4929,3.5581])/100
Bond_test_1=CRM_Valuation(cal_date=date(2022,5,10),start_date=date(2021,11,22),yearlenth=3,fre=1,
                R=4.89,m=100,ACC_type="ACT_ACT_AVE",spread=0.006230087,
                P=10000000,curve_time=maturity,curve_list=ytm_rate_1)
print('计算得到创设端的估值为: ',round(Bond_test_1,2))
ytm_rate_2=np.array([2.0528,2.181,2.3546,2.489,2.5399,2.6454,
                2.989,3.3586,3.8637,4.08,4.179,4.2943,
                4.3284,4.4221,4.5088])/100
Bond_test_2=CRM_Valuation(cal_date=date(2022,5,10),start_date=date(2021,11,22),yearlenth=3,fre=1,
```

```
                            R=4.89,m=100,ACC_type="ACT_ACT_AVE",spread=0.010739131,
                            P=10000000,curve_time=maturity,curve_list=ytm_rate_2)
print('计算得到标的债券端的估值为: ',round(Bond_test_2,2))
print('计算得到该CRM的估值为: ',round(Bond_test_1-Bond_test_2-0,2))
```

输出结果：

```
计算得到创设端的估值为: 10603410.18
计算得到标的债券端的估值为: 10372070.04
计算得到该CRM的估值为: 231340.14
```

12.2.3 CRM 产品的风险指标计算

（1）CDS 的两种 Delta。

① 利率 Delta：即期收益率变动 1 个基点对 CDS 价格的影响。

$$\text{Int}_{\text{Delta}} = \frac{\text{PV}_{r+} - \text{PV}_{r-}}{2 \times 0.0001} \quad (12-14)$$

$\text{Int}_{\text{Delta}}$：利率 Delta；

PV_{r+}：即期收益率上升 1 个基点时的 CDS 估值。

PV_{r-}：即期收益率下降 1 个基点时的 CDS 估值。

② 信用 Delta：保护费率报价变动 1 个基点对 CDS 价格的影响。

$$\text{Credit}_{\text{Delta}} = \frac{\text{PV}_{s+} - \text{PV}_{s-}}{2 \times 0.0001} \quad (12-15)$$

$\text{Credit}_{\text{Delta}}$：信用 Delta；

PV_{s+}：保护费率报价上升 1 个基点时的 CDS 估值。

PV_{s-}：保护费率报价下降 1 个基点时的 CDS 估值。

【实例 12-7】接实例 12-5，计算 2022-6-8 该 CDS 的一阶敏感性指标利率 Delta 与信用 Delta。

【分析解答】由于采用公式（12-14）和公式（12-15）的冲击法进行了重估值（某个参数发生细微变化，重新计算 PV），手工计算比较烦琐，这里直接使用 Python 编写 CDS_greeks 函数计算 CDS 的一阶敏感性指标。

```
#加载需要使用的库
import pandas as pd
import numpy as np
import scipy.interpolate as si
import datetime
from datetime import date
from coupon_schedule_adjust import coupon_schedule_adjust
from CDS_Curve import CDS_Curve
from CDS_Valuation import CDS_Valuation
#计算CDS一阶敏感性指标的函数
def CDS_greeks(cal_date,curve_start_date,curve_cleanspeed,curve_yearlenth,curve_fre,curve_term,
               curve_zero_rate,curve_spread,curve_recovery_rate,curve_D,
```

```
                    start_date,yearlenth,fre,spread,recoveryrate,P,CDS_type,D):
'''
:param cal_date: 计算日期；
:param curve_start_date: 起息日；
:param curve_cleanspeed: 清算速度；
:param curve_yearlenth: 年限；
:param curve_fre: 付息频率；
:param curve_term: 的关键期限点；
:param curve_zero_rate: 即期收益率；
:param curve_spread: 信用利差（bps）；
:param curve_recovery_rate: 回收率；
:param curve_D: 年度算息天数，360 或 365；
:param start_date: CDS 的起息日；
:param yearlenth: CDS 年限；
:param fre: CDS 保护费支付频率；
:param spread:CDS 的年化保护费，以 BP 为单位；
:param recoveryrate:CDS 的预计回收率；
:param P:CDS 合约的名义本金；
:param CDS_type:CDS 的类型，buyer 为买方，seller 为卖方；
:param D: 年度算息天数，360 或 365；
:return: 返回计算该笔 CDS 的敏感度 Delta。
'''
#计算利率 Delta
CDS_Curve_rate_up=CDS_Curve(start_date=curve_start_date, cleanspeed=curve_cleanspeed,
                    yearlenth=curve_yearlenth, fre=curve_fre,
                    term=curve_term, zero_rate=curve_zero_rate+1/10000,
                    spread=curve_spread,recovery_rate=curve_recovery_rate,D=curve_D)
CDS_Curve_rate_down=CDS_Curve(start_date=curve_start_date, cleanspeed=curve_cleanspeed,
                    yearlenth=curve_yearlenth, fre=curve_fre,
                    term=curve_term, zero_rate=curve_zero_rate-1/10000,
                    spread=curve_spread,recovery_rate=curve_recovery_rate,D=curve_D)
CDS_Valuation_rate_up=CDS_Valuation(cal_date=cal_date,CDS_Curve_data=CDS_Curve_rate_up,
                    start_date=start_date,yearlenth=yearlenth,fre=fre,
                    spread=spread,recoveryrate=recoveryrate,P=P,CDS_type=CDS_type,D=D)
CDS_Valuation_rate_down=CDS_Valuation(cal_date=cal_date,CDS_Curve_data=CDS_Curve_rate_down,
                    start_date=start_date,yearlenth=yearlenth,fre=fre,
                    spread=spread,recoveryrate=recoveryrate,P=P,CDS_type=CDS_type,D=D)
Int_Delta=(CDS_Valuation_rate_up-CDS_Valuation_rate_down)/(2*0.0001)
#计算信用 Delta
CDS_cre_up=CDS_Curve(start_date=curve_start_date, cleanspeed=curve_cleanspeed,
                    yearlenth=curve_yearlenth, fre=curve_fre,
                    term=curve_term, zero_rate=curve_zero_rate,
                    spread=curve_spread+1,recovery_rate=curve_recovery_rate,D=curve_D)
CDS_cre_down=CDS_Curve(start_date=curve_start_date, cleanspeed=curve_cleanspeed,
                    yearlenth=curve_yearlenth, fre=curve_fre,
                    term=curve_term, zero_rate=curve_zero_rate,
                    spread=curve_spread-1,recovery_rate=curve_recovery_rate,D=curve_D)
```

```
                CDS_Valuation_cre_up=CDS_Valuation(cal_date=cal_date,CDS_Curve_data=CDS_cre_up,
                              start_date=start_date,yearlenth=yearlenth,fre=fre,
                              spread=spread,recoveryrate=recoveryrate,P=P,CDS_type=CDS_type,D=D)
                CDS_Valuation_cre_down=CDS_Valuation(cal_date=cal_date,CDS_Curve_data=CDS_cre_down,
                              start_date=start_date,yearlenth=yearlenth,fre=fre,
                              spread=spread,recoveryrate=recoveryrate,P=P,CDS_type=CDS_type,D=D)
                Credit_Delta=(CDS_Valuation_cre_up-CDS_Valuation_cre_down)/(2*0.0001)
                greeks = pd.DataFrame({"Int_Delta":[np.round(Int_Delta,2)],
                                "Credit_Delta": [np.round(Credit_Delta,2)]})
                return greeks
```

调用 CDS_greeks 函数，输入对应参数进行计算。

```
#测试案例
term=np.array([1/365,0.25,0.5,0.75,1,2,3])
zero_rate=np.array([1.4499,1.8880,1.9928,2.0615,2.1035,2.2220,2.3412])/100
spread=np.array([76.91,76.91,84.17,88.99,97.54,109.05,115.9])
recovery_rate=np.array([25,25,25,25,25,25,25])
CDS_CDS_greeks_test=CDS_greeks(cal_date=date(2022,6,8),
                            curve_start_date=date(2022,6,8),curve_cleanspeed='T+0',
                            curve_yearlenth=3,curve_fre=4,curve_term=term,
                            curve_zero_rate=zero_rate,curve_spread=spread,
                            curve_recovery_rate=recovery_rate,curve_D=365,
                            start_date=date(2022,2,16),
                            yearlenth=2,fre=4,spread=109.56,recoveryrate=25,
                            P=10000000,CDS_type='buyer',D=365)
print(CDS_CDS_greeks_test)
```

输出结果：

```
   Int_Delta  Credit_Delta
0    14900.0    16436950.0
```

由以上计算结果可知，即期收益率变动对 CDS 估值的影响远小于信用利差对 CDS 估值的影响。

（2）CRM 的风险指标。

① 利率 Delta：贴现收益率总体变动 1 个基点（同时影响创设机构与标的债券）对 CRM 的影响。

$$\text{Int}_{\text{Delta}} = \frac{\text{PV}_{r+} - \text{PV}_{r-}}{2 \times 0.0001} \quad (12-16)$$

$\text{Int}_{\text{Delta}}$：利率 Delta；

PV_{r+}：贴现收益率总体上升 1 个基点时的 CRM 估值。

PV_{r-}：贴现收益率总体下降 1 个基点时的 CRM 估值。

② 信用 Delta：标的债券贴现收益率变动 1 个基点对 CRM 的影响。

$$\text{Credit}_{\text{Delta}} = \frac{\text{PV}_{b+} - \text{PV}_{b-}}{2 \times 0.0001} \quad (12-17)$$

$\text{Credit}_{\text{Delta}}$：信用 Delta；

PV_{b+}：标的债券贴现收益率上升 1 个基点时的 CRM 估值。

PV_{b-}：标的债券贴现收益率下降 1 个基点时的 CRM 估值。

【**实例 12-8**】接实例 12-6，计算 2022-5-10 该 CRM 的一阶敏感性指标利率 Delta 与信用 Delta。

【**分析解答**】由于采用公式（12-16）和公式（12-17）的冲击法进行了重估值（某个参数发生细微变化，重新计算 PV），手工计算比较烦琐，这里直接使用 Python 编写 CRM_greeks 函数计算 CRM 的一阶敏感性指标。

```python
#加载需要使用的库
import numpy as np
import pandas as pd
from CRM_Valuation import CRM_Valuation
from datetime import date
#计算CRM一阶敏感性指标的函数
def CRM_greeks(cal_date,start_date,yearlenth,fre, R,m,ACC_type,
               spread_creat,spread_bond,P,cost,
               curve_time_creat,curve_list_creat,
               curve_time_bond,curve_list_bond):
    '''
    :param cal_date:计算日期;
    :param start_date: 债券的起息日;
    :param yearlenth: 债券的发行年限;
    :param fre: 债券的付息频率;
    :param R:债券的百元票面利息;
    :param m:未到期债券的百元剩余本金，无本金摊还计划填写数值，否则填写目前摊还计划;
    :param ACC_type:债券的计息基准，如'ACT_ACT_AVE','ACT_360','ACT_365',可自行根据需求添加;
    :param spread_creat:创设端到期利差;
    :param spread_bond:标的债券端到期利差;
    :param P:名义本金;
    :param cost:支付信用保护费的现值（如有）;
    :param curve_time_creat: 创设端收益率曲线的关键期限点（年）;
    :param curve_list_creat: 创设端对应关键期限点的收益率;
    :param curve_time_bond: 标的债券端收益率曲线的关键期限点（年）;
    :param curve_list_bond: 标的债券端对应关键期限点的收益率;
    :return: 返回计算敏感性指标.
    '''
    Creat_leg = CRM_Valuation(cal_date=cal_date,start_date=start_date, yearlenth=yearlenth, fre=fre,
                              R=R, m=m,ACC_type=ACC_type, spread=spread_creat, P=P,
                              curve_time=curve_time_creat,curve_list=curve_list_creat)
    Bond_leg = CRM_Valuation(cal_date=cal_date, start_date=start_date, yearlenth=yearlenth, fre=fre,
                             R=R, m=m,ACC_type=ACC_type, spread=spread_bond, P=P,
                             curve_time=curve_time_bond,curve_list=curve_list_bond)
    #计算利率Delta
    curve_list_creat_up=curve_list_creat*1+1/10000
    curve_list_bond_up=curve_list_bond*1+1/10000
    Creat_leg_up = CRM_Valuation(cal_date=cal_date,start_date=start_date, yearlenth=yearlenth, fre=fre,
                                 R=R, m=m,ACC_type=ACC_type,spread=spread_creat, P=P,
```

```
                              curve_time=curve_time_creat,curve_list=curve_list_creat_up)
    Bond_leg_up = CRM_Valuation(cal_date=cal_date,start_date=start_date, yearlenth=yearlenth, fre=fre,
                              R=R, m=m,ACC_type=ACC_type,spread=spread_bond, P=P,
                              curve_time=curve_time_bond,curve_list=curve_list_bond_up)
    PV_up=Creat_leg_up - Bond_leg_up-cost
    curve_list_creat_down=curve_list_creat*1-1/10000
    curve_list_bond_down=curve_list_bond*1-1/10000
    Creat_leg_down=CRM_Valuation(cal_date=cal_date,start_date=start_date,
                              yearlenth=yearlenth,fre=fre,
                              R=R, m=m,ACC_type=ACC_type,spread=spread_creat,P=P,
                              curve_time=curve_time_creat,curve_list=curve_list_creat_down)
    Bond_leg_down = CRM_Valuation(cal_date=cal_date, start_date=start_date,
                              yearlenth=yearlenth, fre=fre,
                              R=R, m=m,ACC_type=ACC_type,spread=spread_bond, P=P,
                              curve_time=curve_time_bond,curve_list=curve_list_bond_down)
    PV_down=Creat_leg_down - Bond_leg_down-cost
    Int_Delta=(PV_up-PV_down)/(2*0.0001)
    # 计算信用 Delta
    PV_up_credit=Creat_leg-Bond_leg_up-cost
    PV_down_credit=Creat_leg-Bond_leg_down-cost
    Credit_Delta=(PV_up_credit-PV_down_credit)/(2*0.0001)
    greeks = pd.DataFrame({"Int_Delta":[np.round(Int_Delta,2)],
                          "Credit_Delta": [np.round(Credit_Delta,2)]})
    return greeks
```

调用 CRM_greeks 函数，输入对应参数进行计算。

```
#测试案例
maturity=np.array([0,0.08,0.25,0.5,0.75,1,
                   2,3,4,5,6,7,8,9,10])
ytm_rate_1=np.array([1.531,1.5857,1.9987,2.1369,2.2965,2.3527,
                     2.5918,2.7655,3.0049,3.1658,3.2868,3.4111,
                     3.4135,3.4929,3.5581])/100
ytm_rate_2=np.array([2.0528,2.181,2.3546,2.489,2.5399,2.6454,
                     2.989,3.3586,3.8637,4.08,4.179,4.2943,
                     4.3284,4.4221,4.5088])/100
CRM_greeks_test=CRM_greeks(cal_date=date(2022,5,10),start_date=date(2021,11,22),yearlenth=3,fre=1,
                    R=4.89,m=100,ACC_type="ACT_ACT_AVE",
                    spread_creat=0.006230087,spread_bond=0.010739131,
                    P=10000000,cost=0,
                    curve_time_creat=maturity,curve_list_creat=ytm_rate_1,
                    curve_time_bond=maturity,curve_list_bond=ytm_rate_2)
print(CRM_greeks_test)
```

输出结果：

```
    Int_Delta   Credit_Delta
0   -777593.33  23881183.29
```

由以上计算结果可知，贴现收益率整体变动对 CRM 估值的影响远小于信用利差对 CRM 估值的影响。其他风险指标，可以参考第 5 章债券的风险指标方式进行计算。

12.3 本章小结

当前我国信用衍生品多指银行间信用风险缓释工具及交易所信用保护工具，二者本质上均类似 CDS，是转移信用风险的工具。本章首先介绍了国内外信用衍生品的发展与概况，然后主要介绍了两种 CRM 的估值方法，分别是采用构建的生存曲线估值与现金流贴现法（拆分为创设端与标的债券端）。在我国，由于数据不充分，难以构建生存曲线，因此通常采用现金流贴现法。具体采用哪种方法，需要根据实际的市场与业务进行分析。

参考资料

参考图书

[1]《中国银行间市场固定收益产品交易实务》,作者谢多、冯光华。

[2]《固定收益证券及其衍生品(上下册)》,作者中国银行间市场交易商协会教材编写组。

[3]《风险管理与巴塞尔协议十八讲》,作者杨军。

[4]《债券投资实战》,作者龙红亮。

[5]《债券投资实战2:交易策略、投组管理和绩效分析》,作者龙红亮。

[6]《债券计算:公式背后的逻辑》,作者史密斯,译者李磊宁。

[7]《利率互换通关秘籍:固定收益衍生品入门到实战》,作者黎至峰、宣潇寒。

[8]《场外衍生品(第二版)》,作者中国期货业协会。

[9]《期权、期货及其他衍生产品(原书第10版)》,作者约翰·赫尔,译者王勇、索吾林。

[10]《第三版巴塞尔协议改革最终方案》,作者巴塞尔银行监管委员会,译者中国银行保险监督管理委员会(现为国家金融监督管理总局)。

[11]《结构化产品(第二版)》,作者中国期货业协会。

[12]《金融工程及其Python应用》,作者朱顺泉。

[13]《基于Python的金融分析与风险管理(第2版)》,作者斯文。

[14]《Python金融大数据分析》,作者伊夫·希尔皮斯科,译者姚军。

[15]《风险价值VAR(第三版)》,作者菲利普·乔瑞,译者郑伏虎、万峰、杨瑞琪。

[16] *FRM EXAM PART Ⅰ Valuation and models*,作者FRM committee。

[17] *FRM EXAM PART Ⅱ Market Risk Measurement and Management*,作者FRM committee。

[18] *FRM EXAM PART Ⅱ Credit Risk Measurement and Management*,作者FRM committee。

参考文章

[1] "转型债券发展现状及商业银行实践",作者周权、罗颖、栗晓鸥、郑志荣、张静、

姚玉伟。

[2] "公司信用类债券法律制度的完善研究",作者侯加林。

[3] "债券评级包装与"担保正溢价"之谜",作者林晚发、刘岩、赵仲匡。

[4] "含权债券的估值定价研究",作者陈志豪。

[5] "关于利率期权定价与波动率曲面构建的思考",作者高龚翔、梁威。

[6] "贷款市场报价利率(LPR)期权实务与应用",作者丁杰能、孙东航。

[7] "CRMW 风险缓释效用目标跟踪的债券投资组合优化策略研究",作者杨瑞成、邢伟泽。

[8] Monotone piecewise cubic interpolation,作者 F.N.FRITSCH,R.E.CARI SON。

[9] Bond ratings, bond yields and financial information,作者 SARA A. REITER。

[10] The bond/old-bond spread,作者 Arvind Krishnamurthy。

[11] The Information Value of Bond Ratings,作者 Doron Kliger。

[12] Reversal effect and corporate bond pricing in China,作者 Heming Zhang、Guanying Wang。

[13] Institutional Corporate Bond Pricing,作者 Lorenzo Bretscher、Lukas Schmid、Ishita Sen、Varun Sharma。

[14] Valuation of Callable/Putable Corporate Bonds in a One-Factor Lognormal Interest-Rate Model,作者 Robert S. Goldberg、Ehud I. Ronn、Liying Xu。

[15] Pricing Coupon Bond Options and Swaptions under the One-Factor Hull–White Model,作者 Vincenzo Russo、Frank J. Fabozzi。

[16] An Econometric Model of the Term Structure of Interest-Rate Swap Yields,作者 DARRELL DUFFIE、KENNETH J. SINGLETON。

[17] Caplet Pricing with Backward-Looking Rates,作者 Colin Turfus。

[18] Pricing and hedging interest rate options,作者 AnuragGupta,Marti G.Subrahmanyam。

[19] Swaption pricing problem in uncertain financial market,作者 Zhe Liu、Ying Yang。

参考文件

[1]《关于调整中央债券综合业务系统债券应计利息计算公式的通知》(中债字〔2007〕88 号)。

[2]《中国人民银行关于完善全国银行间债券市场债券到期收益率计算标准有关事项的通知》(银发〔2007〕200 号)。

[3]《全国银行间债券市场债券到期收益率计算标准调整对照表》。

[4]《关于调整债券应收利息计算方法等问题的通知》(中证协发〔2008〕9 号)。

[5]《CIBMTS 中国银行间市场本币交易平台用户手册 V2.4》。

[6]《上海证券交易所债券交易业务指南第 1 号——交易业务(2023 年修订)》。

[7]《中国债券市场概览(2021 年版)》。

[8]《中国债券市场投资手册（2022年版）》。
[9]《中国外汇交易中心债券估值手册V1.2》。
[10]《银行间债券市场债券借贷业务管理办法》（中国人民银行公告〔2022〕第1号）。
[11]《银行间市场清算所股份有限公司集中清算业务指南（第八版）》。
[12]《中国外汇交易中心利率互换估值手册V1.2》。